"中国村庄发展：浙江样本研究"丛书

主编 陈野

绿色崛起

湖州余村发展研究

GREEN
REVITALIZATION
DEVELOPMENT STUDY
OF
YU VILLAGE,
HUZHOU

闻海燕等◎著

ZHEJIANG UNIVERSITY PRESS
浙江大学出版社

图书在版编目（CIP）数据

绿色崛起：湖州余村发展研究 / 闻海燕等著. —
杭州：浙江大学出版社，2021.11
（"中国村庄发展：浙江样本研究"丛书 / 陈野主编）
ISBN 978-7-308-21421-6

Ⅰ．①绿… Ⅱ．①闻… Ⅲ．①农村经济发展－研究－
湖州 Ⅳ．①F327.555

中国版本图书馆CIP数据核字(2021)第100453号

绿色崛起：湖州余村发展研究

闻海燕 等著

丛书策划	陈丽霞　宋旭华　赵　静
丛书统筹	赵　静　王荣鑫
责任编辑	宋旭华
责任校对	蔡　帆
装帧设计	林智广告
出版发行	浙江大学出版社
	（杭州市天目山路148号　邮政编码　310007）
	（网址：http://www.zjupress.com）
排　　版	杭州林智广告有限公司
印　　刷	浙江省邮电印刷股份有限公司
开　　本	710mm×1000mm　1/16
印　　张	22
插　　页	4
字　　数	380千
版 印 次	2021年11月第1版　2021年11月第1次印刷
书　　号	ISBN 978-7-308-21421-6
定　　价	98.00元

浙江省文化研究工程指导委员会

"中国村庄发展：浙江样本研究" 项目组研究人员名单

"中国村庄发展：浙江样本研究" 丛书

丛 书 主 编　陈　野

首 席 专 家　闻海燕　顾益康

"绿色崛起：湖州余村发展研究" 课题组简介

课题负责人　闻海燕

课题组成员　李　旭　俞为洁　张秀梅　王　平

余村全景（余村村委会提供）

开矿毁坏山林（2002 年）（余村村委会提供）

余村水泥厂（20 世纪 80 年代）（余村村委会提供）

余村志愿服务日启动仪式（余村村委会提供）

五彩田园、两山绿道（余村村委会提供）

美丽余村（余村村委会提供）

幸福余村 大鼓队表演（王月仙提供）

"绿水青山就是金山银山"石碑（余村村委会提供）

余村雪景（余村村委会提供）

浙江文化研究工程成果文库总序

有人将文化比作一条来自老祖宗而又流向未来的河，这是说文化的传统，通过纵向传承和横向传递，生生不息地影响和引领着人们的生存与发展；有人说文化是人类的思想、智慧、信仰、情感和生活的载体、方式和方法，这是将文化作为人们代代相传的生活方式的整体。我们说，文化为群体生活提供规范、方式与环境，文化通过传承为社会进步发挥基础作用，文化会促进或制约经济乃至整个社会的发展。文化的力量，已经深深熔铸在民族的生命力、创造力和凝聚力之中。

在人类文化演化的进程中，各种文化都在其内部生成众多的元素、层次与类型，由此决定了文化的多样性与复杂性。

中国文化的博大精深，来源于其内部生成的多姿多彩；中国文化的历久弥新，取决于其变迁过程中各种元素、层次、类型在内容和结构上通过碰撞、解构、融合而产生的革故鼎新的强大动力。

中国土地广袤、疆域辽阔，不同区域间因自然环境、经济环境、社会环境等诸多方面的差异，建构了不同的区域文化。区域文化如同百川归海，共同汇聚成中国文化的大传统，这种大传统如同春风化雨，渗透于各种区域文化之中。在这个过程中，区域文化如同清溪山泉潺潺不息，在中国文化的共同价值取向下，以自己的独特个性支撑着、引领着本地经济社会的发展。

从区域文化入手，对一地文化的历史与现状展开全面、系统、扎实、有序的研究，一方面可以藉此梳理和弘扬当地的历史传统和文化资源，繁荣和丰富当代的先进文化建设活动，规划和指导未来的文化发展蓝图，增强文化软实力，为全面建设小康社会、加快推进社会主义现代化提供思想保证、精神动力、智力支持和舆论力量；另一方面，这也是深入了解中国文化、研究中国文化、发展中国文化、创新中国文化的重要途径之一。如今，区域文化研究日益受到各地重视，成为我国文化研究走向深入的一个重要标志。我们今天实施浙江文化研究工程，其目的和意义也在于此。

千百年来，浙江人民积淀和传承了一个底蕴深厚的文化传统。这种文化传统的独特性，正在于它令人惊叹的富于创造力的智慧和力量。

浙江文化中富于创造力的基因，早早地出现在其历史的源头。在浙江新石器时代最为著名的跨湖桥、河姆渡、马家浜和良渚的考古文化中，浙江先民们都以不同凡响的作为，在中华民族的文明之源留下了创造和进步的印记。

浙江人民在与时俱进的历史轨迹上一路走来，秉承富于创造力的文化传统，这深深地融汇在一代代浙江人民的血液中，体现在浙江人民的行为上，也在浙江历史上众多杰出人物身上得到充分展示。从大禹的因势利导、敬业治水，到勾践的卧薪尝胆、励精图治；从钱氏的保境安民、纳土归宋，到胡则的为官一任、造福一方；从岳飞、于谦的精忠报国、清白一生，到方孝孺、张苍水的刚正不阿、以身殉国；从沈括的博学多识、精研深究，到竺可桢的科学救国、求是一生；无论是陈亮、叶适的经世致用，还是黄宗羲的工商皆本；无论是王充、王阳明的批判、自觉，还是龚自珍、蔡元培的开明、开放，等等，都展示了浙江深厚的文化底蕴，凝聚了浙江人民求真务实的创造精神。

代代相传的文化创造的作为和精神，从观念、态度、行为方式和价值取向上，孕育、形成和发展了渊源有自的浙江地域文化传统和与时俱进的浙江文化精神，她滋育着浙江的生命力、催生着浙江的凝聚力、激发着浙江的创造力、培植着浙江的竞争力，激励着浙江人民永不自满、永不停息，在各个不同的历史时期不断地超越自我、创业奋进。

悠久深厚、意韵丰富的浙江文化传统，是历史赐予我们的宝贵财富，也是我们开拓未来的丰富资源和不竭动力。党的十六大以来推进浙江新发展的实践，使我们越来越深刻地认识到，与国家实施改革开放大政方针相伴随的浙江经济社会持续快速健康发展的深层原因，就在于浙江深厚的文化底蕴和文化传统与当今时代精神的有机结合，就在于发展先进生产力与发展先进文化的有机结合。今后一个时期浙江能否在全

PREFACE

面建设小康社会、加快社会主义现代化建设进程中继续走在前列，很大程度上取决于我们对文化力量的深刻认识、对发展先进文化的高度自觉和对加快建设文化大省的工作力度。我们应该看到，文化的力量最终可以转化为物质的力量，文化的软实力最终可以转化为经济的硬实力。文化要素是综合竞争力的核心要素，文化资源是经济社会发展的重要资源，文化素质是领导者和劳动者的首要素质。因此，研究浙江文化的历史与现状，增强文化软实力，为浙江的现代化建设服务，是浙江人民的共同事业，也是浙江各级党委、政府的重要使命和责任。

2005年7月召开的中共浙江省委十一届八次全会，作出《关于加快建设文化大省的决定》，提出要从增强先进文化凝聚力、解放和发展生产力、增强社会公共服务能力入手，大力实施文明素质工程、文化精品工程、文化研究工程、文化保护工程、文化产业促进工程、文化阵地工程、文化传播工程、文化人才工程等"八项工程"，实施科教兴国和人才强国战略，加快建设教育、科技、卫生、体育等"四个强省"。作为文化建设"八项工程"之一的文化研究工程，其任务就是系统研究浙江文化的历史成就和当代发展，深入挖掘浙江文化底蕴、研究浙江现象、总结浙江经验、指导浙江未来的发展。

浙江文化研究工程将重点研究"今、古、人、文"四个方面，即围绕浙江当代发展问题研究、浙江历史文化专题研究、浙江名人研究、浙江历史文献整理四大板块，开展系统研究，出版系列丛书。在研究内容上，深入挖掘浙江文化底蕴，系统梳理和分析浙江历史文化的内部结构、变化规律和地域特色，坚持和发展浙江精神；研究浙江文化与其他地域文化的异同，厘清浙江文化在中国文化中的地位和相互影响的关系；围绕浙江生动的当代实践，深入解读浙江现象，总结浙江经验，指导浙江发展。在研究力量上，通过课题组织、出版资助、重点研究基地建设、加强省内外大院名校合作、整合各地各部门力量等途径，形成上下联动、学界互动的整体合力。在成果运用上，注重研究成果的学术价值和应用价值，充分发挥其认识世界、传承文明、创新理论、咨政育人、服务社会的重要作用。

　　我们希望通过实施浙江文化研究工程，努力用浙江历史教育浙江人民、用浙江文化熏陶浙江人民、用浙江精神鼓舞浙江人民、用浙江经验引领浙江人民，进一步激发浙江人民的无穷智慧和伟大创造能力，推动浙江实现又快又好发展。

　　今天，我们踏着来自历史的河流，受着一方百姓的期许，理应负起使命，至诚奉献，让我们的文化绵延不绝，让我们的创造生生不息。

2006 年 5 月 30 日于杭州

浙江文化研究工程成果文库序言

袁家军

浙江是中华文明的发祥地之一，历史悠久、人文荟萃，素称"文物之邦""人文渊薮"，从河姆渡的陶灶炊烟到良渚的文明星火，从吴越争霸的千古传奇到宋韵文化的风雅气度，从革命红船的扬帆起航到新中国成立初期的筚路蓝缕，从改革开放的敢为人先到新时代的变革创新，都留下了弥足珍贵的历史文化财富。纵览浙江发展的历史，文化是软实力、也是硬实力，是支撑力、也是变革力，为浙江干在实处、走在前列、勇立潮头提供了独特的精神激励和智力支持。

2003 年，习近平同志在浙江工作时作出"八八战略"重大决策部署，明确提出要进一步发挥浙江的人文优势，积极推进科教兴省、人才强省，加快建设文化大省。2005 年 7 月，习近平同志主持召开省委十一届八次全会，亲自擘画加快建设文化大省的宏伟蓝图。在习近平同志的亲自谋划、亲自布局下，浙江形成了文化建设"3+8+4"的总体框架思路，即全面把握增强先进文化的凝聚力、解放和发展文化生产力、提高社会公共服务力等"三个着力点"，启动实施文明素质工程、文化精品工程、文化研究工程、文化保护工程、文化产业促进工程、文化阵地工程、文化传播工程、文化人才工程等"八项工程"，加快建设教育、科技、卫生、体育等"四个强省"，构建起浙江文化建设的"四梁八柱"。这些年来，我们按照习近平同志当年作出的战略部署，坚持一张蓝图绘到底、一任接着一任干，不断推进以文铸魂、以文育德、以文图强、以文传道、以文兴业、以文惠民、以文塑韵，走出了一条具有中国特色、时代特征、浙江特点的文化发展之路。

文化研究工程是浙江文化建设最具标志性的成果之一。随着第一期和第二期文化研究工程的成功实施，产生了一批重点研究项目和重大研究成果，培育了一批具有浙江特色和全国影响的优势学科，打造了一批高水平的学术团队和在全国有影响力的学术名师、学科骨干。2015 年结束的第一批浙江文化研究工程共立研究项目 811 项，出版学术著作千余部。2017 年 3 月启动的第二期浙江文化研究工程，已开展了 52 个系列研究，立重大课题 65 项、重点课题 284 项，出版学术著作 1000 多部。特别是形成了《宋画全集》等中国历代绘画大系、《共和国命运的抉择与思考——毛泽东在浙江的 785 个日日夜夜》等领袖与浙江研究系列、《红船逐浪：浙江"站起来"的革命历程与精神传承》等"浙 100 年"研究系列、《浙江通史》《南宋史研究丛书》等浙江历史专题史研究系列、《良渚文化研究丛书》等浙江史前文化研究系列、《儒学正脉——王守仁传》等浙江历史名人研究系列、《吕祖谦全集》等浙江文献集成系列。可以说，浙江文化研究工程，赓续了浙江悠久深厚的文化血脉，挖掘了浙江深层次的文化基因，提升了浙江的文化软实力，彰显了浙江在海内外的学术影响力，为浙江当代发展提供了坚实的理论支撑和智力支持，为坚定文化自信提供了浙江素材。

当前，浙江已经踏上了实现第二个百年奋斗目标的新征程，正在奋力打造"重要窗口"，争创社会主义现代化先行省，高质量发展建设共同富裕示范区。文化工作在浙江高质量发展建设共同富裕示范区中具有决定性作用，是关键变量；展现共同富裕美好社会的图景，文化是最富魅力、最吸引人、最具辨识度的标识。我们要发挥文化铸魂塑形赋能功能，为高质量发展建设共同富裕示范区注入强大文化力量，特别是要坚持把深化文化研究工程作为打造新时代文化高地的重要抓手，努力使其成为研究阐释习近平新时代中国特色社会主义思想的重要阵地、传承创新浙江优秀传统文化革命文化社会主义先进文化的重要平台、构建中国特色哲学社会科学的重要载体、推广展示浙江文化独特魅力的重要窗口。

新时代浙江文化研究工程将延续"今、古、人、文"主题，重点突出当代发展研究、历史文化研究、"新时代浙学"建构，努力把浙江的历史与未来贯通起来，使浙学品牌更加彰显、浙江文化形象更加鲜明、中国特色哲学社会科学的浙江元素更加丰富。新时代浙江文化研究工程将坚守"红色根脉"，更加注重深入挖掘浙江红色资源，持续深化"习近平新时代中国特色社会主义思想在浙江的探索与实践"课题研究，努力让浙江成为践行创新理论的标杆之地、传播中华文明的思想之窗；擦亮以宋韵文化为代表的浙江历史文化金名片，从思想、制度、经济、社会、百姓生活、文学艺术、建筑、宗教等方面全方位立体化系统性研究阐述宋韵文化，努力让千年宋韵更好地在新时代"流动"起来、"传承"下去；科学解读浙江历史文化的丰富内涵和时代价值，更加注重学术成果的创造性转化，探索拓展浙学成果推广与普及的机制、形式、载体、平台，努力让浙学成果成为有世界影响的东方思想标识；充分动员省内外高水平专家学者参与工程研究，坚持以项目引育高端社科人才，努力打造一支走在全国前列的哲学社会科学领军人才队伍；系统推进文化研究数智创新，努力提升社科研究的科学化水平，提供更多高质量文化成果供给。

伟大的时代，需要伟大作品、伟大精神、伟大力量。期待新时代浙江文化研究工程有更多的优秀成果问世，以浙江文化之窗更好地展现中华文化的生命力、影响力、凝聚力、创造力，为忠实践行"八八战略"、奋力打造"重要窗口"，争创社会主义现代化先行省，高质量发展建设共同富裕示范区，提供强大思想保证、舆论支持、精神动力和文化条件。

丛书序言

PREFACE

中国乡村曲折艰难的现代化进程，步履艰难而又波澜壮阔。其意蕴之丰沛，与中国生活、中国社会和中国文化深切相连。回溯中国乡村自1840年中国社会开启现代转型以来走过的兴衰起伏之命运轨迹，可谓千回百转、曲折萦纡。数辈乡民身居不同时代，应对多重挑战，以吃苦耐劳、隐忍柔韧、顽强进取的品格精神，维系了村庄命脉和厚重历史。

一

当代乡村发展，承历史之重，开乡村现代化之时代新局。改革开放以来，浙江乡村变化巨大，以其走在前列的先行先试，开乡村发展的时代新局，呈现了发展中国家走向现代化的轨迹，为中国乡村的现代化发展提供了分析参照的样本。有鉴于此，本套丛书以"中国村庄发展：浙江样本研究"为主题，着力于从以下方面开展研究，并取得相应成果。

改革开放40多年，特别是自2003年习近平同志在浙江工作后，作为习近平新时代中国特色社会主义思想的重要萌发地，浙江乡村发展迈入新阶段，呈现城乡融合、"五位一体"全面发展的新态势。习近平同志以以人为本、执政为民的治理理念和统揽全局的思维方式，对浙江乡村发展全面布局，实施"千村示范，万村整治"等重点工程，从推动产业新发展、建设新社区、培育新农民、树立新风尚、构建新体制等维度全面推进乡村发展。习近平同志有关乡村发展的理性思考、创造性实践和历史性成果，是我们选择浙江村庄作为中国村庄发展样本加以研究的重要遵循和行动指南。

村庄是最基层的社会单位之一，是最为鲜活丰沛的日常生活之地，是中华历史文化传统的重要根基，是我国全面建成小康社会、开启全面建设社会主义现代化国家新征程的重要建设领域。然而，由古至今，村庄也是最缺乏历史记载和文献档案系统、最难听到它本真的话语呼声、最难触摸到它脉动的心灵、最难见到它在历史进程中完整形影的场所。本丛书旨在以长时段的历史研究视野，观察、记录和研析作为基层生活共同体的中国村庄，在面对社会转型期的急剧巨变时，如何通过调整、舍弃、更新、吸纳共同体内在结构和要素的策略，重建与生活、与生产、与社会、与时代均相契合的新型乡村社会生活的规则和秩序，以此维系村庄生存，推动村庄发展，提升村庄品质。同时，亦拟以翔实细致的个案性剖析，探求乡村传统建构的实际场景和内在机制。故此，在各专著框架中，特设"史地篇"，追寻村庄过往在其当下时段中的历史投射，记述村庄的整体性历史进程，定位其当今发展在乡村文明进程中的历史坐标，为观察、研究村庄建立长程的历史背景；特设"访谈篇"，以大量的村民口述访谈和全面系统的乡村档案收集整理，为一直以来缺乏史料积淀的村庄建立由文献、田野调查和口述访谈为架构的资料系统，记下了村民传承、维系、建设、发展村庄的种种心声；尤其重视以经济、政治、治理、文化、生态等各篇组合的整体性研究，通过深度驻村调研、深层次介入村庄内部生产生活环境，为不同类型村庄在当代社会变革时期所做的探索与发展，建立起完整的事实记录和分析样本，在浩瀚苍茫的历史时空中留下了我们这个时代的乡村社会发展印记，见证了乡村传统建构中的众多真实过程。

乡村研究是社会学、历史学、政治学、文化学等学科的重要领域，村庄个案研究、专题研究、历史断代研究、现实问题研究等成果丰硕。本套丛书以11个村庄为研究对象，以各个村的纵向历史发展特别是改革开放40多年来的乡村发展基本轨迹为历史纵轴，以独具浙江特色的村庄经济、政治、文化、社会、治理、生态等为记述研究主体，从不同角度记述浙江乡村发展轨迹，并从中提炼具有普遍意义的发展路径、特征和价值，为相关学科深化乡村研究提供了丰富个案和鲜明的地方资源。

乡村发展在我国改革开放史中具有众多首创之功和重要的历史地位，目前乡村振兴背景下来自各级党委、各级政府、社会各界和广大村民等的积极作为，是当代中国历史进程的重要组成部分。本套丛书各部专著所述浙江村庄历史和改革开放40多年来的乡村建设历程、发展成就和价值意义，以来自乡村一线这种最为社会基层的真实场景、鲜活实践和全方位的研究阐释，极大地丰富了浙江以至中国当代发展研究的内涵，为党史、新中国史、改革开放史、社会主义发展史的研究，输送了来自乡村大地的源头活水，增强了研究的内在活力。

本套丛书积极探索学术研究对接当下社会需求的内在理路，将来自改革前沿的现实问题研究与学术研究紧密结合，在全面系统记述乡村历史、开展理论研究的同时，直面乡村建设发展中的困境、不足和问题，走进当代社会实践，走向乡村基层，走进乡民群体，在与政府、乡村和农民的互动中开展现实问题专题研究，发挥学术研究参与现实社会建设的作用和价值，以理性分析、务实举措从村庄发展现实问题中提炼可供下一步乡村振兴所需的理论资源和对策建议，撰写多个智库报告，得到省委省政府领导多项肯定性批示，实现了学术研究中问题意识、现实关切和人文关怀的有机关联，提升了人文社科研究在基层社会的知晓度和影响力。

二

自项目正式实施以来，项目组科研人员深入全省相关市县宣传、文化、旅游、建设、农办等政府部门和百余个村庄开展深入调研。从东部海岛到西部田园，从浙南山区到浙北平原，课题组成员顶着烈日酷暑、冒着风雨严寒，克服诸多困难，走进田间地头，结交农民朋友，深入农户开展深度访谈，全方位多视角实地考察村庄发展实况。5年来深入乡村的实践探索和项目研究，让我们收获良多，也给我们带来很多启示。

在本套丛书研究和撰写过程中，乡镇村干部群众一致认为本研究在梳理村庄历史、增强集体认同、提升文化自信、提供发展资源、理清发展思路等方面，与乡镇和村的建设需求十分契合，对项目研究给予极大肯定，表现出极高的参与和配合热情，尤其热切地表达了对专业性强、学术水平高的人文社科研究的衷心期待。蕴含于乡村大地的家园故土寻根意愿、强烈的文化自觉意识、丰富的创业创新业绩、高昂进取的精神面貌和积极态度，以及存在于一些村庄的老龄化、空心化、业态陈旧、过度开发、贫富差距、文化生活单调等发展中的问题和不足，均让我们深切感受到村庄发展的巨大需求空间，看到了乡村社会发展对专家学者的热切期盼。广阔的乡村大地，正是开展人文社科研究、获取厚重科研成果的丰富沃土。

习近平总书记指出："人民的需要和呼唤，是科技进步和创新的时代声音。"社会科学工作者只有走出书斋，积极探索学术研究对接当下社会需求的内在理路，深入开展脚踏实地的基层调研，将哲学社科理论研究与社会实践紧密结合，将来自改革前沿的现实问题与学术研究紧密结合，准确了解社情民意、把握时代脉搏，实现学术研究中问题意识、现实关切和人文关怀的有机关联，才能克服从书本到书本、从理论到理论的研究局限，强化基础理论研究厚重感，提升应用对策研究针对性，取得适应现实所需、彰显学术价值、具有中国气派的哲学社会科学研究成果。

以重大系列项目构建综合性学术团队，开展集聚多学科、多梯队联合共事的集体攻关项目，既整合了原先相对分散的科研力量，也在团队的协同共进、交流互鉴、相互砥砺中营建起浓厚的学术氛围、深厚的同事情谊，为年轻科研人员的成长提供了优质平台，达到了既出成果又出人才的双赢效果。

5 年来的学术劳作和辛勤付出，让我们收获满满，既有研究专著的丰硕成果，也是一次整合院内乡村研究相关科研力量、以团队合作形式开展重大主题研究的实战历练，为我院培育乡村研究平台、打造乡村研究品牌、历练乡村研究队伍、承担乡村研究重大课题，做出了有益尝试，取得了扎实成效。创新不易，守成更难，开拓尤需勇气、毅力和实力。衷心祝愿项目组和各位科研人员以本套丛书出版为新起点，勉力精进，深耕勤研，取得更多丰硕成果。

浙江省社会科学院副院长、研究员
"中国村庄发展：浙江样本研究"项目负责人、丛书主编　陈　野
2020 年 12 月 6 日

丛书绪论

I N T R O D U C T I O N

中国是一个历史悠久的农业大国，农业是关系到国计民生的基础产业，农民是占人口最多的社会群体，农村是最广阔的地域空间。"三农"问题在我们党和国家发展中占有重中之重的地位。村庄作为中国最古老的社区，既是农民的集居地，也是农业赖以发展的基础，亦是农耕文明、农耕文化、地域文化生存发展之地。从一定意义上来说，村庄发展就是"三农"发展的缩影，村庄发展演变也反映着社会的变革趋势，特别是城乡关系的发展变化趋势。

村庄是乡村经济社会发展最基础、最基本的单元，村庄发展也是整个中国经济社会发展演变的一个风向标。无论是城市发展还是农村发展、工业发展还是农业发展都会在村庄的发展上表现出来，所以研究中国村庄发展实际上是解剖中国经济社会变革的"麻雀"，"麻雀虽小、五脏俱全"，我们通过对改革开放 40 多年来村庄发展的一些样本的解剖，可以揭示中国改革开放 40 多年来政治、经济、社会、生态和文化等方面的发展轨迹与发展规律，起到"窥一斑、见全貌"的作用。

一、改革开放 40 多年来浙江村庄发展的基本经验

浙江是 5000 年中华文明实证地、中国革命红船起航地、改革开放先行地和习近平新时代中国特色社会主义思想的重要萌发地。浙江作为中国东部沿海发达的代表省之一，市场化、工业化、城镇化进程走在全国的前列，同时浙江也是地域差异性十分明显的省份，"七山一水二分田"的基本省情和兼有山海之利的特点，使得浙江村庄发展的多样性特色十分明显。由浙江省第二期文化研究工程重大系列项目"中国村庄发展：浙江样本研究"形成的这套丛书，选取的 11 个村庄研究样本，既来自 11 个地（市），也兼顾了发达地区明星村与欠发达地区的后发村、平原村与山区村、城郊区村

与纯农区村、少数民族村与海岛渔村等不同类型的地域村庄。这11个不同村庄在浙江既有一定的代表性，也隐含了发展的普遍性与多样性相统一的规律性。特别是改革开放的伟大变革是从农村开始的，改革开放的先行者和主力军也是农民。"春江水暖鸭先知"，从一定意义上来说，浙江村庄也是浙江变革最早、最快的地方，因此这11个样本村庄的研究就有了多方面的意义与价值。

丛书的11个不同类型的浙江村庄个案，每个研究基本上都由史地、经济、社会、治理、生活、生态、文化、访谈、文献等篇组成，从而分析每个村庄发展基础，记述发展历史，总结发展经验，解释发展动因，揭示发展本质，提炼样本价值。浙江这11个样本村庄地域位置各异，资源禀赋不一，发展水平参差不齐，但通过对这11个个案村改革开放40多年来的发展历程、发展实绩、发展经验、发展动因等的整体分析，我们大致上可以揭示浙江农村40多年改革开放的基本经验，也可以从中寻找到浙江40多年改革开放与发展之所以能够走在全国前列的内在原因。正如时任浙江省委书记习近平同志总结的，浙江发展快是因为农村发展快，浙江富是因为农民率先富，浙江活是因为农村搞得活。从这11个个案样本村的发展总体情况来分析，浙江村庄40多年改革开放中值得全国村庄借鉴的发展经验主要有以下五点：

一是坚持走以"人民大众创造财富、人民政府创造环境"为运行机制的大众市场经济的创新发展之路。改革开放以来浙江把家庭联产承包制改革对农民生产力的解放运用到了极致，通过千百万农民率先闯市场，鼓励农民以市场为导向调整优化农业结构，鼓励农民务工经商，大力发展乡镇经济、家庭工业和个私经济，率先在全省快速推进市场化、工业化和城镇化的进程，促进农民分工分业分化，让千百万农民成为自主创业创富的市场经营主体，形成了"百万能人创业创富、千万农民就业致富"的新格局。以乡镇企业、个私经济为主体的民营经济不仅带动了农民快速致富，也成为推动浙江工业化、市场化最强大的力量。花园村、上园村、邵家丘村、缪家村等村庄的发展都实证了这一以农民大众为创业创新主体力量的创新发展之路。农民大众和民营企业成为全省市场经济绝对的主体力量，市场化、工业化、城镇化中的浙江农民的创造力得到了前所未有的爆发。同时，浙江各级政府按照时任省委书记习近平的"以人为本谋'三农'"的要求，为农民自由全面发展创造环境，大力改善基础设施、公共服务和人居环境，推进"最多跑一次"改革，形成了"人民大众创业致富、人民政府管理服务""人民大众创造财富、人民政府创造环境"的大众市场经济的创新发展模式。这一发展路子非常全面地体现了以人民为中心的发展思想，做到了发展为了人民、发展依靠人民、发展成果为人民共享，浙江这一大众市场经济的运行机制使浙江"三农"发展表现了极大的创造力。

二是坚持走"城乡融合发展、一二三产业融合发展"的城乡一体化的协调发展之路。城乡关系在"三农"问题解决上起着极为重要的作用。改革开放以来，浙江逐步改革了城乡二元分割体制，允许农民到城镇务工经商，走出了一条农民城镇农民建的城镇化之路，县城和小城镇成为农民首选的安居乐业之地。特别是从新世纪以来，时任浙江省委书记习近平亲自制定《浙江省统筹城乡发展 推进城乡一体化纲要》，实施了新型城镇化与建设新农村双轮驱动的新战略，实施千村示范、万村整治的工程，大力推动城市基础设施向农村延伸、城市公共服务向农村覆盖、城市现代文明向农村辐射，快速缩小了城乡在基础设施、公共服务和现代文明方面的差距。经过十几年坚持不懈的建设，我们这11个个案村庄无一例外地都变成了生态宜居的美丽乡村，农村人居环境得到了根本性改善。在这一背景下，城市出现了逆城市化和新一轮"上山下乡"的热潮，追求绿色生态的城市消费者热衷于到美丽乡村来休闲度假、养生养老，城市有识之士和城市资本技术也开始出现了"上山下乡"，到美丽乡村发展民宿等美丽经济和现代农业。传统农业也出现了加速向现代农业转变的新趋势。家家粮棉油、户户小而全的小农经营大幅减少，适度规模经营的家庭农场、合作社、龙头企业成为新型农业经营主体。大学毕业生、研究生、留学归来的高层次农二代和来自城市的农创客给浙江农业注入了新的生机和活力。同时，农业出现了功能多样化以及与第二、第三产业相融合的新趋势，休闲观光农业、文创农业、体验农业、智慧农业、设施农业等新型农业业态快速增多，现代农业呈现出与第二、第三产业深度融合的全产业链发展的新趋势。农业绿色化、标准化、品质化、品牌化让浙江农业呈现出前所未有的发展新态势。

三是坚持走"绿水青山就是金山银山"理念为引领的生态生活优先的绿色发展之路。浙江人多地少，人均资源稀缺，在改革开放初期，为了解决产品短缺、工业品供应匮乏问题，被迫走了一条以牺牲生态环境为代价的粗放型、数量型经济发展之路。在世纪之交，生产发展与生态保护的矛盾更加突出。2003 年，时任浙江省委书记习近平高瞻远瞩地提出了建设生态省和绿色浙江的新战略。在全省实施"千村示范、万村整治"工程，2005 年习近平在安吉余村首次提出了"绿水青山就是金山银山"理念，强调优美的生态环境就是最普惠的民生福祉。在农村经济发展上，把为农民创造优美生活环境、优良生态环境放到首要位置。本丛书 11 个样本村无一例外地都开展了农村人居环境和生态环境整治，将原来污染严重的垃圾村建设成为生态宜居的美丽乡村。像余村、棠棣村、清漾村、沙滩村等都成为美丽乡村精品村和文化旅游名村，美丽乡村成为农民引以为豪的美好生活的幸福家园，也成为城市人越来越向往的休闲度假、养生养老的生态乐园。越来越多的城市消费者、投资者兴起"上山下乡"的新热潮。乡村旅游、农家乐、民宿、体验农业等"美丽"经济和"乡愁"产业成为"两山"转化的有效载体，这些绿色产业成为浙江农民创业就业、创业致富的新亮点。

四是坚持走"对外开放、对内开放"相互联动的特色块状经济的开放发展之路。通过对改革开放前后的经济发展路子的比较，使浙江干部群众意识到全方位开放经济和市场经济是发挥资源小省、市场大省优势的必然选择。浙江抓住中国的对外开放新机遇，大力发挥劳动力人才和工贸优势，大力发展市场在外、原料基地在外的"两头在外"的集聚化、特色化生产加工、贸易基地，形成了柯桥轻纺、海宁皮革、义乌小商品、永康小五金、桐乡羊毛衫、东阳红木家具、大唐袜业等特色块状经济。本书的 11 个样本村在这一开放发展大潮中形成的一村一品、一村一业的特色专业村的发展模式，则是浙江这种开放型块状经济的基础和重要生力军。这种"两头在外、无中生有"的块状产业是县域经济、农村经济的强大支撑和竞争力所在，都是浙江农民创业就业的主阵地，也是浙江民营经济具有强大竞争力的重要因素。在浙江这些以县城和小城镇为依托的特色块状经济集聚发展的地方，浙江农民只要有劳动能力就可以找到工作岗位，只要有资本就可创业办实业。目前这种对外对内双向开放和市场原料两头在外的块状经济正向产业集群的方向转型，并通过智能化改造促进传统制造业向先进制造业转型。通过这种双向开放的特色块状经济的发展，以农民和民营经济为主体的县域经济也得到了不断提升，成为浙江"三农"发展极为亮丽的风景线。

五是坚持走家庭经营、合作经营互促共进，鼓励先富帮扶后富、双管齐下的共创共富的共享发展之路。在 40 多年改革发展中，浙江农村逐步形成了符合社会主义市场经济发展要求的经营体制。确立了农户家庭经营在农业生产中的主体和基础地位，强调这适合农业自然再生产和经济再生产相结合的产业特点，也适合社会主义市场经济运行机制，但我们家庭经营规模太小、数量太多，参与市场竞争能力非常有限。因此，在发挥家庭经营在农业生产中的基础作用的同时，充分发挥合作经营在农民走向市场中的服务作用。为了适应现代农业发展的要求，浙江在农业经营体制上不断地推陈出新，一方面我们按照承包农地"三权分置"的原则，促进土地经营权向专业大户、家庭农场和龙头企业集中。另一方面，通过发展专业合作社，特别是大力发展生产合作、供销合作、信用合作三位一体的农合联组织，为农业家庭经营提供全方位的合作服务。与此同时，村经济合作社作为集体土地所有者代表和社区集体经济组织，承担起发展壮大集体经济为社员服务的职能。在农业创业创富和收入分配方面，我们致力于打破分配上的平均主义和"大锅饭"，允许和鼓励一部分人和一部分地区，通过勤劳致富和创业开拓市场先富起来，同时引导和鼓励先富带后富，先富帮后富。本丛书中处于欠发达地区的缙云北山村、海岛地区的蚂蚁岛村和龙峰民族村等，也都先后走上了先富带后富、大家一起富的共富之路。浙江 40 多年改革开放中的"三农"发展实践证明，共同富裕不等于平均富裕，不能通过计划经济搞纯而又纯的公有制、过度集中的单一公有制经济来实现，而是要通过发展社会主义市场经济，充分发挥市场机制的基础作用和政府的积极有为作用，让千百万农民成为独立的家庭经营的市场主体，在此基础上，政府通过发展合作经营和扶贫攻坚，帮扶欠发达地区和低收入群体增强发展能力。只有让一部分地区、一部分人群先富起来，才能形成先富带后富、大家共同富裕的共同发展的新格局。

二、浙江村庄发展的个性特色和影响因素

以本套丛书所述 11 个村庄为代表的浙江村庄发展经验弥足珍贵，有许多值得全国村庄借鉴的地方。而通过对这 11 个村庄历史地理、资源禀赋、社会文化、人文环境、政府服务等多方面的深入挖掘和综合思考，揭示这 11 个村庄之所以发展快、发展好、发展有个性特色的深层次的原因及其规律性，则更是我们这套丛书出版所要达到的一个重大预期目标。全面分析浙江这些村庄的历史文化、地理区位、资源禀赋、产业特点、人文因素、发展环境、政府服务等多方面因素，浙江村庄发展与下列五大因素密切相关：地域位置与资源禀赋、文化传承与人文素养、乡村能人与乡村干部、改革政策与民众认知、地方领导与地方治理。这五大因素影响并决定着村庄发展方向、发展特点和发展水平。

首先是地域位置与资源禀赋。中国人常说"一方水土养一方人"，浙江就是受这方面因素影响特别大的地方，尤其是农业生产为基础的村庄发展以及民风民俗影响更是特别直接。浙江地处中国东部沿海长三角地区，气候是亚热带季风气候，四季分明，雨热同季，气候多变同时又有人多地少、山多田少、人均农业资源不足等特点。这些地域特点与资源禀赋总体上使得浙江农民和村庄发展形成了自身的群体特征。农业生产一年四季都可进行，农民既勤劳又节俭，家庭手工业发达。同时相邻地区的差异性也比较大，如杭嘉湖、宁绍平原这种江南水乡地区的村庄与村民同浙西南山区、浙中山区盆地的村庄产业及民俗民风的差异性也比较大，但总体上浙江村民勤奋节俭、农商兼营、心灵手巧的特点十分明显。

其次是文化传承与人文素养因素，这也是对村庄发展影响久远的因素。浙江是

中华民族 5000 年农耕文明实证地、中国农业文明重要发祥地，有将近万年的上山文化、八千年跨湖桥文化、七千年河姆渡文化、六千年马家浜文化和五千年良渚文化，这种农耕文化对浙江村庄和农民影响极其深远。农耕文化影响下形成的天人合一、道法自然的农事理念，巧用资源、精耕细作的农作制度，勤劳勤俭、勤学勤勉的农家品质，村落集居、族人互助的农村价值及耕读传家、回馈乡里的乡贤精神都使得浙江村庄发展带有明显的农耕文化、民俗文化影响的深深的烙印。

第三是当地乡村能人与乡村干部因素的作用非常巨大。我们从 11 个样本村的 40 年改革发展的历程与成效来看，乡村能人和乡村干部的行为、思维的影响是决定性的。尤其那些在改革开放中率先富起来的村庄，诸如样本村中金华的花园村、温州的上园村、宁波的邵家丘村、绍兴的棠棣村、丽水的北山村等，都是由乡村能人和乡村干部带头闯市场、带头经商办厂兴实业而带领村民群众走上共创共富之路的。可以说在所有发展因素中，这种能人因素的作用是极其明显的，尤其是村庄的干部，应该既有创业创富闯市场的能力，又有带领村民走共同富裕道路的奉献精神，这显得尤为重要。

第四是政策导向与民众认知的因素。这在村庄改革开放 40 多年发展中的影响力也特别的明显。浙江这种具有悠久的农商兼营、工农商皆本的地俗文化和人多地少的地方，在计划经济和以粮为纲的左的年代，浙江人的手工业和家庭工业、小商品生产都被当作资本主义尾巴砍光了，农民生活十分贫穷。在 1978 年改革开放和普遍实行包产到户的新的改革政策环境下，浙江农民发展商品生产、乡镇企业、个私经济的积极性得到全面激发。从实践来看，农民群众对改革政策的认同度越高、响应越热烈的地方，村庄的经济社会发展就越快，农民们致富的速度也越快，政策效应也越明显。当然，这也与当地党委政府的工作力度密切相关，政策宣传和贯彻落实越到位的地方，农民群众认知度越高，政策效果也越明显。

第五是地方领导和地方治理的因素，这也是村庄发展十分重要的因素。地方领导思想是否开放、思路是否开阔、对"三农"工作是否重视、对农民群众感情是否深厚、工作作风是否求真务实，这些都关系到能否为当地村庄发展创造良好的环境条件。如改革开放初期，温州地方领导、金华东阳义乌地方领导、宁波余姚地方领导的思想比较开放、开明，作风求真务实，就为这些地方村庄改革发展创造了比较宽松的发展环境。在乡村地方治理上，浙江农村都比较好地实行了村民委员会自治的地方治理，并且很多地方都把村民自治与德治、法治紧密结合起来，形成了村民自治、德治、法治"三治合一"的地方治理模式，为村民自我治理、自我发展创造了良好的治理机制。

总之，浙江村庄在 40 年改革开放中发展的经验弥足珍贵，值得各地借鉴，发展的内在机制、规律也反映了中国改革开放以来"三农"发展的规律性。本丛书记述的浙江 11 个样本村庄的发展各具特色，但也有许多共性的经验、规律可循，期望读者们能从这一丛书的村庄发展案例中发现一些对今后中国村庄有借鉴意义的东西，希望大家将这一丛书看作研究浙江 40 年改革开放村庄发展和"三农"发展的一个重要窗口。

"中国村庄发展：浙江样本研究"项目首席专家　顾益康

2020 年 10 月

目 录
C O N T E N T S

CONTENTS

导语 "绿水青山就是金山银山"理念引领余村绿色转型

——改革开放四十年余村变迁

引 言

"多重转型发展是新中国70年经济发展的逻辑。"① 从改革开放以来中国经济社会转型的实践和历程来看，我国的经济社会转型是从经济转型开始，进而逐步推动了文化、政治变革和社会结构的全面转型。② 而这一转型的重要特征就是经济发展方式从粗放型发展向集约型发展转型，从高投入、高消耗、高积累、重工业优先、重速度、轻效益的数量规模扩张向提高生产要素的使用效率、提高科技和人力资本对经济增长的贡献率转型；从对自然的过度索取导致的人与自然的冲突向保护自然、实现人与自然和谐共生转型。

中国百年经济社会大变革都反映在乡村经济社会转型上。中国70年转型发展也集中浓缩在乡村经济社会转型上。从20世纪50年代的土地改革、社会主义农业合作化改造、人民公社到20世纪70年代末的包产到户，80年代乡镇企业的异军突起、农村工业化、城镇化，一直到21世纪的城乡融合发展。从经济转型上讲，主要是从计划经济向社会主义市场经济转型；从社会层面和城乡关系层面上讲，主要是从城乡分割的传统农业社会，逐步走向城乡开放的工业化社会再到城乡融合发展社会；从生产方式上讲，主要是从传统的农业生产方式到粗放型的工业化生产模式，再到生态化绿色发展模式。

---

① 任保平：《新中国70年经济发展的逻辑与发展经济学领域的重大创新》，《学术月刊》2019年第8期。
② 鲁可荣：《村域转型与发展研究的核心理念、框架及路径》，《广西民族大学学报（哲学社会科学版）》2012年第6期。

村庄①是中国农村最基础的社会单元，农村转型集中反映在村庄转型发展上。村庄作为农村社会的一个基本单元，改革开放以来，随着中国经济社会发展的急剧转型和城乡一体化进程的不断加快，村庄的地域空间、自然资源到村庄的经济社会都在发生巨大变化和转型。因此，从广义上理解，村庄经济社会转型，包括自1978年以来发生在村落范围内的传统意义上的经济转型和由经济转型推动的村落社会转型和村落文化转型。②

在改革开放的前20年，中国大多数资源型村庄依靠丰富的资源"靠山吃山"获得了快速发展，但这种发展是以对地质和生态的破坏、以牺牲环境和破坏环境为代价的，是不可持续的，迫切需要从依靠资源的过度开发谋求经济快速发展逐渐向保护资源、促进人与自然和谐共生的绿色发展转型。但由于过度依赖资源的惯性思维，资源型地区转型发展非常困难。在我国，长期的掠夺式开采和粗放式经营，造成了地质灾害、生态破坏、环境污染、土地下陷、矿难频发、资源浪费等"资源诅咒"，大大增加了资源型地区转型发展的难度。③对此，很多资源型村庄进行了不懈探索。

本书所研究的余村就是这一类村庄。

余村是浙江省湖州市安吉县天荒坪镇所辖的一个行政村，位于天荒坪镇政府西侧，村委会到天荒坪镇政府的直线距离700米。余村下辖冷水洞、赵家堂2个自然村和1个中心村。因坐落于浙西天目山余脉余岭脚下的"余村坞"而得名。村庄位于一个自西向东呈喇叭口状的山谷，三面环山，地势北高南低，西起东伏。一条小溪呈S形流过村庄，将整个山谷平原分成南北两部分，形成了一种略似太极图的布局。村庄以此布局，溪北为住宅区，南为农作区。2018年余村村域面积4.86平方公里，其中山林面积6000亩，多为毛竹林，有5200亩，满山青翠，另有水田580亩，是典型的"八山一水一分田"。余村下辖8个村民小组，有280户农户、约1050位村民。

20世纪70年代开始，余村依靠丰富的矿山资源，"靠山吃山"，发展矿山经济，村级经济在20世纪90年代曾名列全县之首，成为全县的首富村，但同时也

---

① "村庄"有时也被称为"村落"，在本书特指行政村，即在行政区划管理体系中，按一定的区域划分设置行政机构而形成的村政单位。

② 车裕斌：《典型村落经济社会转型及发展趋势》，《广西民族大学学报（哲学社会科学版）》，2008年第3期。

③ 徐朝卫：《治理要素组合与互动：资源型村庄转型发展研究——基于山西省两个案例村的比较》，《中国农村研究》，2015年第12期。

造成严重的环境污染和对生态的破坏。从 2003 年开始，余村逐步关停矿山，转型绿色发展。这一行动契合了当时浙江省"八八战略"的生态省建设、绿色浙江建设、"千村示范、万村整治"工程的要求，得到了前来调研的时任浙江省委书记习近平的高度赞扬。习近平同志在 2005 年 8 月 15 日在余村简朴的村委办公室与村民们座谈时发表了"绿水青山就是金山银山"的重要论述，充分肯定了余村的绿色转型。余村是"绿水青山就是金山银山"理念的诞生地和践行地，15 年来致力于转型美山富山，发展绿色休闲产业，2018 年 9 月余村成功创建国家 4A 级景区，成为宜业、宜居、宜游的如诗如画的美丽、生态、田园乡村，旅游收入从几乎没有增加到 3600 多万元。村集体经济收入由 2005 年的 91 万元增加到 2018 年的 471 万元，农民人均纯收入由 2005 年的 8732 元增加到 2018 年的 4.46 万元，高于同期浙江省农民人均可支配收入 1 万元以上。余村注重把绿色发展与乡村治理相结合，形成了乡村治理的"余村经验"。十余年来，余村无一起刑事案件，无一起群体性事件，无一人越级信访，无一起安全责任事故，历任村干部无一人违规违纪，全村矛盾纠纷调处率和调解成功率均达到 100%，连年获得"平安示范村""无邪教村"等荣誉称号，先后被评为"全国文明村镇""国家级民主法治示范村"等，百姓既安居乐业，又意气风发，社会既安定有序，又充满活力。

余村在推动绿色发展过程中把生态优势转化为治理优势，促进生态文明与乡村治理协同共进，美丽乡村与善治乡村一体建设，形成了一套自治法治德治相结合、生产生活生态齐发展的治村之道，实现了"村强、民富、景美、人和"。村民在生态环境保护中尝到了绿色福利，从绿色发展中获得了绿色效益，从生产、生活、生态"三生融合"中提高了生活品质，村民获得感、幸福感显著增强。

余村这个"靠山吃山"的小山村，在从矿山经济转型绿色发展、实现"养山富山"的过程中，其转型过程、曲折探索、生产方式转型带来的乡村治理、生活方式、文化调适、期盼向往等一系列变化以及对高质量绿色发展的探索，在中国进入生态文明新时代的当下，无疑具有普遍意义。

本书运用个案研究方法及"史论结合"方法，对余村发展特别是改革开放以来余村的 40 年经济社会文化变迁的过程，进行系统考察；对余村转型发展、绿色发展过程及动力机制进行微观样本梳理，检视生态文明建设过程中乡村发展面临的突出问题，进而揭示在现代化进程中及生态文明建设过程中中国乡村发展的普遍规律。

第一节　余村 40 年变迁的基本过程

余村自 1978 年改革开放至 2018 年 40 年的发展大体上可以划分为两个发展阶段。

一、改革驱动的乡村经济社会快速发展阶段（1978—2004）

（一）以矿山企业为主的村办工业快速发展

1978 年确立家庭联产承包责任制为农村基本经营制度，极大地调动了农民生产积极性，释放了农村生产力。这一时期余村的粮食生产有了很大发展。随着农村改革的不断深化，1984 年中央提出鼓励大力发展乡镇企业，推动了农村工业化、城镇化快速发展。浙江省人民政府下发了《关于加快发展乡镇企业的若干规定》（浙政〔1984〕44 号），明确"加快发展乡镇企业是浙江省经济发展的重要战略"，"乡镇企业是浙江省国民经济的一支重要力量"，"乡镇企业应该成为浙江省经济发展的战略重点"，并要求"各级政府都要充分认识乡镇企业对于社会经济发展的重要意义，主要领导同志要亲自动手抓乡镇企业"。安吉县政府提出"工业立县""工业强县"之路，乡镇工业得到快速发展，竞争力也明显提高。以矿山企业为主的余村村办工业发展加快。快速发展的村镇工业的一个重要贡献就是促进了村级集体经济发展、带动了农村剩余劳动力的就地转移及村民收入的显著增加。余村集体经济收入大幅增加，最高时一年达到 200 万元，一度成为安吉县的首富村。全村 280 户中有一半以上的家庭有劳动力在矿区务工，村民来自矿区的收入占总收入的一半以上。村民年人均收入也显著高于安吉县农民人均收入。1998 年余村农民人均收入 4493 元，比同期安吉县农民人均收入高 827 元，比同期浙江省农民人均收入高 678 元。

（二）建立了以村民自治为主要内容的乡村治理制度体系

农村改革前，在人民公社（三级所有、队为基础）的体制框架内，生产队是农民生产、生活、分配核算的基本单元。当时，余村是生产大队，下辖几个生产小队。改革开放后，根据 1983 年《中共中央、国务院关于实行政社分开建立乡政府的通知》的规定，撤销人民公社，恢复重建乡（镇）人民政府，余村大队改为余村村民委员会，生产小队改为村民小组。余村根据《中华人民共和国村民委员会组织法（试行）》中对村民委员会的组成、产生、工作机制、监督机制等的规定，通过选举建立了村民委员会，成为余村治理主体，各类体现村民自治的制度通过新的治理主体实施，重构了"乡政村治"格局。除此之外，还有依照规定由村民自己制订的治理制度和具体措施，如村民自治章程、村规民约等，成为各类村庄治理制度的法源基础。

这一阶段的村庄治理制度体系奠定了余村后来致富兴村、转型发展的基础。首先是余村村民的主体身份和主体权利通过经济上独立的承包经营权和政治身份上的"村民"独立主体身份而得到了充分确认；其次，村庄政治生活的基本原则通过法律的形式得到了确认，余村通过选举成立了村民委员会，成为余村治理主体。各类体现村民自治的制度和决策通过新的治理主体实施，如余村 1983 年开办余村石矿，1984 年开始做湖州市第一个新村规划并逐步实施，1985 年开始实施"五好家庭"评比制度，在 2001 年撤销了村民小组的会计结算，实行村管账务制度等。

（三）公共事业得到发展

随着村级集体经济加快发展、村级治理制度的建立，余村公共事业也得到发展。1990 年代村里统一为村民安装自来水，是安吉县最早安装自来水的村；新建余村小学教学楼、安装余村闭路电视系统等；改建扩建村内道路，村内水泥路通到每家每户；2000 年建立大病统筹和村民部分医疗费用报销制度；兴建生态公墓等。

二、主动求变、积极探索绿色发展阶段（2005—）

余村自 2004 年开始逐步关停每年能给村集体带来巨大效益的三个石灰矿和一座水泥厂，淘汰重污染企业，对田林复垦复绿。2005 年村委会宣布关闭全村所有矿山企业，彻底停止"靠山吃山"做法，转变发展方式，对矿山进行复绿复垦。2005 年 8 月 15 日，时任浙江省委书记习近平到余村视察，充分肯定余村关停矿山、对矿山进行复绿复垦是"明智之举"，提出"绿水青山就是金山银山"理念，余村从此坚定了转型发展信念，开启了绿色发展的探索。

这一阶段，余村转变经济发展方式，由以牺牲环境换来的高增长转变为以保护绿水青山、保护生态文明为基础的绿色可持续发展。为此，余村持续开展环境综合整治及美丽乡村建设。并在此基础上，发展美丽经济，探索生态产品价值实现机制，推进农村一、二、三产业融合发展。三次产业发展实现了从单向演进向深度融合的升级，现代化经济体系日益完善，村级集体经济收入、村民收入都有了显著提高，村民获得感显著提升。余村通过改善生态环境、发展休闲生态旅游业等，成功实现了转型，自2005年余村关停矿山转型发展至2018年，村级集体经济收入持续增加。2005年村级集体经济总收入为91万元，到2014年达304万元，2017年提高到410万元，2018年提高到471万元；村民人均纯收入由2004年的7576元、2005年的8732元、2015年的32990元提高到2018年的44680元，比2018年湖州市农民人均可支配收入高12915元，比全省农民人均可支配收入高17380元。

以"绿水青山就是金山银山"理念为轴心推动乡村治理转型。健全完善了一批促进绿色发展的制度体系，村民自治制度体系也更加完善，村民的治理主体地位真正得到体现，如"四会"管理制度、新修村规民约、志愿者服务制度等促进形成了余村村庄治理的"共治"格局。同时，培育生态文化，推动村民由自发生态意识转化为生态自觉。

第二节 余村转型绿色发展的动力机制

余村转型绿色发展的动力机制是指转型绿色发展过程中的各种内外因素的相互作用方式，是各种因素相互联系、相互作用而形成促进发展前进动力的过程，可以分为内部动力和外部动力两大动力机制。余村转型绿色发展是村委会、村民和各级政府共同作为制度变迁主体，"绿水青山就是金山银山"理念和习近平生态文明思想引领及政策激励与村民内在需求两种变迁方式融合形成了一种"自上而下"和"自下而上"的双向推进型制度变迁方式，共同推进制度变迁，促进余村绿色发展。

一、习近平生态文明思想引领

思想是行动的先导，一定的发展实践都是由一定的发展理念来引导的。2005年8月15日习近平同志在余村创见性地提出了"绿水青山就是金山银山"的重要科学理念，一场中国社会发展观的变革由此开始。党的十八大将生态文明建设纳入"五位一体"总体布局；党的十九大提出必须树立和践行"绿水青山就是金山银山"的理念，并丰富发展成为习近平生态文明思想，推动我国生态文明建设取得举世瞩目的成就。余村正是在习近平生态文明思想引领下坚持绿色发展，才实现了经济发展与环境保护的双赢，才有如今的"村强、民富、景美、人和"。

习近平生态文明思想可以简要概括为以下几方面：

（一）坚持人与自然和谐共生

坚持人与自然和谐共生就是要树立绿色发展理念。习近平指出，人与自然是生命共同体，生态环境没有替代品。因此，在整个发展过程中，我们都要坚持节约优先、保护优先、自然恢复为主的方针，不能只讲索取不讲投入、不能只讲发展不讲保护，不能只讲利用不讲修复。[①] 早在 2004 年习近平就提出："磨刀不误砍柴工，思想是行动的先导。在思想认识上的收获，比我们在发展上的收获更有长远意义。""两个清醒认识"和"五大发展理念"的提出更加彰显了习近平重视绿色发展理念对生态文明建设的重要指导作用。针对传统价值观以 GDP 论英雄的经济社会评价体系和干部考核体系，严重破坏了自然生产力的特征，习近平强调，一定要彻底转变观念，再不以 GDP 增长率论英雄。如果生态环境指标很差，一个地方、一个部门的表面成绩再好看也不行。党的十九大提出坚持人与自然和谐共生，坚持节约资源和保护环境的基本国策，像对待生命一样对待生态环境，形成绿色发展方式和生活方式，坚定走生产发展、生活富裕、生态良好的文明发展道路。

（二）绿水青山就是金山银山

"我们追求人与自然的和谐，经济与社会的和谐，通俗地讲，就是既要绿水青山，又要金山银山。"[②] 这是重要的发展理念，也是推进现代化建设的重大原则。"绿水青山就是金山银山"理念将经济发展与生态保护结合起来，揭示了保护生态环境就是保护生产力、改善生态环境就是改善生产力，实现经济发展与环境保护关系由矛盾走向双赢。绿水青山既是自然财富、生态财富，又是社会财富、经济财富。保护生态环境就是保护自然价值和增值自然资本，就是保护经济社会发展潜力和后劲，使绿水青山持续发挥生态效益和经济社会效益。[③] 强调"绿水青山就是金山银山"，就是要尽最大可能维持经济发展与生态环境之间的精细平衡，走

[①] 习近平：《加强生态文明建设必须坚持的原则》，《习近平谈治国理政》第三卷，北京：外文出版社 2020 年版，第 361 页。

[②] 习近平：《干在实处　走在前列——推进浙江新发展的思考与实践》，北京：中共中央党校出版社 2006 年版，第 197 页。

[③] 习近平：《加强生态文明建设必须坚持的原则》，《习近平谈治国理政》第三卷，北京：外文出版社 2020 年版，第 361 页。

生态优先、绿色发展的路子，形成包括绿色消费、绿色生产、绿色流通、绿色金融等在内的完整绿色经济体系。要使"绿水青山"成为"金山银山"，关键是要做好"转化"这篇文章，也就是做好将资源生态优势转化为经济社会发展优势这篇文章，使"绿水青山"真正转化为"金山银山"。

（三）树立绿色生活观

习近平强调，生态环境问题归根结底是发展方式和生活方式问题，要从根本上解决生态环境问题，必须贯彻创新、协调、绿色、开放、共享的发展理念，加快形成节约资源和保护环境的空间格局、产业结构、生产方式、生活方式，把经济活动、人的行为限制在自然资源和生态环境能够承受的限度内，给自然生态留下休养生息的时间和空间。[①] 为此，要增强全民节约意识、环保意识、生态意识，培育生态道德和行为准则，开展全民绿色行动，动员全社会都以实际行动减少能源资源消耗和污染排放，为生态环境保护作出贡献。

（四）树立山水林田湖草是一个生命共同体的生态观

习近平强调："山水林田湖是一个生命共同体，人的命脉在田，田的命脉在水，水的命脉在山，山的命脉在土，土的命脉在树。"[②] 生态本身就是一个有机的系统，生态治理也应该以系统思维考量、以整体观念推进，这样才能顺应生态保护的内在规律。要从系统工程和全局角度寻求新的治理之道，必须统筹兼顾、整体施策、多措并举，全方位、全地域、全过程开展生态文明建设。通过绿色教育体系，使人们从脑海里、骨子里崇尚自然，爱惜环境，视生态为生命，视环境如眼睛，把自然和谐共生作为构建人类命运共同体的核心内容。

（五）树立绿色治理观

绿色治理是指多元治理主体以绿色价值理念为引导，基于互信互赖和资源共享，合作共治公共事务，以实现"经济—政治—文化—社会—生态"持续和谐发展的美好生活的活动或活动过程。[③] 习近平反复倡导生态文明建设必须将"绿水青山就是金山银山"的理念贯穿于经济、政治、文化、法治建设的方方面面，坚持推

---

① 习近平：《加强生态文明建设必须坚持的原则》，《习近平谈治国理政》第三卷，北京：外文出版社2020年版，第362页。
② 习近平：《关于〈中共中央关于全面深化改革若干重大问题的决定〉的说明》，《人民日报》2013年11月12日第1版。
③ 史云贵、刘晓燕：《县级政府绿色治理体系的构建及其运行论析》，《社会科学研究》2018年第1期，第82页。

进，走出一条经济发展和生态文明水平提高相辅相成、相得益彰的路子。

（六）良好的生态环境是最普惠的民生福祉

坚持良好的生态环境是最普惠的民生福祉原则，是习近平生态文明思想最大的亮点，也是中国生态文明建设的初衷和归宿。习近平指出，环境就是民生，青山就是美丽，蓝天也是幸福。既要创造更多的物质财富和精神财富以满足人民日益增长的美好生活需要，也要提供更多优质生态产品以满足人民日益增长的优美生态环境需要。同时还强调要在建立市场化、多元化生态补偿机制上取得新突破，让保护生态环境的人不吃亏并得到实实在在的利益，让农民成为绿色空间的守护人。2015 年 5 月，习近平在浙江召开华东 7 省（市）党委主要负责同志座谈会时强调："要科学布局生产空间、生活空间、生态空间，扎实推进生态环境保护，让良好生态环境成为人民生活质量的增长点。"① 总书记的重要论述，生动体现出发展为了人民、发展依靠人民、发展成果由人民共享的执政情怀，也是推动农业农村绿色发展的根本出发点和落脚点。

（七）用最严格制度最严密法治保护生态环境

习近平指出，保护生态环境必须依靠制度、依靠法治。为解决我国生态环境保护中存在的突出问题，保护生态环境，必须加快制度创新，增加制度供给，完善制度配套，强化制度执行，关键在真抓，靠的是严管，把制度权威性牢固树立起来，避免制度成为"稻草人"，真正把生态领域的制度优势转化为治理效能。"要严格用制度管权治吏、护蓝增绿，有权必有责、有责必担当、失责必追究，保证党中央关于生态文明建设决策部署落地生根见效。"②

二、浙江持续开展生态文明建设是余村转型绿色发展的重要推动力

政策激励是重要的外部推动力。政策激励推动转型绿色发展的机理和导向作用，主要是政策作为重要的外生制度变量，通过发展理念及政策支持信息在各级政府组织、村委会、农业生产组织、农业生产者、村民之间的传播过程，推进绿色发展的共享性行为活动。生态文明建设及绿色发展激励政策的目标是通过激励绿色发展，使相关组织和农业生产者及农村各类产业从业者、农村居民了解政策

---

① 中共中央宣传部：《习近平总书记系列重要讲话读本》，北京：学习出版社、人民出版社 2016 年版。
② 习近平：《加强生态文明建设必须坚持的原则》，《习近平谈治国理政》第三卷，北京：外文出版社 2020 年版，第 363 页。

的激励目标（即政策意图），并逐步内化为人们有意识地执行政策的自觉行为，通过政策的导向性将政策意图从政策主体（政府组织）传递给政策客体（各类生产组织及个人），从而推进政策的贯彻与实施。

改革开放以来，中国的工业化进程快速推进，"村村点火"的乡镇企业不断发展壮大，外商投资不断增长，工业发展的规模和水平不断提升。在工业文明的发展范式下，中国的发展很快受到"三条红线"的约束，即生态保护红线、环境质量底线和资源利用上线。①浙江"七山一水两分田"的地理特征决定了浙江是个典型的陆地地域小省、自然资源小省、环境容量小省。在改革开放之初，浙江人民以"自强不息、坚韧不拔、勇于创新、讲求实效"的浙江精神，推动了民营经济的快速发展及浙江经济快速发展，浙江得以连续20多年实现经济高增长。但由于民营经济发展初期多数是在来料加工、小五金、开矿采石、塑料印染、生猪养殖等经济回报率较高但污染较重的行业，这种自发性的、就地性的乡村工业化发展模式，实际上是一种反城市化的工业化道路，产业集聚低、发展成本高、环境污染重。这种污染的特点可以概括为：结构性污染、规模性污染（总量小，但单位产值排污量较高）、布局性污染（散）。虽然通过始自1996年的"一控双达标"行动进行了整治，但产业结构转换滞后于经济增长，污染治理速度滞后于工业规模的扩大。②在集约化畜禽养殖场的发展上也存在类似问题。

粗放式发展方式加上环保工作不到位，使浙江的可持续发展受到了严峻挑战，并在20世纪末期进入冲突期。浙江面临了空前的资源与环境压力，比全国其他地区提前遭遇"成长中的烦恼"：浙江资源需求的高速增长以及环境资源利用效率低下的矛盾进而导致生态环境的持续恶化开始集中显现，人民群众日益增长的美好生态环境需求与低质生态环境供给之间的矛盾激化，浙江经济社会可持续发展受到严峻挑战，"绿水青山和金山银山'两座山'之间关系"③历史性地摆在了浙江人的面前，到了必须统筹考虑区域生态环境与经济社会发展关系的关键期。西方发达国家发展的事实已经证明，"先污染后治理"传统工业化现代化老路已经带来了严峻的全球性生态环境问题，是行不通的，需要探索出一条与生态文明相契合的

---

① 潘家华：《从生态失衡迈向生态文明：改革开放40年中国绿色转型发展的进程与展望》，《城市与环境研究》，2018年第4期。

② 苏杨：《浙江：新乡村建设从整治环境入手》，《环境经济》2006年第6期。

③ 参见习近平：《干在实处　走在前列—推进浙江新发展的思考与实践》，北京：中共中央党校出版社2006年版，第198页。

工业化、现代化之路。

浙江省乡村环境问题的本质是转变经济增长方式的问题，是转变发展理念的问题。在改革开放的头20多年里，浙江乡村发展所取得的成就在一定程度上是以牺牲环境和资源为代价的，呈现出高增长与高污染并存的局面。撇开已有的经济增长的巨大成就，乡村环境污染已成为浙江经济可持续发展的瓶颈和制约因素。时任浙江省委书记习近平认为，浙江经济在快速发展中遇到的"成长烦恼"，其直接原因是资源环境的约束问题，但从深层次看，还是经济增长方式转变的问题。为此必须以凤凰涅槃的精神进行脱胎换骨的改造，彻底改变过去那种高投入、高消耗、高污染、低效率的粗放型增长方式，真正摆脱经济增长严重依赖大量资源消耗的格局。[1]

正是在这种背景下，浙江省委省政府毅然提出了以壮士断腕的精神搞好环境保护，以腾笼换鸟的决心搞好转型升级。习近平同志提出："推进经济结构的战略性调整和增长方式的根本性转变……就是要养好'两只鸟'：一个是'凤凰涅槃'，另一个是'腾笼换鸟'。所谓'凤凰涅槃'，就是要拿出壮士断腕的勇气，摆脱对粗放型增长的依赖……所谓'腾笼换鸟'，就是要拿出浙江人勇闯天下的气概，跳出浙江发展浙江……"[2]

为此，浙江从矛盾较为突出的问题入手，逐步将生态建设提上全省的发展战略。2003年7月，时任中共浙江省委书记习近平同志在省委十一届四次全会上所作的"八八战略"决策部署中指出"进一步发挥浙江生态优势，创建生态省，打造'绿色浙江'"[3]。

2003年8月8日，习近平同志在《浙江日报》"之江新语"专栏发表的《环境保护要靠自觉自为》一文中首次指出："'只要金山银山，不管绿水青山'，只要经济，只重发展，不考虑环境，不考虑长远，'吃了祖宗饭，断了子孙路'而不自知，这是认识的第一阶段；虽然意识到环境的重要性，但只考虑自己的小环境、小家园而不顾他人，以邻为壑，有的甚至将自己的经济利益建立在对他人环境的损害上，这是认识的第二阶段；真正认识到生态问题无边界，认识到人类只有一

---

[1]　周景洛、梁玉骥:《推动浙江民营经济新飞跃——浙江省委书记习近平访谈录》,《中国报道》2005年第7期。
[2]　习近平:《干在实处　走在前列——推进浙江新发展的思考与实践》,北京:中共中央党校出版社2006年版,第3~4、128页。
[3]　习近平:《干在实处　走在前列——推进浙江新发展的思考与实践》,北京:中共中央党校出版社2006年版,第71页。

个地球，保护环境是全人类的共同责任，生态建设成为自觉行动，这是认识的第三阶段。"2005 年 8 月 15 日时任浙江省委书记习近平到余村视察，充分肯定余村关停矿山、对矿山进行复绿复垦的"明智之举"，提出"绿水青山就是金山银山"的科学论断。这一理念深刻地影响并印证着浙江的绿色高质量发展历程。在 20 世纪末期，浙江摒弃先污染再治理的路子，开始把生态文明摆在发展的首位，有序坚持走绿色发展、高质量发展道路。在"千村示范、万村整治"的基础上，持续开展美丽乡村建设，推动浙江生态文明建设向更高质量发展。

政府主动引导加速了绿色产业发展。安吉县不断根据发展变化需要，围绕生态立县发展战略，科学制定战略规划，加强生态文明建设顶层设计，有效地指导生态立县发展战略实施。完成了 15 个乡镇和 100 多个行政村的生态乡镇、生态村建设规划，涵盖县、乡镇、行政村三级，形成了一体化、综合性"生态立县"规划体系，为"生态立县"战略的可持续发展提供了保障。

在浙江省持续开展的美丽乡村建设过程中，政策作为重要的外生制度变量，主要通过开展一系列美丽乡村建设项目创建活动进行正向激励。浙江美丽乡村建设从最初的创建美丽乡村示范村项目到后来的创建美丽乡村精品村等系列项目，通过"以奖代补"形式进行资金支持，通过鼓励发展农旅融合产业等进行政策支持，较好地弥补了绿色发展过程中的外部性和"搭便车"的问题。同时，通过政府颁布强制性的生产标准、生态环境保护等法律、法规约束生产者的行为，并且规范、优化绿色发展的外部环境。除了浙江省级层面开展的生态文明建设工作外，被列为太湖水污染治理重点区域的安吉县委、县政府也出台了《关于"生态立县—生态经济强县"的实施意见》，明确提出生态立县的主要任务是发展生态工业、生态农业、生态旅游和生态城镇并正式实施安吉生态立县战略。为有效治理水环境，创建水环境优美村，2016 年 3 月，安吉县制定发布了全国首个地方标准规范《美丽乡村水环境优美村创建标准》。2017 年 12 月，安吉发布了全国首个《美丽县域建设指南》地方标准规范，并于 2018 年 1 月 1 日正式实施。该指南可以看作《美丽乡村建设指南》的升级版，包括 8 个方面，涉及 67 项、122 个指标。

政府通过将文化活动与生态文明教育结合起来，让民众在参与文化活动中接受生态文明教育、普及生态文明理念。《生态安吉县民守则》主要以"生态"、"绿色环保"为主题，通过《守则》普及生态文明理念，强化民众生态环保意识，规范民众文明行为。修订村规民约，并以村规民约的制定和执行为切入点治陋习、破旧俗、树新风，如将"农村生活垃圾分类"列入村规民约，带动农民参与生活垃圾分类活动，实现全县农村生活垃圾分类全覆盖，被住建部确定为全国第一批农村生活垃圾分类和资源化利用示范县。

正是这些政策性制度安排引导镇村落实省、市县的相关发展生态产业的政策，推动产业转型发展及绿色发展。余村是太湖水域重要源头，作为主要经济来源的矿山、水泥行业，因安全生产问题、生态环境问题突出，也必须对经济发展道路作出重新选择，必须改变大量资源消耗的、高污染、低效率的粗放型增长方式。在关停矿山后大力发展绿色休闲产业，发展美丽经济，推动"绿水青山"向"金山银山"转化。

三、内生动力

追求利益最大化的单个行为主体总是力图在给定的约束条件下谋求确立预期对自己最为有利的制度安排和权利界定，一旦行为人发现创立和利用新的制度安排所得到的净收益为正时，就会产生制度变迁的需求。这种需求能否诱导出新的制度安排，取决于赞同支持和推动这种制度变迁的行为主体集合在与其他利益主体的力量对比中是否处于优势地位。[①] 在诱致性制度变迁中，赞同、支持和推动这种制度变迁的行为主体集合在与其他利益主体集合相比中若能占得优势，那么此时制度需求就能够诱致新的制度变迁，最终实现由点及面的扩散性变化。从理论逻辑来看，诱致性制度变迁能够比强制性制度变迁付出更少变迁成本，从而带来更多的收入流，是一种高效率的制度变迁。[②]

从余村看，多年的矿山生产造成的粉尘污染、化工厂排污造成的水污染使余村的生态环境恶化，村民身心健康受到很大的影响。据不完全统计，自 1989 年至 2005 年 16 年间，发生了 44 起伤亡事故，其中死亡 6 人，骨折及各种砸伤事故多起。[③] 矿山企业不断发生的危机事件及日益恶化的生态环境正成为人们美好生活实现的重要制约因素。随着余村村民物质生活的不断提高，人们对自然环境和生存环境、工作环境的要求越来越高，日益严重的环境问题激发了村民改变现实处境、改善村庄生态环境的潜在需求。内生于余村村民实际需求中的诱致性制度创新是农村关停矿山和发展绿色休闲产业的制度性力量，而只有制度需求所引起的诱致

---

① 杨瑞龙：《论制度供给》，《经济研究》1993 年第 8 期。

② 同上。

③ 根据余村村民胡加仁《历年矿山事故处理记录》整理。

性制度变迁才能带来较高的绩效。

与常态下村庄的原子化个人不同，危机事件往往会催生凝聚力，激发群众抱团发展的决心。关停矿山、发展休闲产业是建立在大多数村民需求的基础之上，因而必将引发整个村庄的内生性发展。事实证明，自2004年底全部关停矿山转型发展绿色休闲产业至2018年绿色休闲产业得到快速发展的15年间，余村的内生性发展起到了关键性作用。一系列制度创新顺应了绝大多数村民的需求，充分发挥了村委、村民及社会力量的联动机制，适应了市场经济要求，以余村生态保护与发展美丽经济的需求为诱导，才实现了由矿山经济向美丽经济的跨越。

首先，转型绿色发展的实施主体是代表全体村民的村委会。在面临关停矿山村集体经济将失去主要的财源、一多半以上的村民将不得不重新选择出路的重要关头，村委会通过党员议事、村民代表大会等方式，广泛征求村民意见，提出余村的转型升级方案，经村民代表大会讨论通过，决定关停矿山、水泥厂，并进行环境复绿和全面发展农家乐，走生态富民之路。

其次，把良好的生态资源转变为生态资本。通过持续开展的美丽乡村建设、创建国家4A级景区，使余村成为宜业、宜居、宜游的如诗如画的美丽、生态、田园乡村。余村通过集体统一流转土地，与安吉文旅集团合作经营、与天荒坪镇天林集团合作经营竹林等方式，大力发展休闲产业及绿色经济，将生态环境优势转换为经济发展优势，实现了由"卖石头"向"卖风景、卖生态"的蝶变。

最后，采用以村民为核心的建设方式。通过"村强、民富、景美、人和"的美丽乡村建设，释放来自村庄和村民渴望发展的内生动能，鼓励群众共同参与生态保护与环境治理。从"清洁庭院"、"美丽庭院"、"门前三包"、垃圾分类等村庄环境建设、美丽乡村建设及全国文明村、全国生态文化村建设，到农家乐、荷花山漂流项目、生态观光农业等绿色休闲旅游业发展，都离不开村民的积极、主动参与及创造性的发挥。余村实行"四民主三公开"制度[①]，此外，村两委注重访民情、察民意，引导广大群众自觉参与美丽乡村建设，最大限度地调动群众参与美丽乡村建设的积极性，而不是"干部在干，村民在看"，形成了全民创建美丽乡村的浓厚氛围。

在守住绿水青山的同时，如何把绿水青山转化为金山银山，让村民在绿色发展中获得更多的绿色收益是村庄发展面临的普遍问题。余村村委会善于把绿色发

---

① "四民主三公开"制度：民主选举、民主决策、民主管理、民主监督，党务、村务、财务公开。

展与激发村民市场意识、开拓精神相结合，鼓励村民发展绿色休闲产业。绿色休闲产业也是一种创意产业，这就要求人们要有敢为天下先的市场意识和独到的创意。村民胡加兴敢于在水流量并不是太丰富的小溪流中打造"荷花山漂流"项目，而且能够从附近的山河港中引水注入余村溪，提高漂流的品质。潘春林在经营农家乐春林山庄基础上发展成旅游公司，是"余村第一批做农家乐的，也是最大的农家乐，第一个成立旅行社的农家乐，第一个成立车队的农家乐，第一个抱团经营走向农家乐联盟的，是余村第一个承包景区的农家乐"①，眼光不只是放在余村，而是能够将余村的休闲旅游与附近的景点串联起来，丰富余村生态旅游的内容。在村级龙庆园景点的打造中，余村人也善于抓住百岁娃娃鱼做文章，请著名作家来游玩、写诗，增添景点的文化内涵。凡此种种，都显示了余村人敢想敢做的创意。同时，余村村委会善于顺势而为，在资金和政策方面鼓励支持绿色休闲项目的发展，以此激发村民发展休闲产业的热情。

余村把改善人居环境、促进创业就业、实现人与自然和谐共生以及提高获得感、幸福感有机统一起来，让广大人民群众在美丽乡村建设中享受到最普惠的发展成果，亲身感受到绿水青山给人民带来的幸福生活。

第三节　余村推动绿色发展的六个维度

绿色发展观强调山水林田湖是一个生命共同体，应以经济绿色化为基础，实现经济、社会、生态"三大系统"协调共生。生产方式的绿色转型必然要求生产关系适应生产力的绿色转型，要求村庄文化发展、村庄区域社会治理方式、村民生活方式都要随之实现绿色转型发展，否则将阻碍生产力的绿色发展，阻碍经济生态化和生态经济化的协同发展。余村在推动生产方式转型绿色发展的同时，从村庄治理、村庄文化、村民生活、村庄生态的多个维度推动绿色发展。

一、坚持绿色经济主导的生产方式

余村在关停矿山、转型发展绿色休闲产业过程中，积极践行"绿水青山就是金山银山"理念，坚持绿色经济主导的生产方式，在守住绿水青山的同时，探索

---

① 潘春林访谈资料，访谈时间：2019 年 3 月 6 日，访谈整理：闻海燕。

"产业生态化、生态产业化"的经济发展之路。

一是大力发展绿色休闲产业，促进农业与旅游融合。以创建"浙江省农家乐特色村"为载体，对全村农家乐和旅游景点进行规模、环境、管理全方位提升。利用竹海资源优势开发环村绿道观光功能。已逐步建成农业采摘园、荷花山漂流、荷花山景区、五彩田园观光区、绿道、矿山遗址公园，形成了旅游观光、河道漂流、户外拓展、休闲会务、登山垂钓、果蔬采摘、农事体验的休闲旅游产业链。

二是促进乡村旅游与文创产业融合。鼓励村民从事旅游讲解、民宿管理等多种职业，实现差异化、个性化发展。2017年，余村与安吉县文旅集团合作开展余村景区规划与建设，开发考察培训、山地运动等项目。许多村民也结合"绿水青山就是金山银山"主题，创办了"旅游＋文创"公司，在出售土特产同时，把传统的竹工艺注入生态文化元素，或经销原产地安吉白茶，做出品牌。

二、开展美丽乡村建设，为绿色发展奠定生态环境基础

自关停矿山后，余村在复垦复绿基础上，开展美丽乡村建设，全面开展"三改一拆"①、"四边三化"②、"五水共治"③等环境综合整治，先后完成了污水处理、垃圾不落地、坟墓搬迁、山塘水库修复、节点景观改造、冷水洞自然村和厂区的拆迁、道路三化、河道整治、停车场扩建、安置小区建设、自来水入户等工作。十余年间，余村先后投资近2000万，用于基础设施建设和环境提升，村庄面貌焕然一新，生态环境进一步提升，植被覆盖率均达到85%以上，出境地表水常年保持一类以上，大气质量一级，全年优良天数360天左右，负离子含量4万个／立方厘米以上（根据世界卫生组织规定，清新空气的负离子标准浓度为每立方厘米不低于1000—1500个），生活垃圾收集率、污水治理率达到100%，成为名副其实的气净、水净、土净的"三净"之地。

一是全面改造老厂区、旧农房、破围墙，关停低、小、散的竹制品企业，整治违章建筑和违法用地。2013年后按新的功能区划分，陆续把工业园区里的企业迁出，把工业园区变成田园景观区。2018年村里的几家竹制品厂也陆续搬出，至

---

① "三改一拆"是指浙江省政府决定，自2013年至2015年在全省深入开展旧住宅区、旧厂区、城中村改造和拆除违法建筑三年行动（简称"三改一拆"）。
② "四边三化"行动指浙江省委、省人民政府提出的，在公路边、铁路边、河边、山边等区域（简称"四边区域"）开展洁化、绿化、美化行动（简称"四边三化"行动）。
③ "五水共治"是治污水、防洪水、排涝水、保供水、抓节水这五项。为建设美丽浙江，浙江省委、省政府将"五水共治"作为全面深化改革的重要内容和需重点突破的改革项目。

此余村工业企业全部搬迁。

二是坚持严格的项目审批，不让破坏环境的项目落地。实施绿色招商、精准招商，2018年全村第三产业招商引资额达4亿元以上。

三是完成山塘水库修复、生态河道建设、节点景观改造和沿线坟墓搬迁，严格实施封山育林、保田节地，推行限农药、减化肥、禁捕鱼、控狩猎、不焚烧等生态修复行动。

四是创新探索"垃圾不落地"新模式。通过推行"定点投放、定时收集"，做到垃圾不暴露、转运不落地、沿途不渗漏、村容更整洁，极大地改善了村庄卫生环境质量，被称为垃圾处理的"余村模式"。

五是以山林保护、公路绿地、村内主要节点绿化、民宿美化为重点，全面推进村庄绿化，完成道路、河道、健身公园、工业区路口绿化面积2万余平方米。

三、培育塑造生态文化

生态文明蕴含着以人与自然和谐为核心理念的生态文化，而生态文化对促进生态环境保护、加强生态文明建设具有重要的引领作用。因此，加强生态环境保护，推进生态文明建设需要大力培育和弘扬生态文化，在全社会形成共同的生态文明意识。十几年来，余村在推进绿色发展过程中，始终坚持培育和弘扬健康文明的生态文化，积极开展形式多样的生态文明宣传教育，深入开展各具特色、富有成效的绿色创建活动，激发生态文明自觉的养成。

余村是一个以山地资源为主的村落，山上主要种的是经济林毛竹。在靠山吃山、与山林相依为命的长期生活中，余村人形成了一些尊重生态规律、敬畏自然的习俗，如"竹神祭拜"等习俗。如今人们虽已不再敬拜竹神，但是合理采挖竹笋、砍伐竹子的生态习俗还在继续。

在转型绿色发展过程中，如何培育塑造生态文化，将村民的生态自发转化为生态自觉？余村为此做了很多有益探索。

一是将绿色发展与改造陋习、移风易俗相结合。习近平指出，对待传统文化要"处理好继承和创造性发展的关系，重点做好创造性转化和创新性发展"。[①] 在2005年前后，余村就成功开展了以"酒席减负、圈养家畜、餐桌光盘、限药减肥、文明治丧"等为主要内容的移风易俗行动。在2012年和2017年的争创省级

---

① 习近平：《习近平谈治国理政》，北京：外文出版社2014年版，第164页。

和国家级文明村的过程中，余村坚持不懈，进一步强化移风易俗的工作，刹住赌博、迷信、喜事丧事大操大办等不良风气和陋习。2017 年 11 月以后，余村结合生态文明建设，在安吉县率先实行禁售禁放烟花爆竹的"双禁"活动。但余村不是简单地"双禁"，而是以敲锣打鼓的喜庆方式取代村民长期习惯了的放烟花爆竹，以祭献鲜花取代传统的放鞭炮、烧纸钱。活动开展之初，很多村民特别是年纪大的村民不肯接受，余村村委会除了对村民进行宣传开导外，还支持村民成立两山鼓乐队，以鼓乐演奏取代放烟花爆竹，有内涵、趣味的替代性活动疏导了村民的情绪，形成了新的节庆和喜庆风尚。春节的时候村庄沿线张灯结彩，安装了带亮化功能的灯笼、中国结等，增加节日欢快的氛围。在除夕和元宵节，村干部带着村里的舞龙队、腰鼓队走村入户，营造节日欢快氛围，村文艺节目参与者个个都成了"双禁"工作坚定的志愿者。在保护环境的同时也满足了人们办喜事、过春节要热闹的心理需求。两山鼓乐队队长王月仙说："因为不能放烟花爆竹了，结婚的人家就请我们去。先是敲小鼓，再是一阵大鼓，比放烟花还热闹，老百姓很欢迎的。"①"双禁"取得了良好效果，其成功经验在安吉县得到普遍推广。

二是把绿色发展与开展多种多样的文体活动相结合，寓教于乐。近年来，除了日常的文体活动外，余村的节庆文体活动也比较丰富，例如每年的三八趣味运动会，秋季的农民丰收节，除夕、元宵的舞龙和锣鼓队表演及春节前的由村里主办的晚会（简称"村晚"）。余村有文体团队多支，其中体育团队有篮球队、门球队、地掷球队、乒乓球队，文艺团队有舞蹈队、健身操队、腰鼓队、大鼓队、舞龙队。篮球队的成员主要是年轻人，门球队、地掷球队主要是老年人，文艺团队的成员主要是妇女。这些文体团队都有专门的负责人和指导老师，还不时地会请镇里和县里的专业人员来指导。这些文体活动不仅丰富了余村村民的业余文化生活，而且提高了村民的精神境界，起到了寓教于乐的作用。

四、开展生态文明创建活动

余村结合生态文明建设，大力开展以"院有花香、室有书香、人有酿香、户有溢香"为主要内容的美丽家庭创评行动，评选了"美丽家庭示范户"和"余村好人"。经常性组织开展针对村民的文化宣传教育工作。

在全县率先开展"垃圾不落地""禁药限肥禁止使用除草剂""禁燃禁放禁止

---

① 王月仙访谈资料，访谈时间：2019 年 3 月 5 日，访谈整理：俞为洁、李旭。

销售烟花爆竹""文明养犬"等内容的文明创建工作，把"绿水青山就是金山银山"理念融合在余村干部群众的日常生活中，让保护环境、落实绿色发展理念变成余村人自觉自愿的行为准则。

五、坚持绿色发展创造绿色生活

绿色生活是值得人类主动追求的美好生活，其本质在于更全面地满足人的需要，这既包括人的物质需要、精神需要和社会需要，也包括逐渐凸显的生态需要。余村以"生态"为主线，号召村民移风易俗，倡导村民健康、文明、科学的生活方式。余村坚持绿色发展推动了村民职业变迁，很多村民从高污染、高风险的矿山工人转型成为绿色休闲产业从业者，如潘春林、胡加兴、潘熙财、葛元德、姜志华等以前的矿工转型成为休闲旅游业的投资者、经营者、从业者。

坚持绿色发展创造优质生态环境，提升了村民的生活质量，村民幸福感、获得感增强。漫步余村的村头巷尾，与山林美景相映成趣的是别致温馨的农家庭院。绿色发展也为村民个体的全面发展创造了条件。村民葛元德喜欢雕刻，以前当矿工时经常捡回形态各异的石头放在家里，但苦于没时间、没精力对这些石头精雕细琢。余村发展休闲产业为他提供了施展才华的机会。他在经营自家特产店铺的同时，把从山上捡来的石头、树根雕刻成盆景，既装点了庭院又可以出售增加收入，更重要的是实现了个人兴趣与发展的完美结合，他发自内心地说"喜欢现在的生活"。习近平在谈到满足人民日益增长的美好生活需要时，强调"推动人的全面发展"，而只有实现人与自然的和谐统一，创造出一个使人与自然环境、社会环境协调统一的世界，才能促进人的全面发展。

六、把绿色发展与乡村治理相结合

余村在绿色发展过程中，始终把"绿水青山就是金山银山"的理念贯穿于村庄治理的各个方面，促进生态文明与乡村治理协同共进，探索形成了"支部带村、发展强村、民主管村、依法治村、道德润村、生态美村、平安护村、清廉正村"乡村治理的"余村经验"[①]，既促进了人与自然的和谐，也促进了人与人的和谐。

一是党支部带领探索绿色发展新路子。在关停矿山转型绿色发展过程中，村

---

① 2019年3月18日，湖州市委、市政府出台了《关于全面推广"余村经验"大力提升乡村治理现代化水平的实施意见》，以市委一号文件形式，在全市范围内全面推广乡村治理"余村经验"。"余村经验"以政策制度的名义固定下来并得以推广。

党支部成员带领党员、群众摸着石头过河，同时带头创办企业，带头致富，为村民树立榜样。2017年村级组织换届过程中，新一届"两委"把加快推进"绿水青山"向"金山银山"转化写入"三项承诺"①，下定决心一定要把余村的"绿水青山"转化为百姓的"金山银山"。

二是以人为本，有事大家商量着干。各项事务都采取民主决策的方式，即党支部提议、村"两委"商议、党员大会审议、村民大会决议、群众公开评议，最后再经镇党委政府审议，整个过程程序公开、结果公开。村里还成立了村民议事会、道德评议会、红白理事会、健康生活会等自我管理组织。注重发挥村规民约自治功能，将垃圾不落地、文明餐桌行动、严禁燃放烟花爆竹、禁止放养家禽家畜、生活污水全部集中纳管等要求融入村规民约20条。

三是加强法治引领。"民主管理，依法治村"是余村乡村治理保持活力的源头。村党支部坚持开展法治教育，党员干部率先垂范，始终以法律来规范和约束自己的言行。村民也自觉地把法律作为解决民事、经济纠纷的主要途径，信"法"而不信"访"，形成了"民以法尊，法为民用"的良好局面。余村不仅聘请了十几年的法律顾问，还设立了矛盾纠纷多元化解中心、两山法庭、家园卫士、警务站、心理辅导室、旅游集散服务等功能区，实时开展公安巡逻与网格巡防相结合、综合调解与专业诉调相结合、规范管理与一站式服务相结合、村民自治与部门协同相结合的社会共治格局，及时将基层矛盾进行有效化解。余村每年矛盾纠纷数量极少，一般不超过20件，真正做到了矛盾不出村，是名副其实的"平安村"。此外，还建立了"两山"巡回法庭、家园卫队等工作机制，司法、公安、城管、综治各部门与村里紧密配合，做好服务，全村逐渐形成了办事依法，遇事找法，解决问题用法，化解矛盾靠法的祥和氛围，村民学法用法守法信法成为常态。

十余年来，余村无一起刑事案件，无一起群体性事件，无一人越级信访，无一起安全责任事故，历任村干部无一人违规违纪，全村矛盾纠纷调处率和调解成功率均达到100%，连年获得"平安示范村"、"无邪教村"等荣誉称号，先后被评为"全国文明村镇"、"国家级民主法治示范村"等。

---

① "三项承诺"指：竞职承诺、履职承诺、辞职承诺。

第四节 余村绿色发展的启示

改革开放四十余年来，余村从"求温饱"到"求生态"、从"卖石头"到"卖风景、卖文化"的历程也是余村从资源型矿山经济转型绿色发展的历程。通过对余村发展历程的考察可以得到以下启示：

一、以新发展理念重塑发展方式，才能从根本上处理好人与自然、经济发展与生态环境保护、人与社会的关系

习近平生态文明思想的主要内涵就是坚持走绿色可持续发展道路、坚持保护和改善生态环境就是保护和发展生产力、坚持绿水青山是满足最广大人民需要的公共产品。其实质就是要正确处理人与自然、经济发展与生态环境保护、人与社会的关系。

牢固树立人与自然是生命共同体的认识，通过形成绿色发展方式实现人与自然和谐共生。人与自然是休戚与共的生命共同体，在尊重自然、顺应自然、保护自然中实现个体和社会"美好生活"的愿望。而和谐共生实质上就是经济发展与生态保护之间的辩证关系，是经济现代化和人与自然和谐共生的现代化之间的辩证关系。党的十九大报告指出："我们要建设的现代化是人与自然和谐共生的现代化，既要创造更多物质财富和精神财富以满足人民日益增长的美好生活需要，也要提供更多优质生态产品以满足人民日益增长的优美生态环境需要。"①

"绿水青山就是金山银山"、"保护生态就是保护生产力"，深刻揭示了保护生态环境与经济发展的辩证关系。保护生态环境与经济发展不是绝对对立的关系，通过转变发展理念和发展方式，通过绿色发展和持续的生态文明建设，就能够实现两者的和谐统一，实现绿水青山就是金山银山，从而得到生态经济带来的回馈。余村践行"绿水青山就是金山银山"理念，从矿山经济转型发展绿色休闲产业，推动绿色发展，并把生态优势转化为治理优势，促进生态文明与乡村治理协同共进，实现了"村强、民富、景美、人和"。余村的发展证明以新发展理念重塑发展方式，才能从根本上处理好人与自然、经济发展与生态环境保护、人与社会的关系。

绿水青山是最普惠的公共产品，也是生态文明新时代发展的必然要求。发展

---

① 习近平：《决胜全面建成小康社会，夺取新时代中国特色社会主义伟大胜利——在中国共产党第十九次全国代表大会上的报告》，2017年10月18日。

为了人民，发展成果要让人民共享，是生态文明建设以人民为中心理念的重要体现。在美丽乡村建设过程中要牢固树立生态文明建设为人民的建设思想，把改善人居环境、促进创业就业、实现人与自然和谐共生以及提高获得感、幸福感有机统一起来，让广大人民群众在美丽乡村建设中享受到最普惠的发展成果，亲身感受到绿水青山给人民带来的幸福生活。在浙江，以"绿水青山就是金山银山"理念为引领，坚持绿色发展，实现"蝶变"的村庄有很多。安吉余村、鲁家村、天台县后岸村，在转型绿色发展中，均通过创新体制机制，打造村级发展平台，创新管理模式，健全利益联结机制等，推动资源变资产、资金变股金、村民变股东，带动广大村民，特别是贫困户、低收入户参与新经济发展，分享绿色发展成果。

实践证明，余村绿色发展历程与生态文明新时代发展的要求高度契合。十余年来，余村深入践行"绿水青山就是金山银山"理念，坚定不移地走生态立村、绿色发展的道路，保护绿水青山与发展美丽经济并重，生态经济发展生机勃勃。余村已构建起生态经济、生态文化、生态治理、生态民生等在内的生态文明实践体系，实现了生态环境保护与经济社会协调发展，为转变发展方式、推进生态文明建设提供了一个成功的范例。

二、强化政府引导作用与发挥村民主体作用相结合推动绿色发展

余村绿色发展实践证明，实现绿色发展必须将政府引导作用与村民主体相结合。政府的引导作用体现在：做好规划编制、政策支持、试点示范等，解决单靠一家一户、一村一镇难以解决的问题，同时注重发动群众、依靠群众，调动村民积极参与村庄建设，群众是美丽乡村的参与者、建设者和受益者。

政府坚持科学规划引领。修订完善县市美丽乡村建设规划和精品村、风景线规划，统筹规划农业产业、农业园区规划与村庄布局规划，加强空间布局规划、土地利用规划、基础设施建设等规划之间的衔接。[①]通过创建美丽乡村示范村、美丽乡村精品村等进行试点示范；通过各项政策支持，大力发展美丽经济，建设共创共享的共富乡村。

余村绿色发展的过程也是村民由生态自发到生态自觉演变过程。从"清洁庭院"、"美丽庭院"、"门前三包"、垃圾分类等村庄环境建设、美丽乡村建设及全国文明村、全国生态文化村建设到农家乐、漂流项目、生态观光农业等绿色休闲旅

---

① 潘伟光、顾益康、赵兴泉、王小玲：《美丽乡村建设的浙江经验》，《浙江日报》2017 年 5 月 8 日第 5 版。

游业发展，都离不开村民的积极主动参与及创造性的发挥。他们善于在原有村庄山水景观并不特别突出的基础上借景、造景。最典型的，如敢于在水流量并不是太丰富的小溪流中打造荷花山漂流项目，而且能够从附近的山河港中引水注入余村溪，提高漂流的品质。再如春林山庄的农家乐，眼光不只是放在余村，而是能够将余村的休闲旅游与附近的景点串联起来，丰富余村生态旅游的内容。余村人将挖掘弘扬优秀传统文化与改造陋习、移风易俗相结合，在禁燃禁放烟花爆竹的移风易俗工作中，以敲锣打鼓的喜庆方式取代村民长期习惯了的放烟花爆竹，以祭献鲜花取代传统的放鞭炮、烧纸钱，也是一种创造性的转化。

余村鼓励群众共同参与生态保护与环境治理。余村实行"四民主三公开"制度——民主选举、民主决策、民主管理、民主监督，党务、村务、财务公开。此外，村两委注重访民情、察民意，引导广大群众自觉参与美丽乡村建设，发展美丽经济，最大限度地调动群众参与绿色发展的积极性，而不是"干部在干，村民在看"，形成了全民参与保护生态、绿色发展的浓厚氛围。余村的发展历程证明，没有村民的理解，就没有关停矿山的决心与举措；没有村民的大力支持与积极参与，余村就没有绿水青山，也不能实现绿水青山向金山银山的转化。

三、多元一体协同发展是乡村可持续绿色发展的关键

乡村的可持续绿色发展需要经济、社会治理、文化、生活、生态多元一体协同发展。产业生态化是乡村绿色可持续发展的前提和基础，而乡村的绿色治理、社会和谐、生态文化发展以及村庄空间环境优美、生态良好则为产业生态化发展提供更好的社会环境条件，有助于实现更高水平、长期稳定的绿色经济发展，进而推动乡村经济、社会、文化等各项事业协调发展。余村在多年发展中摸索总结出"支部带村、发展强村、民主管村、依法治村、道德润村、生态美村、平安护村、清廉正村"的"余村经验"，较好地诠释了多元一体协同发展是乡村可持续绿色发展的关键。

如今的余村不仅生态文明理念深入人心，而且已转化为村民的共同文化追求和普遍行动目标，绿色生产、绿色生活、绿色居住、绿色治理多元一体，经济生态化和生态经济化相互促进、金山银山与绿水青山协调发展的局面正在形成。

第五节　进一步推动余村可持续绿色发展的思考

经过十几年的不懈努力，余村已经建立了一系列保护绿水青山的制度和机制，亦具备了良好的发展基础，有很大的发展潜力。但如何把绿水青山蕴含的生态产品价值转化为金山银山，创新生态产品价值转换的路径，促进生态产品的价值实现，增加集体经济收入，增强村民的获得感、幸福感，实现生态环境保护与经济社会发展的双赢，推动余村可持续绿色发展是尚需不断探索的重大课题。

一、余村绿色经济发展的潜力

经过多年的发展，余村已具备发展绿色经济的良好基础。

一是已具有优良的环境基础。余村在关停矿山后通过复垦复绿，竹林面积有约 6000 亩，村庄森林覆盖率达 90% 以上。出境地表水常年保持一类以上，大气质量一级，全年优良天数 360 天左右，负离子含量 4 万个 / 立方厘米以上（根据世界卫生组织规定，清新空气的负离子标准浓度为每立方厘米不低于 1000—1500 个），生活垃圾收集率、污水治理率达到 100%，成为名副其实的气净、水净、土净的"三净"之地。特别是通过持续的美丽乡村建设、生态文明建设、4A 级景区化村庄建设，余村已成为生态环境优美、村容村貌整洁、基础设施完善、宜居宜游的美丽村庄，为余村绿色休闲产业发展提供了良好的环境基础。

随着中国经济的持续发展和人民生活水平的不断提高，城市居民逃离水泥城市、放松身心、体验乡村文化生活、寻找乡愁意愿增强。特别是长三角地区有大量富裕市民，他们前往美丽乡村休闲旅游度假需求潜力非常大。余村邻近天荒坪镇政府，距杭州 87 公里、上海 242.4 公里、苏州 190 公里。良好的区位优势及长三角地区潜在的消费需求将更有助于余村绿色经济发展。

二是具有一定的产业基础。自放弃矿山经济转型绿色发展后，余村的绿色休闲产业得到快速发展，已具备了一定的产业基础。已有景区 3 个，2018 年有农家乐 38 家，特色精品民宿 6 家，床位 8000 多张，各类土特产品超市十余家，有旅游公司两家。业态由单一的考察观光延伸至河道漂流、采摘、登山、健身、教育培训、研学、案例推广、文创等多种业态，形成了很大的吸引力，游客量也大量增加，2018 年增加到 100 万余人次。

三是具有品牌基础。余村是"绿水青山就是金山银山"理念的发源地和"生态文明建设的示范生",乡村治理的"余村经验"在全国亦有较大影响,多年来大批全国各地考察团前来余村学习考察,很多游客也是慕名前来学习观光,游客量成倍增长。特别是"农民丰收节"等各种节庆活动增多,文化旅游吸引力日渐增强,形成了余村的持续品牌影响力。

二、面临的主要问题

（一）村民增收渠道尚需拓宽

近年来余村休闲旅游业发展较快,为村民拓宽了就业渠道,家庭经营收入大幅增加。但据我们的观察了解,受益最大的当属靠近村主干道的临街住户。临街住户看到了余村旅游的发展前景,大部分把自住房屋及庭院改建成民宿、农家乐或土特产超市,很多正在改建。但对村庄里面的或距中心村较远的两个自然村村民来说分享旅游发展红利的机会相对少一些。如何拓宽这部分村民的增收渠道是余村经济发展必须考虑的问题。

（二）生态产品价值实现途径尚需探索

可以说,经过十几年的不懈努力,余村已经建立了一系列保护绿水青山的制度和机制。习近平指出,要使"绿水青山"成为"金山银山",关键是要做好"转化"这篇文章,也就是做好将资源生态优势转化为经济社会发展优势这篇文章,使"绿水青山"真正转化为"金山银山"。但如何把绿水青山蕴含的生态产品价值转换为金山银山,创新生态产品价值转换的路径,促进生态产品的价值实现,增加集体经济收入,增强村民的获得感、幸福感,是尚需不断探索的重大课题。

（三）乡村旅游业态仍需创新

余村由于距杭州、上海、苏州较近,开车时间仅需 1—3 小时,交通便利,游客可当天往返,停留时间短,多为一日游游客,大部分游客不过夜。由于餐饮、住宿接待能力有限,大多数考察团停留时间更短,多数仅停留半天时间。导致来自餐饮及住宿收入占比较低。导致这一问题的主要原因是乡村旅游业态单一,乡村旅游产品差异性不突出。余村旅游主题是"绿水青山就是金山银山"理念发源地的红色旅游,除此之外,观光内容除了观竹海、赏花海、漂流之外,没有特别让人流连忘返的产品,特别是适合各个年龄层次、消费层次的产品。

（四）人才缺乏是进一步发展的瓶颈

随着人口老龄化和城镇化进程加快，余村青壮年人口流失加快。特别是随着休闲旅游产业及绿色产业的发展，余村面临经营人才、管理人才、创意人才、农业科技人才短缺的问题。如何吸引外来人才、留住本村人才、发挥乡贤的作用，是余村经济发展也必须考虑的问题。

（五）文化建设有待深化

"绿水青山就是金山银山"，良好的人文生态也可以被当做"金山银山"，也可以转化为"金山银山"。余村文化建设还有待深化。一是建议深度挖掘竹文化内涵。把竹文化的君子虚心、正直节操的象征寓意与党政干部的修身学习结合起来，丰富参观学习的思想文化内涵。二是引导村民的文体生活由偏重娱乐性向更深层次转变。把乡贤文化与乡村耕读传统结合起来，在塑造乡村新礼仪与新美学的过程中形成新的"耕读文化"和乡风文明，是余村可以挖掘培育的方向。

三、推进余村可持续绿色发展的政策建议

（一）科学规划，充分发挥余村品牌引领带动作用

余村要以"绿水青山就是金山银山"理念诞生地、践行地这一品牌为引领，顺势和造势相结合，进一步把"余村"品牌做大做强。

一是打造生态文明传播基地。"绿水青山就是金山银山"理念发源地、"生态文明建设的示范生"、乡村治理的"余村经验"，使余村成为生态文明传播基地，吸引了大批全国各地考察团及游客前来余村学习考察观光。余村应继续围绕宣传践行"绿水青山就是金山银山"理念，进一步完善相关宣传设施、相关教育设施。如建设完善宣教馆、展示馆等等，吸引更多的党政团体及社会各界群众来参观学习。同时，深入挖掘竹文化、银杏文化内涵，通过宣教、墙绘等方式进一步传播习近平生态文明思想。

二是打造星级康体养生旅居地。随着收入水平的提高，人们消费需求趋于高端化、时尚化、休闲化，康体养生将会越来越受消费者的青睐。适应这种旅游消费需求升级趋势，浙江乡村旅游已从最初的"农家乐和乡村观光"的乡村旅游1.0版，到"乡村观光、娱乐"的2.0版，再到"乡村观光、休闲、度假并重"的3.0版，浙江乡村旅游已发展到旅居式的乡村生活的4.0版，是主客共享、休闲度假、

融入生活的完美结合。从观光旅游发展到休闲旅游，最典型的旅游方式就是度假，与观光旅游所追求的"多走多看"的诉求不同，也与农家乐风情一日游不同，休闲度假者往往在一个地方停留较长的时间，以体验原居住环境所没有的异质化的生活方式，达到康身健体、怡心养性的目的。因此，余村应主动适应乡村旅游将进入以康体养生为主要内容的乡村旅居时代这个趋势，充分发挥余村生态环境好、基础设施完备、距上海杭州较近、交通便捷等已有优势，把余村打造成星级康体养生旅居地。适应康体养生需求偏好的多元化、差异化，在对客体市场进行细分的基础上完善各类设施和服务，立足特色，打造亮点，不仅要使游客"喜欢来"、"留下来"，更能让游客"住得长、来了还想来"。

三是打造乡村治理"余村模式"的输出地。坚持创新、协调、绿色、开放、共享新发展理念，打破行政界限造成的资源分散，主动探索在市场化基础上与周边村庄联动发展，构筑生产空间集约高效、生活空间宜居适度、生态空间山清水秀的一体化发展新格局。既是弘扬"绿水青山就是金山银山"理念的需要，也是提高资源利用效率、拓展发展空间、带动周边村镇联动发展的必然要求。2017年安吉县政府批准启动"余村两山示范区建设"，余村已开始与周边村抱团发展。建议还应积极拓展县域、市域、省域及省外村镇的联动发展，输出乡村治理的"余村经验"。

（二）深化"三变"① 改革，变生态优势为民生优势

加强生态民生建设的关键是促成余村的生态环境优势不仅转化为经济优势，还必须转化为民生优势。当前，余村村民依靠生态环境优势创业致富的个体差异还比较大，因此，搞好生态民生建设，将优质生态环境更扎实地转化为每个村民创业致富、提高文明素质、创造美好生活的发展福利。这需要余村在发展好集体经济的同时，做好民生保障工作，激发每一户村民的参与热情、共享绿色发展成果。

应加大市场化改革力度，促进"资源变资产、资金变股金、村民变股民"。鼓励多元化社会资本参与村庄休闲产业发展；以多种方式激活闲置房屋，带动村民共同致富。采取集体签约项目激活闲置房屋资源，带动区位相对较差、信息不灵或无经营能力的村民共同致富。后期将在运营状况优良的条件下对民居入住率及

---

① "三变"指资源变资产、资金变股金、村民变股民。

服务优化程度进行多方评估，升级客户自然选择的优质民居，并将其进行适当改造以发展成养老长租。与医疗机构、旅行社、娱乐场所、屋主、村民等合作，提供体检、挂号、向导、门票优惠、户外租赁、接送站、常备基础医疗设施等服务。

培育各具特色的农家客栈、特色民宿、乡村度假酒店、传统手工艺店铺、乡村乐园等在内的休闲业态，以满足个性化、多元化的消费需求；促进休闲产业集聚，推进各相关产业的分工和协同，完善产业链。

（三）提升文化建设内涵

目前，余村在经营绿色发展品牌、发展生态经济方面取得了丰富的经验与成效。要乘乡村振兴和生态文明建设的东风，发掘余村景观和文化的内涵，挖掘竹文化和银杏文化的内涵。要在现有的文体生活基础上提升更深内涵的文化生活。把生态文化与清廉文化、乡贤文化、乡村耕读传统结合起来，在塑造乡村新礼仪与新美学的过程中形成新的耕读文化和乡风文明。

（四）建立有利于人才发展的长效机制

余村绿色休闲产业发展及美丽乡村建设吸引了很多年轻人返乡创业，也吸引了很多外地人才来余村参与产业经营。这些年轻人是余村可持续发展的中坚力量，因此要建立有利于人才发展的长效机制，为人才发展搭建一个良好的平台。一方面，可吸收部分优秀人才进入村委会或经营公司担任相应的管理职务，让他们积极参与村庄事务，增强主人翁意识。另一方面，可成立青年联谊会，定期举办沙龙，增加互相交流学习机会。同时定期组织年轻人外出学习、参观，进行相关产业技能培训，提升素质。

结　语

村庄是农村最基础的社会单元，农村转型集中反映在村庄转型发展上。

对余村有决定性影响的是 21 世纪以来的绿色转型。世纪之交，余村搭上了工业化城镇化快车，依托集体的矿山资源办起了小矿山、小水泥厂，成为安吉最先富起来的村庄。但这种以环境污染为代价、以资源消耗重的产业发展也带来了严重的环境污染。当时余村党支部就开始感觉到了这种粗放发展的不可持续性，决心说服村民要从"灰色发展"转型绿色发展。这一先知先觉行动契合了当时浙江省"八八战略"的生态省建设、绿色浙江建设、"千村示范、万村整治"工程的要求，得到了前来调研的时任省委书记习近平的高度赞扬。习近平同志在2005年8月15日在余村简朴的村委办公室与村民们座谈时发表了"绿水青山就是金山银山"的重要论述，充分肯定了余村的绿色转型。这一诞生于余村的"绿水青山就是金山银山"重要论断不仅成为新时代浙江绿色转型和绿色发展的新理念，而且已被写入党章，成为习近平新时代中国特色社会主义思想的重要组成部分。"绿水青山就是金山银山"理念不仅体现了生态文明与生态优先的思想，而且也体现了绿色发展和可持续发展的理念，是新时代中国经济社会转型发展和现代化发展的行动统领。

十余年久久为功，一张蓝图绘到底，一任接着一任干，余村成为浙江乃至全国绿色转型和绿色发展历史性绿色圣地，成为绿色转型、生态富民、科学跨越的样板。

一个村庄的变化，可以折射一个国家的变迁。一个村庄、一个理念开启了一个生态文明建设的新时代。这是共产党人创造的奇迹，余村党员干部群众亦功不可没。余村创造了一个新时代，新时代也创造了一个绿色转型的新余村！

史

地

篇

天目山坞　竹矿营生

SHIDI PIAN
TIANMU SHANWU ZHUKUANG YINGSHENG

天目山峰峦绵延，交通浙皖苏，余村位于其中的余村坞，属于安吉竹乡的一部分。1978年之前，村民主要依靠山上的毛竹为生，兼开石灰石矿烧制石灰售卖。受制于山区环境，粮食产量较低，村民口粮长期无法自给自足。村庄遭遇太平天国战争和"咸同大疫"后，几成空村，现在的村民都是此后陆续迁来的移民，故村民姓氏繁杂，未形成宗族性聚居，是典型的移民村。天目山是儒、道、佛三教荟萃的名山，受其影响，余村的宗教文化氛围也一直比较浓厚。

第一章 地理环境与自然资源

余村位于天目山区的一个山坞中，群山环绕，山多田少，岭道四达，有山溪直通外界水路。亚热带气候，四季分明，冬春寒冷多雪。山陡溪浅，易发山洪、山体滑坡和干旱。山上多毛竹林，村域多银杏树，山体多溶洞和钟乳石，山中多矿藏，有铜、银、石煤等，以石灰石为主。

第一节 地理与气候

一、地理方位和地形地貌

余村，位于浙江省安吉县天荒坪镇政府驻地西侧，村委会到镇区直线距离约700米。地处天目山北麓，东经119°36'，北纬30°31'，海拔在100—350米之间，因坐落于浙西天目山余脉余岭脚下的"余村坞"而得名，大余岭海拔350米。

余村东与山河村接壤，南连横路村，西北山脉与上墅乡毗邻。

余村村域面积4.86平方公里，其中山林面积约6000亩，多为毛竹林，有约5200亩，满山青翠，另有水田约580亩，是典型的"八山一水一分田"。

村庄位于一个自西向东呈喇叭口状的山谷，三面环山，地势北高南低，西起东伏。一条小溪呈S型流过村庄，将整个山谷平原分成南北两部分，略似太极图。村庄以此布局，溪北为住宅区，溪南为农作区。

境内有大余岭、小余岭、会山、白吉岭、东坞里、王大山、青山、狮子山、芦子坞、卢家厂、茅草头、罗子坞、银子坞、铜坑坞、巍山等山岭、山坞，隆庆庵就坐落在王大山上。现在很有名的荷花山，是为了配合旅游开发新起的名字，因为从王大山山下往上看，这座山形似一朵荷花。

以坞、里、厂、头等字命名的地名，都代表了特定的地形地貌或聚落特征，在安吉地名中比较常见。"坞"是指山地中周围地势高中间凹的地方，这种地形地貌自然地理中称为"（山）谷"，人文地理中称为"（山）坞"。余村坐落于余村坞这个大坞，大坞中又套着东坞里、芦子坞、罗子坞、银子坞、铜坑坞等小坞。天目山脉自安吉县西南入境，分东西两支环抱县境两侧，故安吉三面环山，山坞很多，王微《孝丰志稿》即称："吾县之村又多以坞名"，并指出这种习俗起源很早，"凡山阿而聚居者皆不以村名，其源亦甚远，汉唐已有之"①，即山坞里的村庄称"坞"不称"村"。"东坞里"的"里"字，也有特殊的指向。里，作为地名，与"外"相对，为内部之意，意即"里面"，但与坞等字合用时，不一定指"东坞"最里面那块地方，有时就是泛指东坞那块地方，表示一定范围内的一块地方。"头"也有两种情况，有时只作为名词的后缀，无实际意义，有时代表一个地点的一端，如石桥头、埠头等，"毛草头"的"头"应该是前一种情况。"厂"则和安吉的移民史有关，移民大多是在原籍生活贫苦、无地无产的人家，刚迁来时，大多没有能力买田起房，多搭草棚开荒或为人佣工以度日，这种由移民搭建的、临时聚居的"棚户区"，湖州、安吉民间多称之为"厂"或"场"②，多以移民姓氏或原籍命名，余村的"卢家厂"，应该就是卢姓移民的"棚户区"。余村的溪流原来没有名字，现在称为"余村溪"。余村溪有西、北两源，西源自冷水洞自西向东流，北源从荷花山隆庆庵自北向南流，二源在荷花山下汇合，自西向东曲折过村，出村与山河港相汇，可一直通达安吉梅溪镇西苕溪，西苕溪一路北流，过湖州入太湖。梅溪镇上游的众多溪流，因为流急水浅，只能在溪水丰沛的季节放排，无法行舟，至梅溪镇，溪流变得宽稳，始通舟楫。

余村古有大余岭古道、小余岭古道和隆庆庵古道与外界相通，可通安吉上墅乡、杭州临安等地。东向出村，翻鹤岭，经霞泉，越幽岭，可与余杭百丈相通，并由此通达杭州。现有乡道"山石线"贯穿全村。

除自然景观外，余村还有不少人工景观。包括冷水洞水库、周家山塘、荷花

---

① 王微：《孝丰志稿》卷一《舆地志·村落》，1973年编印于台北，第55页。
② 例如乾隆《安吉州志》卷八《物产》：安吉种植苎麻者，"自闽人及江右人租乡村旷地设厂开掘遍种……苎壅既工，获利始倍"。同治《湖州府志》卷九五《杂缀》："嘉庆初年，忽有民自他方来，云愿垦荒赁种，询所自，皆曰温州。其人剽悍多力，荷锄成群随垦，结厂栖身。所种山茹或落花生。由是地日以辟，类日以聚。厥后接踵来者益多，深山之中，几无旷土，谓之山茹厂，亦谓之棚民。"

山山塘、3500 米堤防、荷花山漂流、矿山遗址、灰窑遗址、铜矿遗址、罗子坞石矿遗址、两山绿道、百亩花海、余村水塔以及重建的千年古刹隆庆庵等。择要略作简介：

冷水洞水库 为小二型水库。1976 年为确保农田灌溉，余村动员全村劳动力兴建"冷水洞水库"，当年 10 月开工，1982 年 12 月完工。2006 年，该水库实施"千库保安"工程，进行清淤扩容。2016 年该库区再次进行景观改造提升，2018 年 1 月工程竣工。现水库旁立有一个"冷水洞水库概况"牌，介绍了水库的基本情况：

冷水洞水库位于安吉县天荒坪镇余村村，于 1976 年 10 月动工，1982 年 12 月完工。据《小型水库大坝注册登记表》，该水库是一座以灌溉为主的小（二）型水库，灌溉面积 300 多亩，防洪保护人口 120 余人，影响农田面积约 150 余亩。

水库集水面积 $1.04km^2$，主流余长 1.32km。水库设计洪水标准为 30 年一遇，校核洪水标准为 300 年一遇。水库正常蓄水位 150.45m，30 年一遇洪水位为 151.37m，校核 300 年一遇洪水位为 151.65 m。水库正常库容 5.9 万 m^3，总容库 10.5 万 m^3，大坝为黏土心墙坝。

坝顶高程 151.9 m，最大坝高 11.6 m，坝顶长度 83 m。溢洪道位于坝右侧，为侧槽溢洪道，溢流堰为实用堰、堰顶长 16.7 m，堰顶高程 150.45 m。放水设施位于大坝左侧，坝下埋涵管采用斜拉式闸门控制启闭机，启闭机房位于左坝肩到路边。

水库管理责任单位：安吉县天荒坪镇余村村

荷花山皮筏漂流 沿余村溪漂流，上筏点在赵家堂自然村，水是从冷水洞水库下来的，先进入一个蓄水区，然后就是漂流入口。水流向东，在村中曲折而行，河水清澈，绿波盈盈。沿河两岸绿树婆娑，鸟鸣虫唱，生机盎然，有"天荒坪第一漂"之美誉。游客在村东头上岸，但这条溪可以一直向前流出村，汇入山河港。

余村水塔 建于 1986 年，塔高 17 米，是村民饮用水储存增压的重要设施。当年矿山、水泥厂兴盛之时溪水污染严重，村民饮用水水源紧张，该塔是主要供水设施之一，是余村发展变迁的一个见证。

隆庆禅院 亦称"隆庆庵"。位于余村北面的荷花岭上，北倚元宝岭，南对木鱼山(一座形如木鱼的小山丘)，两条溪流环绕汇聚于庵前木鱼山边。从空中俯视，隆庆庵四周有七座高山，形同莲花的花瓣，而隆庆庵就位于莲心的位置上，故此地被称为"七叶荷花岭"。相传是观音菩萨修道成佛之处，被视为建庙的吉地。山脚有条山道直通庵门，人称"百脚岭"，相传是观音娘娘百步看景的山路。

民间传说此庵最初是吴越王钱镠的家庙，原称"钱家庵"，始建于五代后梁。历史上曾多次毁、建。庵中现存3块古碑，其中两块为功德碑，一块为《募化重建隆庆禅院碑记》，落款时间为"大清光绪廿四年"；另一块无题名、无落款，从碑文内容和碑石的风化程度看，时代应与前碑接近。前碑记载了125个捐助人（包括4个堂号），后碑记载了186个捐助人（包括2个堂号）。除众多信众外，后碑还记有□□峰老和尚、觉照、显明等17位高僧大德，说明光绪二十四年（1898）前后此禅院有过两次大规模的重修。还有一块古碑记"时维大清光绪三十四年巧月吉立本庵重建住持显铨塔院"，说明隆庆庵在历史上时为禅院、时为庵，常有变化。

据说以前寺院规模恢弘，极盛时有殿、堂、楼、房60余间，以廊相连，建筑别具一格。1966年"文化大革命"开始后陆续被拆毁。1997—1998年重建，包括天王殿、大雄宝殿、观音殿以及斋堂、客房等。近几年又陆续修建了念佛堂、圆通殿、药师殿、地藏殿等佛殿。天王殿前西侧有溪水流下，溪上架"圆梦桥"，过桥小山坡上有一堆石头，石壁下有一个不足一平方米大小的自然水潭，泉水常年不涸不溢，水质清冽，人称"龙眼泉"。相传以此泉洗眼，有明目去疾之功。

隆庆庵现属荷花山竹海景区（即龙庆园），山门入口处耸立着一座仿清石牌坊。整座牌坊采用景宁优质大理石砌成，三间、四柱、五楼，通高12.5米，面宽10米。石牌坊上雕有双龙戏珠、麒麟、喜鹊等吉祥图案，左右两侧是"狮子滚绣球"。正中凿刻原浙江书法家协会主席朱关田题写的"龙庆园"三字，因为"隆庆"在历史上有时也称"龙庆"；两边石柱上的楹联为原钱塘书画社社长秦天孙撰写，联云："云绕莲峰千岩竞秀；泉旁竹海百涧争流。"牌坊背面由余村书法家李熙庭题写：正中为"莲花胜境"四字，柱联为："进佛门领山色神怡心净；寻荷花朝观音福至慧生。"落款为："李熙庭题，一九九八年六月。"

进入山门后是一个放生池，池中立有一座观世音菩萨独占鳌头的塑像。池畔柳树垂荫，池中翠竹倒映，小堤、拱桥连接两岸，池边的拥翠小筑布局紧凑，小巧雅致。放生池里养着一条百岁娃娃鱼（原有两条，一条已死），据说都是附近山溪中捕获的。娃娃鱼学名大鲵，安吉境内只有天荒坪镇山河乡至山川乡的战场山一带偶有发现。

进香道上还有女娲镜台、达摩影石、龙王拜寿等景观，均附会传说。

二、气候和自然灾害

安吉县气候属亚热带南缘季风性气候，夏半年（4—9月）主要受温暖湿润的热带海洋气团的影响；冬半年（10月—次年3月）主要受干燥寒冷的极地大陆气团的影响。全年季风型气候显著，四季分明，冬夏季长，春秋季短，气候温和，空气湿润，雨量充沛，日照较多，无霜期长。春季多阴雨、倒春寒，偶有春雪；夏季炎热高温，夹杂黄梅天，多雨闷热潮湿，且多台风及随风而来的暴雨、冰雹等；秋季先湿后干，雨水至立秋阶段降雨多；冬季寒冷干燥，多有降雪。总体上春秋二季冷暖多变。最高气温出现在每年7、8月，最低气温出现在每年11月至次年2月上旬。

余村原属孝丰县（今安吉县南部），由于孝丰整个地形严重倾斜，又处于重峦叠嶂的山区，水来得快也去得快，故"雨涝之年，叠嶂嵯峨，迫不及泄"，来有溃坝之势，去则旱象立现，因此孝丰旧志常说这里"无水之利，有水之害"[①]，水旱灾旱频仍。明曹勋《田侯去思碑》云："（孝）丰土瘠石泐，浃日不雨，污田龟坼，连年旱魃为虐。"[②]清《浙西水利备考》云："孝丰地势高阜，每山水涨发，辄觉溢谷盈川，居然泽国，然滔滔日下莫挽狂澜，但旬日不雨，并涓细之流俱断……无如霉雨过多，水来汹涌（坝）亦有溃决之忧。"[③]清刘濬《孝丰水道原委》云："惟蛟水淫霖，冲沙走石，坏堤荡坝，则并壅塞其田，为害较剧，不可不虑。"[④]王微《孝丰志稿》亦云：孝丰"山高水浅，湍急易泄，一遇淫霖，则洪流奔放，浸没田庐，旬日不雨，又渗涸易竭，其涸立待"[⑤]。

清朝出现大规模的棚民垦山现象，由此造成的水土流失，则进一步加剧了水旱灾害的严重性。《浙西水利备考》就讲道："惟其致患之原，则尤在于棚民租山垦种苞芦（引者注：即玉米），土松易泻淤淀，溪身不能容纳。非特下游之横流无

① （清）刘濬等修，陈潭辛补跋：光绪《孝丰县志》卷二《水利志》，光绪三年修，二十九年补刊本。载《中国方志丛书·华中地方·第五九九号》，台北：成文出版社1983年版（影印），第181页。
② （明）曹勋：《田侯去思碑》，载温菊梅主编：《安吉文献辑存》，上海：上海古籍出版社2015年版，第108页。
③ （清）王凤生纂校，梁恭辰重校：《浙西水利备考》之《孝丰县水道图说》（道光四年修，光绪四年重刊本）。载《中国方志丛书·华中地方·第四八一号》，台北：成文出版社1983年版（影印），第202页。
④ （清）刘濬等修，陈潭辛补跋：光绪《孝丰县志》卷二《水利志》，光绪三年修，二十九年补刊本。载《中国方志丛书·华中地方·第五九九号》，台北：成文出版社1983年版（影印），第182页。
⑤ 王微：《孝丰志稿》卷六《食货志·水利》，1973年编印于台北，第177页。

范，且与本境之蓄泄两妨。谋所以去之，殆不可缓。"① 太平天国战争后，这里地广人稀，先进入的移民占据了水利尚好之处，但随着移民增多，水利问题就越来越严重了。清末孝丰县天目巡检宋宪曾指出："兵后（引者注：指太平天国战争后）民气凋残，坝多毁坏。客民择常稔之田而修筑之，其远水人稀之处，地利尚多未复，故迩来稍有亢旱之忧。"② 清光绪年间孝丰县令刘濬也讲道："至讼水之事，兹且少息，则以地广人稀，业耕者各据便水之处，故虽堤坝未修，而灌输各足。数十年后，生齿渐繁，客民也愈增，远水之地渐成村落，则争方始耳"，"旱则讼水滋多"。③

余村也是如此，春夏季节常因台风、暴雨引发水灾甚至泥石流。1956 年 8 月，台风袭击余村，有树木被连根拔起，部分木桥被冲走，路基受损。1961 年 10 月 4—7 日，受强台风影响，暴雨成灾，部分良田受损。1964 年 8 月 20 日（农历七月廿四）山洪暴发，茶坞口青山脚、冷水洞等山体严重滑坡，多条溪流堵塞，道路冲毁，数百亩水稻被淹没，上百亩田块被砂石淹埋。对这次泥石流，胡加仁记忆犹新："山洪暴发，我们叫'出蛟'，余村有四五个山坡发生泥石流，我家在余村溪这边，我就看到对面的山坡发生了泥石流，毛竹成片往下倒。石灰窑对面的山坡也发生了泥石流，滑坡光溜溜的，我们就看到了石煤层。"④ 1965 年 8 月，暴雨成灾，多处路基桥梁被冲坏。1988 年 8 月 7—8 日，台风袭击，连降暴雨，村民辛水英家的在建楼房被吹倒。

余村旱灾也比较多。1953 年、1961 年、1967 年、1978 年、1986 年等年份都发生过较严重的旱灾。例如 1961 年大旱，粮食颗粒无收，恰好那年山上的箬竹开花结子（俗称"竹米"），村民都到山上采箬竹米充饥；1967 年连晴 98 天，1978 年连晴 3 个多月（6 月 4 日—9 月 24 日），粮食严重减产；2013 年 7—8 月出现严重高温热浪少雨天气，最高气温达 42℃，山上毛竹约 10% 枯死。

雪灾、冻灾偶尔也有发生，例如 1964 年发生的雪灾，冻死、饿死了很多野生动物。1988 年 2 月大雪，山上不少毛竹被压断。

---

① （清）王凤生纂修，梁恭辰重校：《浙西水利备考》之《孝丰县水道图说》（道光四年修，光绪四年重刊本），载《中国方志丛书·华中地方·第四八一号》，台北：成文出版社 1983 年版（影印），第 202—203 页
② （清）宋宪曾：《坝说》，载浙江水文化研究教育中心编：《浙江河道记及图说》，北京：中国水利水电出版社 2014 年版，第 114 页。
③ （清）刘濬等修，陈潍辛补跋：光绪《孝丰县志》卷二《水利志》，光绪三年修，二十九年补刊本，载《中国方志丛书·华中地方·第五九九号》，台北：成文出版社 1983 年版（影印），第 181、182 页。
④ 胡加仁访谈记录，访谈时间：2019 年 3 月 6 日，访谈人：俞为洁。

第二节　自然资源

一、农田和山林资源

余村处于山谷地带，三面环山，竹林连绵，植被覆盖率高达 96%。

村内土壤主要有两种：黄泥土和黑泥土。西北面为黄泥土，南面以黑泥土为主。水稻田为灰泥沙土。

余村有山溪过村，修筑有山塘和水库，具备一定的农业灌溉条件，故传统上以稻田和毛竹林为主，可灌溉之处均辟为稻田。因为余村西高东低，故大片水田都在村东的溪谷平原上，村西多山垅田、梯田，田块小而杂。新中国成立初，余村人均水田只有 9 分 6 厘。[①]

梯田主要分布在冷水洞、卢家厂、卢子坞、隆庆庵四处，其中卢家厂的梯田最壮观，很可能是清朝棚民潮时开垦的梯田。

农业学大寨时期，余村虽然没有大片的荒地、溪滩可供开垦改造，但各生产小队还是在田头、地角、溪边、山脚，将那些稍可开出几厘几分田的地方，都改造成了田。当时的口号是："千里百担一分田。"全村一共造了近 40 亩大寨田，"60 年代造梯田，造的不多，造起来种水稻，大概三四十亩吧"[②]。周家自然村的青山脚下原有个石塔丘，石高约 3 米，占地约 0.25—0.3 亩，像只馒头，因为在赵家堂自然村狮子山的前方，村人戏称其为"狮子戏球石"。1968 年周家自然村太阳坝改溪挑田时，需要垒石埂，就把这个石塔丘当作石料开采掉了。这次太阳坝和叶家堂自然村草籽塘进行水路改道后，约造田 9 亩。

另有一些灌溉条件不太好的旱地，可种番薯、玉米等杂粮，山地则大多辟为毛竹林。

经过这些努力，余村"水稻田大概有 500 多亩，旱田，就是无灌溉的田，种番薯、玉米等，大概有 100 多亩，毛竹林有 6 千多亩"[③]。

二、水资源

余村溪是余村人生产、生活的主要水源，也是余村人放竹排到梅溪售卖的主

---

① 李熙庭 2018 年 6 月 14 日座谈记录。
② 阮冬根访谈记录，访谈时间：2019 年 3 月 6 日，访谈人：俞为洁。
③ 胡加仁访谈记录，访谈时间：2019 年 3 月 6 日，访谈人：俞为洁。

要水路。但因余村周围山体不高，因此溪水源头不长，水量不大，干旱季节容易断流。余村溪溪边，以前建有舂米水碓和磨麦水磨，为村民舂米磨面。

余村人修建了冷水洞水库和周家、荷花山、草籽塘等山塘，可保障基本的农业灌溉和村民生活用水。冷水洞水库可灌溉300余亩农田，同时也是村民的饮用水源，水库旁就立着这样的禁牌："该水库为余村饮用水水源，为保证饮用水质量安全，严禁游泳、严禁钓鱼、严禁烧烤野炊、严禁倾倒垃圾。"

冷水洞的山背面是上墅乡龙王殿村，源于上墅乡最高峰董岭的溪水，经龙王殿村可以一直流到余村冷水洞。之所以称"冷水洞"，就是因为洞里流出的水在夏天也非常清凉。冷水洞亦称"冷水泉"，洞旁原有一座供奉龙王神仙的冷泉寺，还有一座冷泉凉亭，供人休憩。冷水洞是余村水源的源头之一，也是冷水洞自然村和冷水洞水库名称的由来。

在余村龙王山山顶，则有一个名叫"龙潭边"的朝天大洞，深不可测，洞口上面的岩山凹凸不平，凹坑可深一米，坑水中生活有小鱼。以前碰到大旱，老百姓就会抬着祭品、香烛、纸钱去洞口求龙王，据说此地龙王很灵验。①

三、矿产和溶洞资源

安吉尤其是南部的原孝丰地区，矿产丰富，余村也不例外，有铜、银、石灰、石煤等矿藏，以及由石灰岩成就的溶洞和太湖石、水硝石（土名）等。

1. 铜、银矿

余村历史上曾开采过铜、银矿，在冷水洞自然村西南山间，至今仍见密布的洞穴，大多为古代铜矿、银矿开采的遗迹。胡加仁回忆：1976年"我19岁时，村里修冷水洞水库。挖水库挑泥时，发现很多矿渣……1986年有地质人员专门来探测过，在水库南面的山上，发现了很多古矿洞，探测表明银含量很高，但银矿层太薄，开采的话不合算，所以就放弃了，没开采"②。

矿洞遗址分布面积约有1万平方米，发现了9个采石洞，洞口均开在半山腰，洞口大小不一。冷水洞水库西侧则有近万平方米面积的矿渣堆积。根据安吉县第三次全国文物普查专家考察，这些遗址内出土有南宋到明朝的瓷碗、瓷片。

---

① 《浙江省非物质文化遗产普查·湖州市安吉县·天荒坪镇卷·项目调查表》，安吉县文化广电新闻出版社局、天荒坪镇人民政府，2008年7月，第47、45页。
② 胡加仁访谈记录，访谈时间：2019年3月6日，访谈人：俞为洁。

2. 石煤

余村的石煤层，是在 20 世纪 60 年代发生泥石流后暴露出来的，"石灰窑对面的山坡也发生了泥石流，滑坡光溜溜的，我们就看到了石煤层。烧石灰需要石煤，建石灰窑时，村里就来开采石煤了，但开采后发现只有一层，质量也不好，烧起来温度不够。两年后，大概是 1977 年，我们就放弃开采，到上墅乡去买煤了"[①]。

余村的西北山脉与上墅乡毗邻，上墅乡是石煤富藏区，"上墅乡有很多煤矿，那里煤多，而且质量好，当时那里办了很多乡镇企业开煤矿"[②]。

3. 石灰石

浙江的石灰石成矿时代多样，从古生代的早寒武世到中生代的晚白垩世，共有 11 个含矿层位，以中、上石炭统的黄龙组和船山组为主要层位，矿床规模大、矿石质量好，主要分布在浙西、浙北的古生代沉积岩地区，浙南只有零星出露。安吉天荒坪镇就是重要的石灰岩分布区之一，这里有探明储量的大型矿区"白石山矿区"。[③]

余村最丰富最优质的矿产就是石灰石，这里的石灰石氧化钙含量为 52%—53%，碳酸钙含量为 91%—93%。而且矿层分布于地表，易于开采。

石灰石可烧制石灰，用于建筑与农业，现代主要用于生产水泥、生石灰、轻质与重质碳酸钙。

4. 溶洞和太湖石、水硝石

石灰岩溶于水，故石灰岩地区常见溶洞。余村多石灰岩山体，尤其是冷水洞一带的山体中，洞穴遍布，有些是历史时期开矿留下的矿洞，但更多的是自然形成的山洞，都在村西面或西北面的山里。主要有冷水洞（在余岭茅草头山脚）、仙人洞（在卢家厂小余岭山中）、龙潭边（在大余岭银子坞山巅）、朝天洞（在冷水洞永泉寺庙后山巅，洞口朝天，形似刀鞘，故又名"腰刀洞"、"刀鞘洞"）和龙洞（大余岭东坞里夹夹弄山上，洞内呈 40 度斜坡，可能是矿洞）。这些山洞，有些积水深不见底，有些被山体渗水溶蚀后，形成千姿百态的钟乳石，非常壮观。例如仙人洞内，就有石笋、石柱之类的钟乳石。

有些石灰石被水溶蚀成玲珑剔透的观赏奇石，是垒砌假山、点缀园林的佳石，

---

① 胡加仁访谈记录，访谈时间：2019 年 3 月 6 日，访谈人：俞为洁。
② 同上。
③ 王国武：《浙江省石灰岩资源地质特征及工作建议》，《中国非金属矿工业导刊》2004 年第 1 期。

俗称"太湖石"，因为这种石头主产于太湖之滨的长兴、湖州等地的石炭系黄龙组石灰岩地层。余村的山里也有这种太湖石，不少农家将山里挖到的太湖石拿回家中布置庭院。

还有一种被村民称为"水硝石"的土黄色石块，疏松、多细孔，稍经斧凿，就能做出各种假山造型，用于盆景布景。据说这种石块是山中长年滴水处积聚而成，其主要成分类似于茶壶中的水垢。余村为石灰岩分布区，水脉融入了丰富的矿物质，属于硬水，沉淀时易积成水垢。没有自来水之前，村民饮食都用溪水，烧水的茶壶里会积出厚厚的水垢，热水瓶里、茶杯里都会积垢，村里生胆结石、肾结石的人也特别多。[①]

四、动植物资源

作为半山区，余村的动植物资源也比较丰富。

（一）植物资源

余村三面群山环绕，以前村里和山上长满了竹木。毛竹林下多野生茶叶树和杂生灌木。树种主要有银杏、马尾松、杉、枫、黄檀、苦楝、金钩、乌桕、水杉、香樟、橡树、泡桐、柳、枫杨、栎、李、梨等。银杏大多种在村民的房前屋后及村庄道路旁。山上以杉、松为主，马尾松林中混生杜鹃、茅栗、乌饭等；杉树下多见芒其。山上的竹类，除毛竹外，还有石竹、木竹、水竹、箬竹等小竹，农家房前屋后多种植红竹、早竹、刚竹等优良的材用、笋用竹。

种在庙宇、祠堂、水口等地的树，多被视为神灵树和风水树，没人敢砍；埠头、桥头的树，供人遮阳休憩，一般也不会砍；坟山的树，会修枝清理，但轻易也不会砍。因此银杏、松树、枫杨、香樟等高大古树木在村中随处可见。枫杨喜水，树形高大开阔，江南农村多种在村庄水口作为风水树。

山区农家对柴草的需求量很大，作为传统燃料，一日三餐都离不开柴草，何况山中冬春湿寒，村民还需要柴炭取暖烘衣。但正常情况下，靠山吃山，柴木是能维持基本需求的。20世纪50年代末期，很多大树都被砍掉了。例如桥头自然村的后山上及会山上古木成群，荫翳蔽日，有两人合抱的大橡树、枫树，被生产队集体砍了卖给县林工站。大炼钢铁时，古树大木几乎被砍光，用来烧炭炼钢。60年代初，遭遇三年自然灾害，村民毁林造田，开山田种玉米救饥。此后随着村

民生活条件的好转，造屋、做家具需要的木材量也越来越多。改革开放前后，余村开矿烧窑致富，山体被挖得千疮百孔，草木被石尘、窑灰污染甚至死亡。因此，现在余村能看到的古木大树不多了，而且按村民的说法，现存的这些"古树"，都是当年认为长得不好的"无用"之材，长得正直的早就被砍掉了，不由让人想起《庄子·逍遥游》里那棵因"无用"而得以长寿的大樗树。

1992 年，国家颁布了《森林法》，2001 年安吉县确立了"生态立县"的战略目标，2005 年时任浙江省委书记习近平在余村考察时提出了"绿水青山就是金山银山"，余村的植物资源由此重新得到重视。现在放眼望去，余村周围的山上都是较纯粹的毛竹林，树木很少。因为毛竹生长快，形成年代替代后，每年都会有一批竹子可以砍伐卖钱，经济效益较高，而树木成材需要的时间太长，经济上不划算，所以重新垦种山地时，村民都倾向于种竹而不是种树。但出于旅游的考虑，余村正在恢复曾经的银杏林景观，视银杏为"村树"。

余村植物资源中，最有名的是银杏和毛竹，此外草药和野果资源也比较丰富。

1. 银杏

银杏，古称"鸭脚"，是植物界的"活化石"，在距今 2 亿年前的中生代，银杏植物是一个高度多样化的类群，几乎遍布全球，但今天仅存一个种，而且目前只在浙江天目山发现了小片的野生银杏林。也许是江南的地理气候比较适宜银杏的生长，历史上这一带就是银杏的重要产区，北宋时曾作为特产进贡，欧阳修《鸭脚》诗云："鸭脚生江南，名实未相浮。绛囊因入贡，银杏贵中州。"因此，浙江尤其是浙北山村有种银杏的传统，许多村庄至今都能看到古老的银杏树，甚至成片的银杏林。

余村曾是天荒坪镇银杏树最多的一个村庄，银杏林成了村庄的一大景观，主要集中在周家、赵家堂和鸟山坎风水坝。"以前村里进来都是高大的银杏树，老村道两边都是"①，"从村口到隆庆庵三四里路，沿路有石牌坊②，两边还有几百年以上的银杏等古树六七十棵，上千年的树也有不少"③。改革开放后，白果很值钱，为村民带来较好的收益，村里曾经给每家分一棵银杏树苗，让大家种。确定生态发展路线后，又陆续补种了一些，但因为这些补种的银杏树还未成材，故还未能恢

---

① 曹解放访谈记录，访谈时间：2019 年 3 月 5 日，访谈人：俞为洁。
② 余村村口原有一座石牌坊，是座贞节坊，只有半截。传说牌坊造了一半，此妇守节的意志有所动摇，牌坊就怎么也造不上去了，故成半截坊。节妇死后，坟就做在牌坊边。
③ 荻溪竹隐的博客：《湖州寺院文化寻踪（十六）·七叶荷茶隆庆庵》，2011 年 10 月 22 日。

复往日壮观。余村现有大大小小近千棵银杏树，其中有71棵百年以上。有3棵千年古银杏遥相呼应，一雄二雌，宛如一王二妃，更是让人叹为观止，雄株最大，号称"江南银杏王"。

银杏树树形雄伟而且长寿，浙北苏南地区的寺庙前多植银杏，明文震亨《长物志》即称："吴中诸刹，多有（银杏）合抱者，扶疏乔挺，最称佳树。"[①]据说余村以前有大大小小十余座寺庙，这可能也是余村银杏树较多的原因之一。

银杏是雌雄异株、风媒传粉的植物。理论上附近要有雄树，雌树的花才能受精结果。但山村土地紧张，大多是村头村尾或房前屋后零星种植，成片的银杏林较少见，余村的银杏树分布状况也是如此。雄树不会结果，出于采果售卖的目的，大家都想种雌株，余村的银杏树也大都是雌株，但在较偏僻的冷水洞自然村有一棵巨大的雄株，树龄已有1000余年。村里的雌株结果率并不低，据说有棵树一次采收的白果就卖了9000多元，当时的价格是20元左右一斤。这是因为虽然余村银杏雄株数量少，但银杏的花粉飞播能力很强，即使相距10公里的雌雄株，仍能传粉受精。

2. 毛竹

毛竹是我国分布面积最广最大的重要经济竹种，安吉是全国十大竹乡之一，毛竹的利用和深加工更是走在了全国前列。

安吉，尤其是以前的孝丰，古来多竹。明甘元鼎《孝丰道中》诗序云："修竹夹道，淇水万竿，渭阳千亩，大相仿佛。"诗云："川原五十里，修竹半其间。"清罗为赓《增禄阁》亦云："阶下千竹万竹，亭上远山近山。"[②]1933年的一份调查报告说："竹性耐寒，即在稍劣之土壤亦能生长，故吾人一入孝（丰）境，即可看到满山遍野葱郁之竹林，虽山坡倾斜在五十度者，亦多栽培之，一般适宜之土质，大都为砂质壤土，即在砂土中亦能生长之"，"其出产之丰，为全浙之冠。种植面积达三十二万亩，每年产量除供本县自己消耗外，即以运销外地有数可稽的，达十七万帖，价值在百万元以上"。[③]《孝丰志稿》亦云："吾县以产竹著称，种类甚多，而以毛竹为大宗（全国毛竹产量以浙江之孝丰、临安、安吉三县为第一位，三县中又以吾县产量为最多），全县年产量一十二万帖左右，另有杂竹约四万帖，

① （明）文震亨撰，陈剑点校：《长物志》卷十一，杭州：浙江人民美术出版社2011年版，第146页。
② 温菊梅主编：《安吉文献辑存》，上海：上海古籍出版社2015年版，第280、329页。
③ 吴炯辉：《孝丰的竹》，载《浙江省建设月刊》1933年第7卷第1期，第10、9页。

共产竹一十六万帖以上。"并解释了"帖"的含义:"向日,竹之单位为帖,例重一千斤。然多不足,其法以竹株之粗细分别配成之。如粗者二十根为一帖,其次为三十根、四十根,至五十根而止。其竹愈细,一帖之株数愈多。五十根以上另纂者名为'毛巾',不知何义。"[①]

余村最主要的植物资源也是毛竹,余村约6000亩山林中,有约5200亩是毛竹。

3. 中草药

余村出产的中药材也比较多,有竹鞭三七、益母草、七叶一枝花、一枝黄花、滴水珠、铜钱草、天门冬、八角金盘、大黄、杀根萝卜、龙芽草、野黄芪、六月霜、半边莲、鱼腥草、半枝莲、车前草、马兰头、地吉子、山楂、青爽头(茶条槭)、鸟不停、杜仲、合欢、何首乌、金银花、鸡血藤、黄芝珠、杨桃藤、山红参、党参、何首乌、丹参、白毛夏枯草、蒲公英、石韦、麻兰卷柏、葛根等。

六月霜和茶条槭,是村民泡茶的原料,也有很好的药效。

余村有采挖草药的传统,村民有空就会去山上挖点草药,卖给供销社,曾是村民重要的副业。

4. 可食用野果

有山楂(咽子)、杨桃(猕猴桃)、沙泡(狗匹爿)、秤砣子、野葡萄、野杨梅、榨板、野桃子、野梅子、金钩子、毛栗子、苗鱼(野生草莓)。

(二)动物资源

动物资源比较常见的有野猪、野兔,还有狼、黄麂、乌麂、豺、豪猪、穿山甲、乌狸狗、果子狸(白鼻聪)、灵猫(黄鼠狼)、刺猬、松鼠、山老鼠和水老鼠。蛇类主要有乌梢蛇、赤练蛇、蝮蛇、竹叶青和蕲蛇(五步蛇)。鸟类主要有山鸡、雉鸡、画眉、八哥、麻雀、捉鱼鸟、老鹰、猫头鹰、乌鸦和喜鹊。此外还有大头乌龟、蜥蜴、石蛙、山蟹、山黄鳝、各种溪鱼以及黄蜂、山蚂蟥、山瘪虱、乌蚊子、蜻蜓等昆虫。

以前野猪较多,窝做在灌木丛里,昼伏夜出,夜间觅食,有时白天也会跑到村边拱食番薯等农作物。1964年发生雪灾时,大雪封山,冻死、饿死了不少乌麂和黄麂。豺会袭击村里的牛、羊,黄鼠狼会偷鸡吃。以前村里大树多,喜鹊也特

---

① 王微:《孝丰志稿》卷六《食货志·农林》,1973年编印于台北,第174页。

别多，巢就筑在这些大树高枝上。但在山林破坏严重、生态污染严重的时期，动物也明显减少了，尤其是 20 世纪八九十年代，为了追求毛竹和竹笋产量，曾在竹林大量使用除草剂，造成了大量动物中毒死亡。

2003 年确定生态立村的方针后，生态环境逐渐好转，野生动物也越来越多了，"天热的时候，我们也不敢上山，因为蛇多"①。

动物资源中的蜈蚣、山黄鳝、野猪骨头、蝉蜕（即蝉蜕下的壳）等，也是很好的中药材。

第三节 物产

民国时期，孝丰县"有竹、木、茶、茧、柴炭、粗纸与烟叶粉、笋干等出境销售，但不甚多"②。余村以前是个以种稻和竹林产业为主的小山村，物产并不丰富，比较重要的出产有银杏、毛竹、竹笋、石灰等。

一、银杏树木材、白果、银杏叶

银杏木材不会蛀，材质细腻坚韧有光泽，适合做木箱、桌子、门窗等。造屋的话，可以做柱子，但没有杉木柱子好，而且不能做梁，易折断。但因余村银杏树比较多，而且多长在村里（杉树都长在山上），砍伐搬运相对都较方便，因此过去村民造屋做家具，用银杏木材比较多。

银杏果，俗称"白果"，可食用的是其果仁。白果营养丰富，含有粗脂肪、粗纤维、维生素 C、维生素 E、17 种氨基酸、多种微量元素，具有很高的食用价值。食用白果可以抑菌杀菌，祛疾止咳，还能降低血清胆固醇。改革开放后，白果开始值钱了，大概在 20 世纪 80 年代后期到 21 世纪头几年，白果卖得最好。那时都是山东人来收购白果，"村里的古银杏树都是一级果。2000 年，我是村干部，工资折合每天也就 20 块钱，1999 年大概是 15 块。大概 2003 年、2004 年的时候，古杏山庄民宿老板的父亲，一棵古银杏树的果子就卖了 9000 多块钱。当时白果打下来就有 20 块钱一斤，现在只有 10 几块钱，而且那时的钱值钱，现在 10 几块

---

① 潘熙财访谈记录，访谈时间：2019 年 3 月 9 日，访谈人：申端锋、王孝琦。
② 忍先：《浙西各县工商业之一瞥·孝丰》，《商业月报》1929 年第 9 卷第 9 号。

钱能买啥东西！那一年，我承包了 3 棵银杏树，承包款 2050 元，赚了 6000 多元，买了一辆拖拉机。山东后来大规模发展银杏，比我们做得好"[1]。

白果值钱的那些年，连银杏树叶也很值钱，村民不光卖白果，还采银杏树叶卖。银杏叶是一味中药，具有活血化瘀、通络止痛、敛肺平喘、化浊降脂的功效。用于瘀血阻络，胸痹心痛，中风偏瘫，肺虚咳喘，高脂血症。需要秋季叶子尚绿时采下，并及时烘干。

二、毛竹、"毛料"、毛笋、笋干、竹筷

整个安吉地区，毛竹都是最重要的一项物产，安吉"山多田少，居民出息，全赖山竹"[2]。毛竹也是余村村民主要的经济收入。村里虽然也有竹匠，但以出售整根竹竿为主，竹制品售卖数量非常有限。村民在山溪涨水时，将毛竹竿扎成一千斤一帖，放排到梅溪出售（详见贸易部分）。

为了防止大雪压塌、压裂毛竹，下雪前都要把毛竹多叶而脆嫩的梢头钩掉。将钩下的竹梢烘干，烘干时竹叶会脱落，剩下的竹细枝称为"毛料"，是做竹扫帚的原料。余村人将毛料一捆捆扎好，卖给供销社，或者自己扎成竹扫帚卖。1993—1998 年，潘熙财的台湾大伯回大陆曾在余村开过一个竹扫帚厂。[3]

为了维持竹林正常有序的生长、更替，竹农对竹林有严格的管理措施，大年严禁挖笋，小年则可随意挖笋，但对冬笋禁挖极严。"至于竹笋，大年笋固然禁挖，小年笋任人采掘，不加禁止的。所以一般无资产者，每年挖笋亦属一大收入，而且本县的笋，一年四季都有的。譬如三四月间吃毛笋，五六月间吃筜笋，自七月起即有鞭笋，俟鞭笋落，接着又有冬笋。在笋之中，又要算冬笋的味最鲜美了。但是禁挖极严，如有人偷挖冬笋，即指为笋匪，其禁挖之严，就此可见一斑了。在民国二十年间，曾经呈准一度弛禁，但不久一般山户以挖掘冬笋有害春息，纷纷请求重禁，故又于廿一年起，仍旧禁止，不过偷掘的还未禁绝。"[4]安吉递铺镇双溪口关上村曾发现一块嘉庆十三年（1808）的"奉宪禁碑"，碑文竖式，阴刻楷书，共 20 列，末句为"如有匪徒窃笋情事照律究办"，对盗掘冬笋、私自开办笋行的行为，作了明确禁止。[5]当时在余杭、临安、德清与安吉的交界处，都曾立

① 胡加仁访谈记录，访谈时间：2019 年 3 月 6 日，访谈人：俞为洁。
② 嘉庆十三年"奉宪禁碑"，发现于安吉递铺镇双溪口关上村，现陈列于安吉生态博物馆。
③ 潘熙财访谈记录，访谈时间：2019 年 3 月 9 日，访谈人：申端锋、王孝琦。
④ 吴炯辉：《孝丰的竹》，载《浙江省建设月刊》1933 年第 7 卷第 1 期，第 11—12 页。
⑤ 嘉庆十三年"奉宪禁碑"，发现于安吉递铺镇双溪口关上村，现陈列于安吉生态博物馆。

有类似的"奉宪禁碑"。

安吉比较有名的笋产品有旱竹笋、红壳笋、箬竹笋等，比较有名的笋干有红壳笋衣、青笋干（亦称"扁尖"），此外还有箬竹叶（可以包粽子、做箬帽）、水竹（篾可编席）、苦竹（植以为篱）等出产。[1]

笋以毛竹笋为主，因为余村山上种的多是毛竹，其他竹很少。毛竹笋有毛笋、冬笋和鞭笋三种。毛笋就是毛竹春天萌出的笋，产量最高；冬笋是冬天在土里还未萌发出土的笋，味道鲜嫩，但寻找不易，竹农也舍不得大量采掘，以免影响整个竹林的新旧更替，故数量不多，价格较高；鞭笋即竹鞭的先端部分，采掘鞭笋会伤及整个竹林的繁殖生长，也不能多挖。因此，食用最多的就是毛笋。咸肉烧笋是余村人很爱吃的一个菜，但"毛笋要先煮熟，煮出来的汤倒掉，不能用的，伤胃的。煮得越熟越好，煮好的笋捞出来，炒咸肉、炖咸肉很好吃的"[2]。

笋干也是余村的重要出产，"笋干越黑越好，因为越黑说明晒前煮得越熟，没煮熟的笋晒干后呈白色，好看但不好吃，不懂的人都以为白的好，黑的是发霉烂掉了，其实黑的才好吃"[3]。

20世纪八九十年代，曾在竹林大量使用除草剂，原本是为了多快好省地收获更多的竹竿和竹笋，结果因为水土被污染，竹子、竹笋的品质不高，根本卖不出价钱。尤其是矿山生产污染最严重的时候，毛竹大批枯死，村里只能鼓励村民开办竹筷厂，用这些枯死的毛竹生产竹筷，当时村里一下子办起了好几家筷子厂。

生态立村后，余村积极保护生态环境，竹林严禁喷洒农药，提倡自然堆肥，溪流恢复了清澈，不仅野生动物多了，出产的毛竹和竹笋品质也非常好，反而卖出了好价钱，取得了很好的生态和经济效益。

三、石灰、砖瓦、水泥

因为有着得天独厚的石灰岩资源，余村于1974年开始开采石灰岩，烧制石灰，并用残废料烧制砖瓦。烧出来的石灰主要供应山河、老石坎、山川、杭州华丰等地的造纸厂，以及杭州、湖州、德清、绍兴、慈溪、上海等地的建筑业和农业。

造纸，需要用石灰分解纸浆中的竹纤维。余村附近的龙王村、施阮村都有手

---

① 王微：《孝丰志稿》卷六《食货志·农林》，1973年编印于台北，第175页。
② 胡加仁访谈记录，访谈时间：2019年3月6日，访谈人：俞为洁。
③ 同上。

工造纸的传统。石灰也是重要的建筑材料。石灰还可以撒田里防虫，同时也是一种独特的肥料，山区冷水田尤其需要，有提升土温的作用，乾隆江西《建昌府志》对此就有记载："取石矿烧之，见水则灰，亦可以粪。"[①]

砖瓦则主要供应给村民造房（详见"建筑"章节）。

1986年开始，余村矿山为天荒坪镇的四家水泥厂提供石灰石，其中一家水泥厂就办在余村，后来厂子也卖给了余村。

因为这些矿产品，余村成了当时远近闻名的"首富村"，但也造成了严重的环境污染问题。2001年，安吉县确立了"生态立县"的战略目标，余村从2002年开始至2004年底，陆续关停了所有的矿厂、石灰窑、砖瓦厂和水泥厂。

---

① （清）孟炤修，黄祐等纂：乾隆二十四年《建昌府志》卷八《风俗》，载《故宫珍本丛刊》第114册，海口：海南出版社2001年版影印本，第81页。

第二章　村庄与村民

　　余村历史悠久，原称"俞村"，"俞"曾是村中大姓。遭太平天国兵燹和"咸同大疫"，这里十室九空。此后村民多为零星迁来的移民，以台州黄岩籍最多，姓氏繁杂，但受限于山区资源，人口恢复缓慢。受天目山宗教文化的影响，处于天目山区交通要道上的余村，村域内曾有众多庙宇。

第一节　村庄沿革

一、建置

　　余村现属湖州市安吉县。这是一块古老的大陆，现已发现 13 处旧石器时代文化遗址，其中的溪龙上马坎旧石器时代遗址是"浙江旧石器文化遗址考古第一点"。新石器时代，人类足迹已遍及整个苕溪流域，安乐遗址就是安吉新石器时代的一个重要遗址。

　　春秋战国时期，这里先后归属吴国、越国、楚国。

　　秦置故鄣县（一说鄣县），县治在今安吉县递铺镇古城村，大致包括今安吉县全境、长兴县西南一部分、安徽省广德县全境、郎溪县一部分。《越绝书》记载：秦始皇三十七年（前 210）"徙大越民置余杭、伊、攻□、故鄣"[1]。秦末（一说秦分天下为三十六郡之时，一说秦汉之际）置鄣郡，以故鄣县为郡治，是浙江省境内最早出现的郡级建置。

---

[1] 张仲清校注：《越绝书校注》卷八《越绝外传记地传第十》，北京：国家图书馆出版社 2009 年版，第 231—232 页。

西汉元封二年（前 109）改鄣郡为丹阳郡，郡治移往宛陵（今安徽宣城），故鄣县隶属丹阳郡。东汉灵帝中平二年（185）分南境另置安吉县，县治设于天目乡（今安吉县孝丰镇），仍属丹阳郡。此为安吉建县之始。

三国吴宝鼎元年（266）安吉县属吴兴郡。南朝陈时属陈留郡。

隋开皇九年（589）撤安吉县，并入绥安县。此后 70 多年间，迭置迭撤，反复不定。

唐麟德元年（664）复置安吉县，属湖州。此后历经五代、宋、元不变。

明宪宗成化二十三年（1487），湖州府知府王珣奏请分安吉县南境九乡（孝丰、天目、鱼池、灵奕、广苕、浮玉、移风、太平、金石）五十四里，设置新县。其年冬，孝宗嗣位，可其奏，赐名曰"孝丰"，孝宗弘治元年（1488）正式立县。王珣陈述的分县理由是："据本府安吉县孝丰、天目、鱼池、灵奕、广苕、浮玉、移风、太平、金石等九乡粮耆里老杨济渊等各告：本乡僻居深山，道路阻险，不通舟楫，人民有老死山林不见官府者，凡遇催科，动辄不服，以致钱粮逋负数多；一遇年荒，抢掠乡村，时常为患"，境内"地方广阔，山路崎岖，强梗难制，恃险使然"，故匪患不息。如得分置，"庶使山野小民得近官府，日染月濡，自然顺服，钱粮易办，地方无虞"①，"加之诗书礼乐为教，则渐染陶成，惟善是务"，从而将"山朴之俗，变而为礼让之风"②。

孝丰县境域，"在湖之上游，东望武康，西接宁国，南控余杭，北引安吉。此四境之形胜也，县址盘结，凤凰山峙其左，太阳山镇其右，京山如几案供于前，大会山如屏障于后，广苕诸水自西南绕而东，董岭诸水自西北绕而南"③。余村所在位置，当处九乡中之浮玉乡。

康熙十二年《孝丰县志》记浮玉乡有碧岩、广福、灵岩、仁丰、静丰、永康六里，动、静、翕、辟四图："分上扇一图，今为静图；下扇三图，今为翕图、动图、辟图。"④静图中有个俞村庄（俗称"俞村坞"）⑤，俞村庄当时还有一座俞村桥，属于东滨溪上的 24 座桥之一⑥。

---

① （明）王珣：《添设孝丰县疏》，载温菊梅主编：《安吉文献辑存》，上海：上海古籍出版社 2015 年版，第 8 页。
② （明）王珣：《创县碑记》，载温菊梅主编：《安吉文献辑存》，上海：上海古籍出版社 2015 年版，第 38 页。
③ （清）罗为赓修，张遐等纂：康熙十二年《孝丰县志》卷一《方舆·形胜》，刻本，第 18 页。
④ （清）罗为赓修，张遐等纂：康熙十二年《孝丰县志》卷二《建置·乡图》，刻本，第 12 页。
⑤ 王微：《孝丰志稿》卷一《舆地志·村落》，1973 年编印于台北，第 58 页。
⑥ 王微：《孝丰志稿》卷二《建置·桥渡》，1973 年编印于台北，第 81 页。

民国七年（1918）更乡为区，余村属南屿区（包括原浮玉乡及移风乡的一部分），其后曾分出翕、静两图为移风区。

民国十八年（1929），改乡区制为村里制，民国二十年（1931）又改村里制为乡镇制，南屿乡属第二区。

民国二十二年（1933）改置保甲督导区，南屿乡属白水区。此后仍时有调整，但大局未变。[①] 余村属第五保，下辖六甲：一甲冷水洞，二甲赵家堂，三甲大坦，四甲周家，五甲叶家堂，六甲桥头。

1949年4月30日，孝丰解放，第二天余村解放。6月成立孝丰县人民政府，七八月份废除保甲制，成立农会，余村属孝丰县青山区，称"余村"。

1950年春归属青山区山河乡。

1952年5月出现互助性质的调工组，1953年正式成立互助组，1954年10月冷水洞、赵家堂成立余村坞中联农业生产社，简称"中联社"。1955年1月大坦、周家、叶家堂、桥头成立余村坞建中农业生产社，简称"建中社"。1956年建中社、中联社合并，称"中联社"。

1957年成立余村高级社。

1958年9月青山人民公社成立，政社合一。10月山河、余村、银坑以及大溪村的横坑坞，组建山河生产大队，归属青山人民公社。11月撤销孝丰县，孝丰并入安吉县，属嘉兴专区。

1961年6月撤销青山公社，成立山河人民公社，老大队解散（包括山河、余村、银坑），恢复余村大队。

1983年7月安吉县归属湖州市。

1984年4月公社改为乡，大队改为行政村，称余村行政村，归属山河乡。

1992年，国家重点工程天荒坪抽水蓄能电站在天荒坪投资兴建，撤山河乡并白水湾乡建天荒坪镇，余村归属天荒坪镇管辖。

目前，余村下辖冷水洞、赵家堂2个自然村和1个中心村（包括原来的大坦、周家、叶家堂、桥中、桥头5个自然村）、8个村民小组，农户280户，人口1050余人。

---

① 王微：《孝丰志稿》卷一《舆地志·乡区》，1973年编印于台北，第51—54页。

二、乡名

余村地界古属浮玉乡，坐落于天目山北麓。

"浮玉"这个名字很有来头，《山海经》中已有记载："浮玉之山，北望具区，东望诸毗，苕水出于其阴，北流注于具区。"苕水即西苕溪，具区即太湖。一般认为浮玉山就是天目山，一说尧舜禹的大洪水时期，地势低洼的东南地区只有高耸的天目山露出水面，如碧玉浮水，故称浮玉山；一说因其山中富蕴玉矿而得名。

后世史料多有大、小浮玉之别，《浙江通志》引《名胜志》云：浮玉山"在县东南十五里"，又引都穆《游道场山记》云："吴兴有两浮玉，其一在孝丰东南十五里，名大浮玉。郡城南碧浪湖者，小浮玉也。"另记有一个古浮山："弘治《湖州府志》：在县东南一十五里浮玉乡，与浮玉山相接，山有古浮石洞、普慈寺。宋郡守葛胜仲《诗略》云：'路出古浮山，木杪飞华屋。'即此处也。"[1] 由此看，浮玉乡之名得自孝丰县东南十五里的大浮玉山，亦即古浮山。

民国时期，这里一度改称"南屿乡"。南屿之名得自南屿山。"南屿山在（孝丰）县东南十七里，与浮玉山相接，一名白水山，一名泉石山。志云：山高三百六十丈，上有湖，下有南屿水，流合于苕溪。"[2]

古代的浮玉乡大致包括今天的上墅乡和天荒坪镇，南屿山正处在浮玉乡的中心位置，而且是整个乡的最高峰，海拔1048米，整条山脉位于上墅乡和天荒坪镇的交界线上，山脊线向北倾斜延伸到上墅乡刘家塘村和天荒坪镇的山河村。

三、村名

在相关的历史资料中，我们没能找到"余村"，却发现了一个"俞村"，而且有不少信息表明，这个"俞村"应该就是现在的"余村"。证据如下：

1. 一批前几年被整理出来的元朝户籍残档，就记有多个浮玉乡俞村的户籍资料：[3]

一户：俞二十一，元系湖州路安吉县浮玉乡一管俞村人氏，亡宋作锯匠户，至元十二年

---

① 浙江省地方志编纂委员会编：清雍正朝《浙江通志》第2册卷十二《山川四》，北京：中华书局2001年版，第504页。
② （清）顾祖禹：《读史方舆纪要》卷九十一《湖州府》，上海：商务印书馆1937年版，第3823页
③ 王晓欣、郑旭东：《元湖州路户籍册初探：宋刊元印本〈增修互注礼部韵略〉第一册纸背公文纸资料整理与研究》，《文史》2015年第1辑，第113—115、159—160页。

十二月内归附

　　计家：亲属叁口

　　男子：贰口

　　成丁：壹口，男俞五八，年叁拾伍岁

　　不成丁：壹口，本身，年陆拾玖岁

　　妇人：壹口，妻朱二娘，年柒拾岁

　　事产：

　　地土：壹拾叁亩柒分捌厘

　　陆地：贰亩肆分捌厘　　**山**：壹拾壹亩叁分

　　房舍：瓦屋贰间

　　营生：锯匠

　　一户：郎五八，元系湖州路安吉县浮玉乡一管俞村人氏，亡宋作锯匠户，至元十二年十二月内归附

　　计家：亲属壹口

　　男子：壹口

　　成丁：壹口

　　本身，年叁拾伍岁

　　事产：

　　地土：柒亩肆分壹厘

　　（后缺）

　　一户：（前缺）（引者注：因为此户前后都是俞村户，故推测此户也是俞村户）

　　妻胡氏，年陆拾伍岁　　媳妇王氏，年叁拾贰岁

　　孙女施寿娘，年柒岁

　　事产：

　　地土：壹拾壹亩叁分贰厘

　　陆地：贰亩捌分肆厘　　**山**：捌亩肆分捌厘

　　房舍：瓦屋壹间

　　营生：锯匠

　　一户：施干八，元系湖州路安吉县浮玉乡一管俞村人氏，亡宋作锯匠户，至元十二年十二月内归附

　　计家：亲属伍口

　　男子：肆口

　　成丁：贰口

　　本身，年伍拾岁　弟施三儿，年叁拾口

　　不成丁：贰口

　　弟施四光，年壹拾肆岁〔弟〕施口口，年壹拾口口

　　一户：（前缺）（引者注：因为此户前后都是俞村户，故推测此户也是俞村户）

　　妇人：壹口

　　母亲俞三娘，年捌拾壹岁

　　事产：

　　地土：壹拾亩伍分叁厘

　　陆地：贰亩柒分捌厘　　**山**：柒亩柒分伍厘

　　房舍：瓦屋壹间

　　营生：锯匠

　　一户：俞八十，元系湖州路安吉县浮玉乡一管俞村人氏，亡宋作竹匠户，至元十二年十二月内归附

　　计家：亲属捌口

　　男子：陆口

　　成丁：贰口

　　男俞九九，年肆拾伍岁　男俞干一，年肆拾口口

　　不成丁：肆口

　　本身，年捌拾岁　男俞万三，年玖岁

　　（后缺）

　　一户：施五六，元系湖州路安吉县浮玉乡一管俞村人氏，亡宋作锯匠户，至元十二年十二月内归附

计家：亲属壹口

男子：壹口

成丁：壹口

本身，年肆拾岁

事产：

田土：壹拾亩柒分

水田：壹亩叁分

陆地：肆分　**山：**玖亩

房舍：瓦屋壹间

营生：锯匠

一户：施五二，元系湖州路安吉县浮玉乡一管俞村人氏，亡宋作锯匠户，至元十二年十二月内归附

计家：壹口

亲属：壹口

男子：壹口

不成丁：壹口

本身，年陆拾壹岁

事产：

地土：玖亩壹分

陆地：贰亩玖分　**山：**陆亩贰分

房舍：瓦屋壹间

营生：锯匠

至元十二年（1275）年底，元军占领湖州。第二年，原安吉州改称湖州路，下辖乌程、归安、安吉、德清、武康五县和长兴一州。从这些元初的户籍残档看，当时安吉县浮玉乡被划分为六管，俞村属于浮玉乡一管。

这8户俞村人，有2户户主姓俞，4户姓施，1户姓郎，1户姓名缺失。1人之妻姓朱，1人之妻姓胡、儿媳妇姓王，1人之母姓俞。按人数计，施姓有8人，俞姓有7人，郎、胡、王、朱各1人。可见施和俞当时是这个村的大姓，或许俞

姓迁居此地比施姓早，故村以"俞"名。

2. 清道光四年（1824）修撰的《浙西水利备考》，在所附《孝丰县水道图》上标注有一个"俞岭"①，王微《孝丰志稿》在讲到"东滨溪"的时候也记有俞岭和大俞岭："东滨溪在县东部，源出洒风岭东之市岭，合俞岭、大和山、长龙山诸小水，经大溪山，沿战场山、南屿山之间，北走至潘村、皇路庄，纳银坑、大俞岭之水，经山坞、景村、西水坞，在白水镇（俗称"白水湾"）纳西水，至东岳庙与港口溪合流。"②

3. 民国时期浮玉乡有4图24庄，其中的静图有潘村庄、俞村庄（俗称"俞村坞"）、皇路庄、大溪庄4庄和黄坑坞、黄泥厂、市岭3村坞。③翕图中则有一个叫"俞岭小岭头"的小村庄，翕图包括白水湾一带，与静图南北相接。

4. 对清光绪二十四年《募化重建隆庆禅院碑记》和时代相近的另一块功德碑上的捐助人姓名进行不完整统计（详见"村民族姓"），显示俞姓出现频率较高，但无一"余"姓。

这些史料表明：现在的"余村"，历史上很可能叫"俞村"或"俞村庄（俞村坞）"。之所以称"俞村"，则可能和村庄最早的居民姓俞有关。现在余村西头的大余岭，应该就是当时的"大俞岭"，现在大余岭下的"余村坞"应该就是当时的"俞村坞"。

第二节　村民族姓

一、元朝村民的族群信息

（一）施、俞是此村大姓

我们将上述元初俞村8个户籍残档中涉及的人名，按姓氏归纳如下：

施	施寿娘（女）	施寿娘祖父	施千八	施三儿	施四光	施口口	施五六	施五二	8人
俞	俞二十一	俞五八	俞三娘（女）	俞八十	俞九九	俞千一	俞万三		7人

① （清）王凤生纂修，梁恭辰重校：《浙西水利备考》之《孝丰县水道图说》（道光四年修，光绪四年重刊本），载《中国方志丛书·华中地方·第四八一号》，台北：成文出版社1983年版（影印），第198页。
② 王微：《孝丰志稿》卷一《舆地志·山川》，1973年编印于台北，第37页。
③ 王微：《孝丰志稿》卷一《舆地志·村落》，1973年编印于台北，第58页。

续表

郎	郎五八							1人
朱	朱二娘（女）							1人
胡	胡氏（女）							1人
王	王氏（女）							1人

经统计，19个人中，施姓8个，俞姓7个，郎姓、朱姓、胡姓、王姓各1个。而且从其户籍登记看，家主和男性家庭成员只有施、俞、郎三姓，代表着定居的家庭，而朱、胡、王的身份都是妻或母，很可能只是外地嫁入之人。虽然这只是一个户籍残册，并不能代表整个村庄的情况，但还是可以看出这个村的村民，以男性世系记，有施、俞、郎三姓，以施、俞两姓为主。

（二）以数字为名、女性以"娘"字命名的古老姓氏文化

在这个户籍残档中，我们还发现了一个有趣的现象：人名多用数字。在可辨识的男性姓名中，只有施四光、施三儿不是数字名（但也带着一个数字），其他全部都是数字名：施千八、施五六、施五二、俞二十一、俞五八、俞八十、俞九九、俞千一、俞万三、郎五八，可以说登记在册的12个男名，有10个是数字名。

这种数字名，最初代表的不是真正的名字，而只是这个人的行第。"行第"即一个人在兄弟姐妹中的排位顺序，很多时候不单指在家庭而是指在家族中的排行。这种情况在唐代已很常见，例如"景龙初，有韩令珪起自细微，好以行第呼朝士"①，岑仲勉在《唐人行第录》中也讲到自己"抗战前攻唐史，见唐人诗文喜以行第相称"②。在敦煌文书和洞窟供养人题记中也发现了大量行第名，如高廿娘、赵什七、李什一、梁什七、令狐什六等。③宋延唐俗，以行第相称仍很普遍。例如朱彧《萍洲可谈》记有闾丘十五的故事④，洪迈《夷坚志》涉及的行第名更多，如饶州余干县桐口社民段二十六、兴国军民熊二、鄱阳城民刘十二、南城田夫周三、鄱阳小民隗六、符离人从四、楚州山阳县渔者尹二、解州安邑池西乡民梁小二、临川人董小七、徽州婺源民张四、黄州市民李十六及其仆崔三、鄱阳乡民郑小五、金华县孝顺镇农民陈二等。

---

① （宋）王谠撰，周勋初校证：《唐语林校证》卷五《补遗·起高祖至代宗》，北京：中华书局2008年版（2012年重印），第452页。
② 岑仲勉：《唐人行第录》，北京：中华书局2004年版，第3页。
③ 高启安：《信仰与生活：唐宋间敦煌社会诸相探赜》，兰州：甘肃教育出版社2013年版，第13页。
④ （宋）朱彧撰，李伟国校点：《萍洲可谈》卷二《善恶之报》，《宋元笔记小说大观》第二册，上海：上海古籍出版社2007年版，第2318页。

　　元朝时，情况有所不同，这种行第名变成了真正的名字，而且"数字"除来源于行第外，也有可能是父母生他时合计的年龄。产生这种变化的原因是："元制：庶民无职者，不许取名，止以行第及父母年齿合计为名。"[①]俞村元初户籍残档说明：元朝时，这种数字名确实已是登入户籍的真正的名字。但"施千八"、"俞千一"、"俞万三"这几个数字名，应该和行第、父母年齿合计等算法都没关系，说明此时民间取名，带有一定的随意性，只要是数字就行。

　　这种以数字为名的习俗，一直流传到近现代。吴晗就指出这种现象并非元代独有[②]；洪金富认为这种现象在宋元明清一直存在[③]。这种取名习俗甚至影响到东邻日本，日本至今仍常见以数字为名者。

　　这份户籍残档中出现的5个女性，2个只登记了姓（胡氏、王氏），另3个有姓有名（朱二娘、施寿娘、俞三娘），名字中都带有一个"娘"字。"娘"是中国古代女名中最常用的字之一，高启安先生在研究敦煌资料时也发现了这个现象，他在S.2669《敦煌诸寺比丘尼姓名年龄籍贯表》统计的268个尼姑姓名中，就发现有39个带有"娘"字，如客娘、思娘、进娘、宾娘、丑娘、英娘等，旁及其他唐宋史资料，至少说明唐宋时期女性起名流行用"娘"字。[④]俞村的这个资料说明，这种取名喜好，在元代还非常流行。

（三）长寿者比例较高

　　这份俞村户籍残档中，有18人记有年龄，其中超过50岁的有7人，长寿者不少：施千八50岁，施五二61岁，胡氏（女）65岁，俞二十一69岁，朱二娘（女）70岁，俞八十80岁，俞三娘（女）81岁。（这是户籍登记时的年龄，还不是他们的寿终年龄。）

　　从这个名单看，性别和寿命之间没有特别的差异，男女寿命差不多。这可能和村庄自然环境较好、生活条件不错（住的都是瓦屋）有关。

（四）家庭结构不理想

　　俞二十一（69岁）和朱二娘（70岁）夫妇，家里只有一个35岁的俞五八（不知是儿是孙）。施姓人家（户主名缺失）虽然有妻（65岁），有儿媳（32岁），还

①　（清）俞樾著，张道贵、丁凤麟点校：《春在堂随笔》卷五，南京：江苏人民出版社1984年版，第75页。
②　吴晗：《灯下集》，北京：生活·读书·新知三联书店1979年版，第52页。
③　洪金富：《数目字人名》，《中研院历史语言研究所集刊论文类编·历史编·宋辽金元卷》第三册，北京：中华书局2004年版，第2027页。
④　高启安：《信仰与生活：唐宋间敦煌社会诸相探赜》，兰州：甘肃教育出版社2013年版，第12页。

有一个9岁的孙女，但无儿无孙。施千八（50岁）和三个10多岁到30多岁的兄弟住一起，家中无女性。俞八十（80岁）家的情况也是如此，一家4口全是男子（按年龄似为祖孙三代），无女性。郎五八（35岁）、施五六（40岁）、施五二（61岁）、俞三娘（81岁）则都是一人独居。

（五）娶妻习俗

村里男性户主只有施、俞、郎三个姓，妻姓有朱、胡、王三姓，说明俞村村民多从外村娶妻，但户籍登记中有一个俞三娘（81岁），可能就是本村俞姓姑娘又嫁在本村的，可惜户籍登记时她家只剩她一人，所以不清楚她嫁的是村里什么姓氏的人家，但应该不会是俞姓人家。

过去的人虽然不懂得什么遗传基因，但经验告诉他们近亲结婚的后代不好，因此先秦以来就有同姓不婚的原则（反而是后世，出于保全家族财产的私心，出现了亲上加亲的陋习），加之过去村庄普遍较小，如果同村婚嫁，很容易造成近亲繁殖。因此，过去大多数村庄，只要条件允许，都有村外嫁娶的习俗。从这份户籍残档看，至少在元初，当时的俞村村民也是遵循这一习俗的。

二、晚清村民的姓氏结构

余村隆庆庵现存3块古碑，其中光绪二十四年（1898）的《募化重建隆庆禅院碑记》和一块无题名、无落款时间的石碑，记录了众多捐款人的姓名和捐款额度。这两块功德碑的捐款人中都出现了"章信古堂"，而且不少同姓人的名字中有一个相同的字，多为中间那个字，很可能就是辈分字，因此我们推断这两块功德碑的刻成时间不会相隔太远。

像隆庆庵这样的村中庵庙，一般情况下助捐者多为本村人，所以我们虽然不能确定他们都是余村人，但可以确定大部分应该是本村人。例如光绪二十四年那块功德碑上的"俞圣达"，就是现任村主任俞小平的先祖，"潘海性"则是原村党支部书记潘文革的先祖。因此通过统计碑文中的姓氏，我们可以大致了解晚清时期俞村村民的姓氏结构。

光绪二十四年那块功德碑，下部漫漶残损较甚。据不完全统计，能辨识出姓或名的捐款人有125人，涉及戴、阮、叶、潘、黄、吕、郑、邱、俞、范、吴、高、李、金、林、周、陈、朱、施、赵、翁、蒋、汪、郎、章、张、姚、王、严、鲁、毛、童、谢、刘、胡、邵、罗、褚、竺、孙40个姓。其中潘姓者最多，有

16个捐款人；章姓有7个捐款人和章怡永堂、章信古堂2个堂号的捐款；姚姓有7个捐款人；王姓有6个；叶姓有4个捐款人和叶永春堂的捐款；施、俞、褚姓各有5个；黄、陈、朱、毛姓各有4个；吴、范、郑、翁姓各有3个；周姓有2个捐款人和周爱莲堂的捐款；阮、刘、戴、高、李、赵、蒋、汪、张、胡姓各有2个；其他姓都只有1个捐款人。碑文中的善缘、万盛、永盛3个名字，很可能是僧人法号，但"善缘"也有可能是指随缘捐助又不愿留下真实姓名的人，"万盛"、"永盛"也有可能是店铺或作坊的名字。

无题名、落款的那块功德碑，刻文相对清晰。经统计涉及186个捐款人，包括17个僧人，章信古堂、□敦睦堂2个堂号，剩余167个人名，只有1人的姓氏缺损，无法辨认。共有章、陈、毛、吴、邹、汪、梅、潘、应、姚、邵、王、杨、周、戴、邱、鲁、万、沈、李、徐、钟、金、竺、董、凌、郎、蔡、方、马、褚、蒋、孙、张、龚、俞、丁、叶、程、朱、翁、乔、韩、胡、屠、黄、许、赵、易、卢、詹、郑、林53个姓。其中周姓最多，13人；潘姓11人；徐姓9人；陈姓8人；章姓有7个捐款人和章信古的捐款；吴、王、万、朱姓7人；姚、李姓6人；龚姓5人；俞姓4人；梅、杨、鲁、沈、方、胡、赵姓3人；毛、邹、应、邵、戴、钟、凌、马、褚、孙、叶、程、翁、黄、屠、郑、林姓2人；其他姓都是1人。

合计两碑，共有63个姓，其中两碑都出现的姓有：章、陈、毛、吴、汪、潘、姚、邵、王、周、戴、邱、鲁、李、金、竺、郎、褚、蒋、孙、张、俞、叶、朱、翁、胡、黄、赵、郑、林30个姓；只在光绪二十四年碑中出现的有：阮、刘、施、范、吕、童、高、严、谢、罗10个姓；只在无题名碑上出现的有：邹、梅、应、杨、万、沈、徐、钟、董、凌、蔡、方、马、龚、丁、程、乔、韩、屠、许、易、卢、詹23个姓。

以人数计（堂号归入姓氏计），潘姓有27个捐款人，章姓有17个，周姓16个，姚、王姓各13个，陈姓12个，朱姓11个，吴姓10个，俞、徐姓9个，李姓8个，万、褚、叶姓7个，毛、黄姓6个，施、龚、翁、胡、赵、郑姓5个，戴、鲁姓各4个，汪、杨、蒋、孙、张姓各3个，范、梅、邵、沈、方、林姓各3个，阮、刘、高、应、邹、邱、钟、金、竺、郎、凌、马、程、屠姓各2个，吕、童、严、谢、罗、董、蔡、丁、乔、韩、许、易、卢、詹姓各1个。

这些统计显示：晚清时期这个村的姓氏已非常繁杂，但没有占绝对优势的主姓，说明这是一个典型的移民村，而且移民零散迁入，而非宗族性迁入，如果是宗族迁入，这个宗族姓氏会显示出绝对的数量优势。相对而言，潘、章、周、姚、王、陈、朱、吴、俞、徐、李、褚、叶等姓的出现频率较高，说明村民中这些姓氏的人数可能较多。当然，因为统计的是功德碑上的名字，也可能只说明某个姓氏信佛的人比较多而已。

三、太平天国和抗日战争时期的移民潮

在中国这样一个地域辽阔的国家，虽然国家实行的是编户齐民，推崇的是安土重迁，但事实上因为战乱、灾荒、商贸、国策政令等各种原因，不仅零星的人口迁移随时都在发生，而且大规模的移民事件也不绝于史。安吉、孝丰就是移民现象非常突出的地区，早在秦始皇三十七年就发生过"徙大越民置余杭、伊、攻□、故鄣"①的事件。西晋"永嘉之乱"和北宋"靖康之难"也给这里带来了大量移民。明末清初，玉米、番薯等高产且适合山区种植的美洲作物传入中国，乾（隆）嘉（庆）时期曾在中国山区引发大规模的棚民潮，浙江山区就是"棚民"的主要流入地之一，清朝归安（今湖州）人张鉴就讲道："浙江各山邑，旧有外省游民搭棚开垦，种植包芦、靛青、番薯诸物，以致流民日聚，棚厂满山相望。"②而且因为孝丰"山陬僻壤，民风素朴，向来避乱者思移家就之"③。不过，从整体上看，这些都属于正常范围的移民迁居，对当地的社会生活影响不大。

但是，发生于清咸（丰）同（治）年间的太平天国战争以及随后暴发的大瘟疫，几乎让这里十室九空，甚至整村绝户，以至于这一带现有的居民，其先祖基本上都是此后从外地迁来的移民。也就是说，这里存在着比较明显的土著族群及其文化、习俗的断裂层，此后重组的是一个由移民构建的、带着明显移民特征的地方文化。

（一）太平天国战争中的人口损失

孝丰乃战略要地，历来多兵燹。《读史方舆纪要》记安吉"山溪纠错，西通宣歙，南卫临安，用兵出奇之道也。杜伏威尝由此以平李子通，淮南尝由此以震吴

---

① 张仲清校注：《越绝书校注》卷八《越绝外传记地传第十》，北京：国家图书馆出版社2009年版，第231—232页。
② （清）张鉴等编：《雷塘庵主弟子记》卷二，载北京图书馆编：《北京图书馆藏珍本年谱丛刊》第128册，北京：北京图书馆出版社1999年版（影印），第570页。
③ （明）唐世济：《郡司马朱公署孝丰县德政碑》，载温菊梅主编：《安吉文献辑存》，上海：上海古籍出版社2015年版，第114页。

越，蒙古尝由此以亡宋，明初亦由此以袭张士诚。夫安吉之于浙也，犹头目之不可不卫也，一或不慎，殒越随之矣"①。干人俊在《民国安吉新志稿序》中亦讲道：安吉"其地北望太湖，南依天目，西毗皖境，东窥钱塘；山川修阻，形势天成，夙称用兵之地。东汉光和末，荆扬乱，此乡守险助国，汉朝嘉之，立县名安吉，良可鉴也。且境内屏山九叠，镜水千寻，利于游击；出则可攻，退足以守。抗日战争，敌寇迭挫于此，戒而不犯，亦非无故焉！万历《湖州府志》云：'天目为江南诸山之雄，而当其前；苕溪为吴兴诸水之秀，而环其后。独松、幽岭，关键乎东南；玉磬、金钟，藩屏乎西北。'皆记实语也"②。清孝丰知县刘濬也强调过孝丰战略要道的地位："孝丰虽僻在山陬，而西为宁（国）、广（德）之咽喉，南为省会之门户，东北于安吉、武康为车辅。观之往事，独松关不守，金人长驱；穷谷深林之民或梗化，则郡邑戒严。其所以扼要害、防奸宄、措四境于晏安者，顾可忽乎哉！"③

孝丰东南的幽岭和独松关关系着余杭和杭州的安危，金兵和太平军均从此攻入杭州。清严我斯《康熙安吉州志序》云："湖属之有安吉，由县而更为州，以其从独松关达杭郡，为西南要害。"④清许庆霄《过幽岭》诗云："幽岭幽岭何其幽，蔽天松竹无人游。东西天目环四周，独松一关居上头。……我闻兀术兵相投，衔枚疾走令若流。过此天险河山收，南朝无人夫何忧？又闻粤贼下杭州，潜兵夜度来貔貅。我军踽踽无一筹，生民百万悲蜉蝣。"⑤而涉及幽岭、独松关的战争，大多会波及余村。

太平天国战争时期，孝丰一度成了清军和太平军拉锯战的主战场。咸丰六年（1856）编排保甲，"实在男丁十四万有奇，女丁及老幼并十五万有奇"⑥，估计当时孝丰县人口约30万。太平天国战争爆发于1851年，1860—1864年才波及安吉、孝丰两县，因此1856年统计的孝丰人口应该还是正常人口。

---

① （清）顾祖禹：《读史方舆纪要》卷九十一《湖州府》，上海：商务印书馆1937年版，第3820页。
② （民国）干人俊：《民国安吉新志稿序》，载温菊梅主编：《安吉文献辑存》，上海：上海古籍出版社2015年版，第379页。
③ （清）刘濬：《重修孝丰县城记》，载温菊梅主编：《安吉文献辑存》，上海：上海古籍出版社2015年版，第40页。
④ （清）严我斯：《康熙安吉州志序》，载温菊梅主编：《安吉文献辑存》，上海：上海古籍出版社2015年版，第374页。
⑤ （清）许庆霄：《过幽岭》，载温菊梅主编：《安吉文献辑存》，上海：上海古籍出版社2015年版，第351页。
⑥ （清）刘濬等修，陈漳辛补跋：光绪《孝丰县志》卷四《食货志·户口》，光绪三年修，二十九年补刊本。载《中国方志丛书·华中地方·第五九九号》，台北：成文出版社1983年版（影印），第442页。

1860 年 5 月太平军二破清军的"江南大营"后，李秀成和李世贤率部由皖南进军浙江，并迅速占领浙北苏南地区。1862 年浙江巡抚左宗棠率领湘军由安徽进入浙江与太平军作战，1864 年 7 月清军周延瑞等部攻克孝丰、安吉，两县战事结束，8 月清军收复被太平军占领的全部浙江府县。

从总体上看，太平天国战争历时十多年，被及 16 省，以"天京"（今南京）周围的苏、浙、皖受创最重，"江浙皖三省被贼蹂躏之地，几于百里无人烟，其中大半人民死亡，室庐焚毁，田亩无主，荒弃不耕"①。"庚申年（1860），江浙失陷几及全省，苏松常杭嘉湖最为贼薮。"②人口损失最多的是苏、浙、皖交界区，"浙省自发逆肆扰以来，通计各府，惟杭州、湖州两府各属受灾最重。盖杭州之余（余杭）、临（临安）、於（於潜）、昌（昌化）等邑与湖属之安吉、孝丰、武康相接壤，粤逆盘踞安徽，而徽州、宁国二郡为入江西、浙江之要路，是二郡失守数次，贼每旁窥他省，而浙江则此数县实当其冲"③。

孝丰遭受的战争创伤更是其中之最。孝丰是太平军由皖南进入浙江的第一个入口处，也是太平军和清军拉锯战的主战场之一，左宗棠就讲道："湖州西路，长兴到安吉百余里，皆为贼踞，并时分贼党至孝丰、独松关、递铺一带，将乘隙内犯。伪感王陈荣率粤贼数千人据孝丰县城，分党窜犯百丈里。"④《浙志便览》亦云："贼经邑境往来皖浙如梭，居民入山避乱，叠被杀掳殆尽。"⑤而且太平军在这里遭遇了较顽强的民间武装力量（民团）的抵抗，彼此伤亡惨重，"咸丰十年二月初三日，广德陷。邑令程与邑绅等会议坚壁清野，分督民团，各守要隘。于是，以前山东历城县县丞王敦书为团总，以武生诸伟章等巡守城垣，并守幽岭、董岭、苦岭、金鸡岭、孔夫关、余杭千秋关。贼屡犯不得入。初八日，安吉陷。民团守境力御，时有擒斩。旋贼聚愈众，乘隙从独松关入，据安吉县，自递铺镇由北乡之东滨趋唐福镇，扑狮子山。团勇出敌，败走，诸伟章被擒，剐肠死，城遂陷。时三月初三日也。初四、五日，民团有攻城，均败没。……六月，伪吴王由广德至，彪悍甚，城虚不可守。然乡团四布，贼不敢据，径穿城入余杭。……（十一

① 王韬：《弢园文录外编》卷七《平贼议》，上海：上海书店出版社 2002 年版，第 157 页。
② 倦圃野老：《庚癸纪略》卷上，载中国社会科学院近代史研究所《近代史资料》编译室主编：《太平天国资料》，北京：知识产权出版社 2013 年版，第 99 页。
③ 《原杭湖属客民滋事之由》，《申报》光绪七年四月十九日（1881 年 5 月 16 日）第 1 版。
④ （清）左宗棠：《秦湖郡获胜并攻克孝丰县城生擒首逆折》，载温菊梅主编：《安吉文献辑存》，上海：上海古籍出版社 2015 年版，第 6—7 页。
⑤ （清）李应珏：《浙志便览》卷一《孝丰县序》，光绪二十二年（1896）刻本，第 64 页。

年四月）嗣戴贼又从广德来，至义图郭吴村，民团四起，或伏险伺贼，或合力进攻。民团伤亡极多。战守月余，贼大股至，四面环逼，势遂不支。至八月二十日，团溃，自此一蹶不振，往来莫遏矣。然乡村犹复励众固守，时出攻击"①。

经此战争，孝丰县原有30万人口损失了29.3万，损失率达97.5%。当然，其周边的安吉县（96%）、武康县（97%）、宁国县（96.6%）也损失严重，但都不如孝丰，孝丰由此成为太平天国战乱中人口损失最严重的一个县。②"昔全盛时口三十余万，而今则落落星辰，散布四隅者仅八千余，不及三十之一也。"③王微《孝丰志稿》亦云："清同治四年（郭志瀛）来宰吾县，时当洪杨军事（引者注：指太平天国）之后，官舍建置，悉遭兵毁，全县仅八千人，弥望蒿莱，艰窭殊甚。"④

太平天国战争时期，余村人口损失巨大，据说只剩不到十个人。屠家堂⑤原来有一个老房子，长毛过后，房子里都是尸骨。赵家堂⑥原来有十来户赵姓人家，战后只剩一个小孩，"这个小孩当时在潘村⑦帮姑夫家放牛，有天姑夫叫他到（余杭）百丈去买米，路上他生病了，奄奄一息。路上碰到了长毛，长毛看他病得快死了，也没杀他。他回到潘村时，看到人都死光了，就逃到山上躲起来了。他在山上住了一年多，吃野果，病也好了。他觉得下面安全了，就回了赵家堂，结果发现赵家堂里都是尸骨，想来是被长毛杀了的。他在狮子山挖了一个大坑，将这些尸骨掩埋了。后来他从大溪⑧娶了个妻子，人口才重新繁衍起来。这个事我是从他们的家谱里看到的"⑨。据说叶家堂的一个房子里也是一屋子的尸骨，后来挑出来埋了。⑩

大规模且持久的战争，必然导致饥荒和疫疠，这在古代社会几乎就是一个定律。因为长期战争导致一切生产活动都无法正常进行，尤其是作为民食根本的农业，因对季节和劳动力的强烈依赖，受到的影响会特别严重。而且战争期间人员

① （清）刘瀜：《同治三年六月克复孝丰县城记事》，载温菊梅主编：《安吉文献辑存》，上海：上海古籍出版社2015年版，第200—201页。
② 安吉县委党校《移民历史文化》课题组：《安吉历史移民文化考察》，《安吉县委党校通讯专辑》2007年第8期。
③ （清）刘瀜等修，陈漳辛补跋：光绪《孝丰县志》卷八《祥异志·兵戈》，光绪三年修，二十九年补刊本。载《中国方志丛书·华中地方·第五九九号》，台北：成文出版社1983年版（影印），第1117页。
④ 王微：《孝丰志稿》卷三《职官志·治绩》，1973年编印于台北，第101—102页。
⑤ 在余村冷水洞自然村。
⑥ 在余村赵家堂自然村。
⑦ 现在的横路村是原潘村和横路村合并而成的。
⑧ 天荒坪镇大溪村，与杭州临安区交界。
⑨ 方伯民访谈记录，访谈时间：2019年3月7日，访谈人：俞为洁。
⑩ 胡羚芳访谈记录，访谈时间：2019年3月6日，访谈人：俞为洁。

流动大（包括军队和流民）、衣食无保障（体质和免疫力都会下降）、死者无法及时掩埋、伤病无法得到及时医治调养，这些都是引发饥荒和疫疠的原因。安吉和孝丰的饥荒和疫疠暴发于同治元年（1862）和二年（1863）。自庚申（咸丰十年）至壬戌（同治元年）"贼往来不纪其数，民始时死于兵戈，其饿毙者尚少。至壬戌五六月，颗粒难得，民皆食木皮青草，由是八九饿毙"①。同治元年"六七月，孝丰县瘟疫，民遭兵戈者半，遭瘟疫者亦半"；同治二年杭嘉湖、上海一带先后发生大疫，"孝丰县疫疠盛行"②。

这是"清代江南惟——次由战争引发的大疫"，因为像孝丰及其附近的临安、於潜、昌化等浙西西部山区，人口不多，交通不便，经济贸易也不甚发达，生活比较闭塞，因此人与人之间传染的烈性瘟疫以前很少波及这些地区。但这次不同了，"与嘉（庆）道（光）之际大疫基本分布在一些重要的交通干线上不同，这次在浙西西部的孝丰、临安和昌化等地也有严重的疫情发生。而这些地区，地处山区，相对地广人稀，交通也较为闭塞，在嘉道之际那场影响面更广的瘟疫中，均未波及。该区为浙皖间的重要通道，从咸丰十年（1860）开始，太平军在这一地区数度往来，疾疫极有可能就此从苏南或嘉兴和湖州的中心地区传入"③。这次疫疠的源头可能在安徽的广德和宁国，曾国藩同治元年（1862）闰八月十二日给朝廷的奏折《请简亲信大臣会办军务片》中就提到当时宁国疫疠最盛："大江南岸各军疾疫盛行……近日秋气已深，而疫病未息。宁国所属境内最甚，金陵次之，徽州、衢州次之。水师及上海、芜湖各军，亦皆历疫繁兴，死亡相继。"④而孝丰正与广德、宁国交界。

就孝丰县来说，死于疫疠和饥荒的人口远高于直接死于战争者。王微《孝丰志稿》即称："自太平军攻占县境，连年战乱，田园荒芜，民恃野谷野菜为生，疫疠盛行，尤以（同治）元、二两年为甚，死者什八九。"并引父老言："其死于兵戈者十之一，死于疫疠饥饿者十之九。"⑤这次咸同大疫"是清代江南涉及范围仅次于嘉道之际大疫和疫死率最高的瘟疫"，很可能和嘉道大疫一样，也是真性霍乱导致的。⑥霍乱是烈性传染病，传染性很强，死亡率很高，尤其是在战乱、饥荒导致

---

① （清）汪荣修、张行孚纂：同治《安吉县志》卷十八《杂记》，同治十三年（1874）刻本，第40页。
② 王晓伟、龚胜生：《清代江南地区疫灾地理研究》，《中国历史地理论丛》2015年第30卷第3辑，第24页。
③ 余新忠：《咸同之际江南瘟疫探略：兼论战争与瘟疫之关系》，《近代史研究》2002年第5期，第93页。
④ 唐浩明：《唐浩明评点曾国藩奏折》，济南：山东人民出版社2014年版，第190页。
⑤ 王微：《孝丰志稿》，1973年编印于台北，卷首《大事记》，第13页；卷六《食货志·户口》，第155页。
⑥ 余新忠：《咸同之际江南瘟疫探略：兼论战争与瘟疫之关系》，《近代史研究》2002年第5期，第88页。

人的健康状况极度低下的时候，王微《孝丰志稿》就提道："自同治元年（太平天国）律王号为王老虎者踞县，凶暴更甚于前，且田园尽芜，民多乏食，而疫疠大作，每有舆尸于途，舁者竟亦死去。"①

我们不清楚，太平天国战后，余村大量的死亡人口、整屋的白骨，到底是集体被杀还是因饥饿或疫疠而死，但可以肯定当时余村几乎绝户的情况是太平天国战争造成的。

（二）抗日战争中的人口损失

作为山乡，受限于土地对人口的承载量，以及经济贸易的薄弱，人口恢复本来就要比平原、市镇地区缓慢，何况太平天国战争后，只过了七八十年相对平安的日子，这里又成了抗日战争的重灾区。

俞松汶 1938 年 5 月 18 日写道："孝丰，因为敌人已到过数次，所以一般民众遭受的痛苦特别来得深，民众只要一说起'日本佬'，每个人都愿意去和鬼子拼命。孝丰城内大多的房子是被日兵烧光了，满城瓦砾铺地，凄惨之状，不忍目睹，居民只要有办法走的亦都走了，所以实际上孝丰已成为一个空城了。"②俞础的《续原乡杂咏》也几次提到孝丰的抗日战争："重阳岭上大炮鸣，重阳岭下绝人行。分明一样重阳节，今岁登高是避兵。"自注："重阳岭在报福镇旁。三十二年（1943）秋，我军与敌于此激战，附近居民多避入南天目山上。"又："不堪凋敝痛民生，忍听家家野哭声。羊角岭头才却敌，牛头山畔又鏖兵。"自注："三十二年秋，日寇自攻天目溃败后，一股退据孝丰之西圩□亩□，与我军顽抗。"③

余村也是战争的直接受害者。1943 年农历九月十三日，国民党 62 师在港口银坊桑地里与日军作战，"日本人打进来的时候，就是从霞泉进来的，再翻鹤岭过来的。在鹤岭，国民党军队的一个排在这里阻击 100 多个日本兵，当时这个排只剩 13 个人，全部战死了。当时驻扎在余村的是一个营，派了这个排去阻击，他们一次次求援，指挥官都说援军马上到，要他们坚守。其实这里的国民党兵老早管自己逃掉了。这 13 个人，还是余村的一个村民去收尸的，就埋在村里"④。这个村民叫潘炳根（1891—1956），住大坦自然村，以狩猎杀猪为生。这 13 名战士或死

---

① 王微：《孝丰志稿》卷四《党政志·兵事》，1973 年编印于台北，第 135 页。
② 俞松汶：《从桐庐到孝丰》，《青年》1938 年第 17 期，第 10 页。
③ （民国）俞础：《续原乡杂咏》一百首，载温菊梅主编：《安吉文献辑存》附三，上海：上海古籍出版社 2015 年版，第 408、411 页。
④ 方伯民访谈记录，访谈时间：2019 年 3 月 7 日，访谈人：俞为洁。

或重伤，先被抬到叶家堂自然村大房子后面的百草坛，重伤的最后也没能救活。潘炳根独自将他们埋葬在会山上。潘炳根家每年清明时节都会去扫墓，逢年过节还做祭祀。可惜 1986 年天荒坪镇要建造水泥三厂，选中了这块地，这个坟就被清掉了。据说叶家堂自然村村民周金法和胡加启当时拣了骨头装在蛇皮袋里，在会山山腰（陈卫民父亲陈其荣坟边上）挖了一个土洞放里面了，因未立标记，现在不知道具体位置了。

日本兵进村后，在冷水洞那里住了一夜。村民都逃到山里躲藏，"我妈生了10 个儿子。日本人来时，父母牵着背着抱着我们小孩子逃难，山里黑得看不见，有两个兄弟摔到山沟里，惊着了，发高烧死了"[1]。周家自然村的周朝岳被日军抓住后，日军用刀和枪在其头上做游戏劈来刺去，然后将其推倒在四亩坎下，周回家后不久病死。日军进村见猪羊鸡鸭就抢来吃掉，拿老百姓的门板当柴烧，还非常下作地将大小便拉在村民的灶头上和锅子、米坛里。第二天日本兵就翻大余岭古道往施阮村去了，冷水洞自然村的阮成龙和钟何根没来得及逃走，被日本兵抓去当挑夫。日本兵用枪托拷打，用大刀、刺刀威吓、戏弄，阮成龙逃回家后不久就死了。钟何根遭毒打时，日本兵还不许其叫喊，越叫越狠命地打，钟何根逃回时鼻青脸肿、遍体鳞伤。

战争带来的不仅是人口和财物的直接损失，而且对经济民生的影响也很大，俞松汶就提道："从於潜到孝丰，隔着一座天目山，整整要走一天的路。沿途我们和民众谈话的结果，知道民众生活问题已起了极大恐慌，平日最大的出产，如茶叶和笋干，现在没有办法运销出去，而且好多茶叶还没有采下来，不久就要老了。制笋干又缺乏食盐，所以笋不久也要变成竹了。竹当然更没有办法运销出去。同时一切日用品又没法进口，所以物价是一天天高涨，生活问题更感没法解决。"[2] 而经济的困顿又会直接影响人口的恢复和增长。

四、余村人口结构特点

（一）移民来源复杂，台州人较多

战争和瘟疫造成了大量的人口死亡，这里也因此成了移民的主要迁入地。同治十一年（1872）出任孝丰县令的刘濬，目睹战后残局，积极招民垦复："壬申岁

---

[1] 曹解放访谈记录，访谈时间：2019 年 3 月 5 日，访谈人：俞为洁。
[2] 俞松汶：《从桐庐到孝丰》，《青年》1938 年第 17 期，第 10 页。

（1872），余来宰是邑。地经兵燹，满目疮痍；田亩半就荒芜，流亡尚多未复。广为招集，滋其利源，兴废振坠，于焉匪易。"[1]1881年《申报》的一篇文章也提道：杭州、湖州"自几次被贼窜扰之后，人民离散，田野荒芜，克复之际地方几无人焉。经多方招徕而后城中稍有铺户，然四郊荒漠田不能耕，即有孑遗难复旧业。于是创立招垦之法，广收异乡人使之分田垦辟"[2]。

迁入孝丰的移民很多。刘瀞就讲道：孝丰"兵后，客民杂处，闾阎患盗益甚"[3]。清王显承《原乡竹枝词》亦云："霜寒董岭夜啼鸦，露冷龙须月又斜（自注：董岭，县西六十里，交宁国界。龙须，山名，县南五十里，而垦者半吴楚人）。多少勾留吴楚客，秋来若个不思家。"[4]民国俞础《续原乡竹枝词》亦云："洪杨匪后鲜遗民，杀戮瘟瘟历劫频。此日蛮音喧鸟舌，听来多半客帮人。"[5]曹树基根据方志户籍人口登记估算，孝丰县"如果把1565名棚民（引者注：棚民都是明末清初迁入的）也算作土著的话，同治十年（1871）的土著人口共8931人，而客民（引者注：指太平天国战后迁入的移民）则有11794人。以后历年土著客民的人口都有变化，至光绪元年（1875），土著人口合计为8182名，而客民则达到13157人，客民占人口总数的61.7%"[6]。

余村的情况也是如此，移民来源复杂，但相对来说，来自台州黄岩，尤其是黄岩宁溪的比较多。大约在清朝晚期和民国时期，就有黄、袁、周、葛、李、杨、胡、王、阮、戴等姓氏从宁溪不同的乡村陆续迁来。余村大约50%左右的人口祖籍台州。

这是因为台州地区本就人多地狭，无地游民甚众，且处于太平天国战争边缘地带，人口损失较少。因此政府发出招垦令后，大批的温台居民移民而来，"温、台滨海之区，平时内地常苦人满，无田无产则入海而为盗。粤匪至浙东迄于宁波而不及温台，故受灾转轻，虽或贼踪偶至，而民团犹能御之，旋陷旋复，民不受

① （清）刘瀞：《（光绪重修）孝丰县志序》，载温菊梅主编：《安吉文献辑存》，上海：上海古籍出版社2015年版，第386页。
② 《原杭湖属客民滋事之由》，《申报》光绪七年四月十九日（即1881年5月16日）第1版。
③ （清）刘瀞：《武功将军裴公墓记》，载温菊梅主编：《安吉文献辑存》，上海：上海古籍出版社2015年版，第173页。
④ 王微：《孝丰志稿》卷九《艺文志·诗文》，1973年编印于台北，第250页。
⑤ （民国）俞础：《续原乡杂咏》一百首，载温菊梅主编：《安吉文献辑存》附三，上海：上海古籍出版社2015年版，第413页。
⑥ 曹树基：《中国移民史（清民国时期）》第六卷，福州：福建人民出版社1997年版，第448页。

其殃。闻杭、湖各属有招人垦荒之举，皆愿来也。或携家而至，或结伴而行"①。
但这些黄岩移民"现在与黄岩那边也没啥联系，老辈都过世了，基本都是第 5 代
了，但去续续族谱之类的事有的"②。

左宗棠收复浙江后，曾招河南"宛、邓、襄、随之民来孝（丰）垦荒"③。余村
也有来自河南的移民。曹解放说："我家可能是民国初年我爷爷这辈过来的。挑着
箩筐，一只箩筐里放着我大伯，一只箩筐里放着我父亲，两个孩子放箩筐里挑来
的。到这里后，后来又生了两个女儿。我爷爷是河南的。"之所以千里迢迢到这里
来，是因为"河南太苦了。之前已有河南人过来，听说这里好，就跟着过来了"④。
"之前"过来的河南人，很可能和左宗棠到河南招徕移民的政策有关。与此相近的
还有 1880 年从湖北映山县德安镇迁入的一支赵姓。

萧山移民来得也比较早。1894 年有陈姓从萧山戴村迁来，1924 年有鲍姓从
萧山戴上镇尖山下村迁来，1927 年有顾姓从萧山顾家轩迁来，1929 年有宋姓从萧
山河上镇迁来。抗日战争时期，萧山、富阳等沦陷区有不少人逃到国统区的孝丰，
他们多是手工造纸工人，为上墅乡龙王殿（2007 年龙王殿、东坞、西坞 3 村合并
为龙王村）、阮村（2007 年施善、阮村 2 村合并为施阮村）和山河、山川等地的
造纸厂或作坊佣工，后逐渐定居，形成了一个小小的移民潮，现在上墅乡施阮村
和龙王村的村民还都讲萧山话。期间，也有不少直接或间接迁居余村的萧山移民，
例如 1941 年有俞姓从萧山河上镇众职村泉水坞自然村迁入余村，1942 年有姜姓
从萧山云石乡建山村调入山河造纸厂工作，落户于余村的桥头自然村；1945 年有
李姓从萧山戴村乡李家坞迁来。但因余村没有造纸传统，所以迁居余村的萧山移
民都没在余村造纸。

零零星星从其他地区迁来的移民也不少。1825 年有潘姓从临安迁入潘村，后
有支脉迁入余村；1758 年有赵姓分别从余姚、绍兴迁入安吉三官乡银湾村（一说
宁湾村），1838 年（一说 1888 年）有支脉迁入余村；1847 年前后有叶姓从湖州叶
家湾迁来；咸丰年间（1851—1861）有俞姓从临安昌化迁来；1877 年有阮姓从临
安昌化迁来；1900 年有屠姓从安吉港口西吉坞梅家被抱养来；1901 年有曹姓从河
北高阳兴阳乡曹家庄迁来；方姓 1824 年从浙江宁海迁入孝丰报福镇摄湖村，1908

① 《原杭湖属客民滋事之由》，《申报》光绪七年四月十九日（即 1881 年 5 月 16 日）第 1 版。
② 2019 年 3 月 7 日与李熙庭的座谈记录。
③ 葛庆华：《晚清时期苏浙皖交界地区的土客冲突和融合》，《历史档案》2013 年第 3 期。
④ 曹解放访谈记录，访谈时间：2019 年 3 月 5 日，访谈人：俞为洁。

年迁到天荒坪银坑村，土改时迁入余村；1912 年有汤姓从龙游次州迁到安吉下汤乡再迁余村；1915 年有闵姓从安徽省芜湖市迁来；1927 年有余姓从临安石罗里迁来；1942 年有陈姓从东阳白塔山迁来。

从中可以看出余村移民来源复杂，但大多来自邻近的安徽和浙江省的上八府，以台州最多。

（二）以非宗族性零散移民为主

孝丰移民的另一个特点是宗族性移民少见，大多是零散的移民或老乡带老乡的小群体移民。

其中一些"探路者"往往是单身而来，而且来去不定。当年有篇文章就建议政府应该让移民纳粮而不是交税，因为纳粮是和土地联系在一起的，纳者就会有心把家人接来，安心耕作于这片土地："客籍之人既皆性情剽悍，而又大半未有家室，孑然一身自食其力，苟使纳粮示以现在之产即可世守，则谁不动身家之念，而为子孙之计，循循然淈戾气于无形乎。"[1] 很多单身移民因此定居下来，娶妻生子，"我爸单身过来的，在这里娶的老婆"[2]。

这些单身者在这里立足后，大多会招引家人、同乡、朋友过来，因此来自同地方的人往往会聚住在一地（但不是整个家族、宗族或某个宗族分支的迁移）。例如孝丰县山区多湖北移民，天荒坪镇的山河乡多徽州移民，余村则多黄岩移民。

胡加仁和胡拎芳虽然他们的爷爷是亲兄弟，但移民余村时也是各归各移民的，最多只能算是移民时做个伴，互相有个照应，并不是有组织有计划的宗族性移民。移民时，胡加仁的爷爷还健在，故他们家由爷爷奶奶带着两个儿子迁来。[3] 但胡拎芳的爷爷此前已去世，因此他们家是由其父亲带着奶奶和一个 16 岁的叔叔迁过来的。[4]

这些现象都说明："村里移民都是零零散散迁来的，没有整个家族迁来的。"[5] 但聚居渐久，某些家族也形成了自己的堂号；又或者有某个在原宗族中较有地位的人，直接带着堂号迁移过来了。因此，在隆庆庵存留的那两块功德碑中，出现了叶永春堂、章怡永堂、章信古堂、□敦睦堂等堂号。现在余村还保留着屠家堂、

---

[1] 《原杭湖属客民滋事之由》，《申报》光绪七年四月十九日（即 1881 年 5 月 16 日）第 1 版。
[2] 阮冬根访谈记录，访谈时间：2019 年 3 月 6 日，访谈人：俞为洁。
[3] 胡加仁访谈记录，访谈时间：2019 年 3 月 7 日，访谈人：俞为洁。
[4] 胡拎芳访谈记录，访谈时间：2019 年 3 月 7 日，访谈人：俞为洁。
[5] 方伯民访谈记录，访谈时间：2019 年 3 月 7 日，访谈人：俞为洁。

赵家堂、叶家堂、潘家堂等地名。

（三）受制于山村资源，人口增长缓慢

虽然不断有移民迁入，但受限于小山村本身的资源局限，余村的人口恢复是比较缓慢的，一直到中华人民共和国成立初期，人口仍然稀少，全村只有 71 户 334 人。王月仙的父母大概是在 20 世纪 50 年代初从东阳迁移过来的，一开始住在山河，后来迁居余村，"当时土地、户口很松的，只要愿意住进来都行的"[①]。

因此，中华人民共和国成立后，余村仍有移民陆续迁入，基本都是零星散户，大多来自省内或邻省安徽、江苏，其中有较多是手艺人家，也有因婚姻或工作调动落户余村的。

（四）姓氏繁杂，没有主姓

从元代俞村户籍残档看，施、俞、郎是余村最早的定居者，至迟在宋末元初已定居于此，俞姓可能是此村最早的定居者，故村名"俞村"。晚清时期这个村的姓氏已非常繁杂，仅隆庆庵现存的两块功德碑就记有 63 个姓。此后，这种情况并无改变，而且姓氏似乎越来越多。2018 年村里 280 户人家，1050 人，有 107 个姓，胡姓是最大的姓，约占百分之十几。

现在村里还有叶家堂自然村、赵家堂自然村、周家自然村、屠家堂、潘家堂等以姓氏命名的地名，能以姓氏称"堂"，表明曾有较多同姓者聚居于此。因为"堂"的本义是高大的房子，可引申为同族的亲属关系或同族亲属关系集居的地方。"屠家堂"位于冷水洞自然村，但现在整个冷水洞自然村只有一户姓屠的人家了。

王微在编修《孝丰志稿》的时候，曾提到孝丰的俞姓，为"黄帝臣俞树之后，世居西乡殿主村"，此村出过一些俞姓名人，"另有居西圩庄、俞村坞二地，皆无显者"[②]，说明俞村坞（即今余村）确实是俞姓的重要聚居地，但他没有说明俞村坞的俞姓与殿主村和西圩庄的俞姓是否同宗同族；"县中潘姓散居于西乡上下桐杭、桐坑、潘溪、松坑、百步石，南乡上中下张坞，东乡潘村等地"[③]，其中"东乡潘村"的潘姓是 1825 年从临安迁入的，后有一支脉迁入余村[④]，潘村和余村距离很近。

---

① 王月仙访谈记录，访谈时间：2019 年 3 月 5 日，访谈人：俞为洁。
② 王微：《孝丰志稿》卷八《人物志·氏族》，1973 年编印于台北，第 231—232 页。
③ 王微：《孝丰志稿》卷八《人物志·氏族》，1973 年编印于台北，第 235 页。
④ 2018 年 6 月 13 日与李熙庭的座谈记录

（五）土客矛盾不严重

移民初期，土客矛盾一度非常尖锐。"土著之势不敌客户，以致械斗抢劫之案层见叠出，地方官不能惩治而烦省中之兴兵。呜呼！难矣。盖浙西风气与浙东大相悬殊，各属虽凤称山蛮，而现在势实寡弱不敌温台人之横。此外更有遣撤之勇流落不归者，亦改而务农，其人则皖楚闽粤不同乡贯，而其性尤桀黠顽冥不可教训，使其杂处于温台人之间，以助客籍之焰，其势更非土人所能抗衡也。"[1] 有人曾对安吉、孝丰的移民做过评论，说："最安静者为宁绍人，皆置产乐业，为子孙永远计，与土著殊觉和洽。次则江南流氓，力作谋食，亦颇相（引者注：疑漏安字）。又若两湖垦荒农，土人虽受其欺凌，而其意亦欲久居，间有不法者，尚不甚多。惟台温二处之人，则习于凶悍，就中尤以黄岩、平阳为最，抢劫之案每月必二、三见。"[2]《申报》就曾报道光绪七年四月"台匪与土民只因小故起见，俄而台匪即聚众掳掠余杭半山里等十三村及各县，丑类遂乘之而起。于是安、武、孝三邑之匪公然掳人毁屋，居民迁避一空"[3]，以至于政府不得不派官兵镇压。当然，这种情况多发生在早期移民，随着时间的推移，客、土与客、客之间经过斗争和磨合，逐渐达成了一种和平相处的状态。

余村似乎没有发生过严重的土客冲突，这或许是因为移民进入时，这里的土著已几乎绝户，无"土"也就无所谓"土客矛盾"；当然也和余村无宗族性移民有关，单家独户迁入，一般不会轻易惹是生非。

（六）村民生活普遍贫困

移民迁居余村时，富者买房买田安居生活，穷者为人佣工。大概20世纪20年代，胡拎芳的父亲带着他奶奶和一个16岁的叔叔迁居余村，因为此前他爷爷已在原籍过世，故家境贫寒，迁过来时，"我父亲买不起田，是给人做长工的。一直到土改才有土地"。而他爷爷的亲兄弟那家，也就是胡加仁爷爷家，因为家中主劳力在，相对家境较好，迁过来时，就"买了田"的。[4] 阮冬根说他父亲30年代初迁过来时，也是"做农民，种地，山上活也干的。没土地，给别人当雇工"[5]。

从总体上看，余村的村民生活都比较艰苦。中华人民共和国成立后，经过

① 《原杭湖属客民滋事之由》，《申报》光绪七年四月十九日（即1881年5月16日）第1版。
② 《台匪闹事续闻》，《申报》光绪七年四月十七日（即1881年5月14日）第2版。
③ 《台匪闹事续闻》，《申报》光绪七年四月十七日（即1881年5月14日）第2版。
④ 胡拎芳访谈记录，访谈时间：2019年3月7日，访谈人：俞为洁。
⑤ 阮冬根访谈记录，访谈时间：2019年3月6日，访谈人：俞为洁。

"土改"和合作化运动，村民生活有所改善，但一直到改革开放前后，才真正走向富裕安康。

第三节　村人与僧尼的关系

据说余村原来有大大小小 10 多个庙，包括永泉院、隆庆庵、赵前庵（是一个尼姑庵，据说赵前是赵家先人）等佛寺、尼庵以及三官庙、土地庙、祠山庙、禹王宫、五圣庙（有四五座）等道教宫观或供奉民间神祇的小庙。大部分观庙在解放初期就陆续拆掉了，存留时间较长的有永泉院和隆庆庵，但"文革"时也都毁掉了。"文革"后重建的只有隆庆庵，隆庆庵也是余村历史上名气最大的一座寺院，大多数时候都属于安吉千年古寺灵峰寺的下院。

永泉院原在冷水洞自然村的龙潭泉（亦称"冷水洞"）附近，"原址就在现在在造的金栖堂的位置，也是'文革'时毁掉的"[1]。1956 年 4 月，余村来了一批被精减下放的杭州职工及其家属，村民到处腾挪房屋安置他们，当时永泉院还有和尚住着，但有空房，所以王朝林一家就被安置在永泉院里了。

王微《孝丰志稿》云："隆庆庵，一名'钱家庵'。"[2] 相传此庵最初是吴越王钱镠的家庙。这个传说有一定的可信度，因为吴越国王室笃信佛教，各位国王在位期间都大兴佛事，江南几成佛国。吴越国定都杭州，开国之君钱镠祖籍临安，临安与孝丰接壤，杭州和孝丰只隔了一个临安或余杭，也很近，因此余村一带很可能聚居有吴越国的王室宗亲，余村附近的上墅村化度寺就是吴越钱氏建立的，"化度寺，（孝丰）县东南上墅村，吴越钱氏建，号'永乐寺'。宋治平二年改今名"[3]。近旁的安吉名刹灵峰寺（曾称"百福寺"）也与钱氏宗室有关，宋陈舜俞《灵峰殿记》云：寺"始五代开平丁卯岁（907），高僧义璘号明义大师作也。当吴越王重佛尚施，因用褒赐，且名'灵峰'。长兴癸巳岁（933）始作佛殿，以待有像。宗室太傅之夫人刘氏，粤通夕梦，喜发檀信，乃捐奁金，选工奏技，香涂严饰，尊侍

① 方伯民访谈记录，访谈时间：2019 年 3 月 7 日，访谈人：俞为洁。
② 王微：《孝丰志稿》卷七《礼俗志·宗教》，1973 年编印于台北，第 206 页。
③ 王微：《孝丰志稿》卷七《礼俗志·宗教》，1973 年编印于台北，第 204 页。

列席，盖已大备。"①

据说隆庆庵原来不在现在这个位置，还要往上走，在山顶上，废基至今仍在，大概在清光绪年间才在现在这个位置上重建的。隆庆庵中残存有 3 块古碑：两块是功德碑，一块《募化重修隆庆禅院碑记》，落款时间为"大清光绪廿四年"，碑题称"隆庆禅院"而不称"庵"，说明当时这是一个佛教禅宗教派的寺院；另一块是无题名、无落款的功德碑，时代应该与前碑相近。这块功德碑记有 17 位捐款的僧人：□□峰老和尚、觉照大师、显明大师、显宁大师、显三大师、显舟大师、显森大师、显基大师、显运大师、显轮大师、文荣大师、延德大师、了成大师、了逸大师、了则大师、了玉大师和成印和尚。这两块功德碑说明在光绪二十四年（1898）前后隆庆庵有过两次重修，而且规模较大，不仅有信众出资，而且有高僧大德共襄盛举。还有一块碑，碑文只有以下几字："时维 / 大清光绪三十四年巧月 / 吉立 / 本庵重建住持显铨塔院。""巧月"即农历七月，因为七月七日是乞巧节。"塔院"即安置僧尼墓塔的院子，有些高僧会有一塔一院，但一般僧尼都是众多墓塔集于一院。这条碑文透露：光绪三十四年（1908）年之前，这里曾有一个叫"显铨"的住持，1908 年隆庆庵为其重建了塔院，而且这个时期称"庵"不称"禅院"了。

隆庆庵相传是观音的一个道场，以前很有名，"周边都有人来，山河、安吉、递铺都有人来，说是这里的菩萨特别灵"②。据说极盛之时，隆庆庵规模宏大，有殿、堂、楼、房 60 余间，以廊相连，建筑别具一格。据村中老人回忆：原来的隆庆庵是一个有三进建筑结构的很正规的庙，有大雄宝殿，菩萨像都是贴金的，但整体规模比现在重建的隆庆庵要小一点。中华人民共和国成立后，庙还在的，但有点破败了，村里还去修过，"文革"庙被拆了，菩萨像也被砸了。③

中华人民共和国成立前，隆庆庵里住着达初、达美、达建几个和尚，没有尼姑。中华人民共和国成立后，庵里还有一个和尚，后来又来了一个信佛的妇女，她只有一个女儿（已嫁在上墅乡），没有儿子，丈夫去世后生活艰难，就来庵中生活，但没正式出家，平时也不穿尼姑服装，村里人都叫她"圣贵嫂"或"圣贵婆婆"。后来她和那个和尚起了冲突，和尚一时想不开，上吊自杀了。这之后，因为

① （宋）陈舜俞：《灵峰殿记》，载温菊梅主编：《安吉文献辑存》，上海：上海古籍出版社 2015 年版，第 74—75 页。
② 阮冬根访谈记录，访谈时间：2019 年 3 月 6 日，访谈人：俞为洁。
③ 阮冬根、胡拎芳、曹解放访谈记录，访谈时间：2019 年 3 月 6 日，访谈人：俞为洁。

村里拆了村口的三官庙，三官庙的一个和尚没地方住，就住到隆庆庵去了，可能去世也比较早，所以五六十年代隆庆庵里只有圣贵嫂（圣贵婆婆）一个人住着。"文革"期间，隆庆庵被拆毁，她寄居于庙旁小屋。后来年老生病，被她女儿接回照顾，60年代末在女儿家去世。[1]

"土改"之前，隆庆庵是有庙产的，有好几百亩毛竹山，有二三十亩水田，有牛和养牛棚，雇有两个长工，还雇了一个小牧童给他们放牛。"土改"时庙产被分掉了，庙里的那个和尚只能以给人放牛为生。[2]农村合作化后，和尚作为社员也要参加生产队的劳动，他们年老后，因为无儿无女无亲属，被村里纳入"五保户"照顾。

过去村民与村庄里的僧尼关系也比较好。例如曹解放的妈妈与隆庆庵圣贵婆婆的关系很好，他叫圣贵婆婆"阿玛"（即姊姊），圣贵婆婆经常到他家串门，他妈妈曾想把一个儿子送给圣贵婆婆当儿子，但他爸爸舍不得，所以没送成，圣贵婆婆后来在她上墅乡的女儿家去世，他哥哥还代表全家去参加了葬礼。[3]每年农历二月十九、六月十九、九月十九，[4]不管信不信佛都会去隆庆庵拜菩萨，比较信佛的人家，会提早上山去帮忙，最热闹的是六月十九。初一、十五，村里信佛的人也会去隆庆庵烧香拜佛，和师傅聊聊天。平时碰到家人生病之类的事，也会去求求菩萨。[5]

---

① 阮冬根、胡拎芳、曹解放访谈记录，访谈时间：2019年3月6日，访谈人：俞为洁。
② 胡拎芳、阮冬根访谈记录，访谈时间：2019年3月6日，访谈人：俞为洁。
③ 曹解放访谈记录，访谈时间：2019年3月5日，访谈人：俞为洁。
④ 二月十九，观音菩萨圣诞日；六月十九，观音菩萨成道日；九月十九，观音菩萨出家日。
⑤ 阮冬根、曹解放访谈记录，访谈时间：2019年3月6日，访谈人：俞为洁。

第三章 生产和生活

余村稻田数量少而且易受旱涝之灾，产量不高，大兴农田水利建设后情况有所好转，但口粮仍无法自足。余村的产业优势是林业和矿业，毛竹和石灰是余村重要的出产。建筑无甚特色，旧时多泥墙瓦屋和草棚，曾有几处高墙深院的老宅。山区缺医少药，主要靠土郎中救治，清末遭咸同大疫，几乎绝户。1949 年以后，医疗条件大为改善。

第一节 多种经营的农林生产模式

一、元朝俞村的生产模式

我们将上述元朝俞村户籍残档记录的 8 户人家的土地和房产情况列表如下：

户主	职业	家口	土地总数 亩/分/厘	陆地 亩/分/厘	山地 亩/分/厘	水田 亩/分/厘	瓦屋间
俞二十一	锯匠	3	13/7/8	2/4/8	11/3/0		2
郎五八	锯匠	1	7/4/1				
姓名缺失	锯匠	4	11/3/2	2/8/4	8/4/8		1
施千八	锯匠	5					
姓名缺失	锯匠	2	10/5/3	2/7/8	7/7/5		1
俞八十	竹匠	8					
施五六	锯匠	1	10/7/0	0/4/0	9/0/0	1/3/0	1
施五二	锯匠	1	9/1/0	2/9/0	6/2/0		1
总计			62/8/4	11/4/0	42/7/3	1/3/0	7

从表中我们可以清楚地看到：当时俞村村民的土地以山地为主，其次为陆地，只有施五六家有 1 亩 3 分水田，其他户都没有水田。虽然这 8 户人家都是匠作人家，但即使以种田为生者，水田的比例应该也不会高。这是由这里的地理生态环境决定的，竹匠、锯匠多，正可说明这里山多田少，竹木资源丰富。

这种农林兼营的生产模式，充分利用了当地资源，故村民生活尚可，居住的多是瓦屋，只是瓦屋数量不多，每家大多只有一两间。

二、1950 年前农林兼营的生产模式

（一）农业

水利是农业的命脉，但山乡之水就农业而言弊多利少。清刘濬《孝丰水道原委》即称："雨涝之年，叠嶂嵯峨，迫不及泄。故旧志云：'无水之利，有水之害'"，然"阡陌高低，不能如平壤之引灌，而顺势利导，绮交脉注，层递而下，用力少而见功多。又或奇旱之年，港断河枯，而是涓涓者，终复不息，此又非山乡之所独乎？""惟蛟水淫霖，冲沙走石，坏堤荡坝，则并壅塞其田，为害较剧，不可不虑。"① 王微《孝丰志稿》亦云："境内冈峦连绵，平川之地不足十之一，溪流甚多，流速而源近，水量不丰，终鲜水产舟楫之利，独沿溪农田获其自流灌溉，民无桔槔之劳，岁多丰穰之获，亦一利也。"②

山塘、堰坝是孝丰农田水利的基本保障。因为"孝丰地势高阜，每山水涨发，辄觉溢谷盈川，居然泽国，然滔滔日下莫挽狂澜，但旬日不雨，并涓细之流俱断，故旧制多设广坝长沟，旱则蓄水以灌田，潦则泄水以避浸，法良美矣。无如霉雨过多，水来汹涌亦有溃决之忧，宜劝农民垒砌疏浚，以时修举"③；因为"（孝）丰之水，原于西南，而注于东北，亦有注入宁国者。地当高仰，故旱涝之防，下流为急。盖涝则疾趋而下，势不可遏；旱则涓滴之水，必俟上流层递灌足，而把其余波。若复堤防不修，则过而不留，入邻邑矣"④。曾出任孝丰县天目巡检的宋宪曾说："坝者，邑之水利，因势利导，而为旱涝之备者也。邑地势，东南承天目，

① （清）刘濬等修，陈潆辛补跋：光绪《孝丰县志》卷二《水利志》，光绪三年修，二十九年补刊本。载《中国方志丛书·华中地方·第五九九号》，台北：成文出版社 1983 年版（影印），第 181—182 页。
② 王微：《孝丰志稿》卷一《舆地志·形势》，1973 年编印于台北，第 330 页。
③ （清）王凤生纂修，梁恭辰重校：《浙西水利备考》之《孝丰县水道图说》（道光四年修，光绪四年重刊本），载《中国方志丛书·华中地方·第四八一号》，台北：成文出版社 1983 年版（影印），第 202—203 页。
④ （清）刘濬等修，陈潆辛补跋：光绪《孝丰志》卷二《水利志·原委》，光绪三年修，二十九年补刊本。载《中国方志丛书·华中地方·第五九九号》，台北：成文出版社 1983 年版（影印），第 184 页。

西北接皖南诸山……故坝之设也，利莫大焉。既无桔槔之劳，或兼得春砠之利。淫霖作而不患其盈，河流枯而不虞其竭。"① 山区易发山洪，土坝根本挡不住，所以筑坝就要筑石坝，但考虑到修筑成本，这些山区小石坝多是用乱石堆砌而成，不仅坝体易漏水，而且山洪暴发仍常被冲毁。因此，这些石坝不仅修筑成本高于平原地区的土坝，而且使用周期往往也不如平原土坝，"平壤之田垒土为堤，植木滋草，小加修治，而历久弥坚。（孝）丰之堤防，而叠以乱石，高或寻丈，长者至千丈而赢，旬日不雨，渗漏易竭，时遇淫霖，一决辄尽，有非人力可补救者"②。

孝丰是水稻生产区和稻米食用区，"居民百分之九十五以上食米，面粉杂粮，仅用于中餐佐食而已（夏季农工率用四餐，农民插秧五餐）"，但"东南山区不产稻米者，长年籴米外地，佐以甘薯、玉蜀黍，亦不尽食杂粮也"③。遇到战乱，更需大量外购粮食，"吾县粮食原属不足，向由民间自行调剂，或购自外地，或以杂粮维持。抗战期间，军队、难民麕集县中，更感不足。县政府为调剂民食，特定粮食管理办法，实施管制，同时委派灵峰乡长潘荣邦向接近陷区产米之区广德等地采购，办理平籴平价供应，故抗战后期，邑人皆能丰衣足食"④。

余村属于孝丰东南山区，稻田少，灌溉主要靠简易山塘和脚踏水车，山塘蓄水有限，而且余村周围山体不高，溪流"流速而源近，水量不丰"⑤，旱季极易断流，以至无水可车。因此，余村水稻产量不足，无法满足村民的口粮需求。

但余村旱田的比例较高，旱田可种番薯和玉米。番薯是余村人重要的口粮，连地主也吃番薯丝饭："村里有一家地主，上八府⑥ 搬来的，来这里投靠亲戚的，有点钱就买了点田，造了房子。自己也很苦的，家里有牛，晚上都耕田，天黑看不到，牛头上挂个灯笼耕，吃得也很苦，番薯丝饭。解放后，因为田多山也多，被评为地主。"⑦ 余村开始种番薯，很可能与温（州）台（州）移民进入安吉的历史背景有关，因为"吾乡向无有（番薯），自温台人来垦山，始有此种。案：本草谓出

---

① （清）宋宪曾：《坝说》，载浙江水文化研究教育中心编：《浙江河道记及图说》，北京：中国水利水电出版社 2014 年版，第 114 页。
② （清）刘瀚等修，陈漳辛补跋：光绪《孝丰县志》卷二《水利志·塘坝》，光绪三年修，二十九年补刊本。载《中国方志丛书·华中地方·第五九九号》，台北：成文出版社 1983 年版（影印），第 191 页。
③ 王微：《孝丰志稿》卷六《食货志·民生状况》，1973 年编印于台北，第 190 页。
④ 王微：《孝丰志稿》卷四《党政志·政治》，1973 年编印于台北，第 128—129 页。
⑤ 王微：《孝丰志稿》卷一《舆地志·形势》，1973 年编印于台北，第 330 页。
⑥ 浙江行政区划，民间有上八府下三府的说法：上八府为宁波府、绍兴府、台州府、温州府、处州府、金华府、严州府、衢州府；下三府为杭州府、湖州府、嘉兴府。
⑦ 曹解放访谈记录，访谈时间：2019 年 3 月 5 日，访谈人：俞为洁。

自闽广海上，盖由闽海而温台，由温台而吾乡，其来有渐云"①。

（二）林业

孝丰属于山区和半山区地区，因此历史上一直坚持农林兼营的生产模式。

1929—1933 年发生的世界性经济大萧条，严重影响了孝丰最大的林业产出——毛竹，而竹业的衰落则直接影响到了这里的民生，"本县地属山区，无渔盐之利。以言农田，丰稔之年，仅足自给，一遇旱潦，即告荒歉；以言丝茶，频岁以还，产额日少；以言工商，则因僻处山陬，尚形幼稚。社会经济所恃为唯一之生命线，竹帖而已。顾目逊清以降，日趋衰落，由每年十八万帖而十五万帖。上年亢旱，复削为十三万帖。今岁东北大年，就生产状况，可十五万帖以上。奈以沪销疲滞，货积于梅（引者注：梅溪镇），产价既极低落，又复无人问津。欲进不能，欲退不得，所谓运而不销，损失之大，空前未有。因之未出之货，宁停刀以待来年，影响从事山场之劳工，无工可作，天寒岁暮，无以为生"②。

此后，随着全球经济危机的缓解，孝丰经济有所复苏，"人民素很勤俭，特产如竹、丝、茶叶等，经本地人民历年辛勤苦干，战前收入甚富，本来一个四面环山的小县，人民生活的艰苦当为意中事，但孝丰却适得其反，她不但没有一些含酸穷态，在那一座座高楼大厦的围墙上，平宽石板街道里，在在都可显示了战前孝丰的繁荣与富庶"③，但紧接着全面抗日战争开始，孝丰作为战区，经济又遭破坏，直到战后才有所恢复。

余村也是如此。有毛竹林的，砍毛竹卖；没毛竹林的，为林主砍毛竹、钩竹梢，赚工钱维生。余村村民没有冬闲，冬天反而是他们的忙季，砍毛竹，为毛竹钩梢都是冬天要做的事。钩梢是为了防止冬春大雪把毛竹压倒压裂。钩下的竹梢烘干去叶后，称"毛料"，是制作竹扫帚的原料。

为了保证竹林稳产高产，孝丰竹乡对竹林都有一套严格的管理措施。"竹分大小年，大年出笋均使成竹，绝对不准挖掘，即在自己山上，亦不能取食；……惟小年笋，本地习惯任人挖掘，不加禁止。并于霉天至白露节左右，必须削除柴草，以期春笋盛出，俗曰'铍山'，每隔一年须行一次。……新竹出来必须书明字号，俗曰'捏油'。又于竹上书明'上大人'三字，譬如第一年所出的竹，写一'上'

① （清）汪荣修，张行孚纂：同治《安吉县志》卷八《物产》，同治十三年（1874）刻本，第18页。
② 徐士达：《孝丰竹产衰落之主因及救治策》，《浙江省建设月刊》1936年第9卷第9期，第230—231页。
③ 温成锦：《孝丰遭敌三践踏》，《胜利》1940年第78—79期，第17页。

字，第三年所出的竹，写一'大字'，第五年所出的竹写一'人'字，山户到第六年，始砍伐'上'字号的竹，经济拮据点的山户，间有砍伐'大'字号的竹，名曰'四年竹'；然四年竹的售价，不及六年，因四年竹嫩，用不耐久；且竹山一经砍伐四年，竹小山败，实害多利少，故不愿轻易为之。至每年砍伐期为七月间起，至第二年的二月末止，虽二月后尚有采伐者，惟极少数。"[①] 民国《孝丰志稿》也讲道："竹之年岁甚短，毛竹八年以后即渐老死，如不砍伐，转影响其繁殖。毛笋清明后出土，夏至箨，第一二年为新竹，造纸用之；第三年第五年不生笋，谓之小年，第四年虽可砍伐，但影响繁殖，第六年为砍售最宜之岁。"[②]

竹林之外，过去余村村里和周边的山里，树木也是蛮多的，尤其是银杏树，村里很多。

三、从"以粮为主"到"以粮为纲"（1950—1978 年）

1949 年，中国人均粮食占有量仅有 418 斤，远低于联合国提出的粮食安全标准 800 斤的底线。为了解决温饱问题，中华人民共和国成立后，就开始强调"以粮为主，全面发展"，到 1958 年则进一步提升为"以粮为纲，全面发展"。但在实际工作中，因受"大跃进"、"文化大革命"等政治运动的影响，事实上很多地方已演变成"以粮为纲，其余砍光"，畜牧、果蔬业都遭抑制，与吃食无关的林产遭受的冲击更大，农民收入不增反降，不仅农民生活得不到改善，而且没有多余的资金投入再生产，粮食生产反受其害。因此，在全力保粮的形势下，1973 年全国人均粮食也才勉强超过 600 斤。余村作为一个半山村，历来农林兼顾，但在这种形势下，也不得不全力发展粮食生产，林业和畜牧业都受到了不小的影响。1978 年中央召开十一届三中全会，虽仍坚持"以粮为纲"的方针，但已允许各地因地制宜地发展经济作物。此后，随着改革开放的深入，因地制宜成了发展生产的基本规律，农民生活水平因此得以迅速提高。

中华人民共和国成立后，经过"土改"、合作化、农田水利建设和农业机械现代化的发展，余村农业取得了很大的成就。

余村以前只有一些小山塘，一旱就得用脚踏水车车水抗旱。1976 年开始兴建冷水洞水库，极大地提高了余村农田的抗旱能力。农业学大寨时期改土造田，为

[①] 吴炯辉：《孝丰的竹》，《浙江省建设月刊》1933 年第 7 卷第 1 期，第 10 页。
[②] 王微：《孝丰志稿》卷六《食货志·农林》，1973 年编印于台北，第 175—176 页。

余村新增了不少良田（详见第一章第二节的"农田和山林资源"），这些农田基本建设为农业发展打下了坚实的基础。

余村以前种单季稻，1956年按照国家要求发展双季稻二熟制，1960开始推广春花（大小麦、油菜、草籽等）、早稻、晚稻三季连作的三熟制。有村民记得"早稻品种中，'细谷尖'种得比较多，品种还好的，很好吃。还有一个早稻品种叫'早三培'，这个品种不是很好吃。下季种晚稻，晚稻品种有五〇九，比较好的"①。

孝丰历史上有种麦的传统，明甘元鼎《丰邑麦秋志喜》诗云："秋风吹麦穗，遥碧倏离披。带以川原秀，弥成跌宕资。"清罗为赓《增禄阁》诗云："遥看陇麦青青。"②大小麦也是余村的传统作物，"大麦收获早一点，小麦迟一点，可以错开早稻的插秧时间。大小麦收割后的田，都要种水稻的。草子田收割好，种最早的早稻，4月19日就要插秧了"，但村民喜欢吃米饭，"收获的大麦、小麦，都由供销社收购，换回米或稻谷。小麦有时会留一点，自己做面条吃。大麦不吃的，要么卖掉，要么喂猪"③。

三季连作在农业季节上非常紧张，在收麦种水稻和收早稻种晚稻这两个时节，农民非常辛苦。"小麦收割后要种水稻，放塘水，让牛耕田、耙田、耖田，把田土弄细弄平，呈烂污状态，就能积住水了，否则一灌水，水就会从田里流掉了。积住水的田，就可以插秧了。"④"早稻都是田里有水时割的，晚稻田割稻时田是干的。因为早稻割好马上要插秧的。那时快的时候，早上割，马上耕完，下午或晚上，或第二天第三天就耕、耙、耖，然后就插秧了，生产队劳力多的，下午或晚上就弄好田插秧了。"⑤

那时候的农田肥料，主要靠"猪粪、人尿粪、焦泥灰、柴草灰、柴草，柴草当绿肥用的"⑥。到山上收割野草、树的嫩枝叶，拿回来当肥料，在南方山区比较常见。例如清雍正《浙江通志》引《东阳县志》云：檡，"大者，宫室之材。未成干者，嫩叶柔条，香气酷烈。耕农于三月尽刈之，踏入水田中，谓之'采青'，乃土

① 阮冬根访谈记录，访谈时间：2019年3月6日，访谈人：俞为洁。
② 温菊梅主编：《安吉文献辑存》，上海：上海古籍出版社2015年版，第280、329页。
③ 胡加仁访谈记录，访谈时间：2019年3月6日，访谈人：俞为洁。
④ 胡加仁访谈记录，访谈时间：2019年3月6日，访谈人：俞为洁。
⑤ 曹解放访谈记录，访谈时间：2019年3月6日，访谈人：俞为洁。
⑥ 阮冬根访谈记录，访谈时间：2019年3月6日，访谈人：俞为洁。

功所首藉者。又一种名'活脑'，入田力尤厚"①。乾隆江西《建昌府志》亦云："初春草茂木芽，取以入泥，谓之'打菀'，粪田尤倍。"②清《齐民四术》也有类似记载：种稻，"六月草盛，刈置田中，水热日炎，三二日辄腐，水色如靛，最肥，又松土。亩四担，计人一工，而膏庇两熟，至要"③。

旱田主要种番薯、玉米、毛豆、马铃薯，番薯丝饭曾是余村人的日常饭食。番薯、玉米是明末清初从美洲传入的高产作物，因为适合山区种植，曾引发大规模的棚民垦山潮，导致全国人口呈几何级数增长，但同时也造成了严重的生态破坏。余村属于棚民迁居区之一，村里一些带"厂"或"场"的地名很可能就是当年棚民的聚居点。

虽然中华人民共和国成立后，村民响应国家号召积极种粮，以粮为纲，但余村特殊的地理环境决定了这里稻田少，水稻产量不高，粮食一直无法自给自足，因此在全国以粮为纲的形势下，政府允许余村保留少量的竹业。余村"每亩也就300～400斤"，粮食"不够吃，每人只有8分田左右，水稻田很少的。村民靠卖竹子、帮别人砍竹子之类赚钱。竹子卖给供销社，县里粮食局给我们粮票，一年有4个月要吃粮票粮。但给粮票是有定额的，不是想要多少就给多少的，所以还是不够吃。开始种杂交稻后，情况好点了，但还是不够吃"④。

这个时期余村还发展过水果、茶叶和蚕桑等产业，但时间都不长。

余村没有传统果业。"大跃进"以后，村民生活困难，于是有些人家开始在房前屋后种点桃子、梨头之类的水果树，自家嫁接，种得最多的是桃子，有水蜜桃、薄菜桃等，薄菜桃就是薄菜好吃时成熟的桃子。生产队集体也种过几百棵。水果成熟后，挑担或骑着自行车到山川、临安等地去卖，卖来的钱可以买点油盐酱醋。⑤

余村不是传统蚕桑区。20世纪五六十年代，曾有部分村民栽桑养蚕。1958年"大跃进"时，余村大队成立蚕桑队，利用会山上荒废草地种植桑树，约有30亩桑地，1961年被毁弃。

---

① 浙江省地方志编纂委员会编：清雍正朝《浙江通志》第5册卷一〇六《物产》，北京：中华书局2001年版，第2435页。
② （清）孟炤修，黄祐等纂：乾隆二十四年《建昌府志》卷八《风俗》，载《故宫珍本丛刊》第114册，海口：海南出版社2001年版影印本，第81页。
③ （清）包世臣著，潘竟翰点校：《齐民四术》卷第一上《农一上·农政·任土》，北京：中华书局2001年版，第10页。
④ 阮冬根访谈记录，访谈时间：2019年3月6日，访谈人：俞为洁。
⑤ 曹解放、胡加仁访谈记录，访谈时间：2019年3月6日，访谈人：俞为洁。

余村也不是传统的茶区，1961年为增加集体收入，曾在会山开垦茶场。没有钱买茶苗，村民们就到周边上山去找野茶树苗，挖来种植。

家畜除耕田的牛外，主要就是猪。余村有养猪的传统，饲养本地黑猪或金华两头乌。但人民公社时期，一度不让村民养猪了，农家的猪都收归集体养猪场。一直到1961年以后，才重新允许农家养猪，但仍以集体养猪为主，各生产队都办过养猪场。但集体养猪以母猪为主，母猪生小猪，小猪养两个月左右就卖给农家，农家将其饲养成肉猪出售。因为饲料不足，一户人家一般只能养一两头。而且因为缺少大豆、玉米等精饲料，当时的猪普遍长得比较瘦小，养到120斤左右就能出栏了，卖给供销社，是当时农民最重要的现金收入。有个村民讲到他七几年时养了两只猪，卖了100多块钱，存在银行里。八几年取出来造新房子都够了，因为那时银行利息高。[1]

养猪之外，也零星养点羊、兔、鸡、鸭、鹅等家畜家禽。养鸡主要是为了自家食用，部分鸡蛋也去卖钱。养鸭的人很少，因为鸭会跑到稻田里啄食稻穗，生产队一般不让养，关在家里养的话，饲料又不够。

总体上看，因受制于饲料供应的不足，受制于政策对私产的严格控制，1978年以前余村畜牧业的发展很有限。

第二节　矿业和手工业

（一）矿业

安吉矿产丰富，开矿历史悠久。清朝孝丰县缫舍村人王显承的《原乡竹枝词》提到斛岭下的银坊："明珠一斛岭头春（斛岭，县东二十里），满目琅玕坊自银（自注：银坊在斛岭下）。五女村边多晚翠（自注：五女庄在银坊左），碧云缭绕护松筠。"[2] 现在天荒坪镇下辖的11个行政村中，有一个就叫"银坑村"，横路村里有一个叫"银山"的自然村，港口村里则有"银上"、"银下"两个自然村，这些地名应该都和历史上的矿产开发有关。

余村历史上也曾开采过铜矿和银矿。

① 曹解放访谈记录，访谈时间：2019年3月6日，访谈人：俞为洁。
② 王微：《孝丰志稿》卷九《艺文志·诗文》，1973年编印于台北，第250页。

修冷水洞水库时，挖出的泥中就有很多矿渣。为此，1986 年有地质人员专门来探测过，在水库南面的山上，发现了很多古矿洞，探测表明银含量很高的，但银矿层太薄，开采的话不合算，所以就没来开采。2000 年潘文革偶尔翻阅祖传的重修于 1922 年的《潘氏家谱》，家谱上记载着冷水洞景区银子坞和铜坑坞古代曾有人在此冶炼银、铜，并标有地图，于是"潘文革和村民们一道，来到环绕龙潭的竹林内，发现有许多并不显眼的洼地，只要挖开泥土，便见洞穴遍布。在这些洞室内，由于年代久远，石灰岩被水溶化形成的钟乳石挂在岩壁上，地面上也结满了石笋，大量的碎石被新胶结在一起，连成一片。山与山相连，洞与洞相通，让人联想到往昔历史的壮观场景"①。安吉县第三次全国文物普查确定余村铜矿遗址位于冷水洞自然村以西的茅草山脚，遗址面积约 1 万平方米，发现 9 个采石洞，洞口沿半山腰而开，洞口大小不一，高 3 ～ 4 米，宽 2 ～ 3 米，进深 20 ～ 50 米不等。冷水洞水库西侧有近万平方米的矿渣堆积。但炉窑情况不详。根据遗址内出土南宋到明朝的瓷碗及瓷片，初步判断该铜矿遗址时代为南宋或更早。②

中国大规模开采银矿，出现在明中叶以后，因为随着商品经济的发展，明中叶以后，"弛用银之禁"，白银成为法定的货币，"朝野率皆用银"③。而且此时采矿技术从挖掘、锤敲改为火药爆炸，冶炼燃料从木炭、石炭改为煤或焦炭。因此，16 世纪出现了采矿热潮，出于对财富的极度渴求，人们尤其热衷于金银矿的采炼。万历二十四年（1596）秋七月"始遣中官开矿于畿内。未几，河南、山东、山西、浙江、陕西悉令开采，以中官领之④。当时安吉有两个矿山，"一名俞岭，一名铜坑"，抗倭名将胡宗宪，为筹备军需，曾进行开采，但均以失败告终："嘉靖三十八年（1559），抚臣胡宗宪以兵兴，尝开采数月；每砂五十斛，煎银不过钱余，得不偿费，富人谢大本等赔累罄如，民情骚然鼎沸。"⑤ 这种"每砂五十斛，煎银不过钱余，得不偿费"的银矿，和冷水洞发现矿渣和冷水洞南面山上发现薄层银矿的情况相符，很可能胡宗宪开的俞岭银矿就在这里。

---

① 《古代有人在此冶炼银铜——余村发现大型工矿遗址》，《安吉日报》2002 年 3 月 21 日。

② 安吉县第三次全国文物普查领导小组办公室，安吉县博物馆编：《故鄣遗韵：安吉县第三次全国文物普查成果精萃》，杭州：西泠印社 2012 年版，第 32 页。

③ （清）张廷玉等撰：《明史》卷八十一《食货五·钱钞》，《缩印百衲本二十四史》第 22 册，北京：商务印书馆 1958 年版（影印），第 834 页。

④ （清）张廷玉等撰：《明史》卷二十《神宗一》，《缩印百衲本二十四史》第 22 册，北京：商务印书馆 1958 年版（影印），第 163 页。

⑤ （明）张朝瑞：《乞罢开矿疏》，载温菊梅主编：《安吉文献辑存》，上海：上海古籍出版社 2015 年版，第 12 页。

余村有烧制石灰的传统，但产量很低，例如中华人民共和国成立初期，冷水洞自然村的宋子松、俞永祥兄弟就曾在余岭山脚烧石灰，每年只烧两三窑石灰。1976 年，余村在冷水洞自然村办起了一个石灰石石矿，同时建起了一个石灰窑，1977 年投产，将石灰石用石煤高温煅烧淬炼成生石灰。当时的目的很单纯，就是为了让大家能吃饱饭，这是改革开放前后，余村人在矿业上掘到的第一桶金，也是余村最早的集体经济来源。

用石灰石烧制石灰需要石煤作燃料，村民戏称为"石头烧石头"，村里为此又开了一个石煤矿，就在石灰窑对面。这个石煤矿是 1964 年发生泥石流时暴露出来的。1976 年余村在机山顶上开采石煤，因为石煤矿与石灰窑对面对，村民就在两个山头架起索道，开采出来的石煤用索道滑到石灰窑。这种索道不用电，靠装石煤的筐一上一下自动带动，分量重的那筐压下来，空筐就被带上去了，索道要专人看管，看着手表算好时间，如果上下两个筐在中途碰上，就走不动了。但这个石煤矿开采后才发现只有一层，质量也不好，烧起来温度不够。两年后，大概是1977 年，余村人放弃开采，到上墅乡去买煤了。因为上墅乡有很多煤矿，那里煤多，而且质量好，当时那里有很多乡镇企业办的煤矿[1]，上墅乡的罗村是余村石煤的主要供应地。

（二）手工匠作

得力于山区的竹木土石资源，余村的手工匠作以前是比较发达的。从元朝俞村户籍残档登记的 8 户人家看，其中 7 户的职业登记为锯匠，1 户为竹匠。[2] 近现代余村的经济逐渐转为以毛竹和水稻为主，村里也一直有匠人存在。

1. 木匠

余村的罗良晓曾是山河乡有名的木匠师傅。中华人民共和国成立后，余村有汤长友、王文喜、洪戒 3 位木匠师傅，并分别带出了汤惠林、陈根生、洪斐然 3 位徒弟，都是他们的儿子或女婿。

2. 泥工

泥工，亦称"砖匠"，主要工作是造房子、做灶头。

中华人民共和国成立初期，桥头自然村有个有名的砖匠陈其先。王月仙的父

---

① 胡加仁访谈记录，访谈时间：2019 年 3 月 6 日，访谈人：俞为洁。
② 王晓欣、郑旭东：《元湖州路户籍册初探：宋刊元印本〈增修互注礼部韵略〉第一册纸背公文纸资料整理与研究》，《文史》2015 年第 1 辑，第 113—115、159—160 页。

亲 50 年代初从东阳迁居余村，也是一个造房子的泥工，还会打灶头。[①]嘉湖地区有画灶画的传统，余村也有，所以打灶师傅一般也会画灶画，打灶师傅要砌好灶、画好灶画才算完工。

3. 篾匠

从永康和东阳迁来的陈茂兴和陈岩福都是篾匠，都带自己的儿子作徒弟。

4. 棕匠、弹棉花

棕匠主要做棕绷和蓑衣。从温州永嘉迁来的胡洪坝是个棕匠，也会弹棉花，带了一个徒弟叫胡奎。

5. 窑匠

窑匠是烧砖瓦的匠人，余村山上土质黏性强、无沙子的黄泥土很适合烧砖瓦。20 世纪六七十年代余村有大坦、周家、桥上、桥头 4 个窑厂，也有几位窑匠。

第三节　建筑

元代俞村户籍残档显示，当时俞村居民的经济条件似乎还可以，住的都是瓦屋，每户人家有一两间瓦屋。

20 世纪 50 年代初期，村里有瓦房也有草房。草房比较多，当时村里有 100 户左右的人家，草屋占 70%。六七十年代有不少人家将草房改建成了泥墙瓦顶的平房。[②]

旧式瓦房基本都是三间两厢一天井的格局，如冷水洞自然村的俞家、屠家两幢瓦房就属于这种格局。讲究的前三间或五间加两厢，两厢之中是天井。正屋左右有侧屋，也同样留有两小厢加天井，用于通风采光。四周墙体是石块和砖头砌成。为防风雨浇淋，也为了防御偷盗和土匪，墙体开窗较小而且位置偏高。赵家堂自然村原来的古宅群，是全村最大的古建筑群，其中一座五间房，前后二进，两侧有走马楼，中间有个一大天井，天井里用大石块作檐石，以防雨水和斜沟水的冲刷，沿天井的楼上均留有过道，过道内侧有板壁装饰，据《赵氏家谱》记载，赵家出过官员和富商。但这种老宅在 2006 年之前就一间也没有了。

---

① 王月仙访谈记录，访谈时间：2019 年 3 月 5 日，访谈人：俞为洁。
② 阮冬根访谈记录，访谈时间：2019 年 3 月 6 日，访谈人：俞为洁。

草房用毛竹做梁柱，用竹片条编成的竹排当墙芯，两面糊上黄泥浆当墙，黄泥浆里要掺入铡成段的稻草，这样黄泥浆干燥后就不会开裂、脱落。也有用夯土泥墙作墙的。屋顶盖稻草或茅草，故俗称"茅草棚"。瓦屋都是夯土泥墙的，屋顶盖瓦片。

有别于江南山村常见的黄泥墙，余村的泥墙是黑土墙，因为"打墙前先要挖墙沟的，用碎石做墙基，地面做上来50公分左右，再在石基上夯土墙。夯墙用的土就是沟里挖起来的土和房址旁边取的土，主要是为了省工。这些平地上的土都是黑土，挖到很深才会看到黄色的生土。所以这里的泥墙是黑土墙，不是黄土墙，到山上去取（黄泥）土太费人工了"①。

第四节　医疗卫生

以前，余村村民基本没有什么医疗保障。曹解放讲到日本人进村时，父母带着他们往山里逃，"山里黑得看不见，有两个兄弟摔到山沟里，惊着了，发高烧死了。另一个兄弟也是生病发高烧死了"②，儿童死亡率很高。

中华人民共和国成立前后，医疗条件仍然很差。当时山河有两家中药店，店主自己坐诊开药，余村村民生病都到他们那里去看病配药。③村里也有几个土郎中，可医治特殊的几种病或头痛脑热的一些常见病。例如葛水金（即葛启良）懂蛇药，山里蛇多，村民被蛇咬伤就找他救治。柯元学会银刀挑痧，夏天在田里做农活很容易中暑，严重者会死亡，通过挑痧一般都能救过来。还有一个姓黄的妇女也懂点草药。

党和国家非常重视农村的医疗保障，通过各种途径培养农村医疗人才。1951年周家自然村的管荷莲参加了孝丰县接生员培训班，余村从此开始新法接生，产妇和新生儿的死亡率明显降低。1965年6月26日，毛泽东主席提出要把医疗卫生工作的重点放到农村去。根据毛主席的指示，卫生部党委提出《关于把卫生工作重点放到农村的报告》，开始有计划地培养农村保健员和赤脚医生，以解决农村

① 方伯民访谈记录，访谈时间：2019年3月7日，访谈人：俞为洁。
② 曹解放访谈记录，访谈时间：2019年3月5日，访谈人：俞为洁。
③ 阮冬根访谈记录，访谈时间：2019年3月6日，访谈人：俞为洁。

缺医少药的问题。1968 年 9 月，当时中国最具有政治影响力的《红旗》杂志发表了一篇文章《从"赤脚医生"的成长看医学教育革命的方向》，随后《人民日报》和《文汇报》等各大报刊纷纷转载，"赤脚医生"的名称由此走向全国，其实这之前民间已经这么叫了，"1965 年毛主席下了 626 指示：把医疗工作的重点放到农村去，解决农村缺医少药的问题。1966 年开始叫赤脚医生了"[①]。

　　"赤脚医生"是农村合作医疗制度的产物，是中国卫生史上的一个特殊产物，是没有纳入国家编制的非正式医生，是农村社员对"半农半医"卫生员的亲切称呼，他们没有固定的工资，仍要和农民一起种田赚工分。但经过短期培训后，他们承担起了农村防疫、常见病防治、产妇接生等重要任务，在农民保健、降低产妇和婴幼死亡率、根除传染性疾病等方面做出了巨大的贡献。当时农村卫生条件较差，肠胃炎等肠道传染病较多，疮毒等皮肤病也比较多；因为山区早晚温差大，村民的住宿条件又普遍较差，因此感冒等风寒类毛病比较多；农林生产都是露天作业，容易割伤擦伤跌伤。这些病如果不是很严重，赤脚医生们都能很好地处理，村民都能及时得到救治。

　　农村保健员和赤脚医生都是从村民或下乡知青中选拔的，经过简单的培训后才能回村为村民服务。1965 年安吉县在老石坎水库工地举办了半年期的半工半读卫生保健学习班，余村派了叶百荣去参加学习。接着，叶百荣又和胡拎芳、阮如玉一起跟随山河卫生院的葛庆友医生学习了一段时间。1969 年 6 月，解放军"九八医院"派出医护人员到章村公社为农村培训"赤脚医生"，村里派了胡自奎和方伯民两位村民去学习。后来安吉还在递铺双三办了一个安吉县赤脚医生大学，专门培养赤脚医生，老师大都是递铺第一人民医院的医生，大家轮流来给学生上课。赤脚医生是按照全科医生的方式培养的，内外科、针灸、推拿都要学的，女学员大多还要学接生。因为当时药材奇缺，所以培训赤脚医生时，特别重视针灸和草药。也就是说，医学知识主要按西医教，治疗手段则偏重成本低的针灸和草药。学成后，一般还要到医院去实习一下，才能回村当赤脚医生。

　　最初，余村的农村保健员或赤脚医生只有一两个人，村民生病都要到赤脚医生家里来看病或请赤脚医生出诊。1970 年，大队部腾出一个办公室，建了一个合作医疗医务室，赤脚医生可以在村部的医务室坐诊了，一开始是两个医生，后来增加到三个医生。

[①] 胡拎芳访谈记录，访谈时间：2019 年 3 月 6 日，访谈人：俞为洁。

那时候，赤脚医生的医疗资源非常有限，"我当赤脚医生比较早，那时只配给我们一个小药箱，里面有点药，有几根针灸用的针。双抢时，我会背着药箱到田头，处理中暑、割伤之类的事"①。最初"西药也不收钱，每人拿5毛钱放入合作医疗，药就不用钱了，挂号是5分钱"②。但后来村民配药也要付钱了，西药又比较贵，所以赤脚医生都尽量用草药和针灸帮村民治病。草药是赤脚医生自己到山上去采挖来的，免费给村民用。

赤脚医生对乡亲有感情，对工作有热情，不怕辛苦，不计报酬，全心全意为人民服务。赤脚医生胡拎芳回忆："做赤脚医生很辛苦的，一叫半夜也得起来，冬天很冷的，最多一次一夜起来了4次，出诊。门口狗一叫就担心了，肯定有事了。"③赤脚医生王月仙回忆："我接生了200多个孩子"，"本村之外，旁边的山河、横路村都归我接生的"，"本村接生一分钱不收的，外村每次2块钱，回来全交集体，我一分钱没有的，我干赤脚医生只拿村里的7分工。产妇家有时会送点白糖之类礼物给我，产妇接生后我需要医疗回访三四次的，我回访时都会把礼物送回去，不收的。很多出诊、接生都是在晚上，都是尽义务的，没收入，也不算工分的"④。

过去农村卫生条件差，尤其是江南地区气候湿热，因此传染病高发，嘉湖地区更是血吸虫病流行区。农村保健员和赤脚医生当时最重要的工作之一就是防疫。胡拎芳说："我1965年开始做农村保健员，那时候打摆子的人很多，我发发药，就是做防疫吧"，他还参与过血吸虫防治工作，"血吸虫病我们这里也有的，但余村田不多，所以不是很严重。边上的井村，田很多，就很严重"，因为"钉螺主要生长在田沟等死水、阴湿的地方，活水山溪是找不到的"，血防的基础工作都是赤脚医生负责的，"灭钉螺的事，技术上是我们管的，如先去检查哪条沟里有钉螺，再去施五氯酚钠灭螺。五氯酚钠是专门灭钉螺的一种药粉"⑤。余村在1956年开始全面普查血吸虫病，"1958年就开始灭钉螺了，病人集中在一个屋里，轻的吃药，重的打针。关七天，七天一个疗程。一年后重新检查大便，还有虫的话，要再关七天。一年只能做一个疗程，不然人吃不消的，这种药反应很大的。我们这里都

① 方伯民访谈记录，访谈时间：2019年3月7日，访谈人：俞为洁。
② 胡拎芳访谈记录，访谈时间：2019年3月6日，访谈人：俞为洁。
③ 同上。
④ 王月仙访谈记录，访谈时间：2019年3月5日，访谈人：俞为洁。
⑤ 胡拎芳访谈记录，访谈时间：2019年3月6日，访谈人：俞为洁。

治好的，没人死亡。肚子大起来，有腹水的话，基本上是治不好了"①。

中华人民共和国成立后，百废待兴，国家一度积极鼓励生育，李熙庭的母亲生了 8 个孩子，戴着大红花当选光荣妈妈。② 周家自然村的管荷莲（1914—1964年）是当时的优秀接生员，她 1951 年参加孝丰县接生员培训班学习后成为新法接生员，到 1964 年她去世前，这时段余村全部的孩子和附近山河村、银坑村的部分孩子都是她接生的，1959 年她被评为全国先进工作者，参加全国群英会，受到了毛泽东主席和国家领导人接见。

和大多数中国乡村一样，由于过去极度缺医少药，乡民大都拥有一些民间传承的防病治病经验，聊以自救。安吉民间有喝六月霜茶以防中暑的传统③，余村村民也有这个传统。另有一种村民称为"青爽头"或"春爽茶"的药茶，用槭树科槭属植物茶条槭的嫩叶制成。茶条槭除浙南地区外，在浙江各地均有分布，生长于海拔 800 米以下的山坡丛林及山谷、沟、溪两岸，在浙江有桑芽、青桑、鸡骨枫等别名，叶、芽性寒，味苦，清热明目，主治肝热目赤、视物昏花等症。④

① 胡拎芳访谈记录，访谈时间：2019 年 3 月 6 日，访谈人：俞为洁。
② 李熙庭 2018 年 6 月 14 日座谈记录。
③ 俞为洁：《浙江民间的夏季凉茶：六月霜》，载卢敦基主编：《浙江历史文化研究》第七卷，杭州：浙江大学出版社 2016 年版。
④ 姚振生、熊耀康主编：《浙江药用植物资源志要》，上海：上海科学技术出版社 2016 年版，第 220 页。

第四章　交通和贸易

孝丰"东与武康菱湖为界，西与广德苦岘山金鹅岭为界，北与安吉沿干溪为界，南与临安乌山关为界，东南以幽岭与余杭为界，西南以郎采关与於潜为界"①，境内"山岭纵横，溪流浅狭，水陆之运皆艰"②。清末孝丰县天目巡检宋宪曾就曾指出：孝丰"所不足者，土薄水浅，商旅不通，日用所需，靡不腾贵"③。

第一节　陆路交通和贸易

孝丰地多山岭，溪浅水急，水路不便，交通贸易主要依靠陆路。因为岭脉相连，孝丰成了沟通皖、浙、苏山道交通网上的一个交叉点，孝丰西与安徽省的广德和宁国接壤，南与临安、余杭接壤。境内自古多山道，虽然大多铺有石板或碎石，但翻山越岭，路不好走，而且治安不好，"昔由孝丰逾岭至余杭，则崎岖不便，行人甚少。西北通安徽广德、宁国，萑苻不靖，商旅甚稀"④。

孝丰西北的金鸡岭古道，位于安吉县鄣吴镇南端的上堡村境内，北通安徽广德，南达原赤坞乡（今属孝丰镇）白杨村，是古代沟通南京（古称"金陵"）和杭州的交通要道。清人王显承的《原乡竹枝词》就讲到了金鸡岭作为蚕丝贸易通道的重要意义："金鸡岭上半规衔（自注：金鸡岭，县西北三十五里，交广德界，为金陵贩丝人往来要道），目断龙江送客帆。为买新丝织罗绮，翻教凉露湿征衫。"⑤因

1　林传甲总纂：《大中华浙江地理志》，杭州：浙江印刷公司1918年版，第209页。

2　王微：《孝丰志稿》卷二《建置·驿运》，1973年编印于台北，第83页。

3　（清）宋宪曾：《坝说》，载浙江水文化研究教育中心编：《浙江河道记及图说》，北京：中国水利水电出版社2014年版，第114页。

4　林传甲总纂：《大中华浙江地理志》，杭州：浙江印刷公司1918年版，第210页。

5　王微：《孝丰志稿》卷九《艺文志·诗文》，1973年编印于台北，第250页。

为广德是著名的丝绸产区，而繁华的金陵则是丝绸重要的消费地。

杭垓镇的铁岭关，亦称董岭关，是孝丰与安徽宁国之间的重要通道。清施元任《古铁岭关记》云："古铁岭关者，创始于季唐，宋元以来建置如旧，故曰古也。今附关村落皆董姓，俗昧'铁岭'名，群称之曰'董岭关'，以关设于岭。岭西则皖省之宛陵境，岭东则吾原乡境，烽烟直逼皖境。而浙东三郡以吾邑为隘口，吾邑则又以是关为隘口，相依唇齿，不得不复为是关也。"①

幽岭是当年孝丰县与余杭县最直接的通道，尤其是南宋建都临安（杭州）后，这里更成了交通要道，且因形势险要，与独松、百丈并称"天目斗关"，为兵家必争之地。幽岭山脉峰峦绵延起伏，坡陡崖峭，峡谷深邃，现为安吉竹海景区的一部分。出余村后，翻过天荒坪镇的鹤岭，过递铺镇的碧门村、霞泉（霞泉原属港口乡），再翻过天荒坪镇港口村的幽岭，就可到达余杭百丈镇了。如果继续往前，陆路之外还可借助北苕溪水系进入余杭和杭州。王显承《原乡竹枝词》诗云："遥怜十景试春游，车岭迢迢一经幽。记得碧门村口去，篮舆轻度到杭州。"② 当时余杭县属于杭州府。

战乱时期，这种隐秘于崇山峻岭的羊肠山道，因为相对安全，承担了更多的交通贸易作用。例如，抗日战争时期，孝丰县的食盐就改从安徽宁国和广德采购，"吾乡食盐原向杭州、嘉兴两地掣销四千四百五十九引。清末改由湖州盐运局接运。自日寇侵据湖州后，兼以交通关系，盐源遂告断绝。至三十年（1941），各店存盐已尽，县政府乃令报福镇合作社从宁（国）、广（德）各地购运，按村落人口配给，以后各区从之，援例配盐，全县人民遂免淡食"③。作为长期缺粮的山县，孝丰的粮食也多依赖宁国、广德，"全县每年缺粮达一千九百万斤之巨，皆恃邻邑宁、广之输入"④。

这其中，与余村直接相关的山道主要有三条：

1. 大余岭古道

余岭，位于余村冷水洞自然村与上墅乡施善村交界处，有大余岭和小余岭之分。

---

① （清）施元任：《古铁岭关记》，载温菊梅主编：《安吉文献辑存》，上海：上海古籍出版社2015年版，第141页。
② 王微：《孝丰志稿》卷九《艺文志·诗文》，1973年编印于台北，第252页。
③ 王微：《孝丰志稿》卷四《党政志·政治》，1973年编印于台北，第129页。
④ 王微：《孝丰志稿》卷六《食货志·农林》，1973年编印于台北，第172页。

　　大余岭古道是余村最重要的古道，这条古道的起点在安吉县报福镇景溪村，终点在杭州市临安区郹岭，全长约 80 公里。古道蜿蜒曲折，沿途山体残留着许多古代工矿遗址，推测这条古道或许也曾是一条重要的矿产运输线。余村的冷水洞附近过去有个永泉院，余岭古道上的行人多在此歇脚。目前，施善村灰山至余村冷水洞这一段还残存着部分古道石阶，长约 800 米，报福镇至上墅乡汤村段已毁损殆尽。日本人打进来的时候，就是经霞泉、翻鹤岭过来的，再过余村翻大余岭往施阮村去的。①

　　余村人走这条古道，大都是要去上墅乡的施阮村，再往前走就是龙王村。施阮村田少，历来以烧石灰和造纸为生，龙王村更以造竹纸闻名，村内现在就有手工造纸文化展示馆。造纸时要用石灰腌渍竹料，分解出竹纤维。生石灰的有效成分是氧化钙，遇水会形成氢氧化钙，氢氧化钙会与纸浆中连接纤维的木素发生反应，产生可溶于水的碱木素，从而将纤维分离出来。余村有丰富的石灰岩，有烧制石灰的传统，烧出的石灰就通过余岭古道挑到施阮村和龙王村去卖。

　　这条古道延伸出去，可与安徽宁国相通。明清时期，在太平府、江宁府和徽州府之间有个宁国府，下辖宁国、太平、宣城、旌德、泾县、南陵 6 县。宁国府与徽州府的地理环境相近，均属皖南山区，多山少田，但境内的青弋江与长江相通，舟楫可直达芜湖、南京，因此一度发展出可以比肩徽商的宁国商帮，因商致富。但相较而言，宁国县向北流的句溪上游水运"河身平漫，沙土为埂，层层盘剥，提滩加纤，不一而足"②，向南与徽州的绩溪之间又有崇山峻岭的阻隔，西部与泾县、旌德相邻，生意上并无优势可言，因此宁国比较重视向东拓展商机，充分利用山道优势，与相邻的孝丰县做生意。

　　以前经常有安吉人到安徽宁国去买猪，经孝丰山道赶回来。这些猪群在路上要走好几天，猪蹄上都穿着草鞋，因为一路过来的山道都是石子路，怕伤了猪蹄，既耽误行程又影响卖价。猪群四五十头或一百多头一群，七八个人管，猪群越大，管的人也越多。这些猪群从大余岭古道下来，经余村，从港口乡的鹤岭翻过去，再过港口乡的霞泉，往余杭的百丈、黄湖走，或再往前走，卖到余杭或杭州。也有出村后往北走，卖到递铺去的。③

① 方伯民访谈记录，访谈时间：2019 年 3 月 6 日，访谈人：俞为洁。
② （清）裴宗锡：《抚皖奏稿》第一册《奏为筹补缺额仓粮恭恳圣恩酌给运费仰祈睿鉴事》，全国图书馆文献缩微复制中心 2005 年版，第 133 页。
③ 潘火根 2018 年 6 月 14 日的谈话记录；阮冬根、方伯民访谈记录，访谈时间：2019 年 3 月 6 日，访谈人：俞为洁。

2. 小余岭古道

小余岭古道从（余村）卢家厂往上走，通往上墅乡刘家堂。"刘家堂"现在大都写作"刘家塘"。刘家塘村是上墅乡的北大门，是递铺镇、天荒坪镇、孝丰镇之间的交通枢纽。

3. 隆庆庵古道

从隆庆庵百脚岭往上走，通往上墅乡刘家塘狮子石水库，再往前可以通到孝丰镇。

隆庆庵是这个古道上一个重要的歇脚点。隆庆庵在"县南三十五里，景溪庄至告岭途中，深山独寺。凡往西天目禅源寺而艰于行者，每憩息焉"①。可见此庵虽地处深山，但却位于交通要道上，为山行者尤其是去西天目山禅源寺参拜的人，提供了中途歇息食宿的便利。禅源寺位于天目山南麓的於潜县，是浙江临济宗名刹，韦驮菩萨的应迹道场，历代高僧辈出，并传法至日本。

这些古道上过去大多会建几座凉亭供行人歇脚纳凉、避风躲雨。余村冷水洞自然村的余岭脚下，以前就有一座这样的凉亭，亭内有两条木板架设的长凳。在冷水洞洞口则有座水阁凉亭，六角形上、下两层。

中华人民共和国成立初期，村域道路改变不大，从冷水洞到山河，仍然只有一条弯弯曲曲的石子路。1956 年有了人力车路，可以通行人力双轮车。一直到1975 年，才修通了从大坦到山河的砂石公路，可以通行汽车。此后又陆续修通了大坦到赵家堂、冷水洞大余岭脚（灰窑头）的砂石公路。七八十年代村里发展矿业时，车队去上墅乡买煤，走的还是这种砂石路。

第二节　水路交通和贸易

孝丰西南境为天目山山系，地势高峻，县境地势由西南向东北倾斜，故水系东北流向，水流峻急。"县踞湖郡上游，阻山控险，广、苕诸水自西南绕而东，董岭诸水自西北绕而南，万壑千岩，要以此二流为统贯。"②

---

① 王微：《孝丰志稿》卷七《礼俗志·宗教》，1973 年编印于台北，第 206 页。
② （清）王凤生纂修，梁恭辰重校：《浙西水利备考》之《孝丰县水道图说》（道光四年修，光绪四年重刊本），载《中国方志丛书·华中地方·第四八一号》，台北：成文出版社 1983 年版（影印），第 200 页。

孝丰境内的水系均属西苕溪水系，孝丰地势高，西苕溪的两个源头南溪和西溪都在孝丰境内，西溪是正源。南溪和西溪至安吉县塘浦乡汇合后始称西苕溪，至洪渚渡时，有源于孝丰的浒溪和递溪的合流之水从右岸汇入西苕溪，但此时西苕溪仍是山溪型水道，一直要到安城，西苕溪才由山溪性水道变为平原水道，始可行舟。西苕溪东北向流至梅溪镇，并在这里形成了安吉最大的商贸大镇。从梅溪镇出发，西苕溪在湖州境内与来自德清的东苕溪汇合，直通太湖。

冷水洞和荷花山溪流汇聚而成的余村溪，流过余村，汇入山河港，再汇入浒溪，浒溪在安城附近与西苕溪汇合，这是余村人出村唯一的一条水路交通。

梅溪以上，尤其是安城以上，因为"山高水浅"无法通舟，但在丰水季节可以放竹排、竹筏。孝丰盛产竹木，尤多毛竹，但诸乡皆山路崎岖，交通殊为不便，平时人员外出多由山间小径，但竹木体量大，很难从山间小道运出，人工成本太高。因此只能利用山溪水流较大的季节放排出山，售卖于他乡，这是孝丰山民最重要的赚钱途径，也是这些不能通航的山溪最大的功用。"深山绝巘，饶竹木之产，人力不能出，乘溪涧之盈，顺流而下，顷刻百里"[1]；"冬则青竹万竿，顺流而下，数巨而工省，时远而不劳"[2]。还可以将竹子扎成竹筏，将山货运载出山。

梅溪镇是安吉水陆路货物最重要的集散地。例如，余村人挑石灰经余岭古道到施阮村卖，施阮村人用毛竹和石灰造纸，挑纸到孝丰镇，再放竹筏到梅溪卖，纸商在梅溪装船运到苏北等地销售。当然，安吉最大量的山货就是毛竹，因此梅溪镇也被称为"毛竹集散地"[3]。王显承的《原乡竹枝词》就写到过这种情况："沙粗石细满平堤，滩上行排编竹齐（自注：山溪滩浅，舟楫不通，编竹为排，以利商贾）。豹雾村连狮子渡（自注：豹雾村，县北十里。狮子渡，县北二十里，交安吉界），一篙烟雨到梅溪（自注：梅溪属安吉地，排行抵此为止）。"[4]

毛竹是安吉最大的出产，因此放竹排也成了安吉的特色行业，并形成了独有的计数单位"帖"。民国俞础《续原乡杂咏》云："剪剪风轻柳散绵，乌樯坝水碧潆洄。中流竹帖蝉连下，截住斜阳渡口船。"自注："乌樯坝在塘浦之下。土人以竹编

①　（清）刘濬等修，陈漳辛补跋：光绪《孝丰县志》卷二《水利志》，光绪三年修，二十九年补刊本。载《中国方志丛书·华中地方·第五九九号》，台北：成文出版社1983年版（影印），第181页。
②　王微：《孝丰志稿》卷六《食货志·水利》，1973年编印于台北，第177页。
③　王微：《孝丰志稿》卷二《建置·道路》，1973年编印于台北，第75页。
④　王微：《孝丰志稿》卷九《艺文志·诗文》，1973年编印于台北，第251页。

筏曰'贴'，首尾衔接多至数十百贴。"①

贴，通"帖"。山民大都在年底的时候，将砍下的毛竹集中在一起，扎成帖，每帖一千斤，"帖之形式如人字，各以半数束为二股，然后缚竹之梢而散其根，投之溪中，运竹者将每帖插入其中成串，若叠若干人字，以串成二十五帖左右称为一排，二人运之，则顺流而下，到溪宽处又并数排成一方形，运至梅溪"②。帖多排长时，撑排的人也要多几个，一人在首，一人在尾，中间人数以排长来定。撑排危险且辛苦，稍有不慎，就会被排的惯性或离心力甩到水里，虽天寒地冻，亦须至晚间停排时，才可以脱下湿衣就火烘干。

以前余村的毛竹都是通过余村溪、山河港、浒溪这条水路放排到梅溪镇售卖的，余村很多人都会放排。"先把毛竹砍倒，从山上拖下来，堆在一个场地上，再剖些篾条，用篾条把毛竹扎起来，一千斤一帖，放在小溪里，一个接一个地连起来。毛竹都是下半年冬天砍的，开春时小溪涨水，就可以放排到梅溪了。放排之前，溪里会用竹子、泥巴等材料做成一个坝，放排时把这个坝弄掉，排就随水冲下去了。前面有个排头，后面有个排尾，两人一起控制整个竹排的行进……排长的话，中间还要有人。一般一个排有 20 多帖。解放前后都是放排的。到梅溪时先将竹排从水里吊起来，再装船到上海、苏州等地去卖"③。这种先做个简易竹土坝蓄水，放排时去坝以借下冲水势的做法，在俞础的《续原乡杂咏》中也有讲道："竹木编簰满涧堆，水声澎湃坝齐开。一篙驶去疾于鸟，回首真如天上来。"自注："山水湍急土人筑堤于涧，时其启闭以运竹木。"④

1933 年的一篇调研报告中提到当时梅溪镇有 8 家竹行，"该镇设有竹行八家，均为代客买卖。山户将筏运达后，即通知竹行派人看明货色，估定价格，按帖结账，由行先给半数现款，其余半数须欠账，当由行出立票据，于二个月后始可兑现，下面水客（即消费者）大多为苏沪等处之人，常川驻梅，接洽进货，然后始贩运至苏沪等埠"⑤。这些"由竹行放发的期票，盛行于安吉、孝丰一带"，而且信誉很高，"孝丰出产之竹，每年运至梅溪竹行销售，总值约有 40 余万元。卖客向

① （民国）俞础：《续原乡杂咏》，载温菊梅主编：《安吉文献辑存》，上海：上海古籍出版社 2015 年版，第 410 页。
② 王微：《孝丰志稿》卷六《食货志·农林》，1973 年编印于台北，第 174 页。
③ 曹解放访谈记录，访谈时间：2019 年 3 月 5 日，访谈人：俞为洁。
④ （民国）俞础：《续原乡杂咏》一百首。载温菊梅主编：《安吉文献辑存》，上海：上海古籍出版社 2015 年版，第 412 页。
⑤ 吴炯辉：《孝丰的竹》，载《浙江省建设月刊》1933 年第 7 卷第 1 期，第 11 页。

竹行取价时，要搭付竹行期票六七成。期票期限自 2 月至 4 月不等。该票虽然要等到期时方可向竹行兑现，但未到期之前，在孝丰、安吉各处市上可当作现洋使用，且可完纳钱粮。因此卖客长途往来，携带现洋，不若携带期票稳妥"①。

竹子的质量不同，价格也不一样，"同样一种竹，又分好歹。其干大而皮色青者，则价昂，干细而皮薄者，则价低"②。但总体而言，竹业的收益不错，"竹是间年砍伐一次的，所以在二年之中，只有一次的收入，兹将每帖竹的收支开列如下：甲：收入方面：每帖售价平均为五元。乙：支出方面：1. 铍山工资二角；2. 伐工及施工二元；3. 看笋、捏油及勾梢一角；4. 运费五角；5. 纳捐三角。以上计共支洋三元一角，收支两比，每帖可有一元九角的纯收益"。③

①　万立明：《近代中国票据市场的制度变迁研究》，上海：上海世纪出版股份有限公司远东出版社 2014 年版，第 24 页。
②　吴炯辉：《孝丰的竹》，载《浙江省建设月刊》1933 年第 7 卷第 1 期，第 11 页。
③　吴炯辉：《孝丰的竹》，载《浙江省建设月刊》1933 年第 7 卷第 1 期，第 11 页。

经

济

篇

绿色发展　强村富民

JINGJI PIAN
LVSE FAZHAN QIANGCUN FUMIN

绿 色　　　崛 起

余村是典型的"八山一水一分田"的小山村。自20世纪70年代，余村依靠丰富的矿山资源，大力发展矿山经济，一度成为安吉县的首富村。自2003年起，余村逐步关停矿山，以"绿水青山就是金山银山"理念为引领，从"靠山吃山"的矿山经济转型发展"养山富山"的绿色美丽经济，美丽经济发展促进了农旅融合、文旅融合、生产生活生态融合，实现了景美、村强、民富。

第一章　矿山经济主导的产业结构（1978—2002）

自 20 世纪 70 年代，余村依靠丰富的矿山资源，大力发展矿山经济，村集体经济得到较快发展，村民收入有很大提高，一度成为安吉县的首富村。

第一节　矿山经济大发展

一、"石灰窑换米"——发展矿山经济的初衷

1949 年新中国成立后，余村村民生活虽有很大改善，但由于山多地少，村域面积 7000 多亩，其中山林面积 6000 多亩，是典型的"八山一水一分田"，村民收入和消费水平一直比较低下，村民的温饱问题长期得不到解决。据村民曹解放回忆，"那时（注：集体化时期）我是队长，几乎天天在田里干，也没工夫做副业、搞蚕桑。生产队最好的一年是每天才 1.1 元（10 分工），一般是 8 毛多，9 毛多。有一年我分到三立方树，每一立方树要 30 块，所以那年欠了队里 60 多块钱，从工分里倒扣回去"。[1] 村民阮冬根回忆："每人只有 8 分田左右，水稻田很少的。村民靠卖竹子、帮别人砍竹子之类赚钱。竹子卖给供销社，县里粮食局给我们粮票，一年有 4 个月要吃粮票粮。但给粮票是有定额的，不是想要多少就给多少的，所以还是不够吃。开始种杂交稻后，情况好点了，但还是不够吃。"[2] 1975 年余村村民人均收入 110 元，低于全省平均水平。为解决温饱问题，1976 年余村就地取材，开山取石办石灰窑。"建第一个石灰窑时，供不应求，后来建了第二个石灰窑，还

---

[1] 曹解放访谈记录，访谈时间：2019 年 3 月 5 日，访谈人：俞为洁。
[2] 阮冬根访谈记录，访谈时间：2019 年 3 月 6 日，访谈人：俞为洁。

是供不应求。这个时候，出现问题了，煤渣没地方倒了。于是建立第三个石灰窑，建的是锅炉窑，有蒸汽，我们废物利用，把煤渣捏成粉，再办了一个砖瓦厂，用煤渣粉敲成砖。过去种田的时候，种得苦煞，饭还吃不饱，老百姓就说：石头好吃，泥巴好吃就好了！没想到后来石头、泥巴真当好'吃'了，余村人靠石头和泥巴过上了好日子。"[1] 依靠石灰窑，余村村民收入有了较快增长，到1978年人均收入已达125元，比1975年增加了15元，但仍低于浙江省农村居民人均纯收入（165元）。

二、矿山经济快速发展

农村家庭联产承包制极大地释放了农村生产力，充分调动了广大农民生产积极性，促进了农村经济发展。1984年中央下发了《中共中央关于一九八四年农村工作的通知》（中发〔1984〕1号）和《中共中央、国务院转发农牧渔业部〈关于开创社队企业新局面的报告〉的通知》（中发〔1984〕4号），鼓励大力发展乡镇企业。1984年8月，浙江省人民政府下发了《关于加快发展乡镇企业的若干规定》（浙政〔1984〕44号），明确"加快发展乡镇企业是浙江省经济发展的重要战略"，"乡镇企业是浙江省国民经济的一支重要力量"，"乡镇企业应该成为浙江省经济发展的战略重点"，并要求"各级政府都要充分认识乡镇企业对于社会经济发展的重要意义，主要领导同志要亲自动手抓乡镇企业"。安吉县政府提出工业立县、工业强县之路，乡镇工业得到快速发展，竞争力也明显提高。以矿山企业为主的余村村办工业发展加快。

（一）余村矿山企业基本情况

余村依托较好的矿产资源，抓住乡镇企业大发展的良好时机，就地取材，开山取石办石灰窑。石灰渣可制成砖头，又开办了砖厂。与此同时，以苏浙沪为代表的东部沿海地区经济发展和城市建设加快，对水泥和砖瓦等建材需要量大增。余村适应市场需求，炸山毁林开矿，建水泥厂，在1984年后相继新建、扩建了两个水泥厂及砖瓦厂和石灰厂。当时主要企业有：冷水洞矿、芦子坞矿，两个矿的主要产品是石灰石；茶坞里矿主要产品是石子；冷水洞砖厂主要产品是石灰渣砖头；冷水洞石灰厂，主要产品是石灰。此外，还有大理石厂、化工厂等中小型企业共几十家。

---

[1]　胡加仁访谈记录，访谈时间：2019年3月6日，访谈人：俞为洁。

余村的石矿质量好，是制作高标号水泥的极佳原料，当时村里和周边共建有4家水泥厂，余村一度成了安吉规模最大的石灰石开采及供应的主要矿区，由于经济效益可观，余村冷水洞、芦子坞、卫山3个矿山同时开采，最多时年开采量达到24万吨。当时在余村的镇办企业主要有镇办水泥三厂（原山河乡水泥三厂）。水泥三厂1986年建成并投产。1991年总产值640.4万元，销售额742.0万元，利税63.8万元。在1991年度安吉县最大经营规模工业企业排序名单中排第23位。[①]该厂在1998年由余村买下。

（二）余村村办集体企业快速发展

矿山经济的发展促进了余村队办村办集体企业的快速发展。1980年余村队办工业实现全年总产值1750元。1982年余村队办工业企业实现工业总产值18.27万元。1986年余村村办集体企业全年总收入29.75万元，上缴税金1.18万元，利润0.05万元。1987年全年总收入59.72万元，上缴税金2.07万元，利润2.29万元。1990年全年总收入64.56万元，上缴税金3.28万元，利润3.67万元。到2000年时全年总收入达到115.00万元，上缴税金6.50万元，利润63.00万元。

表1　1986—2000年余村村办集体企业情况表

单位：万元

年代	全年总收入	利润
1986	29.75	0.05
1987	59.72	2.29
1990	64.56	3.67
2000	115.00	63.00

资料来源：余村村委会提供

（三）矿山经济发展带动了村民就业，促进了村集体和村民收入的持续增长

随着矿山经济的发展，村民来自矿区的收入也持续增长。全村280户中有一半以上的家庭有劳动力在矿区务工，最多时村里有近200人在矿山上班。[②]2003年时村里有64人购买了拖拉机用于转运石料。兴盛的矿山产业使余村迅速成为安吉全县有名的"首富村"，村民工资收入也很高。据村民胡加兴回忆："我15岁时

[①]　安吉县人民政府：《安吉县1991年度最大经营规模工业企业排序名单》，安吉县档案馆馆藏资料。
[②]　鲍新民发言稿：《见证改革开放　践行"绿水青山就是金山银山"理念》，2019年3月。

在余村石灰窑做了一年左右，工资是每个月80—90元。1986年18岁时在水泥厂干活，当时每月工资150—180元。"[1] 此时矿山就是余村人的"命根子"，是给余村人带来富裕的金山银山。凭借自己特有的自然资源，以"靠山吃山"的方式，不但解决了温饱问题，还"富"了起来。

在村集体收入来源中，来自工业（主要是矿业）的收入逐年增加。1985年全年总收入70.10万元，其中来自工业的收入34.85万元，占49.71%；1988年全年总收入88.44万元，其中来自工业的收入49.68万元，占56.17%。1990年全年总收入172.75万元，其中来自工业的收入42.05万元，占24.34%；1995年全年总收入789万元，其中来自工业的收入275万元，占34.85%；1998年全年总收入1899万元，其中来自工业的收入1050万元，占55.29%；2000年全年总收入618万元，其中来自工业的收入317万元，占60.03%。

1998年余村农民人均纯收入4493元，比同期安吉县高827元、比同期浙江省高678元。2000年余村农民人均纯收入4514元，比同期安吉县高417元、比同期浙江省高260元。

第二节　农业经济比重逐年下降 [2]

随着农村工业的发展，余村农业经济所占比重呈下降趋势。1992年农业收入占村总收入的比重为34.73%，1995年为18.16%，2000年为2.01%，2005年为2.91%。

种植业　尽管余村村域面积为4.86平方公里，但由于山林面积有6000亩，山地较多，能够耕种的土地并不多。据统计，1980年余村耕地面积436.60亩，粮食及大豆产量292.95吨，其中，水稻种植面积421亩，水稻总产量206.35吨，黄豆8亩，总产量4吨；1984年余村耕地面积436.6亩，粮食及大豆总产量325.4吨；1986年耕地面积426.0亩，粮食总产407.70吨，其中，水稻种植面积70亩，321.70吨，大豆种植面积33亩，总产量1吨；油菜种植面积3亩，总产量0.08吨；1995年粮食种植面积537.30亩，粮食总产230.52吨，其中，水稻种植面积

---

① 胡加兴访谈记录，访谈时间：2019年3月4日，访谈人：闻海燕。
② 本节资料来源：根据安吉县档案馆各年度馆藏资料及余村村委会提供资料整理。

87.3 亩，产量 190.03 吨；小麦及大麦种植面积 69 亩，产量 16.29 吨，经济作物种植面积 188 亩，其中，油菜面积 128 亩，总产量 15.36 吨；蔬菜种植面积 52 亩，产量 84 吨；2000 年粮食种植面积 470 亩，粮食总产量 196 吨，分别比 1995 年减少了 67.3 亩、34.52 吨。水稻种植面积 307 亩，产量 169 吨，种植面积比 1995 年增加了 219.7 亩，产量比 1995 年减少了 21.03 吨；小麦及大麦种植面积 75 亩，产量 12 吨．油菜面积 106 亩，总产量 8 吨，分别比 1995 年减少 22 亩、7.36 吨；蔬菜种植面积 126 亩，产量 68 吨，蔬菜种植面积比 1995 年增加了 74 亩。

　　总体看，粮食、油菜等种植面积及产量呈逐年下降趋势（见表 2）。粮食及油菜种植面积减少的主要原因一方面是由于市场化改革后粮食生产效益较低，蔬菜等种植效益较高，另一方面是耕地面积持续减少。余村耕地面积由 1980 年的 436.6 亩减少到 2000 年的 362 亩，其中，水田由 1980 年的 420 亩减少到 2000 年的 329 亩。这其中，有部分水田被改为旱地，旱地由 1980 年的 14.6 亩增加到 2000 年的 33 亩（见表 4）。

　　2010 年后，余村的休闲旅游业逐渐发展起来，原先种水稻、小麦、油菜的土地逐步转向用于旅游开发，改种花卉、苗木、荷花、向日葵等观赏性植物，部分土地种植蔬菜、白茶、葡萄等，至 2016 年余村已没有水稻种植[①]。

　　林业　余村山林面积有 6000 亩，其中竹林面积 5200 亩。林业销售收入主要以销售原竹为主，在农业总收入中占比较大。1995 年林业收入 90 万元，占农业总收入的 48.39%；2000 年林业收入 61 万元，占农业总收入的 49.19%；2005 年，林业收入 192 万元，占农业总收入的 75%。2015 年后随着竹制品加工厂陆续从村及周边地区迁出，毛竹需求量大幅减少，销售价格也大幅下降，由每公斤 21 元降为 6 元，销售收入也随之减少。

　　茶叶　1980 年余村茶园总面积 136 亩，其中成片面积 120 亩，当年采摘面积 120 亩。茶叶产量 2.1 吨，其中，春茶 1.55 吨，夏茶 0.4 吨，秋茶 0.15 吨。1986 年茶园总面积 20 亩，其中成片面积 15 亩，当年采摘面积 20 亩。茶叶产量 0.40 吨，其中，春茶 0.25 吨，夏茶 0.15 吨。1995 年茶园总面积 12 亩，其中成片面积 10 亩，当年采摘面积 12 亩。茶叶产量 2.5 吨，其中，春茶 2 吨，夏茶 0.5 吨。1998 年茶园总面积 8 亩，其中成片面积 6 亩，当年采摘面积 8 亩。茶叶产量 1 吨，其中，春茶 1 吨。1998 年茶园总面积 8 亩，其中成片面积 6 亩，当年采摘面

---

① 2020 年余村恢复水稻种植，为五彩水稻。

积8亩。茶叶产量2吨，其中，春茶2吨。

水果　1980年余村果园面积10.4亩，其中，梨园1.1亩，桃园4.2亩，其他果园5.1亩。水果总产量52担，其中梨6担，桃6担，其他水果40担。到1995年只有零星土地种植少量水果，之后几乎无水果种植了。

畜牧业　20世纪80年代实行家庭联产承包责任制后，养殖业得到快速发展。1982年余村生猪饲养6529头，年出售1438头，自宰1847头，年末存栏3207头。牛全年饲养117头，全部是水牛，其中能耕地的牛79头。山羊全年饲养174只，出售8只，自宰22只。家禽全年饲养11070只，年末存栏6630只。年饲养家兔205只。随着市场经济发展及产业结构调整，村民就业、增收渠道增多，畜牧业生产呈逐年下降趋势。1986年生猪全年饲养1125头，年末生猪存栏530头，其中能繁育母猪45头，年出售595头，其中出售给国家的210头，市场出售的150头，自宰自食的235头；牛年末存栏17头，其中能繁育的母牛2头，能耕地的牛14头，主要品种为水牛；羊年末存栏为37只，其中能繁育的母羊15只，出栏5只，主要是自宰，主要品种为山羊；家禽全年饲养2900只，年末存栏1000只；家兔年末存栏80只，主要是长毛兔。1992年生猪全年饲养740头，年末存栏260头，出售200头，自宰280头；牛年末存栏16头，其中能繁育的母牛10头，能耕地的牛14头，其中水牛9头，黄牛7头；羊年末存栏为15只，其中能繁育的母羊5只，出栏5只，主要是自宰，主要品种为山羊；家禽全年饲养1990只，年末存栏1450只，禽蛋300公斤；家兔年末存栏15只，出栏3只。1995年生猪年末存栏310头，年内生猪出栏430头；牛年末存栏11头，其中能繁育的母牛10头，能耕田的牛10头，能繁殖的牛4头，主要品种是水牛9头；羊年末存栏25只，其中能繁殖的母羊11只；家禽年末存栏1100只；家兔年初存栏6只，出售6只；养蜂4箱，蜂蜜产10公斤。2000年生猪全年饲养800头，年末存栏350头，出售450头；牛饲养量为0；羊年末存栏为45只，其中能繁育的母羊15只，出栏13只，主要品种为山羊；家禽年末存栏100只，年内出栏50只；禽蛋有300公斤；家兔年末存栏15只，出栏3只。

进入21世纪后，随着农村产业结构调整及环境综合整治，减少环境污染，也由于村民外出打工等多种原因，生猪、羊的饲养量急剧减少。至2016年全村已无养猪、养羊户。家禽饲养量也大幅度减少，至2016年全村只有冷水洞一处养鸡场，有几百只放养鸡。畜牧业所占比重几乎可以忽略不计。

表 2　余村 1980—2000 年粮食及油菜种植情况变化

单位：亩、吨

年份	粮食		其中：水稻		油菜	
	种植面积	总产量	种植面积	总产量	种植面积	总产量
1980	422.0	188.95	421.0	206.35		
1986	674.0	407.70	663.0	321.70	3.0	0.08
1995	537.30	230.52	87.3	190.03	128.0	15.36
2000	470.0	196.0	307.0	169.0	106.0	8.00

资料来源：根据安吉县档案馆各年代馆藏资料整理。

表 3　余村 1982—2000 年畜禽养殖量变化

年份	生猪（头）		牛（头）		山羊（只）		家禽（只）	
	年末存栏	出栏	年末存栏	出栏	年末存栏	出栏	年末存栏	出栏
1982	3207	3285	117	0	144	30	6630	4440
1986	530	595	17	0	37	5	1000	1900
1992	260	480	16	0	15	5	1450	540
2000	350	450	0	0	45	13	100	50

资料来源：根据安吉县档案馆各年代馆藏资料整理。

表 4　余村耕地变化表

单位：亩

年份	年末耕地面积		
	年末集体耕地面积	其中：水田	旱田
1980	436.6	420.0	14.6
1984	436.6	417.4	19.2
1986	426.0	413.0	13.0
1990	426.0	413.0	13.0
1992	405.0	380.0	25.0
1998	374.0	341.0	33.0
2000	362.0	329.0	33.0
2002	374.0	341.0	33.0

资料来源：根据安吉县档案馆馆藏资料整理。

第三节　发展商业、旅游业——"两条腿走路"的艰难探索

改革开放后，随着我国经济社会快速发展，城乡居民生活水平有了很大提高。特别是 1994 年实施 44 小时工作制及推行双休日，居民休闲时间增多，休闲度假已成为大都市市民的一种追求。适应中国已进入大众化观光娱乐与休闲度假旅游新时代的旅游发展新趋势，安吉县积极发展旅游产业，在编制天荒坪风景区旅游规划时把余村列入竹海景区。在多方努力下，1995 年余村的"千年古刹"隆庆庵被纳入省级风景区。1998 年余村村委提出"两条腿走路"，尝试在发展工业的同时发展旅游经济。村集体投资 400 多万元，重新启动了隆庆庵的修复工程，办起了余村第一个旅游景点"龙庆园旅游景区"，试图形成安吉一寺一庵（灵峰寺、隆庆庵）旅游格局，实现工业和旅游业同步发展。这是湖州市第一个民办的旅游景区，湖州日报称"余村首开湖州农民办旅游之先河"（1998 年）。但是，由于村里的矿山、水泥厂、化工厂等造成的灰尘、污水、噪音等污染较大，加之交通、市场等原因，来的上海客人很少，旅游收入很少，开矿仍是余村收入的主要来源，旅游经济发展停滞。

1978 年 12 月中共十一届三中全会后，国家鼓励个体发展商业服务业。余村先后有村民个人开办了 5 家以销售日用百货、生产资料为主的商店和为矿山职工服务的小型餐饮店。据统计，2000 年从事批发、餐饮业只有 20 人，占全村劳动力总数的 3.45%。[①] 因距乡政府所在地山河村较近，村里没有农贸市场，村民主要去山河菜市场采购日常生活用品，以商业餐饮业为主的服务业所占比重较小。

---

① 安吉县档案馆馆藏资料：天荒坪镇《农村经济基本情况统计表》（2000 年）。

第二章 转型发展探索（2003—2008）

余村在发展矿山经济致富的同时也付出了生态环境破坏、村民身心受损的沉重代价。在关停矿山后余村何去何从？为此，余村人进行了艰难的探索。

第一节 沉重的代价，艰难的转型

一、矿山经济强村的沉重代价

余村依靠"卖石头"使村集体经济快速发展、村民收入大幅提高的同时，环境资源和村民的身心健康也为此付出了沉重的代价。

3个石灰岩矿几乎每天炸山都要放100多炮，并产生大量的粉尘，对周边的竹林破坏很大，造成青山荒芜。村里的石灰厂、水泥厂、大理石厂也产生大量的粉尘。工业污水的排放造成流淌在村里的余村河严重污染，污水横流。"记得小时候雾霾天很多，总是灰蒙蒙的，特别是阳光照下来更是灰蒙蒙的。脸、鼻子上都是灰，毛巾擦下去都是黑的。村口有个水泥厂，骑车经过时眼睛都会进灰的呀。在现在的新村委的位置有个化工厂，污水没经过处理直接排到沟里，我们经过时很臭很臭的，经常看到边上有死蛇，蚊子、苍蝇很多。"[①] 同时，污染对村民的身心健康和生活质量造成了严重影响。"白衬衫晒出去，晚上收进来都是黑点。矿上死伤也比较多，我负责的矿里就死了6个，伤的就更多了，我自己也有伤的。还有就是尘肺病。当时人也没什么健康意识，仗着年轻也不当回事，不做防护，结

---

① 葛军访谈记录，访谈时间：2019年3月5日，访谈人：闻海燕。

果第二年、第三年就尘肺了。"①

以环境资源和人的身心健康为代价换来的工业化快速发展严重影响了村民的生活质量和余村经济社会的可持续发展。频发的村民伤亡事故，再一次为余村的发展敲响了警钟，也倒逼余村及当地政府部门在"怎么发展"这个十字路口上，不得不重新做出选择。

二、转型发展的艰难起步

改革开放以来，浙江曾经走过拼环境、拼资源、拼能耗的传统工业化之路，较早遇到了保护生态环境与加快经济发展的尖锐矛盾和激烈冲突，遭遇着"成长的烦恼"，经济发展动力及轨道的切换成为重要议题。

1998 年，国务院专门发出黄牌警告，将安吉列为太湖水污染治理重点区域，安吉成为重点整治对象，不得不关闭了全县 74 家污染企业，并在全县财政收入只有 4000 多万元的情况下先后投入 8000 多万元对生态环境进行治理。

2001 年安吉县委、县政府出台《关于"生态立县—生态经济强县"的实施意见》，明确提出生态立县的主要任务是发展生态工业、生态农业、生态旅游和生态城镇。安吉生态立县战略正式实施。2003 年 6 月，《中共安吉县委、安吉县人民政府关于生态县建设的实施意见》出台，明确提出四项主要任务：一是发展生态经济，二是改善生态环境，三是打造生态家园，四是弘扬生态文化。同时提出打造安吉生态经济强县、生态文化大县、生态人居名县"三张名片"。

2003 年 7 月，浙江省委书记习近平在省委十一届四次全会上提出进一步发挥浙江的生态优势，创建生态省，打造绿色浙江。建设"绿色浙江"成了大家共同的目标。

作为安吉县主要收入来源的环境污染重、生态破坏性强的造纸、水泥、化工等行业，被纳入生态治理的范围内，必须关停。余村是太湖水域重要源头，作为主要经济来源的矿山、水泥行业，安全生产问题、生态环境问题突出，不得不对经济发展道路做出重新选择，也同样遇到"成长的烦恼"和选择的困境：关停矿山、水泥厂意味着村集体经济、村民个人收入将失去主要来源，大量释放出来的闲置劳动力将面临再就业问题；如果不关停，则违背绿色浙江、生态立县的战略部署。

---

① 胡加仁访谈记录，访谈时间：2019 年 3 月 4 日，访谈人：俞为洁。

在这个大背景下，余村开始对自己的发展道路进行了反思。2003 年村委会通过党员议事、村民代表大会等方式，在广泛征求村民意见的基础上提出余村的转型升级方案，经村民代表大会讨论通过，决定关停矿山、水泥厂，并进行环境复绿和全面发展农家乐，走生态富民之路。2004 年开始逐步关停了每年能给村集体带来巨大效益的三个石灰矿和一座水泥厂，淘汰重污染企业，对田林复垦复绿。2005 年村委会宣布关闭全村所有矿山企业，彻底停止"靠山吃山"做法，调整发展方式，对矿山进行复绿复垦。

第二节　初尝绿色发展的甜头

一、转型发展的"代价"

随着矿山企业陆续关停，原来余村有 90% 的男劳力在矿上做工、跑运输，矿山关停后都自己谋生了，特别是关停时有 64 人为在矿山跑运输买了拖拉机，很多人连本钱都没收回来。[①] 村民就业减少、收入下滑，近半数村民失去收入来源。2004 年村民人均纯收入 7576 元，比 2003 年减少了 1156 元。村集体经济收入出现了断崖式下滑，2004 年集体经济收入 55 万元。

表 5　余村村民人均纯收入变化及与全省比较

单位：元

年　份	2003	2004	2005	2006	2007	2008
余　村	8732	7576	8732	9281	11362	13854
安吉县	5402	6161	7034	8031	9163	10343
浙江省	5431	6096	6660	7335	8265	9258

资料来源：根据余村村委会资料、历年浙江统计年鉴相关资料整理。

二、绿色发展的探索

2003 年中共浙江省委、省政府决定实施"千村示范，万村整治"工程（简称"千万工程"，下同），用 5 年时间从全省 4 万个村庄中选择 1 万个左右的行政村进

---

① 胡加兴访谈记录，访谈时间：2019 年 3 月 4 日，访谈人：闻海燕。

行全面整治，把其中 1000 个左右的中心村建成全面小康示范村，以推动乡村文明向乡村辐射为目标，以农民反映最强烈的环境脏乱差问题为突破口，以万里清水河道建设为推动，开展以"垃圾处理、污水治理、卫生改厕、村道硬化、村庄绿化"为重点的乡村环境综合整治。安吉县结合"千万工程"，在全县实施以"双十村示范、双百村整治"为内容的"两双工程"，以多种形式推进农村环境整治，集中攻坚工业污染、违章建筑、生活垃圾、污水处理等突出问题，着重实施畜禽养殖污染治理、生活污水处理、垃圾固废处理、化肥农药污染治理、河沟池塘污染治理，提高农村生态文明创建水平，极大地改善了农村人居环境。

余村是浙江省"千万工程"的试点村、示范村。2005 年 8 月 15 日，时任浙江省委书记习近平同志考察余村，对村里痛下决心关停矿山和水泥厂、探寻绿色发展新模式的做法，给予高度评价，认为是"高明之举"，在余村首次提出"绿水青山就是金山银山"的理念。在这一理念引领下，余村做了很多绿色发展的探索，为余村经济转型发展奠定了坚实的基础。

（一）重启村庄规划并进行环境综合整治

余村村庄规划始于 1984 年，当时对整个村庄道路和房屋做了统一规划设计，形成坐北朝南格局。2003 年根据绿色发展要求，重新编制村庄规划，成为浙江省首批村庄规划编制与建设试点村。科学布局生态、生产、生活空间，把整个村庄划分为生态旅游、生态居住、生态工业三个区块。2005 年起，余村以生态村庄、祥和人居、休闲乡村为内涵，有序推进和谐、优美、富裕的社会主义新农村建设。重新编制发展规划，把村庄划分成田园观光区、生态旅游区、美丽宜居区和精品外环线，对村民的生产、生活、生态空间进行科学合理布局，率先划定生态保护红线、资源开发底线和环境承载上限。同步坚持不懈地全面系统治理环境，整治低小散，根除脏乱差，换来大变样，进一步改善了人居环境，实现了村容"洁"。在中心村内审批、安置农户建房 3 幢，拆除旧房、违章建筑 4 处，调剂宅基地 1 户，推动村庄规划的有效实施。

余村以"竹海景区"定位纳入天荒坪风景名胜区总体规划编制，村庄与村旅游景点荷花山景区融为一体，使余村成为景区村落。制定了村庄环境整治计划规划。拓宽了镇政府至余村的通村公路，新开公路宽 12 米，是双向车道的一级柏油路，路两边建起绿化带，村庄内道路全部浇成水泥路，路面畅通平坦，村庄道路硬化率达 100%。村里建有统一的污水排放系统，对居民生活污水进行统一处理。疏通了主要河道，设有保洁员对村庄道路进行统一清扫，在村很多地方放置垃圾箱，教育村民养成清洁村庄、美化环境、人人保洁的好习惯，做到垃圾入箱、果壳入笼。同时，加强基础设施建设。投资 70 余万元对大坦自然村至冷水洞自然村的路段进行大修，全面新铺沥青路面，改变了以前坑坑洼洼的面貌，方便了村民出行，也美化了环境。启动冷水洞水库省级"千库保安"工程，对冷水洞水库进行了清淤、除险加固、扩容及水坝修复等工程。加大林道贯通，在毛竹林里修了 20 多公里的林道，增加喷灌设施、游客步行道路修建等基础设施投入，使林区环境得到进一步提升。

（二）大力发展竹制品加工业为主的各类企业，增加就业渠道

余村有丰富的竹林资源，竹林面积有 6000 多亩。以往，村民只是卖原竹，附加值很低。矿山关停后，村委成员带头自主创业，创办了竹凉席厂、竹筷厂、拉丝厂等竹制品加工厂。2005 年有各类企业 12 家，2006 年有 18 家，2008 年时增加到 20 家，从矿山转行做竹加工的有 40 多人。2008 年全村个体私营企业有 35 家，竹制品、服装加工、转椅生产等项目渐成规模，其中以竹制品系列加工为主导的产业逐渐形成。2007 年建立村工业聚集区，拆除所有违法建筑，把村内全部企业集中搬迁到工业区，统一管理、统一治污。

（三）发展休闲旅游产业

在环境治理的基础上，以打造"竹海桃园、休闲余村"为目标，大力发展休闲旅游产业。

1. 鼓励村民开办农家乐

余村两委为农家乐发展提供了一系列支持。设立了村农函大辅导点（农家乐班），共有学员 30 人，建有村主导产业——休闲旅游业为基础的农家乐协会，村主任任组长，共有入股社员 47 人。安吉县旅游局批准余村成立"农家乐服务中心"，中心组织 8 名开办农家乐的村民去外地考察学习，组织村内培训，提升农家乐服务水平。与上海等地的旅行社对接，把来的客人分配给几户农家乐。2005 年余村农家乐当年发展到 9 户，作为全县第一批办证点，通过验收，规范了管理。其中，徐景农家乐 9 月中旬受到中央电视台第七套节目采访并播出。

同时，村委对农家乐进行规范管理、登记工作，农家乐经营户证照齐全，每

户都配备了消防灭火器材，食品确保新鲜卫生，餐具做到严格消毒处理，房前屋后周边卫生整洁、庭院美观，勤打扫勤消毒。对入住客人服务热情周到，服务标准上墙，承诺守信。

余村农家乐已成为竹乡旅游的一个闪光点。余村依托天荒坪景区，以竹乡为定位，以农户家庭经营为主体，以其"简洁、独特、休闲、实惠"的特点和以"吃农家饭、住农家屋、观农村风貌、享农家休闲"为目标，吸引了很多游客。到2007年余村已开办农家乐12家，正在筹备数家，有床位200个，年接待游客2000余人次，未发生过质量卫生及安全事故。"当时我家的农家乐是余村最早一批开的，但不是最大的，2005年后就是最大了。2007年把16间客房扩大到27间，2005年开始，年收入有十几万吧，每年都在上升。"①

2. 市场化开发、运营荷花山景区

随着余村环境越来越好，吸引了很多外出务工村民返乡创业。村民胡加兴受宁波奉化一处漂流项目的启发，跟村委提出搞漂流项目。村委为他在余村溪上争取到了1.5公里的漂流河道并免掉了第一年的河道使用管理费。胡加兴自投资金120万元，在2008年5月1日试营业，当年就赚回投资。

3. 建设现代林业观光园区

村联合天荒坪镇林业服务公司，以生态天然竹林为基础，将"余村一场"毛竹高效经济林、笋竹两用林发展成为现代化林业观光园。同时，实施以机耕路改造、水渠建设、土地平整为主要内容的农田基本建设改造工程，同时，新开辟林道4公里，及时解决了局部林区林业生产通车难问题。

三、绿色发展的初步效果

绿色发展取得了初步成效。村集体经济收入由2004年关停矿山后的最低点55万元增加到2008年村集体经济收入117万元。村民收入也逐年提高。2004年村民人均纯收入7576元，比安吉县农民人均纯收入高1414元，比全省低1480元；到2006年余村村民人均纯收入达到9281元，比安吉县高1187元，比全省高1946元；2007年余村村民人均纯收入达到11362元，比安吉县高2199元，比全省高3097元；2008年余村村民人均纯收入达到13854元，比安吉县高3511元，比全省高4596元。

---

① 潘春林访谈记录，访谈时间：2019年3月6日，访谈人：闻海燕。

表6　余村集体经济收入变化（2004—2008）

年代	总收入（万元）
2004	55
2005	91
2006	67
2007	73
2008	117

资料来源：余村村委会提供。

关停矿山后通过复垦复绿，竹林面积有6000亩，村庄森林覆盖率达90%以上。林区环境改造提升后毛竹产量、产值显著提高，竹产量从900公斤/亩增加到1250公斤/亩，水库水质明显改善。2005年被评为"浙江省绿色示范村"和"全国小康建设示范村"。

第三章　美丽经济快速发展（2008—2018）

余村在推进生态文明建设、建设美丽乡村基础上，发展美丽经济，探索生态产品价值实现机制，推进农村一、二、三产业融合发展。三次产业发展实现了从单向演进向深度融合的升级，现代化经济体系日益完善，村集体经济收入、村民收入都有了显著提高，村民获得感显著提升。

第一节　持续开展"美丽乡村"建设

美丽乡村建设是美丽经济的重要载体。余村持续开展美丽乡村建设，为美丽经济发展奠定了良好基础。

一、创建"中国美丽乡村"

为了更好地落实党的十七大提出的统筹城乡发展、做强生态经济、建设生态文明、推进社会主义新农村建设的要求，安吉县委县政府经过一年多的调研和评估，在开展"千万工程"基础上，于2008年在全省率先提出"中国美丽乡村"建设，并将其作为新一轮发展的重要载体。主要内容包括：发挥安吉生态优势和产业特色，用10年时间推进村庄环境的综合提升、农村产业的持续发展和农村各项事业的全面进步，把一个县当作一个景区来规划，把一个村当作一个景点来设计，把一户农家当作一个小品来改造，一村一品、一村一业、一村一韵、一村一景，把安吉187个行政村都建设成为"村村优美、家家创业、处处和谐、人人幸福"的全国生态环境最优美、村容村貌最整洁、产业特色最鲜明、公共服务最健全、乡土文化最繁荣、农民生活最幸福的"中国美丽乡村"，使之成为生态环境优美、村容村貌整洁、产业特色鲜明、社会服务健全、乡土文化繁荣、农民生活幸福，具有安吉特色的民富县强的发展路径。2008 年余村按照县委县政府提出的"美丽乡村 16 字"要求在全县率先高标准开展以"村村优美、家家创业、处处和谐、人人幸福"为主要内容的中国美丽乡村建设，并于当年被评为首批精品村。先后完善了村庄规划，改造农房内部设施和污水管网，完成了村便民服务中心、文体广场、公共厕所和供水池等一系列公共基础设施建设；在全县率先建立村庄环境长效管理机制，推行包干负责、包片管理，环境面貌得到较大改善。最终 352 项"中国美丽乡村"考核指标全部完成，并获得第一名，成为安吉县第一批中国美丽乡村。培育荷花山漂流、春林山庄等品牌项目，获得"浙江省科普示范村"、"浙江省农家乐特色村"及"浙江省文明村"称号。

在安吉县美丽乡村建设成功实践的基础上，2010 年 6 月，浙江省全面推广安吉经验，把美丽乡村建设升级为省级战略决策。2010 年，编制了《浙江省美丽乡村建设行动计划（2011—2015）》，全面推开美丽乡村建设。力争到 2015 年，全省 70% 县（市、区）达到美丽乡村建设要求，60% 以上乡镇整体实施美丽乡村建设。进一步从居住、环境、经济、文化等四大方面着手建设美丽乡村，并在此过程中提出了"留住消逝的历史、留住乡愁"、不要"盆景"要"风景"等符合美丽乡村发展规律的理念。同时，康庄工程、联网公路、万里清水河道、农村电气化改造、农村危旧房改造等工程相继实施。

余村也以此为契机，大力开展美丽乡村精品示范村和乡村旅游示范村创建，建成"两山会址"公园、文化展示馆、数字电影院、矿山遗址公园、乡村游憩乐园、中药养生种园，成功创建安吉县美丽乡村精品示范村和浙江省美丽宜居示范村，全国"绿水青山就是金山银山"理念发表 10 周年纪念活动在余村举行。2016 年余村实施"绿水青山就是金山银山"森林小镇核心区建设，启动"绿水青山就是金山银山"绿道项目建设，成功创建国家级 3A 旅游景区、全国美丽宜居示范村。2017 年启动"绿水青山就是金山银山"示范区建设和国家 4A 级旅游景区创建，在全村内率先开展禁放烟花爆竹等移风易俗活动，荣获"全国文明村"、"全国生态文化村"等荣誉。2018 年完成 4A 景区创建，启动国家 5A 景区建设，获得"浙江省放心消费示范村"荣誉。

二、遵循绿色发展原则，适时调整村庄发展规划

2008—2013 年余村先后编制了《安吉县余村小康示范村规划（2008—2020）》和《安吉县天荒坪镇余村村庄规划（2012—2020）》。2013 年在认真分析客观形势和自身资源特点后，制定了《余村村村庄规划（2014—2030）》。该规划依托余村现有的建设基础和产业基础，结合村产业特色和发展潜力，提出余村从基本工农业向旅游业逐步转型升级，通过村域、居民点、产业等规划，逐步将其打造成旅游型、经营型的美丽乡村。充分利用余村的地理区位优势、山水环境优势和产业基础优势，发展生态休闲旅游服务业，点亮安吉美丽乡村至杭州景区间的休闲服务亮点。以旅游跟进、经济转型、强村富民为总体策略，引导农民积极投身旅游事业的开发和建设。

规划目标："生态氧吧"、"乡土漫游"、"安居乐业"、"和谐共生"。

"生态氧吧"：保护现有良好的生态环境，提高森林覆盖面积，提升自然森林净化功能，积极开拓休疗、养游功能，开发山水运动游、生态观光游。

"乡土漫游"：余村是一个集五彩田园、水库生态、山地徒步、乡土风情等功能为一体的旅游观光型景点，让游客在余村漫游的同时，体会到浓浓的乡土情怀。

"安居乐业"：积极引导村民开展旅游服务经营，参与旅游开发带来的红利。在享受优美自然环境的同时，提高生活水平，同时塑造美丽乡村风貌。

"和谐共生"：提高全民环境意识。通过各种途径，在余村形成珍爱环境、保护生态、节约资源、造福后代的共识。统筹人与自然协调发展，增强可持续发展能力。

根据目标定位和市场需求，并根据功能设置与资源空间，规划构建"一轴四区"的总体布局：

1. 一轴：余村路沿路景观轴：

指余村路沿路地块。主要是通过河道整治、桥梁美化、环境绿化、慢游绿道建设、景观设计营造等项目，打造一个沿路景观休闲圈，具有风景轴、生态轴、运动轴等多重功能。

2. 四区：

（1）乡土风情游览区：

指余村的村落地块，包括从村委—中心绿地—银杏公园沿线居民点，具有风

情体验、生态观光、农业休闲、劳动参与、乡土餐饮、住宿、购物等多种功能。主题：品味乡土生活，感受乡土气息。

（2）五彩田园观光区：

指余村路路南侧田园区块。主要是通过规模性、季节性的农田规划种植，形成多个色块状、视觉美、强冲击力的五彩田园景观，使得该区块具有观光、摄影、采摘、花卉休闲、田园劳作和农事体验等多种功能。主题：品味田园生活，感受室外风光。

（3）水库生态旅游区：

指村西的冷水洞水库及周边山地区块，主要是通过农家乐、垂钓中心、登山游步道等慢生活设施，打造生态休闲旅游功能区块。主题：养生垂钓，酒店度假。

（4）山地徒步体验区：

指冷水洞水库以北山体及环山地块，主要是通过环山徒步道、自行车越野、季节性挖笋体验等竹林趣味性体验，打造徒步登山竹林体验功能区块。主题：休闲健身，游览山川美景。①

三、全面系统改造提升村庄环境，打造景区化村庄

余村围绕"风情小镇、美丽乡村"建设要求，以打造一个开放式村庄大景区为目标，按4A级景区创建标准，围绕"一环一带，两园三区"②村域空间布局，全面开展"三改一拆"、"四边三化"、"五水共治"环境综合整治，先后完成了污水处理、垃圾不落地、坟墓搬迁、山塘水库修复、节点景观改造、冷水洞自然村和厂区的拆迁、道路三化、河道整治、停车场扩建、安置小区建设、自来水入户等工作，十余年间，余村先后投资近2000万，用于基础建设和环境提升，村庄面貌焕然一新，生态环境进一步提升，植被覆盖率均达到85%以上，出境地表水常年保持一类以上，大气质量一级，全年优良天数360天左右，负离子含量4万个/立方厘米以上（根据世界卫生组织规定，清新空气的负离子标准浓度为每立方厘米不低于1000—1500个），生活垃圾收集率、污水治理率达到100%，成为名副其实的气净、水净、土净的"三净"之地。

---

① 安吉县天荒坪镇：《安吉县天荒坪镇余村村村庄规划（2014-2030）》，2015年3月20日。
② "一环一带，两园三区"：参观旅游环线、两山理念展示带、两山公园、矿坑花园、美丽宜居区、绿色产业区、生态保育区。

主要做法：

（一）全面改造老厂区、旧农房、破围墙，关停低小散的竹制品企业，整治违章建筑和违法用地。实施原"水泥三厂"区块的复垦项目，2013年后按新的功能区划分，陆续把工业园区里的企业迁出，把工业园区变成田园景观区。

（二）坚持严格的项目审批，不让破坏环境的项目落地。实施绿色招商、精准招商，2018年全村第三产业招商引资额达4亿元以上。

（三）完成山塘水库修复、生态河道建设、节点景观改造和沿线坟墓搬迁，严格实施封山育林、保田节地，推行限农药、减化肥、禁捕鱼、控狩猎、不焚烧等生态修复行动。

（四）创新探索"垃圾不落地"新模式。2016年，安吉县首先在余村引进专业物业公司负责保洁工作，每天早上7点前和下午5点后，派出专业人员开始收集垃圾，按照"可回收"、"不可回收"、"厨余垃圾"、"有害垃圾"等不同属性，定人定时送街道资源循环利用中心进行垃圾分类处理。通过推行"定点投放、定时收集"，做到垃圾不暴露、转运不落地、沿途不渗漏、村容更整洁，极大地改善了村庄卫生环境质量，被称为垃圾处理"余村模式"。全村范围内建造固定垃圾池10处，清运垃圾车辆2辆，建有垃圾分类处理节能系统一座。中心村农户及农家乐已完成厨余垃圾分类及生活污水纳管无害化处理，进一步完善无害化卫生厕所改造、垃圾分类全覆盖。

（五）全面推进村庄绿化。以山林保护、公路绿地、村内主要节点绿化、民宿美化为重点，全面推进村庄绿化。完成道路、河道、健身公园、工业区路口绿化面积2万余平方。村庄绿化树种丰富、乔灌草合理搭配、彩化适宜，有银杏、香樟、红枫、紫薇、海棠、樱花等树种。

（六）加快道路、管线等基础设施建设。村庄内部主干道安装太阳能路灯，可再生能源得到有效利用。按照道路管理要求，村内所有主要干道设置合理的交通标志线和停车位。启动实施"管线入地"工程，通过世行污水项目的全面完成，将自来水管、电力线、电视光纤、通讯电缆、排污管道等5类管线全部埋入地下，农村生活污水与畜禽污水通过管网与城镇管网实现连接，进一步提高了农村污水排放处理能力。完成农民饮用水工程建设，实行自来水一户一表。

第二节　发展美丽经济　推进融合发展

自 2005 年余村关停矿山转型绿色发展至 2018 年，村级集体经济收入持续增加。2005 年村集体经济总收入为 91 万元，到 2014 年达 304 万元，2017 年提高到 410 万元，2018 年提高到 471 万元；村民人均纯收入由 2005 年的 8732 元、2015 年的 32990 元提高到 2018 年的 44680 元，高于湖州市 12913 元，高于全省 17378 元。

一、推进产业融合发展

（一）大力发展绿色休闲产业，推进生态与旅游融合发展

余村以创建"浙江省农家乐特色村"为载体，对全村农家乐和旅游景点进行规模、环境、管理全方位提升。"春林山庄"等星级农家乐对门楼、道路、室内装饰做了特色化改造，建成了游客休息长廊、景观水塘等设施；荷花山漂流项目投资 200 万元建成门楼、景观长廊、休息大厅、游客接待处等设施，打造特色水循环系统；利用竹海资源优势开发环村绿道观光功能。已逐步形成农业采摘园、荷花山漂流、荷花山景区、五彩田园观光区、两山绿道、矿山遗址公园等品牌，形成了旅游观光、河道漂流、户外拓展、休闲会务研学、登山垂钓、果蔬采摘、农事体验的休闲旅游产业链。

2018 年有农家乐 38 家，特色精品民宿 6 家，床位 8000 多张，农家乐结构及档次也不断提升，精品民宿价位从每间 468 元到 1000 多元不等。2017 年接待游客 50 万人次，2018 年增加到 100 万人次，每逢节假日农家乐及民宿爆满，实现旅游总收入 3600 多万元，带动农民人均增收 5000 多元。

（二）发展生态农业，促进农业与旅游融合发展

村里出台文件提倡清洁生产，实施农药化肥减量使用，严禁在田园、山林使用高毒农药；推广有机肥还田还园；严禁焚烧秸秆，提倡综合循环利用，通过发展有机生态农业提供安全绿色农产品。在农业生产和环境治理中引进新技术、新工艺 5 项，分别为葡萄新品种摘心处理、单蔓整枝、直插建园、茎肥管理、引绑上架。

发展"林下经济"。竹海是余村的一大特色，也是发展生态农业的良好资源。5200 亩毛竹林由天荒坪镇林业合作社统一进行经营管理，被确定为安吉县毛竹高

效林示范基地。已先后种植竹荪、姬松茸、白芨、七叶枝花、三月青、黄精等名贵经济作物 200 多种并推向市场，开发出竹筒酒、竹酵素等衍生深加工产品，同时结合生态农业发展，开展采摘游、竹林游等项目。

（三）发展文创产业，促进文化与旅游融合发展

将余村的商标注册，成立了余村"两山"文化创意有限公司，将 20 世纪 80 年代开发的石灰岩矿遗址改造成矿山遗址公园。2017 年，余村与安吉县文旅集团合作开展余村景区规划与建设，开发考察培训、山地运动等项目。许多村民也结合绿色发展主题，创办了"旅游 + 文创"公司，在出售土特产同时，把传统的竹工艺注入生态元素，或经销原产地安吉白茶，做出品牌。同时，鼓励村民从事旅游讲解、民宿管理等多种职业，实现差异化、个性化发展。村民从事旅游讲解、电瓶车驾驶、民宿管理的人数越来越多。

二、融合发展促进经济结构转型升级

美丽经济发展促进了农旅融合、文旅融合，生产生活生态融合，也促进了余村经济结构转型升级，以服务业为主的第三产业比例逐渐提高。

（一）产业结构变化

2014 年农村经济总收入 18828 万元，农业收入 85 万元，占农村经济总收入的 0.45%。其中，种植业收入 68 万元，占农村经济总收入的 0.36%；林业收入 511 万元，占农村经济总收入的 2.71%；渔业收入 7 万元，占农村经济总收入的 0.04%；工业收入 15513 万元，占农村经济总收入的 82.39%；建筑业收入 107 万元，占农村经济总收入的 0.57%；运输业收入 1203 万元，占农村经济总收入的 6.39%；商、饮、服务业收入 860 万元，占农村经济总收入的 4.57%。

2015 年农村经济总收入 22300 万元，农业收入 100 万元，占农村经济总收入 0.45%，与上年持平。其中种植业收入 80 万元，占农村经济总收入 0.36%；林业收入 608 万元，占农村经济总收入的 2.73%；渔业收入 8 万元，占农村经济总收入的 0.04%；工业收入 18460 万元，占农村经济总收入的 82.78%；建筑业收入 127 万元，占农村经济总收入的 0.57%；运输业收入 1431 万元，占农村经济总收入的 6.42%；商、饮、服务业收入 1022 万元，占农村经济总收入的 4.58%。

2016 年农村经济总收入 25237 万元，农业收入 114 万元，占农村经济总收入的 0.45%。其中种植业收入 88 万元，占农村经济总收入的 0.35%；林业收入 588

万元，占农村经济总收入的 2.33%，比上年低 0.4 个百分点；工业收入 20675 万
元，占农村经济总收入的 81.92%；建筑业收入 147 万元，占农村经济总收入的
0.58%，运输业收入 1498 万元，占农村经济总收入的 5.94%；商、饮、服务业收
入 1409 万元，占农村经济总收入的 5.58%，比上年高出 1 个百分点。

2018 年农村经济总收入 27833 万元，农业收入 120 万元，占农村经济总收入
的 0.43%。其中种植业收入 86 万元，占农村经济总收入的 0.31%；林业收入 692
万元，占农村经济总收入的 2.49%，比 2016 年高 0.16 个百分点；工业收入 19060
万元，占农村经济总收入的 68.48%，比 2016 年低 13.44 个百分点；建筑业收入
387 万元，占农村经济总收入的 1.39%，比 2016 年低 5.13 个百分点；运输业收入
1543 万元，占农村经济总收入的 5.54%，比 2016 年低 0.40 个百分点；商、饮、服
务业收入 4656 万元，占农村经济总收入的 16.73%，比 2016 年高 11.15 个百分点。

表 7　2014—2018 余村经济发展变化表

年代	农村经济总收入（万元）	村集体经济总收入（万元）	村民人均纯收入(元)
2014	18828	304	27677
2015	22300	375	32990
2016	25237	380	35895
2017	27760	410	41378
2018	27833	471	44680

资料来源：余村村委会提供。

随着产业结构的调整及休闲旅游业的快速发展，余村第一、第二产业收入呈
逐年下降趋势，第三产业收入呈逐年上升趋势。游客人数增加带动商、饮、服务
业收入增长较快。从 2014 年的 513 万元增加到 2015 年的 1022 万元、2016 年的
1409 万元，2018 年增长更多，达到 4656 万元。

（二）就业结构变化

随着第三产业发展，余村劳动力就业结构也发生了较大变化。2005 年第二产
业从业人数仍占主导地位，有 426 人，占劳动力总数的 70.07%，第三产业从业人
数仅 97 人，占 15.95%。2014 年第二产业从业人数为 345 人，占 48.32%，第三产
业从业人数已上升到 341 人，占 47.76%。到 2015 年第二产业从业人数为 288 人，
占 40.51%，第三产业从业人数已上升到 396 人，首次超过第二产业从业人数，占
55.70%。2018 年第三产业从业人数已上升到约 450 人，占 83.40%。从事家庭经

营的劳动力人数 599 人，占总劳动力人数的 78.71%。

表 8　余村三次产业从业人数变化

单位：人

年份	第一产业	第二产业	第三产业
2005	85	426	97
2006	53	498	99
2007	52	517	103
2008	27	398	184
2009	25	307	286
2010	28	328	330
2011	29	306	315
2012	27	368	313
2013	31	371	293
2014	18	345	341
2015	18	288	396
2018	50	220	450

资料来源：余村村委会提供。

（三）村民收入结构变化

余村在建设景区化村庄的同时，大力发展休闲旅游产业，村民获得感显著增强。村民生活在景区化村庄里，同时发展民宿、农家乐及文化创意产业带动了家庭经营收入显著增长，村民收入显著提高。2014 年村民人均纯收入 27677 元，2018 年增至 44680 元，年均增长率为 12.25%。

从全村看，2014 年家庭经营总收入 18632 万元，2018 年家庭经营总收入 27480 万元，占农村经济收入的比重为 98.73%。

从村民个体看，村民家庭收入来源结构也发生了很大变化，仅以两名普通村民为例。

村民潘熙财，1962 年出生，曾经是矿工，矿山关停后在外地做零工，妻子在一家竹制品厂做工，全家收入来源主要是工资性收入。在余村大力发展休闲旅游产业后，潘熙财把自家房屋改建后开农家乐，提供餐饮、住宿业务。共有 10 个客房，一楼大厅及地下室用于客人用餐，同时开了一个小超市，夫妻两人共同经营。家庭经营性收入成为他家的主要收入来源。农家乐于 2018 年 5 月 1 日开业，到

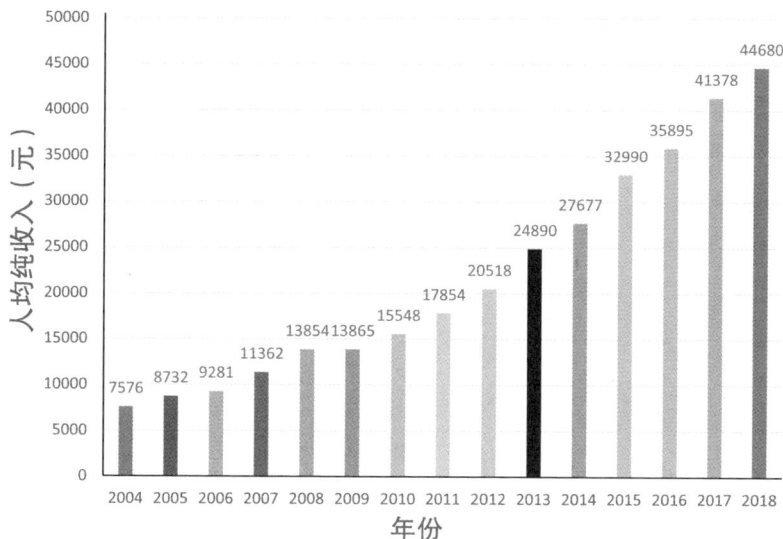

资料来源：余村村委会提供。

2019 年 3 月 6 日不到一年时间，已收入 30 多万元。[①]

村民葛元德，1962 年出生，17 岁开始接父亲班到石灰窑上班。关停矿山后自购农用车跑运输，运送纸箱、凉席、纸板，妻子与他一起跑运输，年均毛收入在 10 万左右。2017 年底因看好余村休闲旅游业发展前景，他改建自家房屋与儿子一起开了一间文创店，经营安吉白茶及竹制品。同时，利用其美术特长，自己制作加工竹工艺品、山石盆景及根雕出售。其经营收入足以养活一家老小。他在经营文创店的同时，业余时间做自己喜欢的石雕、根雕，把兴趣与经营结合起来，可以说有效促进了自身全面发展。[②]

三、余村休闲经济发展的典型案例

余村在由"卖石头"转型"卖风景"、发展绿色休闲经济的过程中，产生了很多休闲经济业态，并随着余村美丽乡村建设、村庄景区化建设步伐的加快，这些业态也随之发展壮大，并形成余村的品牌。

（一）春林旅游公司

2005 年开始余村关掉矿山转型绿色发展，为余村发展休闲旅游业提供了良好

---

① 潘熙财访谈记录，访谈时间：2019 年 3 月 6 日，访谈人：申端锋、王孝琦。
② 与葛元德的座谈记录，座谈时间：2019 年 11 月，参加座谈人员：闻海燕、俞为洁、李旭等。

前景。村民潘春林把自家房屋改造后在 2005 年正式开办农家乐，命名为"春林山庄"，并发展成为余村最大的农家乐。从 2005 年开始营业起，年收入由十几万逐年增长。2007 年他联合附近几家农户，将它们命名为春林山庄 2 号、3 号、5 号，经营面积有 1200 多平方米，统一调度，统一管理。随着余村名气增大，到余村参观游览的客人增多，2012 年潘春林对农家乐进行改造提升，变成精品农家乐，营业额每年有几十万元。

2010 年随着业务量的增大，潘春林成立了天合旅行社，组建了车队。2015 年以后成立春林旅游公司，包括春林山庄、旅行社、车队三块。形成客人进出旅游、餐饮一条龙的服务体系。旅行社主要是做国内游业务，接进来、拉出去的游客量每年有 5 到 7 万人。截至 2018 年底春林旅游公司有总资产约上千万，年营业额有几百万，利润有一百多万，上缴税收有一二十万。春林旅游公司有近 20 个员工，以余村及天荒坪镇等本地人为主。在客人多、满负荷情况下就对其他农家乐调配，带动村民共同致富。

春林山庄及春林旅游公司在余村有几个"第一"：余村第一批做农家乐的，也是最大的农家乐，第一个成立旅行社的农家乐，第一个成立车队的农家乐，第一个抱团经营走向农家乐联盟的，第一个承包景区的农家乐。

（二）荷花山漂流项目

余村在从矿山经济向休闲经济转型之初没有较好的旅游项目。2007 年在外地工作的村民胡加兴受宁波奉化一处漂流项目的启发，跟村委提出搞漂流项目。他是村里从矿山经济转向发展休闲经济后最早回村搞旅游的。村委为他在余村溪上争取到了 1.5 公里的漂流河道并免掉了第一年的河道使用管理费。胡加兴自投资金 120 万元，在 2008 年 5 月 1 日试营业，当年就赚回投资。2011 年他又投资 170 万做水循环工程，保证余村水资源不会流失走。每年有上百万营业额。

该漂流项目 2008 年有游客 1 万人次，近年来每年有 6 万人次。一年有 2 个半月高峰期。高峰期会带来很大的客流量，把村里的农家乐、民宿都带活了，同时也安排了好多村民上班。平时有固定工 15 人，平均工资每月有 4500—5000 元，发 6 个月工资。从 5 月 1 日做到 10 月 8 日。工作人员 4 月份上班，清理河道，修补。暑期村里很多在工厂上班的劳动力都要放假，他们到漂流公司上班，做临时工。最多时有 60 多人，临时工每天 150 元。其他时间他们到别处找活做。

（三）两山文创阁

余村成为"绿水青山就是金山银山"理念发源地后，来余村参观考察的人越来越多，特别是余村打造美丽乡村精品示范村后，村庄环境越来越好，吸引了更多游客前来观光、度假。1987年出生的葛军看到余村休闲旅游产业发展前景，决定返乡创业，2018年10月与父亲共同开办经营两山文创阁，主要做与旅游相关的文化创意等方面的业务。主要产品是来自安吉原产地的土特产品和个性化的文创产品、安吉白茶等。土特产品主要有笋干、年糕片、山核桃等。竹产品主要有竹纤维毛巾、手袋、竹工艺品玩具、竹编织品。另外还有石雕、竹雕等。目前经营有1000余种产品。其中，每年经营安吉白茶数量有1000斤左右，经营各种批次的安吉白茶包括明前茶、雨前茶、雨后茶。手功茶有碧螺春白茶，特殊茶种有黄金芽。每年经营的文创产品有10余种、150—200件。由于位于村文化礼堂对面，加上店面设计独特，成了网红打卡点。每天吸引大量游客前来参观购物，也吸引了日本、俄罗斯等国的国外游客，游客量已达1000余人次。此外，他组建了竹编织工艺品爱好者微信群，向来自全国各地的同行们介绍竹编织工艺品中蕴含的传统加工技艺以及别具匠心的艺术设计。2019年4月30日北京世界园艺博览会开幕式的浙江馆选择了"绿水青山就是金山银山"发源地余村，中央电视台在两山文创阁采访了见证余村变化的葛家三代人。两山文创阁已成为宣传余村、传播竹文化的一个窗口。

此外，两山文创阁还不定期举办文化创意活动，如书画品鉴会，请书画家及书画爱好者来文创阁即兴挥毫，留下墨宝；同时举办白茶品鉴会，以茶会友；还不定期举办竹灯创意交流座谈会，探讨竹灯及竹工艺品的开发及推广。

治

理

篇

党建引领　协同共治

ZHILI PIAN
DANGJIAN YINLING XIETONGGONGZHI

中国村庄发展

绿　色　　崛　起

党的十八届三中全会提出推进国家治理体系和治理能力现代化的目标。余村在"绿水青山就是金山银山"理念指引下完成了发展转型，也同步完成了社会治理的现代化转型，先后获得全国文明村镇、全国民主法治示范村、全国美丽宜居示范村、浙江省首批全面小康示范村等荣誉称号和奖项。多年来余村零上访、零诉讼、零事故、零刑案、村两委干部零违纪，实现了乡村治理有效、发展充满活力、百姓安居乐业。

第一章　余村治理制度与治理组织

在学术上所谓治理的概念是 20 世纪 90 年代才逐步兴起的，其内涵有不同的定义。从乡村社会的发展来说，治理是一个长期的过程，其目的是协调国家、社会乃至农民个体等多方利益，使得乡村社会整体尽可能地减少矛盾，尽可能地统一发展方向，从而尽可能获取更好的、多方受益的发展利益。从这个角度看，自中华人民共和国成立之初直到今天，建设社会主义现代化强国始终是党和政府的目标。在这个目标之下，也确立了 70 年来乡村治理的根本任务：一是转变农民在治理体系中的地位，使农民从被治理的对象转变为乡村治理的主体，即"翻身做主人"，逐步唤醒农民的治理主体意识；二是随着国家整体治理的发展而逐步实现乡村治理的现代化。作为典型的中国村落，余村的乡村治理也经历了各个发展的历史阶段。

第一节　村庄治理制度

传统中国社会历来是城乡二元结构，形成了城市官治与乡村绅权的双轨治理体系。民国时期推行的保甲制度形成了乡村由保甲长与乡绅共同实施治理的格局。村庄治理制度由治理主体决定，1949 年 5 月 1 日余村正式解放，这才开始了作为新中国一个乡村村落的新的治理探索历程。余村人开始通过乡村建政逐步成为乡村治理的主体，各类反映新中国治理理念和当时政治需要的制度被不断引入。

中华人民共和国建国伊始，废除旧社会的保甲制度，设立新的农民协会掌握乡村治理权力。1949 年 11 月，余村农民协会成立，余村历史上第一位党员阮照才被选为农会主席。1950 年，根据《中华人民共和国土地法》，余村土地改革正式开始，实施阶级评定制度和土地分配制度。1950 年政务院颁行的《乡（行政村）人民代表会议组织通则》和《乡（行政村）人民政府组织通则》开始施行，余村归由山河乡作为乡级建制实施治理。随着农业生产互助合作运动的开展，余村村民自发办起调工组、互助组，实行生产合作制度。新中国各项法律法规出台后，也由县乡政府宣传引入乡村社会。新的婚姻法、兵役法、选举制度、生产制度、分田到户、生产资料经营权和使用权制度、集体劳动制度等都一一在余村得到执行。

由于在早期阶段治理主体单一，乡村社会活力不足，国家对于乡村的宏观制度形成了余村这个阶段的主要制度体系。可以说，改革开放前，余村与其他中国乡村一样，村庄治理制度主要有几方面：一是作为国家整体的一个末梢部分，引入国家制度来推动国家整体完成转型。二是通过制度的引入来重新建构乡村社会的管理组织，包括各类法律法规的实施、各类组织的建立，以及通过法令、制度形式推动农村生产生活方式的转变。如余村于 1949 年 11 月就以农民入股的形式加入山河乡，整体管理组织体系完全重构。再如《高级农业生产合作社示范章程》的实施，社员大会、社员代表大会成为乡村最高管理机关，通过选举产生合作社主任、副主任等，兼任管理委员会主任、副主任，同时选举产生监察委员会。三是管理方式和管理内容的重构，农民开始被动地参与乡村政治的同时，生产方式、生活方式也被纳入集体管理。这个阶段的制度体系按今天的观点来看有些压抑个体，但在物资匮乏的年代，这样的制度体系也给余村的发展打下了集体经济发展的基础，如余村 1976 年开始兴建冷水洞水库和石灰厂。这些设施都对余村发展起到带动作用，而道路、学校、医务室等为余村百姓提供基本民生保障的公共设施的陆续兴建完成，也发挥保障发展的作用。

改革开放后，"三级所有，队为基础"的统一经营模式被打破，余村大队成为余村村，生产小队改为村民小组，逐步开始实行以家庭承包经营为主的农业生产责任制，余村的毛竹山承包到户。1983 年根据《中共中央、国务院关于实行政社分开建立乡政府的通知》（中发〔1983〕35 号）的规定，余村开始了乡村治理的新阶段。家庭承包责任制施行，村民自治登上制度舞台。这一阶段的村庄治理制度体系则奠定了余村后来致富兴村、发展转型的基础，首先是余村村民的主体身份和主体权利通过经济上独立的承包经营权和政治身份上的"村民"独立主体身份而得到了充分确认；其次，村庄政治生活的基本原则通过法律的形式得到了确认，余村通过选举建立了村民委员会，成为余村治理主体。各类体现村民自治的制度通过新的治理主体实施，如余村 1983 年自主开办余村石矿，1984 年开始做湖州市第一个新村规划并逐步实施，1985 年开始组织实施"五好家庭"评比制度等。

随着余村的发展，各类经济发展、民生福利的制度也开始施行，余村的村庄治理根本规则得到了确立。《中华人民共和国村民委员会组织法（试行）》对村民委员会的组成、产生、工作机制、监督机制等做了规定；除此之外，还有依照规定由村民自己制订的治理制度和具体措施，如村民自治章程、村规民约等，成为各类村庄治理制度的法源基础。在新的制度体系下，各类公共服务、民生福利设施开始建设，如余村小学新的教学楼、余村闭路电视系统、村办企业的股份制改造和增资扩建等；各类事务性的治理制度应运而生，如 1998 年实施龙庆园景区管理制度、2000 年实施大病统筹和村民部分医疗费用报销制度等。同时，在国家政策性制度落实方面，余村也出台相应的执行制度，如殡葬改革、生态公墓的兴建等。在经济管理制度方面，余村在 2001 年撤销了村民小组的会计结算，实行村管账务制度。在这个阶段，也开始了余村从资源利用型村庄向多元发展转变的探索，余村开始筹集资金建设了龙庆园景点。同时，随着乡村项目制管理的兴起，余村也通过各类乡村创建项目的参与，形成了项目创建保障制度体系，如参与安吉县"八杯"竞赛、湖州市社会主义新农村建设试点和示范、创建全国文明村镇、省千万工程示范村等，都形成了针对性的项目创建达标所需的必要规范制度。

2005 年，在"绿水青山就是金山银山"理念的引导下，余村加快向绿色发展转型，健全完善了一批促进绿色发展的制度体系，如新的殡葬改革制度、休闲绿化建设制度、农家乐管理制度等，各类创建制度也加强完善，生态村、卫生村、文明村、法治村等创建管理规范制度体系得到了充分落实，平安示范建设、美丽乡村示范建设等工作也得到了制度保障。同时，村民自治制度体系也更加完善，村民的治理主体地位真正得到体现，如"四会"管理制度、新修村规民约、志愿者服务制度等促进形成了余村村庄治理的"共治"格局。

新时代，余村村庄治理制度体系的特点也逐步形成，一是形成了余村民主恳谈、村"两委"商议、党员审议、村民代表决议和乡贤评议的议事决策传统，在基层党组织的作用下，政府行政管理与余村村民自治形成了有效的衔接和良性互动；二是通过基层民主选举制度保障了村民民主权利的实现，村民代表大会制度、村务监督制度等确保了余村发展方向由余村村民集体决策、余村发展利益由余村村民共享；三是村民自治能力的不断提升得到了制度保障，如余村"自主提事、按需议事、约请参事、民主评事、跟踪监事"的制度，保障了村民对于村级大小事务的参与权、决策权，村务决策机制也不断促使村民提升自身参与治理的能力和水平。结合村规民约，2017年余村制定《余村村民行为规范30条》，作为全体村民分红、就业、评优的考评依据，将村庄发展理念贯彻在规范之中，如"禁用草甘膦、垃圾不落地等与村里年终分红、村内就业挂钩"等条款就体现了余村绿色发展的理念，而"通过自评、组评、综合评加以兑现"的规范管理方式，也体现了村内大小事务由全体村民决定这一村民自治的治理理念。

从治理体系的内涵而言，村民治理主体权利除了法律法规、制度的保障外，自身治理能力培育和参与治理的积极性也是整体治理体系是否成熟的决定性保障。余村一系列涉及村民自我管理、村庄发展、项目创建等各类制度，从规则设计、内容谋划开始，就不断调动村民参与，在参与过程中加以适度引导，从而保障了村民的治理能力和参与意愿。余村村民治理主体地位的不断确立，参与治理的能力不断提升，也推进了村庄治理体系逐步走向现代化。

第二节　村庄治理组织

在余村的发展历程中，随着历史的演进形成了不同历史阶段的村庄治理组织，这些组织有些已经完成历史使命退出历史舞台，有的依然发挥着对余村发展和治理不可或缺的作用。

余村的治理组织主要有以下几类：

1. 中共基层党组织

余村刚解放时，村里没有中共党员。1949年10月7日，冷水洞自然村阮照才由陈明富、李有明介绍加入了中国共产党，成为余村第一位中共党员。至1958年余村开始有了党组织。1961年余村单独建立党支部。1967年，余村建立革命领导小组，领导村庄事务。

改革开放后，余村党支部将工作重点转移到经济建设上来，执行改革开放、搞活经济的方针，推行家庭联产承包责任制，调整村产业结构发展多种经营，开展村庄规划和民主法治村、美丽乡村建设等。随着村庄治理成效显著提升，村党支部的权威也得到了村民的认可，强化了村党支部在村庄治理中的领导核心地位。

2. 村级行政组织

改革开放后，公社改为乡，大队改为行政村，余村村正式设立，建村民委员会，设村主任、委员若干名；生产队改为村民小组。1996年以后，按照村民选举法，由村民民主投票选举村民委员会，设村主任1人，委员若干人，村民委员会负责全村行政工作。

3. 自治／群众组织

（1）妇女组织

妇女代表会简称妇代会，在上级妇联的指导下和村支部领导下，带领广大妇女参加各项政治和经济建设活动，在弘扬文明风尚、促进社会和谐中发挥重要作用。

（2）青年组织

中国共产主义青年团，简称共青团，是党领导的先进青年的群众组织。余村共青团在村党支部和上级团组织领导下，在促进村庄发展中起到先锋带头作用。2012年7月，余村支部被共青团安吉县委员会授予"2011年度安吉县先进团支部"称号。

（3）治保调解组织

主要负责维护村庄安全、解决村民之间或村民家庭中的一些纠纷。1995年之后，治保调解主任均由村主任兼任。2000年，天荒坪镇成立了综合治理委员会，简称"综治办"，村治保、调解均在其领导下开展工作，对维护社会安定团结起到一定作用。

（4）老年协会

余村老年协会于1995年成立以来，经常组织老年人参加乒乓球、羽毛球、门球等丰富多彩的文体活动。2013年10月被安吉县老龄工作委员会授予"敬老文明号"称号，2015年5月获湖州市地掷球邀请赛团体二等奖，2016年9月获安吉县灵峰街道老年地掷球邀请赛团体二等奖。

（5）农家乐协会

余村农家乐协会于2005年成立，协会制定完善了住宿登记、消防安全、环境卫生、食品卫生、安全巡视、质量承诺等各项制度，农家乐经营进入规范化管理。

（6）残疾人协会

协会在村党支部和村委会领导下，为残疾人生活排忧解难。协会制定了残疾人管理制度，建立档案，先后为 31 人发放残疾人等级证书。

（7）社会组织和志愿者组织

在长期村庄治理发展进程中，余村设立村民议事会、道德评议会、禁毒禁赌会、红白理事会，选拔出 32 名有威望的村民担任监督员。

余村还设立有两山志愿服务站，建立针对孤寡老人、空巢老人、留守儿童、残疾人等常态化志愿服务机制，村民自愿加入游客接待、移风易俗、文明劝导、困难帮扶、乡风评议、文艺表演等志愿服务队伍，开展"日行一善""行孝尽孝""文明劝导"等主题活动，引导全体村民培育文明新风、树立文明风尚，打响余村志愿服务品牌。

第三节　村庄治理结构

治理促进发展，发展保障治理。此外，余村的发展成效也是验证治理成效的标尺。多年来余村山清水秀、村强民富、平安和谐，先后荣获全国文明村、全国美丽宜居示范村、全国生态文化村等多项荣誉，成为余村有效村庄治理的显著成果。

村党支部是协调村庄治理结构的核心。余村党支部以党建为引领，通过党建责任刚性化、党性锻炼常态化、纪律要求明确化、示范带头标杆化，把全村党员锻造成一个坚强有力的战斗集体。在"绿水青山就是金山银山"理念的指引下，率领全村找到一条适合村情的致富道路。村党支部坚持把"生态"作为村庄发展的主线、党员作用发挥的主题，以每月一次的主题党日为抓手，探索开展了生态主题党日"五步法"，形成了支部红色引领、村庄绿色发展的局面。

治理结构的另一环是一套广泛参与的民主制度。余村蓬勃发展，治理有序有效，关键在于大家的事大家参与、众人的事众人商量，形成和发展了一整套村民自治、民主参与的制度。具体体现在"公开、参与、监督"三个方面。一是"公开"：党务、村务、财务"三公开"。二是"参与"：两山议事会民主协商。两山议事会，下设村民议事会、红白理事会、道德评议会、健康生活会，全村大小事情都通过村民代表商量。2017 年村里为建两山绿道，需要搬迁 42 处坟墓，2018 年为建设余村研学中心，需要搬迁坟墓 80 余处；为保护空气质量，村里决定禁止销售、禁止燃放烟花爆竹（简称"双禁"），是全县最早全面实行"双禁"的行政村。迁坟和"双禁"冲击传统习俗，一些村民想不通，办起来阻力很大。村两委通过两山议事会，广泛发动村民讨论，充分发表意见，村干部进家入户面对面商量沟通，最终找到了最大公约数，提出了科学合理的解决办法，使迁坟和"双禁"顺利落实。三是"监督"：建立完善的村务监督制度，保障民主决策的准确、有效执行。余村十分注重加强村务监督，在全省较早建立了村务监督委员会，村监委全程履职，从每一个村干部的选举到每一个决策的产生，甚至到每一张发票的审核，始终保持阳光透明。村监委每月对村财务进行核理，村里的每一张入账票据，每一份财务报表都需要村监委签字。在资金支付方面，更是落实了账前监督，即资金支付超过 5000 元的，支付前必须经村监委审核，有效防止了坏账的产生，对村级各项事务形成事前、事中和事后的监督机制。

余村的村干部具有良好的群众基础，不仅因为其源自于民主选举产生，更是因为其规范权力、执行民意。一方面通过出台村级权力清单，对涉及农村重大决策和民生问题的权力事项都进行了流程公开和全面规范。另一方面，大到全村规划建设，小到每吨自来水收费、垃圾桶管理，在决策过程中充分听取民意。通过民主恳谈会收集建议提交党员大会审议，经班子会讨论修改提交村民代表大会决议，保证了村民对村级事务的决策权。余村全面规范推行"三务"公开，在全省较早实现了村务电视公开，每个村民可以通过"村村通"电视平台，在家中随时了解村务信息、查看村账。余村以民主保障民生，实现了"政府归位、自治到位"。

法治是余村村庄治理结构的重要一环。长期以来，余村人坚持守法用法的基本理念。余村多年来坚持不懈开展法治教育，引导村民树立法治意识，运用法治思维和法治手段解决村庄发展中遇到的问题。一是普法教育深入人心；二是法律顾问常在身边；三是矛盾纠纷多元化解。村干部始终以法律来规范和约束自己的言行，自余村成为行政村以来，村干部没有一人有违法犯罪行为。余村村民在村干部的带领下，遵纪守法，全村的刑事犯罪率十几年来一直保持零基数、零增长。"民主管理，依法治村"是余村村庄治理保持活力的源头。坚持运用法治思维分析村庄发展中遇到的问题，并且依靠法治方式去解决这些问题，使余村平稳度过了转型发展的阵痛期。2001 年全县村级法律顾问还未盛行，余村就聘请了自己的法律顾问。十几年来，余村村班子几经换届，但余村的法律顾问一直没变。决策合法性审查、合同风险防范、矛盾纠纷法律把关，余村一步步从"学会用法"走到了今天的"习惯用法"。如今，余村村民也自觉地把法律作为解决民事、经济矛盾纠纷的主要途径，信"法"而不信"访"，形成了"民以法尊，法为民用"的良好局面。

　　文化的软治理作用在余村村庄治理结构中也有重要地位，民风民俗、家风家训、伦理道德等"软治理"手段，具有无形的约束管理作用，可以起到法律"硬治理"起不到的效果。余村突出文化礼堂、数字电影院等核心区块建设，同时建成了文体广场、美丽乡村大学、院士林等公共的文化普及场所。进行各种形式的文化宣传教育活动，同时利用公共宣传橱窗、展板、宣传册、科普触摸屏终端、微信公众号、网站专栏等新媒体、自媒体形式开展多方位的宣传和普及，全面提高村民的文化素养。不断完善"绿水青山就是金山银山"的阵地建设和理论宣传。充分发挥红色教育基地、文化礼堂、电影院、农家书屋、美丽乡村大学、道德讲堂、科普教育基地等各类场所及设施的作用，为青少年文化活动提供社会大课堂。通过现有的文化活动场所和设备，经常性组织开展针对村民的文化宣传教育工作。文化宣传栏是创建的主要活动载体，结合农事季节和中心工作，对公共场所的文化宣传栏定期更换时新内容，宣传文化知识和党在农村的各项方针政策，使其充分发挥文化阵地的作用。修编《村规民约》，征集好家风、好家训，形成余村户户立家规的良好氛围，通过墙体画和宣传册等形式积极加强宣传，做到村民家喻户晓。移风易俗，通过文化的熏陶作用影响每一个村民践行绿色发展理念，有效地提升了村民参与治理的意愿和能力。余村的公共场地，白天不放垃圾桶，实行定时定点投放；家禽家畜不能放养，村规民约赋予护村队随时处置权；逢年过节，红白喜事，村民都自觉遵守禁燃禁放；全村山林禁止使用除草剂，大家都能严格遵守并相互监督，生态发展的理念根植于村民的心底。

第二章 余村社会治理的现代转型

社会治理涉及"发展的实质",也即选择什么样的发展道路。因为发展可能是正向的、有增长的、健康型的发展,也可能是有代价的、片面的、扭曲的发展,还有可能是负向的、畸形的、恶性的发展。余村的社会治理从以"金山银山"为主轴到以"绿水青山就是金山银山"理念引领,引导着余村社会治理的现代转型。治理的理念从重经济到重生态,再到经济、生态、社会协调发展;治理的主体除了村两委等正式组织外,还有道德评议会等非正式组织和一些外来的社会组织;社会治理的方式也更加法治化、民主化和科学化;社会治理的内容更加丰富。

第一节 以"金山银山"为主轴的社会治理

改革开放之初,余村和全国的农村一样面临解决温饱问题,面临老百姓求富裕、奔小康的需求。而在那个阶段,选择什么样的产业,主要由自身资源禀赋和产品需求的大环境决定。20世纪七八十年代,改革开放如火如荼,东部沿海地区加快城市建设,市场对石灰、水泥等建筑材料需求旺盛,而余村正好坐拥丰富且优质的石矿资源,于是余村人就地取材,开山采矿。红红火火的"石头经济",让余村百姓逐步摆脱了贫困并且富裕起来。

但在当时的生产条件下,开矿一是造成严重的生态污染,二是造成严重的生产安全问题,给社会治理带来了一系列问题。

实际上,经济与环境是健康发展的一体两面,都是社会治理的题中之意,两者需要协同推进。一方面,环境是经济发展的基础和条件,环境与经济是相互依存、紧密联系的统一体；但另一方面，在特定的发展阶段，环境与经济又存在相互对立、相互排斥的关系。在以经济建设为中心的时代大背景下，在提高百姓生活水平的现实需求下，余村选择了以经济为中心的发展，环境保护让位于经济发展，环境保护服从、服务于经济发展，社会治理也就难以跳出这个局限。

从社会治理的内容来看，当时主要是围绕矿山经济，比如矿山的开采，水泥厂、石灰厂的生产经营，还有与此配套的基础设施建设，如修路铺桥、建水库、通电等。有了经济基础后，余村社会治理的内容也扩大到了民生保障，如通自来水（至今仍免费供给村民）、修学校等。为集约利用土地、提高土地资源利用率，余村开展了村庄规划，将村庄北边规划为居住区，所有新建住房都往这个区域集中，并且建成坐北朝南的格局。

社会治理的主体主要是村两委以及村民小组长，普通村民更多是配合，那时也还没有社会组织的概念，更不用说市场力量参与社会治理了。治理的方式也是比较传统和单一的，如开大会、广播通知等。但值得一提的是，在进行生产经营的过程中，余村的社会治理也有了现代社会治理的萌芽，比如建立会计制度，对集体经济的财务有专门的理财小组进行审核；对发展的重大事项进行集体协商等。虽然没有建制度成体系，但在当时已经算是比较民主、比较规范了。

第二节　社会治理的现代化转型

社会治理现代化是国家治理体系现代化的重要组成部分，"绿水青山就是金山银山"发展理念，代表了经济发展观念和发展方式的根本变革，而这种变革从客观上呼唤着社会治理模式的现代化。

"金山银山"为主轴的社会治理，以牺牲环境为代价去换取一时一地的经济"富裕"与物质生活的改善，造成了生态环境上的"贫穷"与生产生活环境的恶化。这样的发展是不健康的，这样的社会治理是不健全的。余村人以"绿水青山就是金山银山"理念为引领，开始了社会治理的现代化转型。

村庄的发展规划是村庄治理的重要内容，村庄治理也是围绕着村庄发展规划而展开的。根据发展规划实施治理，是村庄发展环境和基础得以提升、落实发展规划的必然要求和实现路径。余村结合本村的资源现状、发展空间，围绕"生态"

开创性地将余村建设用地依势划分为生态旅游区、生态居住区、生态工业区，有效地将村民生活、生产与发展的空间作了合理布局和区划。之后随着美丽乡村建设和美丽经济的深入开展，村庄规划又经历了从"三区一环"到"一环一带，两园三区"的成熟阶段。"三区一环"即美丽宜居区、生态旅游区、田园观光区和环村的两山绿道。美丽宜居区是对生态居住区的提升，目前生态已成余村的常态，在此基础上按照国家级美丽宜居示范村要求继续做好"美丽"的文章，完善各项配套建设，做到宜居宜游宜乐。对生态旅游区加以保留，选商引资，打造好生态旅游区，为村经济发展增后劲。将生态工业区调整为田园观光区，拆除厂房，恢复生态，变厂区为田野，形成田园风光。这一调整体现了余村对于"绿水青山"价值的认识和应用。在此基础上又进一步将规划调整为"一环一带，两园三区"，即参观旅游环线、"两山"理念展示带、两山公园、矿坑花园、美丽宜居区、绿色产业区和生态保育区。"一环一带"及"两园"是对余村作为"两山"理念发源地的致敬，美丽宜居区继续发展，生态旅游区和田园观光区则调整为绿色产业区和生态保育区。这样的调整正是对"两山"理念的最佳注解，一方面将"生态保育区"突显，是对"绿水青山"价值的充分尊重，另一方面将"生态旅游区""田园观光区"，提升到了内涵更广的"绿色产业"，开拓了村民增收的"金山银山"。

余村在护山养山的同时开展美丽乡村建设。2008 年余村在"千村示范、万村整治工程"的基础上，率先开展以"村村优美、家家创业、处处和谐、人人幸福"为主要内容的中国美丽乡村建设，并被评为安吉县首批精品村。2010 年，余村成功创建省级文明村。2015 年余村关停存在污染隐患的工业企业和家庭作坊。2016 年余村探索"垃圾不落地"的生活垃圾运行新模式，实行"定点投放、定时收集"，在收集过程中做到"垃圾不暴露、转运不落地、沿途不渗漏、村容更整洁"；余村还将严禁使用化学除草剂草甘膦也写入了村规民约。2017 年余村开始"双禁"；新修订《余村村规民约》，增加了环境保护制度的内容，并单独将环境保护制度作为一项内容细化。村庄治理的成效也通过发展规划的不断落实从而取得的成果中得到体现，2016 年余村获评为国家 3A 级景区，2018 年创建为 4A 级景区，并继续为创建 5A 级景区而努力，夯实了余村高质量绿色发展转型的基础。

乡村公共文化空间的打造既是公共文化服务的重要内容，也是村庄治理体系中"软治理"部分的重要体现。余村注重村民的文化娱乐生活，开通远程教育网，腾出场地装修了面积达 248 平方米的文化活动场所供村民使用。2014 年余村建成文化礼堂，极大地丰富了村民的精神文化生活；2015 年余村打造高标准的法治文化公园、法治文化广场等法治设施，并推广本土化普法节目，让法治意识深入人心，学法、知法、用法、守法成为村民的思想自觉和行动自觉；2016 年余村举办浙江省美丽乡村奥运会；2017 年安吉县人民法院两山巡回法庭在余村揭牌，通过法官驻村、预约办案、多元调解等措施，协助开展送法下乡、法律走亲等活动。2019 年电信部门在余村开出一个集智能家庭生活、居家养老服务等功能于一体的时尚温馨"幸福驿站"，"党群心连心"志愿服务活动也正式启动。

"绿水青山就是金山银山"理念引领下的社会治理，治理意涵较前一阶段更为丰富。治理主体较前一阶段也更为多元，除了村两委及早期的妇女组织、村民小组、老年协会等社会组织外，余村社会组织发展十分迅速，如"四会"组织（村民议事会、道德评议会、红白理事会、健康生活会）集合能人、贤人、明白人、热心人，共谋余村发展，大大提高了民主决策的质量，增强了群众的民主参与效能。还有如农家乐协会、退休老干部组织、两山排舞队、两山鼓乐队等。一些外来的社会组织也活跃在余村，如各类大学生实践和服务团体、乡村旅游乡村治理研究团体以及众多前来观摩交流学习的社会团体等。

社会组织被定义为政府管理的"减肥剂"、政社关系的"黏合剂"、社会矛盾的"融化剂"、政府善政的"监督器"和精神文明的"播种器"，在余村发挥了重要的意义和价值。同时，余村充分发挥德高望重的本土精英、功成名就的外出精英、投资创业的外来精英等乡贤力量，积极挖掘具有法律知识背景的党员、村民代表以及居住在村的法官、检察官、警官、律师等"法律明白人"，实现群众办事、矛盾调解、法律服务、信息咨询、致富求助"五不出村"，以乡贤榜样的力量，带动村民树立良好家风，塑造充满"正能量"的乡风文明。

除了传统的政府力量、社会力量外，市场力量也在余村的社会治理中发挥了重要作用。2016 年余村通过颐居美丽乡村研究院的运作，对文化礼堂进行升级改造，全面展示余村美丽乡村建设的成果，提炼推广余村的特色产品与文化，以"互联网 +"、共享经济模式与全民创客思维，连接政府、乡村合作社、投资商、乡村创客与城市居民。2017 年开展村企共建，与上市企业浙江恒林椅业股份有限公司结对，发挥各自资源优势，积极探索企业与农村实施"绿水青山就是金山银山"转化的模式与路径。2019 年余村引进电信企业发展现代养老服务等。市场力量参与余村社会治理已经跳出了只注重经济收益、不考虑社会效益的传统方式，而是协同经济社会共同发展。市场的方式也被应用于村庄的治理，如通过物业公司对余村进行长效保洁管理；引进专业管理团队开展村域景区管理，"村里还准备成立旅游公司开展乡村经营，盘活整合村集体与村民资源、资产，建立以股权为纽带的经营综合体和利益共同体，推动村民就近赚薪金、拿租金、分股金，让村集体和村民双受惠，以乡村经营反哺支撑人居环境建设"。①

在这一阶段，社会治理的方式也更加法治化、民主化和科学化。法治是治国理政的基本方式，也是乡村社会治理的基本保障。余村的发展是以法治贯穿的，早在 2004 年余村就被评为安吉县民主法治村，守法用法既是治村理念，也是全体余村人的共同认识。多年来余村坚持不懈开展法治教育，引导村民树立法治意识，运用法治思维和法治手段解决村庄发展中遇到的问题。普法教育深入人心，法律顾问常在身边，矛盾纠纷多元化解。余村社会治理的法治化体现在制度建设的"良法"和治理过程的"善治"。一是在村规民约的发展和家风家训的引导中，凸显契合人类文明进步的价值成果、契合当前经济社会发展的时代要求。二是在实施乡村治理的过程中，各治理主体尤其是村两委等都是在法治框架下运用法治思维和方式化解社会矛盾、解决社会问题。民主化体现在村民参与的主体意识和主动性、积极性。村民代表大会、两山议事会等机制是全体村民参与村内大小事务的平台，大家的事大家参与、众人的事众人商量，形成和发展了一整套村民自治、民主参与的制度。科学化首先体现在从源头上有效地化解社会矛盾和规避社会风险，转变重稳定轻治理、"头痛医头，脚痛医脚"的"灭火队式"治理模式，其次还意味着充分依托现代新兴网络技术、视频监控系统、地理和人口信息系统等数字化手段，整合应急管理和社会综合治理各职能部门的资源和力量，构建全域覆盖、联通共享的综合管理联动平台，同时加强社会风险的预警和社会心态的监测，提升社会治理的科学化和系统化水平。余村有一张灵敏高效的综治网络，建立了全省首个直通村级的社会治理综合指挥室，治安状况实时监控，村级"家园卫士"警务站守护家园。做到了第一时间发现掌握各类信息、第一时间稳妥处理不稳定因素、第一时间回应民生诉求。如果说绿色是余村最靓丽的风景，平安就是余村最厚重的底色。

社会治理与社会发展应该是相互促进的关系，加快推进社会治理现代化要求更好的调配、平衡好治理与发展之间的关系。社会治理是一个不断创新、改革的

---

① 潘文革访谈记录，访谈时间：2019 年 3 月 8 日，访谈人：闻海燕、张秀梅。

过程，国家对社会治理现代化有着明确的时间表和路线图，这是一项艰巨的战略任务。余村的社会治理的转型契合了社会治理现代化转型，面对新时代赋予的新使命，余村仍应凝聚决心与智慧，持续不断推动社会治理迈向更高水平。

第三章 余村公共服务的供给与提升

农村公共服务供给是村庄治理的重要内容。余村的公共服务供给从早期的修路、引水、供电等基础性、生存性的供给，到现在的智慧养老就医、文化舞台、灯光球场、农家书屋、数字电影院等，内容不断丰富，质量不断提升，大大提升了村民的生活品质、促进了村庄经济发展。

第一节 广泛性公共服务供给阶段

余村村域面积 4.86 平方公里，呈东西走向，北高南低，西起东伏，群山环抱，秀竹连绵，植被覆盖率高达 96%。自然地理条件、区域面积和地缘环境决定了公共服务事业建设成本高昂，单独依靠余村自身的力量，无法满足公共服务需求。因此，在发展的早期阶段，余村在各级政府的支持下，发动本村劳动力，陆续兴建了基本的基础设施和公共服务。

除基础设施外，乡村教育也得到长足发展。1974 年余村大队在周家自然村潘家堂后面山坡上建造了余村小学，解决了村里儿童的上学难问题，也为余村人掌握文化知识提供了基本保障。随着各项建设的开展，公共服务也逐步惠及村民的日常生产生活。1976 年，为确保农田灌溉，余村动员全村劳动力兴建冷水洞水库。余村这一阶段的公共服务供给，以基础设施建设为主要内容，奠定了余村发展的硬件基础，也在一定程度上转变了余村人传统乡村生产生活看天吃饭的思维方式，为日后"富起来"奠定了基础条件，也为余村开始开展乡村建设规划、为老百姓提供更广泛公共服务带来可能。

改革开放后，随着村集体发展实力的增强和村民对公共服务的需求登上新台阶，余村乡村规划和便民设施建设也迈入快车道，公共服务由基本的基础设施建设向更高层次迈进。余村通过牺牲自然资源换来的发展迅速，经济实力增长，这也是许多中国村庄发展的共同道路。而这种经济实力的增长，也通过公共服务供给水平的提升、公共服务供给范围的扩大，切切实实地反映到了村民生活水平提高上来，使得村民个体与村庄集体，通过公共服务这一对供需关系，统一了促进发展的道路和理念。

这一阶段，余村公共服务跳出了依靠上级政府统筹安排的局限，从基本公共服务向更能够提升村民生活水平的广泛性公共服务迈进。富裕起来的余村人也开始规划未来更美好的生活，村庄发展规划作为公共服务供给的设计方案被提上议事日程。余村开始学习邻近省市先发乡村的经验，着手编制村庄发展规划，对道路、村居、村貌、环境各方面乡村风貌进行规划。这个想法早在 1984 年就开始着手落实，当时余村学习江苏华西村、浙江滕头村，在湖州市率先开始编制村庄建设规划。其主要内容体现在村居村貌上，村民造房统一规划，统一式样（两层楼房）、统一朝向（坐北朝南），占地面积为 120 平方米，形成第一阶段的村庄发展规划（1984—2000 年），其后随着余村的发展，村庄发展规划经过 5 次专家修编、7 次规划微调后，一直延续至今，形成了 2000—2016 年、2016—2030 年等贯穿余村发展始终、一任接着一任干的村庄规划。随着生活水平的提高，余村的发展蓝图也开始走入了标准化，村民居住环境、住房面貌发生了巨大的改变，余村在最早的"村居坐北朝南位于一侧"的简单规划，发展到了规划构建"一轴四区"，"一轴"即余村路沿路景观轴，"四区"即乡土风情游览区、五彩田园观光区、水库生态旅游区、山地徒步体验区。

集体经济富裕、村民收入增长，余村村民享受到了村庄发展带来的村庄基础设施和各项广泛性公共服务供给的提升，也改变了村民的生产、生活和经营样态。20 世纪 90 年代胡加兴等村民购买小四轮面包车，载客从山河至孝丰、递铺往返。到 2000 年，全村摩托车拥有 40 余辆。1982 年村民私人开始购买货车，1997 年村民私人购买轿车。1985 年余村分级办学、办班，乡村教育得到进一步发展。1988 年余村完全小学新建一座教学楼，同年成为首批"村村通"工程受惠村，家家户户接入有线电视，村民免费享受公共文化服务。1994 年，随着老年人口的增多，养老服务逐步成为刚性需求，余村也成立了老年协会。1997 年，余村邀请了浙江省城乡规划设计院 5 名专家制定龙庆园的详细规划。1998 年投资 200 余万元修复隆庆庵古建筑，于10月正式开园。按照村庄规划，1998年余村开始殡葬改革，茶坞里生态公墓建设完成。1999年，余村第二轮村庄发展规划（2000—2015年）完成编制开始启动落实，山石线公路扩建完成，村民交通出行更加便利，同年还开始村民大病统筹，村民大病治疗也开始享受部分费用报销。当年全村100%的村民用上了自来水，通上水泥路，看上闭路电视；80%以上村民装上电话机，添置了摩托车，住上新楼房。看电视、喝自来水，幼儿上幼儿园，全部由集体收入统包。2002年余村建设了2500平方米的村级公园，铺设草坪9000平方米，拆建、拆旧2.6万平方米，累计投入520多万元，形成村庄建设生态化、道路交通一体化、居民建筑别墅化、环境卫生日常化、电力通讯规范化、用水改厕无害化的新农村格局。余村被中共湖州市委、湖州市人民政府评为"文明村"。2003年，茶坞里生态公墓道路扩建、路面硬化完成；2004年，余村村居内部道路全部扩宽，根据规划，机动车道采用沥青路面使行车更安静、减少扬尘；针对村内巷道，采用青石板混搭花岗岩及鹅卵石，使人行走舒适，视觉丰富，提升了乡村宜居品位。村民出行由步行到骑自行车、摩托车，发展到了如今的家庭小轿车普及，平均每户家庭有1.5辆。

在这一阶段，随着余村发展成果的积累，集体资金在公共服务供给中的投入也不断上升，与上级政府财政投入形成余村发展公共服务的主要财源。如1990年余村为改善村庄环境，减少矿石车穿村扬起尘土，村集体投资将石子路改建柏油路。2000年，贯通山石线即天荒坪镇镇政府至余村石矿公路。大坝至镇政府路宽10米，为全县当年入村最宽的公路，则是由上级财政和集体投入共同完成。而在随后的高质量绿色发展中，集体投入、政府财政投入和社会资本投入共同推动了余村的公共服务供给水平的提高。各级政府统筹城乡发展和余村自身集体经济壮大，形成了余村公共服务供给的"两条腿走路"。

第二节　社会化公共服务供给阶段

生态环境是最大的公共产品。而2005年之前的余村在经济发展的同时，人民群众赖以生存的自然环境却受到了极大的破坏。自2005年习近平提出了"绿水青山就是金山银山"理念后，保护生态，整治乡村人居环境、转型绿色发展成为余村给村民带来的最大的公共服务。

2007年冷水洞水库被纳入浙江省"千库保安"项目，修整加固大坝，美化库区环境，2017年结合余村两山示范区建设，全面实施景观改造工程。拆除了余村溪边的所有违法建筑，把竹制品家庭作坊搬进了工业区，实行统一生产、统一管理、统一治污。

围绕着构建"一轴四区"规划，余村加快村内公路、供水、电网等基础设施建设，更加便利群众生活和生产经营。2006年，余村实施"康庄工程"，投资70余万元进行路段大修，全面新铺了油渣路面，改变了以前坑坑洼洼的陈旧面貌，美化环境，方便出行。围街造塘，荷花艳艳生光、灼灼其华。村委对面，3万平方米的场地上播撒了油菜花籽，酝酿着"风情花海"的诞生；筑起了游步道、石埠、驳岸，着手建起星级公厕、亲子活动区、草坪活动区。村庄几公里范围内建起多个公共厕所、资源循环利用中心、垃圾分类池、污水治理中心避免"脏、乱、差"现象的出现，营造出一个干净、整洁、优美的村落人居环境，公共服务从提升群众生活水平向提高群众生活质量升级。

作为安吉县"垃圾不落地"试点村，余村专门成立了垃圾分类工作领导小组，制定了《余村生活垃圾分类工作实施方案》，逐步建立了分类投放、分类收集、分类运输的模式。如今，全村居民垃圾分类知晓率达100%。为了促进垃圾减量化，余村还采购了一台日处理能力4吨的机器，对厨余垃圾进行生物降解，生产出来的有机肥料再分发到百姓家里，做到了废弃物的循环利用。厨余垃圾分类由开始的30%上升达到80%，每天收集厨余垃圾由1吨上升至2吨，垃圾通道封堵率达93%。在生活污水处理方面，余村也走在全国农村前列。早在2004年，余村就初步建成了国内首条技术成熟的CW生活污水处理系统——氧化沟，能将全村的生活污水全部处理，达到排放标准。2010年，余村加大民生工程投入力度，改造自来水管网8000米，新建一座80立方蓄水池。全面开展"美丽家庭"创评活动，美化庭院，清洁家园，在村庄道路沿线重新配置40只垃圾箱，安排专人长效保洁，村容村貌焕然一新。利用文化舞台、文化广场、文明学校等，广泛开展群众性文化活动。2013年以来，根据美丽乡村精品示范村创建和村庄经营需求，余村结合"三区一环"村庄规划布局，接连实施"三改一拆、四边三化、五水共治"等环境综合整治。2015年完成污水治理、工业区、农家乐及村民生活污水90%以上纳管，经过整治，河道水质明显改善。2015—2016年间余村公墓再度扩建，结合生态公墓建设，立足长远发展，扩展了面积，新建了停车场，拓宽并浇注道路，新建生态型和公益性墓穴，把公墓建设项目做成为进一步推进生态文明建设的基础保障工程，为后续连片搬迁村域内分散凌乱的坟墓提供了空间保障。

村庄生态建设的不断发展，也提升了村庄、村民经济发展的基础条件，为新产业、新发展方式的转型带来保障。村民从过去在村集体企业上班拿工资，到个体经营、联营致富，公共就业供给完成了社会化转型。集体经济的再度壮大，使得余村更有余力为村民提供更广泛、更优质的社会化公共服务。余村对60岁以上的老人每年给予一定数额的生活补助，对全村农户自来水实行免费供应和维修。

余村通过绿色发展实现先富带动后富的过程，也是余村就业、养老等多样化公共服务从各级政府、村集体供给向市场化、社会化开放的过程。胡加兴的漂流景区在旺季时，有60多位村民在景区工作，每人每月工资就有5000多元。天林服务总公司余村负责人汪苗青，投资400多万元，承包360亩土地，筹建观光农业园区，发展林下经济，种植有白芨、山楂、欧梨、杨桃等300多种食药材，同样解决了数十位村民的就业。生态兴村建设的成果也让余村的乡村旅游产业迎来新生，10多年间，余村从事旅游的村民从28人增加到近400人。

公共文化服务也得到进一步加强，余村投资1000多万元建起了文化礼堂、文化舞台、灯光球场、农家书屋、数字电影院、消防教育馆等。依托文化礼堂，余村人广泛提升村民科学文化素养，2016年至2017年，村民参加各类培训包括：垃圾分类培训57人，天荒坪餐饮经营从业人员培训23人，现代农业综合开发培训2人，家政服务培训39人，网络营销培训2人，农家乐创业与经营培训7人，双证制成人高中学历教学39人，老年心理健康培训98人，老年养生培训43人，高等学历在职教育8人。2015年以来，余村每年举行春节联欢晚会，逐渐形成"余村村晚"特色。

养老、保障等服务是公共服务不可或缺的部分，余村养老事业和残疾人保障在这一阶段也得到了长足发展。全村老年人参加基本社会保险，实现老有所养。2017年，余村安排近30万元扩建村居家养老服务中心，2019年1月1日，当地电信部门在余村开出一个时尚温馨的"幸福驿站"。驿站集智能家庭生活、居家养老服务等功能于一体，吸引了众多体验者的脚步。村里安排专人负责残疾人保障工作，制定残疾人管理制度，成立组织机构，建立档案，先后为31人发放残疾人等级证书，全村残疾人根据残障等级每个月可以领到425元到1070元不等的保障金。

　　从国家各级政府统筹乡村公共服务供给，到村集体经济"加量"供给，再到增添社会化保障，余村的公共服务供给发展的进程与自身发展的历程是分不开的，也是相辅相成的。正是通过公共服务带给人民群众不断提升身边的、切身体验的一项项幸福感和获得感，政府、村集体和村民完成了发展理念上的沟通和交流，汇聚成共同富裕、走高质量绿色发展道路的发展共识，也形成了余村今日德治、自治、法治三治合一的社会治理格局。

第四章　余村社会治理的运作机制

社会治理是一种驾驭和引导社会和组织的艺术[1]，余村社会治理的运作机制，一是在党建引领下的不断创新，二是法治引领下的民主协商，三是村民参与下的共治共享。

第一节　党建引领

基层党组织作为乡村社会的"领头雁"，是加强和创新社会治理所依靠的最基本、最直接、最关键的力量。加强村级党组织建设、发挥村级党组织在村庄治理中的领导核心作用，是乡村治理的根本要求、共性要求。余村党员干部、党支部在群众中有威望、有号召力，在社会治理的三个阶段，都充分发挥了把方向、定战略、作决策、聚人心的引领作用。

党员干部作为发展的决策者、推动者，是关键因素，直接影响村庄的发展方向。余村的社会治理得力于一个坚强有力的领导班子，敢担当有作为。习近平指出："党员干部要有担当，有多大担当才能干多大事业，尽多大责任才会有多大成就。"[2] 余村历任党支部矢志不渝，干事创业、推进改革。敢担当有作为，是面对改革发展问题迎难而上、攻坚克难；敢担当有作为，是在个人利益和集体利益面前，放弃个人、选择集体；敢担当有作为，是关键时刻豁得出来、顶得上去。

党员干部的担当作为，不仅是攻坚克难，也不仅是无私奉献，还要在关键时刻豁得出来、顶得上去。余村在关停矿山时，面对压力，村干部想尽办法做村民

---

① 丁元竹：《治理方式现代化：内涵、特征及类型》，载俞可平编著：《推进国家治理与社会治理现代化》，北京：当代中国出版社 2014 年版。
② 习近平：《做焦裕禄式的县委书记》，《学习时报》2015 年 9 月 7 日 A1 版。

的工作；在发展农家乐时，村干部先带头试水；在征地搬迁时，村干部要带头先搬；在关停竹制品厂时，又是村干部走在前列。党员干部有担当、有觉悟，支部建设工作就有力。余村建立了党员民主议事清单。党支部按照党员先讨论、党员先带头原则，组织党员在每月主题党日对评先推优、发展党员、支部建设等情况以及重大党务、重大决策、重大财务等事项进行民主讨论商议，定期研究村庄生态环境建设、集体经济发展、村规民约、村风民俗等党员群众关心关注的重要问题，做到议事过程充分体现民主、议事结果充分体现共识，并形成会议纪要作为村内重大事项实施推进前置条件。建立党员责任清单，组建环保宣传员、剿劣护水队、生态巡逻队等4支队伍共10人，全域设置26个党员责任区、26个责任岗，明确每名党员工作职责，定期开展"垃圾死角集中清""水质监测随手拍"等活动。在党员管理上，余村建立了党员党性体检清单。按照中办《关于推进"两学一做"学习教育常态化制度化的意见》要求，对照党章党规，对照系列讲话，结合主题党日，每半年开展一次"党性体检"，采取支部点评、党员互评、群众测评的方式，对党员参训受训情况、生态实践情况、作用发挥情况等进行评议，纳入党员先锋指数考评，评议处理党性亚健康、不健康党员，全村党员干部实现自建村以来"零违纪"。特别是针对外出流动党员、年老体弱党员等，落实"1+1"组团帮带制，采取在线学习、视频交流、送学上门等方式，进行专题辅导，针对性提升能力水平。

余村还特别注重加强班子民主建设，完善学习培训机制，健全决策议事制度，提升基层党组织的组织力，增强基层党组织的战斗力，全村55名党员都有刚性的党建责任，日常接受党性锻炼。在党纪国法之外，更有更高标准的纪律要求，要求党员日常要争做示范带头的标杆，每年评选出5名表率型党员。注重党员干部的培养，村委会通过以老带新的方式，培养年轻人，让他们在实践中不断地得到锻炼，提高能力。"村里形成了2个人才库，一是村干部人才库，我们村领导班子有5人，村聘干部1人，2个后备干部。二是旅游经营人才库。这两个人才库会优先使用回乡年轻人，让余村的发展也能有一个后续保障。"① 用村干部的话来说："余村是支部带村，余村今天的发展脱离党的领导是不行的。我们党员干部都是零违纪，做事公开透明。"② 用老百姓的话来说："我们村委里的人，分工不分家，大

---

① 俞小平访谈记录，访谈时间：2019年3月8日，访谈人：申端锋、王孝琦。
② 同上。

家碰到事都会去管，班子很协调，村干部经济上都是干干净净的"。①

余村在发展过程中，突出党建引领，强化基层党组织建设。精心策划农村党建工作和主题教育活动，积极挖掘和展示农村党建榜样资源，积极开展廉政建设，确保基层组织形象。积极开展党建联盟工程，通过"支部主题党日+"、"党建+"等建立党建工作与服务乡村群众的联系，盘活服务资源，凝聚服务力量，带动群众积极参与社会治理。通过党建工作的不断创新，使基层党组织建设与乡村治理有机融合、良性互动，以党的建设贯穿乡村治理、保障乡村治理、引领乡村治理。

2017年7月，余村创新实施"党建+生态"五步法，发挥党员在乡村振兴、保护生态中的先锋模范作用。"党建+生态"五步法包括五个步骤，分别为"学、议、做、评、带"。"学"为对党员进行生态教育；"议"为组织党员研究村庄生态环境建设等问题；"做"为让全体党员参与到"四边三化""剿劣提标"等行动中，将全村范围纳入责任区，实行网格化管理，每个片区都有党员负责，建立"党员生态责任清单"，每名党员职责明确；"评"为结合主题党日，党支部每半年召开一次"党性体检"，对党员生态环保学习情况、实践情况、实际作用等进行评议，并纳入党员先锋指数考评；"带"则是针对流动党员、年老体弱党员等特殊群体，实行生态教育"帮带制"。余村通过学重质、议重责、做重实、评重真、带重效，突出党建引领，强化机制约束，让广大党员得到经常性锻炼，使基层党组织更具凝聚力和战斗力。在全村党员干部共同努力下，村党支部被评为省级"农村基层组织建设先锋工程五好党支部"。党员自觉带头参与生态环境保护等社会治理各环节，也带动引领了村民自觉参与。

2018年余村党支部与建行浙江省分行党委结对共建，积极探索"银村党建共建"新模式。一方面，余村党支部为银行党支部开设专题党课、共同开展党建活动。另一方面，银行为余村专门制定了"文明金通综合服务方案"，一揽子解决余村农民生产、生活以及文明村镇创建、支部党建等各方面的金融和非金融服务需求，让普惠金融扎根安吉余村。

2019年，余村"党群心连心"志愿服务活动正式启动，这是余村党组织活动的一次创新，也是村里新时代文明实践活动的缩影。"党群心连心"志愿服务队每月15日定期开展服务，包含理发、手机维修、钟表维修、电动车维修、婚庆文艺表演预约、医疗咨询和服务、防金融诈骗和理财产品咨询、人民币反假及残币兑

① 王月仙访谈记录，访谈时间：2019年3月8日，访谈人：俞为洁。

换、扫黑除恶宣传等志愿服务，"就算不在 15 号当天，只要村民有困难、有需要，一个电话，志愿者也会立马上门服务"①。

余村还以"清廉乡村"建设为主导，通过监督与教育软硬两手抓，构筑清廉乡村廉洁屏障。厚植清廉乡村文化土壤，建立村级廉情工作站，发挥联村干部、村务监督委员会、廉情监督员三支监督力量，推进民主监督和重点监督。晾晒"村级权力清单"，公开"办事流程"，推行村级党风廉政建设"八项工作"动态监督机制，及时掌握廉政风险，作出分类处置，挖掘提炼文化清廉因子，打造清廉文化阵地，大力弘扬崇尚廉洁的新风正气，让党员干部群众在潜移默化中接受清廉文化熏陶。

第二节　自治为本

村民委员会是村民自我管理、自我教育、自我服务的基层群众性自治组织。乡村自治能力，首先体现在村级治理主体也即村民委员会的能力上，村民委员会治理能力又集中体现在"民主"上。2005 年 8 月，时任浙江省委书记习近平同志到安吉余村调研，他叮嘱："村一级民主建设很重要，要进一步完善民主选举、民主决策、民主管理、民主监督的有效途径。"② 15 年来，余村形成和发展了一整套村民自治、民主参与的制度。班子提议、党员大会审议、村民代表大会决议的"三步决策法"，以民主协商的方式，决策村里的每一件大事小事，实现了"政府归位、自治到位"。

在不同的发展阶段，面对不同的发展需求，余村始终注重加强村民代表大会与村委会组织建设，健全民主制度，广泛动员群众参与村级决策，正如鲍新民所说"余村能有今天，是民主决策的结果"③。余村在开矿办厂、用绿水青山换取金山银山的发展初期，村级经济名列全县之首，由于村集体掌握大量的资金进出，余村的集体财务也成为全村关注的焦点。余村较早地认识到这个问题，成立了村级

① 《村里有了定向志愿服务队——天荒坪镇余村打造"党群心连心"党建品牌》，《安吉新闻》2019 年 5 月 30 日第 2 版。
② 2005 年 8 月 15 日，时任浙江省委书记习近平赴湖州安吉县余村村调研基层民主法治建设，在余村发表的谈话。
③ 丁峰：《安吉余村人的民主法治"法宝"》，《今日浙江》2019 年第 1 期。

财务小组，进行财务监督，"我们村成立了村民财务小组，我是村务小组的组长，所以每笔账目做得都是非常清楚的，很难出现贿赂这种情况"。① 2005 年，余村在安吉县率先成立村务监督委员会，对村里的"三资"（资源、资产、资金）和"三重一大"（重要事项、重点工程、重要工作、大额资金支出）充分发挥监督作用。为了规范村务监督，借助于安吉县美丽乡村信息服务"村村通"平台的首批试点建设，2012 年余村特地设立了村务公开在线云平台，村民在家通过电视就可以查村账，大到项目建设的资金支出凭证，小到购买办公用品的原始票据，村民想查什么都可以查到。村监委主任李辉指出："报销时，每张发票都要村监委所有成员签字盖章，党务、村务、财务每月都要公开。别说一顿饭，乱花一块钱都不行。"②

2003 年余村作出关停矿山、水泥厂的决定也是民主决策的结果。矿山、水泥厂是余村的经济命脉，在工厂工作的收入是很多村民家里的重要生活来源，很多群众有抵触情绪，"很多村民想不通呀，我刚买了拖拉机，想运矿石赚点钱，你现在矿不办了，让我怎么办"？③ 村党支部做了大量思想工作。余村通过党员议事、村民代表大会等方式，村委会广泛征求村民意见，"当时我们举手表决，经过民主讨论，最后决定转型"。④ 2003 年开始的"关停村里矿山和水泥厂"的决定，就是经村党支部提议后，前前后后经过了多轮的党员大会和村民大会、入户走访等，最后决定下来的；2013 年开始的"退二进三，搬迁低效企业"行动，也是通过民主决策来实施的。在余村，大小事务基本都靠村自身力量民主解决，始终采用民主的方式解决矛盾和问题。

乡村自治能力，还体现在新型社会组织的发展，包括地方性协会、志愿者组织以及各种专业社团组织等。在余村，这些组织在政府的管理和支持下有序发展起来。余村人民调解委员会就是这样一个村级自治机构。调委会以村公共法律服务站为依托，设立窗口接受纠纷咨询和受理；专门配置调解室，深入摸排、提前化解。为调动村民自治的积极性、主动性和创造性，调委会还借助两山议事会力量，建立以村老干部、法律顾问、片区民警、驻村法官、网格员等参与的调解志愿者队伍，以道德感化、情感带入等情理结合的方式进行调解。2018 年余村调委会被授予"全国人民调解工作先进集体"荣誉称号。

---

① 俞小平访谈记录，访谈时间：2019 年 3 月 8 日，访谈人：申端锋、王孝琦。
② 《余村的善治之路》，《湖州日报》2018 年 12 月 31 日 A02 版。
③ 胡加仁访谈记录，访谈时间：2019 年 3 月 8 日，访谈人：俞为洁。
④ 俞小平访谈记录，访谈时间：2019 年 3 月 8 日，访谈人：申端锋、王孝琦。

余村两山议事会，包括"村民议事会、道德评议会、红白理事会、健康生活会"的"四会"组织，共谋余村发展，大大提高了民主决策的质量，增强了群众的民主参与效能。"四会"分别邀请老党员老干部、德高望重的乡贤、妇女小组长和村民小组长等担任，通过他们以身作则和实时监督，让余村人在日常行为中自觉文明。村民议事会是余村的传统，即村民参与村庄发展的讨论决策；道德评议会，主要是引导村民文明向善，对村民在文明圈养、烟花爆竹禁放、限药减肥等方面的做法进行打分。做法好、得分高的家庭获得一定奖励，以此激励更多村民"讲文明"，养成文明的生活习惯。"以前我们是吃过晚饭后搓麻将、打官牌（扑克）。现在没有了。过年的时候，联欢晚会搞过之后，年三十晚上，我们村里舞龙队、腰鼓队，晚上全部出发，每个村庄里都去敲啊，十五元宵节也是，我们自己村凡是有村民的地方全部都走到，很热闹。"① 红白理事会由村民小组长担任，选拔出32名有威望的村民担任监督员，担任红白事的总监，提前知道哪家哪户要办事。红事用鼓，白事用锣，村里腰鼓队都有，方便大家使用。健康生活会里有许多的社团组织，如两山排舞队和两山鼓乐队等，村里也给予一定的经费、道具等支持。成立两山鼓乐队为村民带来文化服务，也丰富了村里禁燃禁放烟花爆竹政策落实后群众文化活动形式，维护了生态宜居的良好环境和和谐的社会氛围。村民胡加仁说："我觉得一个村的文明和谐与文化是息息相关的。活动时婆媳都在，一起唱唱跳跳，对村庄和谐很有好处。"②

余村还有一批环保志愿者，从2003年浙江省开展"千村示范、万村整治"行动时起，余村的环保志愿者就开始发挥作用。那时环保志愿者更多的是为村庄美化而努力。随着余村的发展，环保志愿者自发传播生态文明，营造良好的乡风民风，并建立了两山志愿者服务站。环保志愿者队伍也不断扩大，村民自愿加入游客接待、移风易俗、文明劝导等志愿服务队伍，目前有1000多人。这些志愿者不仅维护、影响着余村，也带动外来游客养成了保护生态的好习惯。每天接待大量访客的余村依然能保持村容整洁，靠的就是这些没有红袖章、黄马甲的义务环保员。

此外，来自余村之外的社会团体、志愿者群体等也纷纷走入余村，在游览余村的秀美风光、体会余村的绿色发展之路的同时，也丰富了余村生态文化建设内

---

① 王月仙访谈资料，访谈时间：2019年3月5日，访谈人：俞为洁、李旭。
② 胡加仁访谈记录，访谈时间：2019年3月8日，访谈人：俞为洁。

容，促进城乡文化融合交流。浙江水利水电学院赴安吉余村"践行'两山'理念，守护绿水青山"之绿色生活方式宣传实践队，在余村进行水利普法和环保科普入户宣传。浙江工业职业技术学院设计与艺术学院"浙美余村行"暑期社会实践队来到余村，运用自己的专业特长，助力美丽乡村建设。通过分发实践队自主设计的宣传手册、环保袋，参与协助河长水域治理的"河小二"，开展村居墙绘，为生态宜居的余村增添新的亮色。

第三节　法治保障

乡村社会治理需要用法治思维、法治方式，在法治的轨道上解决问题，构建现代乡村社会治理体系。余村的法治建设有传统有基础，在"绿水青山就是金山银山"理念引领下，法治更为余村的绿色发展、为余村村民的生活保驾护航。

法治是保障，依法治村，能够为基层民主提供底线保障。余村实施乡村治理过程中，各治理主体尤其是村两委等都是在法治框架下运用法治思维和方式化解社会矛盾、解决社会问题。余村较早地聘请法律顾问参与村级事务的管理。1996年，余村因为要解决开矿办厂时遇到的合同等问题，聘请村级法律顾问。2003年决定关停矿山、水泥厂，在协商、决策的过程中，也融合法律顾问的作用。在后续的发展中也通过法律顾问对各项工程建设和重大事项进行合法合规论证。这样的做法，既确保了重要决策和各项建设等既符合法律法规的规定，又使村庄发展转型这样的大事能够符合村民的集体意愿。多年来村民们形成了遇事找法、解决问题靠法、化解矛盾用法的习惯。咨询内容也从过去的婚姻家庭纠纷、劳动争议、土地纠纷，到如今的旅游纠纷、知识产权纠纷。纠纷类型的变化，也体现了村民法律意识的变迁。

余村的法治建设做得好，得益于将法治融入乡村生活的各个方面，使村民得到全面的法律训练。如将法治贯穿于民主自治的过程，在村民民主恳谈、村民议事、村务监督的过程中，用制度和程序来引导村民有序参与、依法自治，同时也推动村务公开、村务监督体系逐步走向规范化、制度化。如在村民调解委员会等村民自治组织的运行管理过程中，人员构成、规章制度、经费来源、事务范围、管理方式等都有明确的规定。

余村的法治建设做得好，还得益于普法宣传做得好。余村全面打造高标准的法治文化公园、法治文化广场、法治文化街区、法治文化长廊、法治文化墙、法律图书角、法治学校等法治设施，村道两旁、村中长廊、农户围墙、路边侧石、休息长椅，随处可见村规民约、法治标语、法治漫画、法治谜语等。这既是对本村村民的法律思维的训练，也是将本村的法治实践经验通过外在的、显性的实体向前来的客人传达。此外，还开设"王义说法""竹乡警视""法庭直击"等本土化普法节目，让法治意识深入人心。2017年，安吉县人民法院"两山"巡回法庭在余村揭牌，通过法官驻村、预约办案、多元调解等措施，协助开展送法下乡、法律走亲等活动。学法、知法、用法、守法成为村民的思想自觉和行动自觉。

法治也进一步保障了余村美丽乡村建设。2017年安吉发布了全国首个民主法治村创建的县级地方标准《美丽乡村民主法治建设规范》。引导村民从"学会用法"到"习惯用法"，初步形成了"民以法尊，法为民用"的良好局面，为推进基层民主法治村建设提供了操作规范，形成了创建有方向、考评有依据、管理有办法的农村基层民主法治建设格局。

在国法之下，余村还有自己的"小法"——村规民约。村规民约作为群众自发形成的、具有约束力的行为规范，是新形势下构建和维持乡村社会秩序不可或缺的要素之一，是现代法治观念渗入基层社会的有效途径。村规民约既反映传统，又体现了法律、法规的精神，成为乡村公共事务管理的法律法规补充；既能与国家政策相适应，又体现了乡村社会传统习俗特点，是乡村社会伦理体系的系统表达。在发展初期，余村就有自己的自治公约——《村民守则》，从遵纪守法、爱护公物，到文明礼貌、移风易俗等十二个方面作出规定。2005年借助关停矿山的发展转型，余村进一步制定《余村村护林公约》，在村范围内对从事森林资源的保护、利用和经营等作出规定。余村还根据绿色发展的需要，对村规民约进行调整，如将严禁使用化学除草剂草甘膦写入村规民约、增加环境保护制度的内容等。

为了使村规民约能真正落到实处，余村还建立制度，对村民遵守村规民约情况进行考核，进行惩处或奖励。村规民约以柔性的治理方式配合国家"硬法"，增强了村民的内心认同和参与支持村级事务的主动性，成为基层治理制度体系的有益补充。

第四节　德治润村

德治是"润滑剂"，乡村是人情社会、熟人社会，而人情与道德、习俗等相连，稍加利用引导便可形成与法治相辅相成的德治。在法治的严抓严管之下，余村不忘用"软约束"的方式推进基层治理。

余村的德治建设，一是以"生态"为主线，号召村民移风易俗，倡导村民健康、文明、科学的生活方式；二是通过"最美"系列和星级文明户评选活动，进一步弘扬传统美德尤其是家庭美德。以家庭文明为基础，夯实社会文明的根基。余村的德治体现在村规民约的内容和执行上。村规民约既是法治的内容，也是德治的内容。2017年11月，余村提出禁燃禁放烟花爆竹，这是生态文明发展的需要，但要改变小山村几千年来形成的过年放烟花爆竹的传统习俗，村党支部的压力还是挺大的。但无论是塑造景区需要还是净化环境需要，作出"双禁"的决定，都是生态文明发展、环境卫生长效管理上的一道必做课题。面对这个问题，村两委发倡议书、挨家挨户上门宣传，不断做通村民思想工作。通过村干部摆余村发展之路的事实，讲"绿水青山就是金山银山"的道理，村民也接受了"双禁"，并通过腰鼓队和锣鼓队表演，代替烟花爆竹增加年味和喜庆气氛。村里还对"双禁"模范带头户进行表彰。赵水根是该村第二村民小组的小组长，被聘为该组的红白理事会会长，其中一项重要的工作就是宣传"双禁"。他说："13号、28号，村民小组里都有喜宴，但是他们已经答应了我，不会大操大办，也不会燃放烟花爆竹，然而锣鼓曲艺节目我已经安排好了。"[1] 2018年1月1日，余村成为全市首个实施烟花爆竹"双禁"的行政村。

在余村，垃圾不落地、文明餐桌行动、严禁燃放烟花爆竹、禁止放养禽畜、生活污水集中纳管等要求全部纳入村规民约20条，村民自觉遵守村规村训。余村还通过道德评议会，对村民在文明圈养、烟花爆竹禁放、限药减肥等方面的做法进行打分，做法好、得分高的家庭将获得一定奖励，以此激励更多村民"讲文明"，养成文明的生活习惯。同时通过自评、组评、综合评对村民执行村规民约进行考核，作为全体村民分红、就业、评优的考评依据，加以兑现。

随着来余村参观学习的人越来越多，余村村民自愿加入游客接待、移风易

---

[1]　徐超：《安吉余村：烟花爆竹走了　锣鼓曲艺来了》（2018年1月14日），http://www.hz66.com/2018/0114/284089.shtml。

俗、文明劝导、困难帮扶、乡风评议、文艺表演等志愿服务队伍，开展"日行一善""行孝尽孝""文明劝导"等主题活动，引导全体村民培育文明新风、树立文明风尚，打响了余村志愿服务品牌。这些志愿者不仅维护、影响着余村，也带动外来游客养成了生态文明好习惯，既净化了自然环境，又净化了村风民风。

余村不仅有好村风，余村人也有好家风。村妇联主任张苗芳说，全村每户人家都根据各自家风制定了家规，并以竹匾或书法作品形式悬挂在家里的醒目位置，提醒每一位成员时刻谨守家规家训，弘扬美好家风。家规内容涉及和谐、孝道、家教、勤劳、节俭、励志、修养等多个方面，由于家规家训由家庭自主制定，家庭成员都能自觉地内化于心、外化于行，既激发了村民自主参与的热情，又达到了村民自治的良好效果。

余村还积极树立道德模范，开展"最美"系列和星级文明户评选活动，每年评选表彰身边好人与新乡贤20余名；年终还会评选出最美余村人1名、表率型党员5名、模范型骨干5名、双带型业主3名等先锋人物。这些道德模范中有35年如一日照顾患病公婆的俞庆华一家，有勤俭持家、尊老爱幼的俞月仙一家，有邻里和谐、热心助人的张文学一家，有振兴乡土文化的乡贤李熙庭……榜样是塑造乡风文明的重要主体，借助榜样的力量，余村进一步弘扬家庭美德和社会公德，激发广大村民参与乡风文明创建。

生

活

篇

与时偕行 共建共享

中国村庄发展

SHENGHUO PIAN

YUSHI XIEXING GONGJIAN GONGXIANG

今日余村是个深藏在绿水青山中的世外桃源：无论哪一个季节都能欣赏四周山林间的青松翠竹，干净清澈的溪水蜿蜒穿过村庄；由清爽的大路小径串联起干净整洁的房舍和庭园，田野间种植的各色花卉植物将富有特色的景观拥入其中；鸟鸣虫唱在山谷的天然回音下更凸显了浮躁时代中少有的平和宁静。

生活在这世外桃源中的余村人也并不能完全脱身于滚滚向前的时代洪流。在现代化进程中，个体化成为现代性力量撕裂传统文化网络并渗透到基层社会的真实写照。传统共同体身份的失落、由生活机遇分化导致的阶层差异扩大，都深刻地改变着余村个人、家庭、社区生活的方方面面。本篇力图从家庭关系、社会交往和生活样貌三个方面展开论述，并对未来乡村共同体的建构进行探索。

第一章 余村村民家庭生活变迁

家庭关系是社会中人与人之间最为亲密、最为基本的关系。由家庭中的代际关系、婚姻关系、亲属关系引申出了养老问题、生育问题、青年发展问题等与乡村生活基本结构和未来发展紧密相关的一系列重大命题。

第一节 村民的家庭规模与亲族关系

一、改革开放以前的余村家庭规模

受到太平天国战争及其后的大瘟疫影响，进入 20 世纪后，余村的一个中心村和两个自然村中大姓所占比例相对有限，基本属于杂姓村。由于村庄相关人口统计资料散失，难以确切统计新中国成立后至改革开放初的 30 年间余村村民家庭人口规模。根据对村中近 30 余名出生于 20 世纪 50、60 年代的村民的访谈回忆，此间余村家庭一对育龄夫妇生育子女数量普遍在 3—7 名之间，个别家庭甚至更多。由此估算，当时余村村民家庭的人口规模在 6—7 名之间。

在新中国成立以前，乡村中的儒家文化和孝道伦理保持得相对完整。大多数农村地区有较为强烈的家族观念和祖先崇拜信仰。[①] 但是根据实地考察和相关文献检索，余村中并未保留明显的宗祠性建筑。余村中自然村屠家堂、赵家堂、叶家堂，也未发现与姓氏相对应的宗祠堂屋。这也从侧面印证了在余村近百年的村庄社会生活中宗族力量并未发挥聚拢人心、控制社会生活的重要作用。

---

① 阎云翔：《私人生活的变革：一个村庄里的爱情、家庭与亲密关系 1949—1999》，上海：上海书店出版社 2006 年版，第 205 页。

在新中国成立以后，国家为了实现对乡村社会的整合，通过没收族产和宗祠、销毁族谱等方式，将宗族力量进行乡村社会控制的物质基础和道德基础予以摧毁。而这种先破后立的整合策略在余村似乎是不必要的。根据村中受访老人的回忆，解放前余村中土地兼并的情况并不严重，几乎没有占有大量土地、完全脱离农业劳动的地主阶层。不同自然村之间虽会因为争夺水源或是确定田亩边界发生冲突，但由于每个自然村也并非由某一姓氏占据绝对多数，类似这样来自外部的压力也没有促成自然村中形成牢不可破的亲族关系。

受到余村宗族力量式微的影响，从 20 世纪初直至 50 年代末，陆续有外来人口零散迁入余村，或是买田，或是寻找山脚无主土地开垦盖屋，并未产生严重的"土客矛盾"。但陆续的人口迁入状态也使得余村在统一规划改造前农居点的分布零散，房屋朝向不一，给道路和供电等基础设施建设造成了困难。

1958 年 1 月经过全国人民代表大会常务委员会表决通过的《中华人民共和国户口登记条例》明确规定："公民由农村迁往城市，必须持有城市劳动部门的录用证明、学校的录取证明或者城市户口登记机关的准予迁入证明。"[1] 这个条例的出现，不仅使城乡间的人口自由迁移几乎被完全堵塞，非由政府安排的农村人口迁入也几乎断绝。根据村民回忆，在 20 世纪 50 年代初，整个余村的人口总数大约在 300 人左右，而至 1978 年余村总人口达到了 1030 人，人口几乎是原来的三倍。导致人口快速增长的原因主要有两个方面：一是新中国成立以后总体稳定的经济社会环境和鼓励生育的国家政策，促使村民生育子女的数量快速增长；二是显著改善的医疗环境和相对充足的粮食供应，明显提高了人均寿命，降低了婴幼儿死亡率。

人口的快速增长，尤其是出生于 20 世纪 50 年代的余村人纷纷成年，原本紧张的山谷耕地资源与农林产品加工生产已经难以满足劳动力增长后的就业需求。得益于 20 世纪 70 年代以后受"文革"影响兴起的社队企业创办高潮，农村出现了大量"五小"企业，其工业生产总值在 1971—1978 年间保持了 27% 的增长率[2]。1974 年以后，余村先后办起了石灰石矿和石灰窑，很大程度上解决了本村富余劳动力的就业问题。受此影响，余村村民日常生产生活的基本组织单位由原来的自

---

① 公安部治安管理局编：《户口管理法律法规规章政策汇编》，北京：中国人民公安大学出版社 2001 年版，第 4 页。

② Christine Wong. Interpreting Rural Industry Growth in the Post－ Mao period. Modern China, 1988, 14(1).

然村（生产队），上升为行政村（生产大队），亲族关系对村民经济社会活动的影响进一步削弱。

二、改革开放后的余村家庭规模

尽管 20 世纪 70 年代初已开始酝酿出台计划生育政策，但直至 80 年代初计划生育政策才在农村地区得到严格执行。1982 年 2 月 9 日，中共中央、国务院发出《关于进一步做好计划生育工作的指示》，指出农村普遍提倡一对夫妇只生育一个孩子，某些确有实际困难要求生二胎的群众，经过审批可以有计划地安排，但不论哪一种情况都不能生三胎。[①] 余村从 20 世纪 80 年代初以来对计划生育工作一直非常重视，连续获得市县乡计划生育部门的嘉奖，几乎从未发生过超生事件。[②]

余村的户籍人口总量自改革开放之初至 21 世纪初一直保持 1030 人左右，直至近年来全面放开"二孩"之后人口才稍有增加，约 1040 余人。结合对改革开放后余村历任村妇女主任的访谈，导致余村户籍人口总量基本稳定的原因有以下三点：

一是严格执行计划生育政策，使得新出生人口数量得到了明显控制。1982 年以前，每年上级都会给余村安排一定的人口生育指标，村妇女主任会根据村庄育龄妇女的实际家庭情况分配生育指标。1982 年以后，计划生育政策日趋收紧，村庄普遍对已生育两个以上孩子的育龄妇女实施结扎。个别家庭中如妻子因各种原因无法实施结扎，也会对丈夫实施结扎手术。对于初孕妇女，如诞下的是男孩，也会立即要求实施结扎；如诞下的是女孩，则可以生育二孩。如被发现违反计划生育政策怀孕，村庄基层组织会及时介入。根据前任村妇女主任回忆，1985 年一支由省政府部门派出的巡查组来到余村暗访，没有发现任何超生情况，余村因此还获得了计划生育工作先进村的荣誉称号。

二是余村开办社队企业后，乡村经济生活水平显著提高，村民尤其是妇女的生育意愿明显下降。继石灰石矿和石灰窑之后，余村在 20 世纪 80 年代又分别开办了水泥厂和砖瓦厂。村庄青壮年劳力无论男女大多在村办企业中上班。尽管在村办企业中就业明显提高了家庭收入，但家庭中妇女的劳动强度不减反增。根据村庄中的妇女回忆，在 20 世纪 80 年代余村普通妇女每天 6 点多钟就要起床，除

---

① 冯立天、马瀛通、冷眸：《50 年来中国生育政策演变之历史轨迹》，《人口与经济》1999 年第 2 期。
② 根据王月仙回忆，访谈时间：2019 年 6 月 22 日，访谈人：王平。

了准备一家的早餐，还要为家中饲养的猪准备饲料。等孩子离家去上学后，自己要到工厂中上班。下午四五点钟下班以后，还要赶紧回家收拾柴火，起锅烧饭。待收拾完家务，安排孩子就寝之后，自己要到晚上10点以后才能休息。由于家中的老人普遍有多个子女，还没有到达上学年龄的孩子就只能由自己负责照看。繁重的工作和家务劳动使余村中一些头胎生育女儿、按照政策还可以生育的育龄妇女也主动放弃了生育二孩。

三是户籍制度改革以后，一定数量的村庄精英和青壮年人口将户籍从余村迁出。在户籍政策放开以前，农村居民只有通过高考、招工、参军提干等少数途径才能将户口从农村迁出。在城乡二元分割相对严苛，城镇户籍相对吃香的时代，有少量人口从余村迁出。1997年，国务院正式批准了《小城镇户籍管理制度改革试点方案》，允许已经在小城镇就业居住并符合一定条件的乡村人口在小城镇办理城镇常住户口。[①] 理论上说，余村居民已经可以通过在附近城镇购置房产，获得城镇户籍。但实际上除了个别为子女在城镇中上学考虑的家庭以外，并没有太多数量的人口因此而将户籍从余村迁出。

尽管从户籍人口来看，目前余村有农户280户，人口1050余人，户均人口3.71人，但受到青壮年人口外出求学就业，以及在周边城镇买房居住的影响，目前余村常住人口中户均家庭人口数量应在2.5人左右。村庄中一半以上的中老年人家庭实际处于"空巢"状态，子女日常并不居住在余村。有一些家庭中的中老年妇女还因为要替城镇中的子女照看孙辈，还会暂时搬至子女家中，只把丈夫留在家中，进一步影响了村庄中的家庭人口规模。

受到生育模式的影响，目前余村青壮年中拥有亲兄弟姐妹的比例已经非常有限，村庄中主要的亲族关系已经退化到堂兄弟或者表姐妹的程度。这使得原本就不强烈的亲族关系弱化为重大节庆或婚丧嫁娶中的亲族互动，而在日常生产生活中的影响进一步缩小。

---

① 张玮：《中国户籍制度改革地方实践的时空演进模式及其启示》，《人口研究》2011年第5期。

第二节　婚嫁、养老与育幼模式

一、扩大的通婚圈与减弱的婚姻稳定性

婚姻意味着男人和女人结合成一个家庭。对成年人而言，这一共同体的影响是最为亲密和重要的，发挥着不可替代的情感、生育、生产、生活等重要功能。在以农业种植为主要劳动行业的时代，以夫妻构成的家庭就成为社会生产的基本单元。而逐渐进入以工业和服务业为主要劳动行业的时代后，横向的夫妻关系也取代了纵向的父子关系成为家庭关系的主轴。[①] 加之快速的人口流动与发达的信息传播，在近 40 年间余村居民家庭婚姻模式的最显著变化主要体现在通婚圈的扩大与婚姻稳定性的减弱两个方面。

受到同姓不婚和近亲不婚的影响，改革开放前余村适龄男女主要在不同自然村之间以及天荒坪镇内相邻的如银坑、横路、大溪村和上墅乡罗村的范围内进行通婚。这些不同家庭之间的联姻固然受到"父母之命，媒妁之言"的影响，主要还是由于社会交往网络局限在周边乡村之中，少有机会走出村庄的青年人无法接触到距离更远的适婚青年。

20 世纪 80、90 年代，余村作为在天荒坪镇乃至安吉县有名的富裕村，优渥的生活条件自然也为吸引来自更远距离的适婚伴侣提供了有利条件。一些到安吉县城里上高中的余村青年，也会因为同学关系接触到更多的同辈异性。因而，这一时期内余村青年男女的婚嫁地域范围较此前有所扩大，但还主要集中在安吉县范围内。但随着限制人口自由流动政策的松动，也有极个别来自外省的青年妇女嫁到余村做媳妇。

进入 21 世纪后，由于余村中原有的矿区和石灰、砖瓦、水泥厂纷纷关停，村中青壮年开始大规模地在外创业就业。1999 年后的大学扩招，也让更多余村的高中毕业生有机会到其他城市中学习深造。因而，在这一阶段余村青年的通婚圈进一步扩大。根据张苗芳的回忆，从她 2011 年开始担任村妇女主任以来，余村大约有 90 位青年结婚。其中，大约 10% 是与省外的对象喜结连理，10% 左右是与浙江其他地市的对象成婚，剩余 80% 的是与湖州范围尤其是安吉县内的对象结为

[①] 阎云翔：《私人生活的变革：一个村庄里的爱情、家庭与亲密关系 1949—1999》，上海：上海书店出版社 2006 年版，第 118–125 页。

夫妇，但像老一辈这样只在天荒坪镇周边通婚的比例大约不会超过 10%。^①很多与老家同在安吉县伴侣结婚的余村青年，选择在安吉县城递铺街道安家落户，形成离村不离县的特殊居住模式。与许多中西部地区不同，改革开放以后余村青年的婚恋交往很少会因为自己家在农村而受到歧视。尤其在最近十年间，余村作为"绿水青山就是金山银山"理念的重要发源地而知名度急剧上升，城乡差异已经基本不构成余村青年男女寻觅伴侣的障碍。

在通婚圈不断扩大的同时，与其他农村地区相似，余村家庭婚姻的稳定性也在下降。根据村中老年人回忆，在改革开放以前，余村几乎没有家庭发生过离婚的情况。20 世纪 80、90 年代，在时任村妇女主任王月仙的记忆中也只有两户家庭因夫妻矛盾而使婚姻走向终结。^②在那个时期，无论起诉离婚还是协议离婚，都首先要经过村基层组织的调解。由于基层妇女组织的及时介入和耐心调解，村庄中许多冲动型离婚就因此被化解。而仅有的两起离婚事件也都发生在 90 年代，其主要原因还是夫妻性格不合以及丈夫的家庭暴力行为。

进入 21 世纪以后，余村居民日常经济和社会活动的开放程度不断提升，人口流动日趋频繁，离婚现象也变得更加普遍。在其他地区农村离婚增多的主要原因是城镇化带来的人口流动。因为丈夫外出打工，妻子在家留守长期两地分居，导致双方感情和生理需求无法得到满足，最终导致离婚。而在余村因夫妻长期分居而导致离婚的案例却相对有限。余村的青壮年夫妇通常一起到外地去经营生意，也很少有把孩子独自留在村中由家中老人照看的情况。即便如此，从 2011 年至 2019 年，在余村有 90 对新人喜结连理的同时，也有 20 对夫妇选择了离婚。根据村妇女干部的分析，目前造成离婚现象增多的主要原因是青年女性主体意识的觉醒。尽管也有个别中老年离婚的案例，但近年来大多数离婚发生在 30 岁左右的新婚新育、结婚时间不足 5 年的青年夫妇家庭之中。

过去农村婚姻相对稳定，家庭相对和谐，是因为在传统时期的婚姻规范中，婚姻的目的是为了实现生产生活合作与生育合作，实现家族共同体的整体利益。个人权利和感情需要在婚姻中没有得到充分强调。正如贝克所说："前工业社会的家庭本质上是工作和经济方面的联系。在家庭中，男人和女人，老人和年轻人都有他们自己的位置和任务。但与此同时，他们的活动要与其他人密切协调，并且

---

① 张苗芳访谈记录，访谈时间：2019 年 6 月 22 日，访谈人：王平。
② 王月仙访谈记录，访谈时间：2019 年 6 月 22 日，访谈人：王平。

必须服从于维持农场或作坊正常运作这样的共同目标……其中并没有给个人爱好、感情和动机留出多少空间。"① 进一步分析近 20 年来余村家庭离婚现象增多的原因，可以从劳动就业更加自由、个体价值不断觉醒、村庄社会控制力有所下降三个方面展开分析。

首先，人口流动和就业途径的扩展，使余村中的家庭不再是最基本的生产单位。过去无论在农业集体化时代，还是村社工业繁荣时期，余村中青壮年夫妇还是需要通过劳动配合共同完成生产工作。而且工作地点基本在村庄附近，基本上没有脱离于家庭与村庄之外的社会交往空间。而进入 21 世纪以后，余村青年妇女随着个人受教育水平的提高，可以在附近县、镇找到与服务业相关的就业岗位，其收入也能满足个人的基本生活需要。脱离于家庭与村庄的就业岗位，基本满足独立生活的劳动收入，使得青年妇女即便在离婚之后也能获得相对稳定的生计来源。

其次，随着人口流动增加和城乡互动频繁，个体逐渐从传统的家庭秩序中脱嵌出来，个体的权利和自由得到尊重和强调，个人主义开始盛行。随着对个人价值与生活机遇的重视，乡村婚姻中的个体越来越多的追求一种脱离于婚姻束缚和家庭义务的男女情感关系，传统婚姻规范对男女双方的情感约束作用越来越小。青年夫妇不再像过去那样以一辈子的眼光去规划未来，履行承诺、相濡以沫，双方都更多从自己的立场出发，追求自由和无拘无束的生活。当婚姻中的双方都以功利的利益计算来衡量婚姻价值时，经济条件、感情危机、婆媳矛盾均可能变成婚姻关系走向终结的理由，价值立场的转变促使婚姻中的双方在面对诱惑时更难坚持婚姻规范。

最后，伴随着人口流动，村庄中原本发挥社会控制功能的道德规范也在发生深刻变化。过去余村中夫妻闹离婚还必须经过基层组织的调解，而现在离婚的条件和程序越来越简化。公共舆论对于离婚双方也更加宽容，不会像传统时代那样对离婚当事人，尤其是对女方"指手画脚"。很多情况下由于青壮年夫妇在外就业，亲属、邻居并没有日常渠道能够了解其婚姻状态的变化。一些离婚案例也会被当事人刻意掩盖为一方外出工作，这样即便事后复婚，在村庄舆论中不会形成太大波澜。公共舆论在影响乡村家庭婚姻关系方面不仅重要性在下降，而且关注

---

① ［德］乌尔里希·贝克、伊丽莎白·贝克－格恩斯海姆：《个体化》，李荣山译，北京：北京大学出版社 2011 年版，第 101 页。

的重点也从夫妻互动行为转向子女抚养和老人赡养等更加现实的问题。

　　类似的变化也发生在余村家庭婚姻关系中丈夫和妻子的角色地位上。按照村中老人的看法，过去妻子在家庭中不仅要承担主要的家务劳动责任，还要负责照顾公婆、抚养子女，为一家人的生计安排精打细算。在余村不同家庭收入大致接近的时代，每家每户的生活是否过得体面，很大程度上取决于主妇的安排。而现在随着妻子在家庭中的地位得到大幅提高，丈夫参与洗衣做饭带孩子等日常家务越来越普遍。为避免家庭婚姻关系的破裂，年轻一代的丈夫们还必须通过感情投入和物质给予不断经营与妻子间的关系。

二、更有保障的晚年生活与社区养老服务

　　伴随着人口老龄化和城镇化过程中青壮年人口流失，农村养老问题已经成为农村日益突出的一项难题。但对余村老年人而言，受到相对优渥的生活环境和完善的公共服务体系的支持，普遍能够享受温馨祥和的老年生活。但在一个社会快速变迁/文化反哺的时代中，老年人在家庭重大决策和乡村公共事务安排中的权威已经大不如前。"尊老"而不"崇老"成为大多数余村家庭代际关系的真实写照。

　　自改革开放以来，受到良好基层治理的带动，余村老年人的生活境况普遍较好，极少出现不孝敬老人、不赡养老人，甚至虐待老人的情况。当出生于20世纪50、60年代的同胞兄弟长大成人以后，难免要分家单过。在兄弟分家过程中，通常会请村干部以及母亲亲族中的娘舅姑父到场，在公平公正的氛围下协商签署分家书。在兄弟分家以后，老人往往会选择在一个儿子的家中居住养老，或者每过几年由其他儿子接走，轮流以尽孝道。在两位高堂都在世时，通常会住在一起接受子女的照顾。但也有极个别家庭中老父亲和老母亲是分别居住在不同儿子家中。在老人身体还健康时，一般都会尽力做一些劳动强度不高的田间劳作和家务劳动，并帮助子女照看孙辈。所以在余村家庭中通常没有赡养费一说，只有当老人年过75岁以上时，才会由不直接照料老人的子女（主要是儿子）分摊老人所需口粮和必要费用。在绝大多数余村家庭中，"家有一老如有一宝"被奉为至理名言。对子女没有尽心赡养老人的行为会受到乡村公共舆论的一致谴责，也会对这户家庭的风评带来不利影响。

　　在这一辈的余村居民中，陈云仙是一位经历坎坷却值得尊敬的普通农家妇女。陈云仙1958年出生，小学学历，20世纪80年代初从浙江东阳嫁到余村，与丈夫

育有一双儿女。夫妻俩勤劳踏实，共同抚育儿女，照顾老人。但天有不测风云，2006 年丈夫被确诊为肝癌晚期，不久便撒手人寰，留给陈云仙自己年迈的母亲和一双儿女。在丈夫过世以后，她一个人独自经营着农家乐，家里家外都是她一个人操持，并且尽心尽力地承担起了照顾婆婆的责任。①在陈云仙和她儿女的悉心照料下，她的婆婆在确诊白血病后生命还坚持了近五年时间。这对于 80 多岁的老人而言已经是生命的奇迹，而创造这一奇迹的正是陈云仙用她单薄的身躯担负起的人间大爱。

陈云仙的事迹并不是个案，余村前任村妇女主任张文学也是一边经营农家乐，一边照顾家里的老人。张文学婆婆的婆婆一直活到 99 岁高龄，去世前两年瘫痪在床，是张文学一把屎一把尿地帮助老人走完人生最后的日子，张文学因此被镇里评为"孝敬之星"。②陈云仙、张文学等先进典型在余村树立了孝顺家中老人的好榜样，受到她们行为的感召，村里其他人家孝敬老人的风气也更好了。

而彻底解决余村老人养老资金来源问题，实现从家庭养老向社会养老过渡的重要契机，是城乡居民养老保险制度的落实普及。从 20 世纪 90 年代起，浙江就开始建立农村社会养老保障制度。1998 年至 1999 年期间，余村首批老年人开始享受到农村社会养老保险金。2009 年浙江在全国率先制定实施了城乡居民社会养老保险制度。2014 年更名为"城乡居民基本养老保险"。③2016 年，通过集体资金的注入，余村实现了村民基本养老保险全覆盖。至此，余村所有达到领取年龄的老年人每月都能从社保部门领到养老金。尽管养老金的数额不算太多，但对于消费需求有限的余村老人而言，已经足够负担日常支出。

目前居住在余村的老人中，高龄老人占较大比例，90 岁以上老人有 4 人，但身体比较健康，基本能够自主照料生活。另有 3 名老人分别因意外摔倒、中风和精神病处于失能半失能状态，日常由家人和子女在家中照顾。为帮助这些失能老人，余村为其安排了包括最低生活保障金、农村居家安养补助、残疾人补助等合计每月 1600 多元的救济金，帮助失能老人解决生活所需。余村老人协会每季度会为村中 200 多名老人组织各类文娱活动，或向老年人介绍余村最新的发展形势与未来发展规划。每月 15 日党群心连心活动还会利用广场边的长廊，为老年人提供

① 余村村民委员会：《2017 年省级文明村复评材料——风尚建设》，2017 年。
② 何建明：《那山，那水》，北京：红旗出版社 2017 年版，第 63 页。
③ 陈野等：《乡村发展：浙江的探索与实践》，北京：中国社会科学出版社 2018 年版，第 276-277 页。

免费理发服务。

目前余村中有一幢由中国电信设立的新农村综合智慧服务中心。该中心位于安吉余村标志性大石笋沿街，场馆分两层，总面积为 260 平方米。场馆功能集智慧助老、智慧党建、智慧旅游于一体，内设有智慧食堂（线上点餐）、天猫小铺、服务办理、余村电视台（党员远教体验）、智慧医疗、休闲阳台等多种服务功能。①该中心也承担着余村居家养老服务中心的作用，为余村老人提供一个智慧、舒适、安逸的小歇之所。该中心聘有两位余村本地青年全职负责服务中心的日常运营，让老人们能够享受视听娱乐、健康测量、智能订餐等多种服务。通过在余村示范点打造样板工程，中国电信希望借助互联网思维，为乡村智慧助老构建新生态体系，并在此基础上进一步探索民生、医疗、家庭、环保等方面的智慧服务方案，为更多余村百姓带来幸福生活。

尽管中国电信开办的综合智慧服务中心拥有非常先进的设备和舒适的环境，但许多余村老人在访谈中反映希望能够另外再开辟一家居家养老服务中心。在他们看来，电信服务中心的设施服务过于"高大上"了。他们现在最主要的需求是能够有一个可以聚会、打牌、娱乐的"平民化"活动场所，以及价格实惠、食品安全的老年食堂。由卸任村老干部组成的村庄议事会也代表余村老年人，多次向村两委提出这一要求。余村村委会近两年也在努力寻找合适场所，尽多种可能为村中老人再开办一家带有老年食堂功能的居家养老服务中心。

三、降低的生育意愿与增加的育儿负担

家庭的生育功能是维持家族绵延传递的基础，也是保障国家人口安全的基石。如前所述，在 20 世纪 80、90 年代余村严格执行计划生育政策，在近 40 年时间内村庄总人口基本维持不变。2013 年 11 月份，十八届三中全会审议通过的《中共中央关于全面深化改革若干重大问题的决定》提出，启动实施一方是独生子女的夫妇可生育两个孩子的政策，开始逐步调整完善生育政策，保障人口长期均衡发展。2015 年 10 月中共十八届五中全会决定：坚持计划生育的基本国策，完善人口发展战略，全面实施一对夫妇可生育两个孩子政策。②然而从"单独二孩"到"全面二孩"，更加宽松的人口政策对于余村人口增长的效果比较有限。2016 年以来余村

---

① 《浙江省委宣传部长朱国贤到湖州安吉参观中国电信智慧党建基地》，湖州市国有资产监督管理委员会（2019年 2 月 21 日），http://zjhzgzw.huzhou.gov.cn/2019/2/21/art_1229207607_54629833.html。

② 于长永、刘二鹏、代志明：《生育公平、人口质量与中国全面鼓励二孩政策》，《人口学刊》2017 年第 3 期。

年净人口增长为 5—6 个，预期无法扭转人口加速老龄化的趋势。

那么究竟是何种因素影响了农村育龄夫妇的二孩生育意愿呢？风笑天通过综述性研究指出，祖辈的育儿支持和较高的家庭收入有助于育龄夫妇作出生育二孩决策，而女性年龄越大，地区经济发展程度越高，则会降低二孩生育意愿。对于农村居民而言，一孩的性别对于生育二孩决策具有影响。①

由于余村近年来新生儿的绝对数量较少，无法采取定量研究方式验证这些影响因素。但根据村妇女主任张苗芳的观察，目前余村育龄夫妇的二胎生育意愿普遍较低。在村里，头胎生育儿子的，目前只有 2 名妇女选择生育二胎；头胎生育女儿的，大约 60% 会选择生育二胎。② 这说明，在"生男孩传宗接代"的传统观念影响下，一胎孩子的性别还是会对生育决策产生显著影响。

影响余村育龄夫妇生育意愿的另一个原因是，工业化和城镇化的早期经历使大多数余村居民摆脱了"多子多福"的传统观念，以更加功利理性的态度看待家庭生育决策。在改革开放初期，由农转工的生活方式转变让出生于 20 世纪 50、60 年代的余村人在致富的同时没有太多时间和精力去照看太多的子女。在计划生育政策和生活方式转变的共同影响下，出生于 20 世纪 80、90 年代的余村青年一代有很大比例是独生子女或者家中只有一个兄弟姐妹。当他们长大成家后无论是他们的父母还是他们本人，都缺乏传统价值的支撑迫使自己作出二孩生育决策。而且目前余村的大多数已婚青壮年都在安吉县城等城镇中居住工作，村庄公共舆论关于生与不生、生几个孩子的议论也很难传递到他们身上。

不断推高的育儿费用支出和家庭时间投入也成为限制余村育龄夫妇生育意愿的重要原因。一方面，当前与育儿相关产品与服务支出不断增加，而且日常照料与发展训练等科学育儿知识也广为传播，由城市文化所主导的育儿观念正逐渐从粗放式养育向精细化培育转变。③ 对于余村年轻一辈的父母而言，无论是在城镇还是在村里，都需要花很大一笔费用购买安全可靠的奶粉食品、育儿器械、玩具书籍等育儿产品，还要给孩子安排幼儿园和各类早期教育培训班。有余村的受访老人反映，她今年 5 周岁的孙女在安吉县城上幼儿园一年要花去 2 万多元的学费，而如果加上参加各种培训班的费用，一年则要超过 5 万多元。

---

① 风笑天：《影响育龄人群二孩生育意愿的真相究竟是什么》，《探索与争鸣》2018 年第 10 期。
② 张苗芳访谈记录，访谈时间：2019 年 6 月 22 日，访谈人：王平。
③ 王平：《婴幼儿抚育精细化推高父职参与门槛》，《中国社会科学报》2018 年 5 月 30 日第 5 版。

另一方面，在子女教育上近乎白热化的竞争，也使许多不愿让孩子"输在起跑线上"的余村家长们不得不花重金在城市中购买学区房，或是送孩子上昂贵的民办学校。通过对余村村民的访谈了解到，按照就近入学的学区安排，余村的孩子会到天荒坪镇上小学和初中。很多余村家长对孩子在天荒坪镇上学接受的教育质量感到担忧。因此，有较大比例的余村家长选择在安吉县城中购买商品房，让孩子在县城中接受义务教育。个别经济实力更为雄厚的余村家长，甚至会把孩子送到杭州去上学。

根据对于不同年龄村民家庭的访谈，余村家庭对于子女教育选择的变化，大致发生在 2010 年前后。在余村小学由于招生数量太少而被撤并之前，村庄中大部分家庭的子女还是选择在村和镇上的小学就读。由于距离较近，也不需要家长刻意接送。但在 2010 年后，由于大部分余村青壮年都选择在安吉县城工作就业，也大多在县城购置了住宅，为孩子在县城中找到合适的学校成为优先考虑。即便有少数青年村民仍未离开余村，有些村民仍然会通过自己驾车接送的方法，把孩子送到县上去就读。笔者观察到，近两年还有几位平时还住在村里的小学阶段儿童，在课余时间被家长送到在村里从事文创工作的大学毕业生家里，接受书法、美术和课业辅导。

在"养儿防老"的观念变得虚无缥缈后，余村年轻一代的夫妻更倾向于为自己而活。如果将生育决策看作是经济投资，当前养育孩子的经济和时间成本越来越高，大多数余村的年轻夫妇不会为了孩子把自己搞得筋疲力尽，迫使自己作出"损己利人"的生育选择。因此，普遍二孩生育政策并不会起到立竿见影提升生育率的效果，余村所面临的人口老龄化等结构性问题也难以得到及时解决，如何努力创造生育友好型社区才是提升年轻一代生育意愿的关键。[①]

第三节　劳动力流动对家庭生活的影响

伴随着城镇化与工业化，劳动力流动对于绝大多数中国乡村来说，是改变其产业结构、治理结构和文化结构的重要动因。但对于余村而言，由于 20 世纪 80、

---

①　宋健：《中国普遍二孩生育的政策环境与政策目标》，《人口与经济》2016 年第 4 期。

90年代村中劳动力主要在村中的矿山和村社工厂中就业，流动到其他地方就业创业的劳动力相对有限。真正意义上，余村大规模的劳动力流动是发生在21世纪之后，尤其是在2003年之后，余村逐渐关停了所有的矿山和水泥厂。在最近20年的时间里，余村的青壮年劳动力大致以出生于1980年前后为分界，形成了两个波次的劳动力流动大军。除了年龄上的差异，这两个波次的劳动力在就业创业选择和居住安排等方面均存在明显差异。

一、第一波次的选择：外出打工与致富返乡

在余村面临重大产业结构调整的时间节点，出生于20世纪50、60、70年代的余村劳动力正好处于人生年富力强的四五十岁当口。在矿山和村社工厂中十几年、二十几年的工作经验已经让他们从放下锄头的农民转变为具有劳动纪律性的工人。他们之中还有一部分精明的劳动者，积攒下了人生的第一桶金，已经开始跃跃欲试做老板，开创属于自己的事业。

当包括竹制品加工厂、羽绒服厂、转椅厂等新一批工厂在余村崛起时，许多富有经验的余村劳动者已经不满足于在这些工厂中从事简单的体力劳动。他们有的选择去安吉县城经营餐厅或者开办商铺，有的选择到县里或者镇上的工业园区从事一些需要更高技术含量和管理经验的生产工作。在21世纪的头十年中，以外贸为导向工业生产和配套产业的快速发展，在带动外出就业创业的余村劳动者收入快速增长的同时，也为他们在更广阔的经营领域中接触多元市场信息提供了绝佳机会。余村外出创业者中最成功者将生意做到了云南、江苏、安徽等省份，尽管有时也难免经历投资失败或交易陷阱。但无论是成为坐拥千万的富豪，还是辛苦存下几十万的小康之家，生活机遇的分化并没有改变他们之中大部分人作出回到余村的选择。即便已经在安吉县城或者其他城市置办了房产，余村日趋改善的人居环境和公共服务设施，以及叶落归根的想法，都是促使他们返回余村的主要原因。

由于这部分劳动者外出就业创业时，大多已经结婚成家，而且工作地点大多集中在安吉县内，劳动力流动对于日常家庭生活的影响相对有限。如前所述，这一波次的余村外出劳动者大多是夫妇共同打拼。除了因为工作压力或生活处境问题夫妻会发生一些争执，很少会因夫妻长期分居而产生严重的家庭问题。而家中如果还有需要赡养的老人，不超过20公里的路程能让外出工作的劳动者至少能在

周末返回家中。即便出现突发状况，借助越来越发达的通讯和交通工具，外出的劳动者还比较"叫得应"。

二、第二波次的选择：在更广阔的空间寻求自我发展

出生于 20 世纪 80、90 年代的余村年轻一辈，由于年龄的关系基本上没有在余村矿山和村社工厂中工作的经历。而大学扩招政策也让他们有比前辈们更多的机会接受本专科教育。在杭州、上海等大城市高校中求学的经历，不仅让他们拥有更加良好的知识技能素养，也让他们与来自不同地区的同学们一起，更近距离地感受和把握大城市中经济社会生活的脉动。在完成高等教育之后，他们之中的大部分的第一选择是在就读大学所在城市就业。即便返回湖州安吉，他们也更倾向于通过参加公务员或者事业单位入职考试，在县城中谋得相对稳定的职位。

尽管没有完整的统计，但根据村民委员会工作人员的估计，目前大约 45% 的余村家庭在安吉县城购买了商品房，而且居住在这些商品房中的大多数是余村第二波次的外出劳动者。[①] 在他们为自己设计的人生轨迹中，在城里找到一份稳定的工作，结婚成家、生儿育女，让自己的孩子能够在城里接受更好的教育，似乎都成了人生的必选题。即便年幼的孩子需要家人照料，他们也更倾向于把住在余村的父母亲接到城里，而不是把孩子送到余村，让父母代为照看。

如果说余村第一波次的外出劳动者像放飞出去的风筝一样，终究还是会返回原点；那么第二波次的外出劳动者就像卫星一样，在运载火箭的强大助推下进入了属于自己的轨道。通过对有过外出求学就业经历余村青年一代的访谈，就业机会、生活方式和公共服务水平差异是导致大多数青年不选择返回余村工作生活的原因。

首先，周边杭嘉湖平原属于长三角经济带中非常有活力的地区。无论是传统的加工制造业，还是新兴的高科技产业和现代服务业都在源源不断地吸纳来自各地的青年劳动力。余村青年基本上不用到省外，就能找到相对称心如意的工作。而在余村即便近年来乡村旅游文创产业有很大发展，但一家一户经营的农家乐并不能让青年人看到足够的职业发展潜力。而求稳的心态，让许多余村青年人宁愿在安吉县城中每月赚六七千元的工薪收入，也不愿意冒风险投入本村的旅游文创和生态农业创业之中。

---

① 胡青宇访谈记录，访谈时间：2019 年 6 月 21 日，访谈人：王平。

其次，虽然近年来余村各项硬件设施条件有了很大改善，但余村毕竟是一个乡村，难以为青年人提供像城里那样丰富精彩的业余休闲文化生活。余村的白天热闹非凡，每天都有近万名游客来此参观；但余村的夜晚却寂寞清冷。选择留在余村中居住工作的几个年轻人，到了晚上时常聚在一起喝茶聊天、"抱团取暖"，共同打发乡村中的寂寞时光。

最后，人口聚集的规模效应使得乡村各项公共服务即便有所提升，可服务质量与城市相比还是有很大差距。前面提到过，年轻一代的余村夫妇相较于他们的父辈，有能力也有意愿为自己的子女提供更好的教育机会。而最近十几年来日趋激烈的教育竞争，使得中心城区优质学校与城郊和乡村中薄弱学校的教育资源差距在不断拉大。同时，校外教育也在发挥着更加重要的"影子教育"职能。学科补习、艺术培训、特长发展等专业化、高质量的校外教育资源也基本集中在大城市之中。考虑到让子女"上好学"，许多余村青年放弃了回余村生活工作的想法。

虽然第二波次的外出劳动力流动仍大多集中在省内各大中城市中，留在安吉县城的也不在少数，但其对于余村家庭生活的影响却是非常深远的。余村目前正处于乡村旅游与文创产业升级、实现高质量发展的关键时期，迫切需要吸引有知识、有理想、有眼界的年轻一代余村人投身其中。若不能较大改变青年人不想回村、不愿回村的趋势，余村本地的产业升级必然会遭遇极大困境。而余村大量青壮年永久性的流出，也必然进一步加剧余村因人口老龄化导致的各种问题。需要高度警惕，当出生于20世纪五六十年代、目前还在村庄产业发展和基层治理中挑大梁的余村中年人纷纷老去之后，无论他们是选择去城里投靠子女，还是选择在余村孤独终老，人口空心化的危机将严重动摇余村的家庭生活和社区发展。

第二章　余村民间的社会交往

随着人民公社体制的终结，以及村庄集体经济逐渐式微，余村民间的社会交往也发生了很大变化。进入市场经济时代，余村民间的社会交往呈现出多元化特点。

第一节　集体经济时代的村民自组织

一、农业合作生产体制下的业缘交往

从 1959 年后，中国农村地区在相当长的一个时期内实行的是人民公社管理体制。其生产资料所有制形式是按照"三级所有、队为基础"原则进行安排的。所谓"三级所有"，是指生产资料和产品分别归公社、生产大队和生产队三级所有；"队为基础"，是指在人民公社的三级集体所有制中，生产队一级是基本核算单位。尽管对于"队"究竟是指生产大队还是指生产队在中央层面政策曾经有过反复，但毛泽东在河北地区出现的"大包干"的启发下，将基本核算单位下沉到生产队，并且认为生产队是农村保障公有制生产的最后界限。[①] 对余村而言，生产大队就是目前以行政村为单位的余村，生产队则是冷水洞、赵家堂、大坦、周家、叶家堂、桥中、桥头等 8 个自然村为基础的村民小组。尽管农村人民公社制度到 1984 年就彻底终止了，但由于余村的矿山和企业一直到 90 年代仍保持集体经济经营状态，因此讨论集体经济时代的村民组织其时间节点还要稍晚于 1984 年。

在 20 世纪 70 年代末之前，余村生产大队和各生产队在村民日常生产生活中

[①] 刘德军：《论农村人民公社基本所有制形式确立的原因——兼论毛泽东与"三级所有、队为基础"确立的关系》，《湖南行政学院学报》2009 年第 6 期。

拥有很强的权威。生产大队的干部负责将县、乡下达的政策贯彻到本大队的年度工作计划之中，而生产队的队长则对劳动计分、任务安排、生产资料分配等更为日常的活动拥有控制权和影响力。在"农业学大寨"的岁月里，老一代村大队干部带领余村人没日没夜地扒竹林、种水稻、栽茶树、养蚕桑。虽然没能让村里人过上富裕的生活，但余村村民对于大队干部热切想把余村百姓生活发展好的愿望还是服气和满意的。生产大队还会结合不同节庆和重要事件，组织形式多样、内容生动的大队集体活动，让这个深山中的小村生活也保持着热热闹闹。另一方面，由于余村在解放前村庄内的阶级矛盾冲突相对缓和，历次政治运动没有对村内居民间的交往带来较为深刻的负面影响。

由于农业劳动还是以生产队为基本生产单位，那时候余村村民的人际交往主要集中在生产队之中。由于地处山谷之中，除了少部分可以用于耕作的土地，村民还要将大量的劳动力投入在山林开发之中。这不仅使得用工分来计算每个村民的劳动投入变得非常复杂，也客观上促进了村民必须在劳动生产活动中进行更加频繁的合作。每个生产队中的不同类型的劳动力相互比较熟悉，且在日常的劳动和生活中有许多的交集，因此绝大多数老一辈村民至今仍保持着良好的友谊。另一方面，宗族的力量在每个自然村中都不显著，除了一些村民因为长辈之间相互通婚而具有的辈分关系，大多数村民仍然按照年纪大小以长辈为重、以义务为重的伦理进行人际间和家庭间的交往。按照村庄中老人的回忆，那时候余村各个自然村中村民之间的人情关系都保持得很好，邻里之间经常互通有无、相互帮忙。遇到有村民家里操办红白喜事，或者新建房屋，同一个生产队里的成员一般都要到场。既要出工出力帮忙干活，也要按照大致相同的数额送出礼金。当余村中的青壮年劳动力被集中抽调到乡上参加大型农田水利设施建设，还留在村里未被抽调的青壮年就会主动帮助同一生产队的社员家庭从事重体力劳动。

二、集体开矿劳动分工带来人群分化

1974年余村在冷水洞办起了第一个石灰石矿后，并且陆续造起三座石灰窑烧石灰后，余村村民原来以生产队为范围的交往空间有了明显扩大。在余村内，来自各个自然村的劳动力都集中到矿山挖掘、石灰生产和产品原料运输中。年龄相仿、意气相投的余村人在不同生产队里有了熟悉的至交好友。在余村外，来自周边相邻村庄的乡民也来到这些厂矿中工作，进一步扩大了余村人的社会交往范围。

赚到钱的余村村民也更舍得在宴请亲朋好友和外出游玩上花钱，去安吉县城里吃馆子、看电影也成了一些年轻人结伴出游的新内容。

等到20世纪80年代余村开始建起水泥厂后，如何让生产的原料、器械和产品在尚不稳定的市场中得到流转，也迫使余村培养了一批能说会道、善于与人打交道的"供销员"人才。他们之中的不少人借助自己走南闯北锻炼出来的开阔眼光，及时抓住了改革开放初期市场经济快速发展中的各种致富机遇。而主要村干部过硬的政治作风和一心为民的信仰操守，也让逐渐富起来的余村人没有在膨胀中迷失自我，保持了艰苦朴素的本色。

根据一位曾经担任过余村水泥厂供销员的受访人回忆，20世纪80年代时他曾经几次陪同当时的村主任陈其新到杭州钢铁厂联系接洽业务，希望获得钢铁厂高炉废弃下来的耐火砖。老村主任为了节省支出，每次总是天还不亮就坐第一班长途汽车到当时位于杭州武林门的长途汽车站，然后徒步走近10公里的路程到杭州钢铁厂。等到谈好业务之后再走10公里返回长途汽车站，尽可能争取当天返回安吉。其实那时候余村的运输队已经拥有几辆卡车，但村干部不会把集体的资源用到个人身上。而这种一心为公的品质也感召了村里其他干部，促成了余村形成有凝聚力和战斗力的领导集体。

但从客观上来讲，由于个人技能和机遇的差异，余村居民内部的交际方式和人情网络已经出现了分化。对于少部分担任着管理、核算和营销等特殊岗位的村民来说，不仅其技能要求和劳动方式发生了很大变化，其生活方式和社会交往网络也发生了转变。对那些走南闯北、见多识广的村民来说，与本村居民的社会交往对其经济和社会地位的提升只产生次要作用。当少部分"脑子灵活"的村民利用市场机遇在村外赚得令同村居民羡慕的财富时，大多数村民还只是通过参加矿场生产或从事运输赚得小康有余、致富不足的收入。这一分化过程不仅体现在出生于20世纪50—60年代的余村村民中，也对他们后辈未来的人生发展路径产生了潜移默化的影响。

第二节　市场经济时代的村民交往

一、劳动力流动与个体化过程的影响

随着人民公社体制的终结，以及村庄集体经济逐渐式微，基层村委会不再强有力地控制和影响村民日常生产生活。原本起到联结国家政府与村民个人日常生活的纽带作用也面临中断，余村村委会很难有权力和资源切实解决余村群众面临的问题、风险和需求。特别在"中断"的起始阶段，即20世纪90年代至21世纪初期，村民个人与公共组织之间的断裂逐渐扩大，市场经济成了影响村民个人日常生活的主要因素。

在20世纪90年代以后，余村的村办产业逐渐被村庄中少数"能人"承包经营，村民之间在劳动生产过程中的分化变得更加明显。当每一个村民家庭的生活机遇与集体产业经营的好坏愈发脱离之后，村民更多关注如何在市场条件中寻找机遇，发家致富。个体化的过程不仅体现在村民日常生活交往变得疏离上，也体现在农居房的建造和翻新过程中。

在20世纪80年代，受到村庄整体规划的影响，余村居民在大致相近几年间，在规划后的宅基地上建起了砖木或者砖混的农居房。这些房屋风格大体统一，功能也较为完善，代表了当时农村建筑的较高水平。但在此后的30多年时间里，由于村民家庭收入的分化，以及近年来余村文化旅游产业发展带来的影响，大致有七八成的农居房进行了翻建、改建，但也有两成左右的农居房仍然是当初建成时的样貌。在为了接待旅游游客而进行新建、改建的农家乐和民宿房屋之外，余村内也持续有个别造型豪华、装饰富丽的别墅型房屋在建造过程当中。除了极少量余村家庭整体外迁到城市中居住而将村中农居房废弃外，村庄中不同风格、样貌和档次的住宅也折射出居民生活水平的分化。

在另一个层面，费孝通先生所提出的乡村传统社会中的"差序格局"，其社会文化制度基础是依赖于一系列的伦理规范、资源配置、奖惩机制以及社会流动等才能持续发挥作用。[1] 但伴随着乡土社会的发展变迁，差序格局的解释力也逐步衰减。理性化或者工具化的差序格局使得血缘关系的亲疏远近已经不是决定人际

---

[1]　阎云翔：《差序格局与中国文化的等级观》，《社会学研究》2006年第4期。

交往中亲疏远近的核心元素，利益和感情等元素的作用日益提升。[1]其直接影响是乡村中的人际关系不再是传统社会那种让对方亏欠自己、以图报恩的心态，也不再是从邻里家族数辈交往的长远视角来经营彼此关系，而是更多按照功利性交换性的原则，追求短期的交换平等。

笔者通过数次驻村调查注意到，在余村居民中，不仅像堂兄弟、表姐妹这种扩大家庭的亲属关系不会对村民生产生活决策带来重大影响，即便是亲兄弟在分家之后也少有特别紧密的经济往来。在与村中老人的访谈中，有不少人发出类似的感叹，亲戚之间的情感联系变得像城里人那样淡漠了。这既是市场经济条件下以核心家庭作为基本生产单位产生的间接影响，也是乡村社会在共同体归属感丧失之后，个体与亲属网络权利边界重新调整，社会风险独自承受、生活世界意义分化的后果。[2]

二、劳动雇佣和乡村礼俗中的村民互动

在余村村民的日常生活中，最明显反映这一人际交往变化的是村民间的雇佣关系，婚丧嫁娶中的收受礼金行为以及邻里之间互动关系上。

近年来，随着余村乡村旅游事业的快速发展。无论是开办农家乐，还是经营漂流、生态休闲农业等旅游项目，仅依靠核心家庭的人力是远远不够的，都必须雇佣劳力保障项目的正常运行。不同于城镇或者热门的乡村旅游景区，其雇佣对象还是以留在村中的中年劳动力为主。尽管雇主与雇员相互之间还保持着相对亲密的邻里关系，但实质上的阶层分化导致两者间的互动关系更多是劳动力市场中的供给需求关系。雇主会在参考区域内劳动力市场中相似劳动者薪资行价的基础上，根据受雇者的劳动内容、技能水平以及尽职程度给予相应的报酬。而与受雇者间是否沾亲带故并不会成为影响雇佣关系的决定性因素。

而在村民家中的红白喜事中，除了亲朋好友，居住在同一个自然村中邻里大多还是会出席参加。不同于人民公社时期，生产组内几乎全员到场，目前余村中操办葬礼白事，同一村民小组中大约90%的家庭会派人参加；操办婚嫁红事，同一村民小组中大约70%的家庭会派人参加。[3]而每户赠送的礼金，在同一自然村

---

① 杨善华、侯红蕊：《血缘、姻缘、亲情与利益——现阶段中国农村社会中"差序格局"的"理性化"趋势》，《宁夏社会科学》1999年第6期。
② 张良：《现代化进程中的个体化与乡村社会重建》，《浙江社会科学》2013年第3期。
③ 李熙庭访谈记录，访谈时间：2019年6月23日，访谈人：王平。

中的标准大致是相同的。根据村中的老人回忆，目前同一村民小组的余村居民参加对方婚礼给予礼金的标准基本是 800 元起步，在 2000 年左右这一标准是 500 元起步，而在改革开放的最初几年这一标准是 6 元起步。比较村民当前的收入水平，礼金标准的提高程度并未超过收入增长程度。而同一村民小组中，如果有家庭成员生病住院，前往医院进行看望慰问的村民通常也会赠送 300—500 元不等的礼金。而按照余村的规矩，病人家属还要回赠价值 100 元左右的礼包。可以说在红白喜事中礼金的功能已经从村民间的短期互助，转变了仪式化的程序。在可计算、可预期的利益交换中，基本形成以核心家庭为边界的人际互动格局。

在邻里互动中，守望相助、互相帮忙仍是余村相邻居民日常交往的普遍写照。但随着乡村旅游在余村本地经济中占有越来越重要的地位，邻里之间却因土地和空间使用权的争议引发更多的矛盾。一是余村中农家乐的快速发展，使一些经营大户存在较强的利益动机购买或者侵占周边相邻村民的自留地和村庄道路公共空间。这一问题在余村土地还未因旅游产业带动而价值提升时，利益受损的一方大多选择隐忍，邻里间矛盾尚不突出。但近几年随着余村旅游业的发展，村民普遍感知到土地价值在不断提高，因此而产生的纠纷也日趋增加。二是目前余村旅游业的发展主要还是给宅基地靠近村庄主要道路前几排的村民提供了从事旅游相关行业的机遇，而靠近山脚的村民住宅即便相隔不到百米，其空间价值也大打折扣。这在乡村微观环境中又对邻里间交往增加了利益分配障碍。

为了应对这些变化，近年来余村的基层组织通过制定出台移风易俗、倡导文明新风尚的村规民约，完善村民自治与议事协商的制度，健全村民矛盾纠纷调解的组织体系，增强了道德规范和法律法规对于村民日常生活的行为引导作用，把乡村治理能力提升贯穿于社区自治、法治、德治和服务群众全过程。这些努力为余村村民形成开放包容、和谐友善的家园生活氛围，化解利益至上和个人中心主义的负面影响发挥了很大效果。

第三节　村民与外来流动人口的社会交往

在余村的发展历史中，外来流动人口是一支不能被遗忘的特殊人群。按照其劳动就业的基本模式，大致可以划分为三个阶段。

一、集体经营时代的周边劳动力

第一个阶段在 20 世纪 80、90 年代，在余村的矿山和水泥厂中大约有 10% 的劳动力是来自于余村以外。这几十个劳动力主要来自周边乡村，其中不少人还与余村村民沾亲带故，也和余村的劳动者拿着相同的薪水。除了极少数人会借住在余村村民家中，他们之中大多数人晚上都会返回自己家中休息。由于语言相通、文化相近，余村村民与这些外来劳动者的社会交往，基本与本村村民之间没有任何差别。直到 20 世纪 90 年代中后期，余村的矿山和水泥厂中才出现个别来自省外的外来劳动者。

二、村庄手工业中的外省劳动力

第二个阶段在 20 世纪初期，随着余村矿山和水泥厂的纷纷关停，以竹筷加工、竹凉席、转椅、羽绒服生产为代表的中小规模工厂的兴起，余村的外来流动人口逐渐由外省的劳动力所替代。其中，以来自安徽的驾驶员和来自于云贵川省份的手工劳动从业者为主。根据余村流动人口管理登记资料，在 2010 年前后的高峰期，常住余村的外来务工人员超过 300 人。这些工人大多以家庭为单位，全家到余村来打工赚钱。由于通常采取计件工资制，这些外来务工人员每天通常要工作 12 小时以上，但每月七八千元的可观收入也使他们甘愿在余村这样的小村里工作，而不是到城镇从事其他行业。

如此庞大数量的外来务工人员在村中工作生活，势必与余村村民发生较多互动。这些外来务工人员大多住在由企业主自建的职工宿舍中，也有少部分租用村民的闲置房屋居住。在一些村民的回忆中，这些外来务工人员通常会到邻村的菜场中购买食材，自己加工烹饪。由于云、贵、川的口味普遍偏辣，外来务工人员通常很少在村民开办的餐馆用餐。但村中供应稀饭包子的早餐铺却很受他们欢迎。在那个时候余村中已经有不少青壮年劳力外出就业创业，这些来自外省的外来务工人员实际上为余村带来了不少热闹与生气。余村村民普遍与他们相处得较为融洽。

作为他们的雇主，余村本地的工厂老板们对这些外省的工人评价也比较好。在访谈中，一些曾经是工厂老板的村民提道：之所以更愿意雇佣以家庭为单位来工作的工人，是因为他们通常就业更加稳定，也愿意为家人努力赚钱，较少惹麻烦。大多数流动人口家庭还会将未成年的子女带在身边，把他们送到天荒坪镇上的学校上学。为了避免因工伤事故造成纠纷，余村还为每位外来务工者缴纳了工伤保险费。

三、乡村文化旅游中的外来游客

第三个阶段在最近的 5 年，随着余村开发全域旅游、保护生态资源的力度不断提升，余村中原有的各类加工厂纷纷关闭或迁至附近的工业园区。而过去规模庞大的外来务工人员也都离开了余村，到其他地方去求职发展。目前在余村中，除了个别在"大年初一"景区工作的外来务工人员借住在余村村民家中，以及参与"年年有余"研学中心项目的建筑工人暂时在余村中工作，构成余村最大外来人口群体的就是络绎不绝的农家乐旅客。

现在，每天有逾万名游客到余村来参观，但晚上居住在余村农家乐中的游客数量平均在数百人左右。这些游客或举家驾车来到余村度周末，或是大城市里的退休老人乘坐公共交通工具前来休闲放松。尽管这两年余村村民也陆续开办几家高品质民宿，但大多数住在余村的游客其人均日消费支出不到 200 元。作为高流动性的特殊外来人群，他们在为农家乐经营者带来收入的同时，也会与余村村民产生大量的日常互动。在个别游客的眼光中，余村不过是普通的乡下村落，会不自觉地做一些诸如乱丢垃圾、随地吐痰、大声喧哗、在水库钓鱼、纵容孩子乱涂乱画等不文明行为。某些游客还以自己城里人的身份，对村民颐指气使，缺乏尊重，难免会引起余村居民的不满。但也有一些素质较高的游客，在农家乐休闲度假时，能像在自己家里一样，爱惜设施、保持环境整洁。余村村民在与他们的交流中不仅增长了见识，也能真正感受到平等与尊重。

经历了"卖石头""卖产品"，再到现在"卖风景""卖文化"的余村人，正在以更加开放包容的心态迎接来自国内外的游客。在与余村村民的接触中，人们能够真实感受到余村作为一个特殊的乡村共同体，正在从文化自觉走向文化自信，构建着属于余村人和更多向往山水的游客共同的桃源之梦。

第三章　绿色发展给余村生活带来的变化

> 矿山经济发展使余村村民生活条件大为改善，但随之而来的是水源与空气的严重污染。转型绿色发展不仅营造了良好的生态环境，同时掀开了余村村民生活样貌的新篇章。

第一节　矿山经济时期村民的生活状态

一、开矿建厂带来的生活条件改善

受制于有限的土地资源和偏狭的区位条件，余村在农业集体化时代并未完全摆脱贫困的生活。当时余村村干部在"以粮为纲"保障粮食产量的前提下，带领村民伐毛竹、种茶树、养桑蚕，虽然把工作搞得风生水起，但村民的生活水平却未有很大提高。

从 20 世纪 70 年代开始，余村为了解决温饱问题，就地取材，开山取石办石灰窑，用石灰渣制作砖头，开办砖瓦厂。80 年代以后又炸山毁林开矿，办水泥厂。产自余村的建筑材料极大地支持了改革开放后长三角地区的城市建设与经济发展。在"开山办厂"后，余村村民也实实在在地感受到了生活条件改善带来的各种福利。全村 280 户中有一半以上的家庭有劳动力在矿区务工，村民为运输石料购置的手扶拖拉机多达数百辆。[1] 余村迅速成为安吉全县有名的"首富村"。

在集体经济的发展带动下，余村先是修成了冷水洞水库，极大改善了村庄居民的生活和农业用水条件。然后大力改进村庄基础设施，修建了宽阔的水泥马路，让农村成为安吉第一个"电话村""电视村"。余村村干部在参考省内外先进典型

---

① 尹怀斌：《从"余村现象"看"两山"重要思想及其实践》，《自然辩证法研究》2017 年第 7 期。

村落发展经验的基础上，在 1984 年为余村村落空间发展布局进行了规划。村民纷纷在新规划的住宅用地上建起漂亮、实用、美观的二层独栋小楼。当时在余村矿山和工厂中工作的村民每月都能领到几十元的工资，几乎是同时期城里国营工厂工人收入的两三倍。

根据村民的回忆，在 20 世纪 80 年代初余村居民不仅家家户户用上了自来水、通上了电，家中的家具电器也比肩城市居民。不仅有像收音机、录音机、电视机等当时城里人家庭也少有的电器，还很早就配置了缝纫机、洗衣机、电冰箱等，方便了家务劳动。少数家庭还配置了液化石油气瓶，改变了过去土灶以木材和煤块为能源的厨房用火方式。村民个人也几乎每人都配置了自动手表，自行车也相当普及，当时村里一些年轻人还购买了两轮摩托车，更加映衬了余村的繁荣富足。

在休闲方式上，由于手中有不少余钱，当时大多数年轻村民都会在工作之余，去天荒坪镇上游玩。根据村民回忆，那时天荒坪镇上比现在人气更旺，不仅有餐馆和商店，还有不少新奇的娱乐设施。少数经济条件更好的年轻村民，还会到安吉县城或者省城杭州去游玩见世面。根据一名余村最早发家致富的村民回忆，20 世纪 80 年代初的时候，他父亲还曾经一次给他 10 元钱让他出去玩。他就叫上村里的几位好友一起坐汽车去安吉县城，不仅请大家在城里餐馆吃饭，还看了一场电影，结果晚上回到家 10 元钱还没用完。这是当时绝大多数农村青年可望却不可得的经历。

二、生产中的巨大风险与环境污染

由挖矿开厂带来的富裕并没有使余村居民获得真正的幸福感。根据村民们的回忆："那时我们靠山吃山，开矿挣钱，结果开山炸死人、石头压死人的事经常发生。活着的人，整天生活在天地弥漫的石灰与烟雾当中，出门要系毛巾，口罩根本不顶用。家里的窗户要安几层，即使这样，一天还要扫地、擦桌两三回。"[①]

先说矿山和水泥厂的工作存在重大安全生产风险。根据余村老人的回忆，当时矿山点炮工是最危险的职业。不仅安装炸药的过程充满危险，而且一旦炸药点火未能发生爆炸，点炮工还要循原路返回检查哑炮。但在矿山上工作面临生死考验的又何止点炮工？在石矿点炮炸山取石的过程中，经常会发生不在爆炸点的山体岩石也倾泻而下，导致在附近躲避的矿工被砸死砸伤。据一名当时在矿山开拖

---

① 何建明：《那山，那水》，北京：红旗出版社 2017 年版，第 26 页。

拉机运输石料的村民回忆说：有一次一块半个磨盘大的岩石砸到他的拖拉机上。拖拉机坏了不说，要是当时被砸到的是他自己，估计已经早见阎王爷了。而在水泥厂工作也面临着严重的尘肺病威胁，在车间中从事生产的工人通常要带两层以上的口罩和护目镜，但即便是这样也不能挡住无孔不入的粉尘。特别是在水泥厂工作的青壮年工人，由于不重视防护，不到两三年就患上了严重的尘肺病，再也无法从事重体力劳动。

再说矿山和工厂给余村整体环境带来的污染。由开矿办厂所产生的大量粉尘，不仅严重污染了附近的山林、农田和水源，还让原本地处青山绿水之间的余村蒙上了挥之不去的"灰色"。有人戏称当时余村搞的是"灰色经济"，不仅山林里的竹叶被染成了灰色，村民的墙壁瓦片上集满灰色的灰尘，运输石料水泥的大车从村庄大路上开过还会激起一阵烟尘。那时来自冷水洞水库的溪水都呈现浑浊的白色，再加上下游工厂的排污影响，真正变成了鱼虾绝迹、臭气熏天。村民们不得不以引自村外的自来水以及从隆庆庵方向流下来的溪水作为生活水源。

第二节　坚持绿色发展，营造别样魅力家园

一、乡村轻工业与异地城镇化的局限

要让绿水青山真正变成金山银山绝非一朝一夕之功。就在矿山、石灰窑、水泥厂纷纷关停前后，勤劳的余村人又把致富梦想放到开办各类地方特色产品加工厂上。从最简单的竹筷，到复杂一些的竹凉席，卖竹制品成为余村中大大小小十几家家庭作坊快速上马、弥补产业转型空档的选择。放眼整个安吉，时至今日特色竹制品仍是当地工业的重要支柱。但仅对山中富余的竹资源进行简单加工，生产低附加值的工业产品，当真体现了余村环境逐渐改善后绿水青山的真正价值了吗？答案显然是否定的。

从劳动形式来看，发展乡村轻工业除了使少数有头脑、会经营的乡村精英能够自己当老板，通过雇佣外来劳动力来积累家庭财富，大多数村民实际脱离于乡村手工业之外，只有通过其他渠道来解决就业。在 2000 年前后，有较大数量的余村青壮年劳动力选择到城镇求职经商。在访谈中，不少出生于 20 世纪 60、70 年

代的余村村民在那个时期或是选择到安吉县里的私营企业工作，或者是到安吉县城里开餐馆、开商铺。他们之中一些经营成功者就此迁出了余村，在县城里安家，实现了异地城镇化。

但发展乡村轻工业与劳动力的异地城镇化并不能给余村村民带来共富的新生活。一方面，在余村发展竹制品加工产业并不具备明显的比较优势，不但大多数村民无法从产业中直接获益，而且生产加工产生的废水和废渣依旧对乡村生态环境带来威胁；另一方面，异地城镇化相当于永久性地从乡村抽走最具创造才能的青壮年劳动力，进一步加速了乡村机体的枯萎衰败。因此，余村迫切需要找到适应余村特色、就地解决青壮年劳动力就业的可持续、高质量发展路径。

二、绿色发展营造别样魅力家园

那么如何才能让绿水青山真正发挥出生计、生活、生态价值呢？其实余村人很早就开始探索通过发展"卖风景"的旅游产业，带动优美的生态环境变现。早在20世纪90年代末就利用村集体资产投资重建隆庆庵，并希望借助外来资本在大坦自然村向北至隆庆庵的沿线开发荷花山特色旅游项目。但因为各种原因，该项目未能最终打开旅游市场。

反而是从21世纪第一个十年中后期开始，余村人才慢慢开始摸透乡村旅游产业的门道，掀开了余村村民生活样貌的新篇章。农家乐、民宿和旅游项目的开发，不仅有乡村产业发展的经济理性，也反映了不同年龄余村人为营造具有别样魅力家园的不懈努力。在对余村各具特色的创业典型进行访谈之后，笔者总结出以出生于20世纪70、80年代为主力的余村本土创业创新者大多具有以下三方面的特征，同时这些特征也很大程度上再造了当前余村村民的生活样貌。

第一，新一代创业者拥有宽阔的市场眼界和丰富的经营经验，能够更深入地挖掘余村生产生活中的独特魅力。无论是农家乐民宿的带头人，还是乡村旅游的先行者，抑或是乡村文创产品的深耕者，余村的本土创业者们更加了解余村的这方山水能够有何种有别于其他地方的特色，并将其转化为持久吸引外来游客的别样精彩。而在不同领域中创业经营的丰富经验，也让他们的创业项目融合了创意卖点与可操作性，有更大概率成长为持久运作的营利模式。

对于已然有大量青壮年外迁去城镇定居工作的余村来说，这些稳健的创业者为激发同龄人乃至更年轻一辈余村人返乡创业提供了正面榜样，为乡村人才振兴撑开了希望之门。受到他们的感召，已经有更年轻的余村人放下了在城镇中的工作，选择返回家乡耕耘新的创业机会。

第二，新一代创业者不仅充分借助余村的知名度，还主动探索在发展机遇期助推余村发展迈上新台阶的有效途径。随着"绿水青山就是金山银山"理念在党的十八大以后逐渐上升为生态文明建设的重要指导思想，来自全国各地的基层干部和群众都有较强烈的意愿来到余村亲眼见证重要历史场景，借鉴余村在践行"绿水青山就是金山银山"理念方面的经验智慧。受此影响，近年来安吉文旅集团等大型企业纷纷到余村来投资新建旅游服务基础设施、景点和场馆。余村处于乡村文化旅游产业起飞的关键窗口期。余村的创业者们自觉地转变过去单门独户搞经营的创业思路，通过调整自身创业方向，适应余村未来乡村文化旅游发展的整体格局。一些创业者还主动参与到余村文化旅游产业发展规划的设计和论证之中，以自己的创意和眼光为探索最具余村乡情特色的文化旅游内核献计献策。

由外来企业投资新建的大型项目，以及本地创业者填补增殖形成的创业项目，为余村本地构建品牌价值鲜明、配套服务完善的文化旅游生态奠定基础。这一蓄势待发的产业转型，不仅为余村带来了新的就业、创业机会，更是从外部激发村民对本乡本土生活方式的再认知。村民更加自觉地遵守由村两委所提倡的乡村文明新风尚，也更加热情地建设自己家园和周边的生活天地。近两三年来在余村村民住宅的房前屋后，可以看到更精致美丽的绿植盆景、更舒适敞亮的休闲桌椅，听到更明朗开怀的虫鸣鸟语。正是这些更具生活意趣的乡村田舍风情，弥补了大型旅游项目开发产生千篇一律、空洞乏味、有形无实的虚假乡村生活体验。

第三，新一代创业者具有鲜明的共富情怀，愿意为建设余村人共同的美好家园贡献力量。许多余村创业者在访谈中说道：一家一户的富裕不是富裕，只有让村庄中的村民都能分享产业发展带来的红利才是真正的富裕。一些创业者主动与周边村民合作，实现旅游产业链中的组团式经营和上下游产业链合作开发；一些创业者主动与村民分享创业经验，指导创业项目；一些创业者主动招募村庄中具有一定劳动能力的中老年村民，为他们提供具有一定福利性质的工作岗位。在当前游客仍集中停留在村庄主干道附近的情况下，创业者们都在思考，如何将旺盛的游客流量引入到村庄的深处来，为更多村民家庭带来乡村旅游产业的商机。

在创业者们的努力带动下，有越来越多的余村村民家庭在乡村文化旅游产业发展中看到了共同富裕的契机，从置身事外转变为积极参与。更重要的是，过去村民间由于业缘关系弱化而逐渐淡漠的社会交往也变得再度紧密起来。不仅是村庄中的中老年人们在健身娱乐之外找到了可以共同交流的话题，留在村庄中的年轻人们也更加热衷于"抱团取暖"，分享就业创业的信息，以及个人发展的梦想。可以说，余村在 20 世纪 70、80 年代时曾经有过的共同创业激情，在一定程度上再次回到了这个已经有些寂静的山村，点燃了不同年龄村民对事业和生活的热情。

第三节 余村人对未来生活的期盼与展望

如今，漫步余村的村头巷尾，与山林美景相映成趣的是别致温馨的农家庭院，虽然游客如织，道路上却不见垃圾、干净整洁。在不到二十年时间中从"矿山村"到"生态村"，无论男女老幼，每一个余村人都能真实感受到"绿水青山就是金山银山"理念所阐释的绿色发展道路是能真正带来幸福感的发展模式。

一、村干部的展望：建设两美余村

"绿水青山就是金山银山"理念源于余村的生动实践，也给余村生态富民实践坚定了信心，明确了方向。现今余村来自省内外的考察学习团队络绎不绝，这固然是对余村十余年来发展所取得成绩的肯定，也让余村成为"聚光灯下的余村"。余村的未来发展是否能实现重要思想指导未来实践，持续促进生态环境保护与经济社会发展的双赢，是党和人民交托给每一位余村干部的"必答题"。带着这份沉甸甸的历史使命和责任，余村干部不敢有丝毫自满情绪，而是实事求是地不断研究解决余村发展中的现实问题，进一步提升发展能力和发展质量，绘制余村未来"美丽乡村、美好生活"的蓝图。

余村干部提到余村未来发展重点任务就是弘扬"绿水青山就是金山银山"理念、促进业态升级，以及加强生态民生。可以说，这三方面工作既是决定余村未来能否抓住战略机遇期的关键，也是影响余村每一位村民未来生活样貌、生活福利的基石。

弘扬"绿水青山就是金山银山"理念不仅要对余村核心景区设施设备进行改造完善，还要将这一理念融入余村干部群众的精神生活之中，使每个余村人自觉成为"绿水青山就是金山银山"理念的宣传者、践行者。经过一年多时间的建设，

"年年有余"研学中心投入运行，余村两山示范区项目的各项建设任务也在逐步达成。可以预期在不久的将来，余村能够为来自全国各地乃至海外的游客更加真实、立体、全面地呈现"绿水青山就是金山银山"理念的诞生、发展过程，以及余村在践行"绿水青山就是金山银山"理念过程中的做法、成绩和经验。同时，通过在全县率先开展"禁燃禁放禁止销售烟花爆竹""文明养犬""垃圾不落地""禁药限肥禁止使用除草剂"等内容的文明先行工作，让保护环境、落实绿色发展理念成为余村人自觉自愿的行为准则。

促进业态升级的目标是促使余村现有的乡村旅游产品升级，进一步拓宽乡村旅游对发展生态农业和林下经济的附加值。当前乡村旅游的内涵已超越单一农家乐形式，向观光、休闲、度假复合型转变。余村的乡村旅游产品也需要适应个性化休闲时代的特征，深入挖掘余村各项旅游资源的潜力，在当前游客人气高涨的带动下，适时推出生态农场、林下菌菇采摘等具有余村特色的创意化、精致化乡村旅游产品，让更多余村村民参与到乡村旅游业态中来，共享产业升级带来的市场红利与精神富足。

加强生态民生建设的关键是促成余村的生态环境优势，不仅转化为经济优势，还必须转化为民生优势。当前，余村村民依靠生态环境优势创业致富的个体差异还比较大，尚未实现让每一家农户都能在村庄发展"美丽经济"中得到相应的实惠。因此，搞好生态民生建设，是将优质生态环境更扎实地转化为每个村民创业致富、提高文明素质、创造美好生活的发展福利。这需要余村在发展好集体经济的同时，做好民生保障工作，激发每一户村民的参与热情，共享绿色发展成果。强化社会保障体系对于村民生活的兜底保障，对于发生家庭变故的村民予以及时精准的帮扶，避免因病致贫、因病返贫等问题成为阻碍村民享受美好生活的"绊脚石"。

二、致富带头人的期盼：建设品牌余村

在诸多已经在余村文旅产业发展中赚到第一桶金的致富带头人看来，如何结合"绿水青山就是金山银山"理念和余村自然环境与人文风貌特色，打造余村大文化旅游板块的品牌，是余村未来实现旅游产业与乡村生活同步提升的关键。

余村乡村旅游目前的客观瓶颈是现有的乡村休闲旅游项目不够丰富，不能很好满足各类消费群体休闲需求。与周边区域相比，余村的旅游产品和服务没有明

显的特色优势，缺少吸引中青年和少年儿童的特色的娱乐体验项目，缺乏核心竞争力。由此导致目前余村乡村旅游农家乐和民宿业发展季节性强，游客来到余村游览休闲的停留时间少，消费产业链短，相关产业带动力弱。当前虽然有数量庞大的考察团来余村考察调研，但多以政府部门、事业单位组织的政治学习为主，并未深度融入余村的旅游业态。"吃一餐"或"住一晚"的消费模式严重限制了余村文旅产业向精品化、高端化方向转型。

因此，余村中的致富带头人们更多期望余村村两委能更有作为，积极争取县镇两级政府的政策支持，团结村民的力量，利用土地集中流转的机遇，开发余村特色旅游项目。通过打造天禄"亲农谷"露营地、山地徒步体验区、水库生态旅游区、创意产业区、民俗商业街等特色旅游项目，推进余村旅游业的供给侧结构性改革。让余村的农旅休闲经济能够真正留住客人，打造适应不同年龄阶段游客需求，能在余村待3天以上"吃住娱乐健身养生"一体化的生态旅游服务套餐。

应当充分借助全国各地学习"绿水青山就是金山银山"理念的战略"窗口期"，深入挖掘余村优质的自然资源和人文底蕴特色，打造余村文化旅游产业的长期统一的品牌形象。通过学习安吉鲁家村、西安袁家村的经验，在众多同质化的旅游目的地中创造自身特色，借助网上网下相融合的营销手段推介余村的特色文旅品牌、旅游口号与旅游形象。同时，探索完善余村文旅产业中不同经营主体深度合作、实现共赢的体制机制。让文旅产业各种业态能在发挥自身优势的基础上，通过业态联动发挥乘数效应，避免同类模仿造成相互之间恶性竞争。这既需要致富带头人发挥领雁效应，为村中文旅产业的后进者提供经营策划与经验指导，也需要村两委结合余村乡村文旅产业发展的整体趋势，为村民在文旅领域投资创业提供方向指引与政策支持。

三、村民们的期盼：建设幸福余村

"为政之道，以顺民心为本，以厚民生为本，以安而不扰民为本。"这句话出自宋代程颐的《代吕晦叔应诏疏》，也是习近平同志曾经多次引用的名言。十多年来余村坚持践行"绿水青山就是金山银山"理念，让余村人从饱受污染之苦、缺乏幸福感的富裕，提升为人与自然和谐相处、物质精神协调发展的富裕。其本质是坚持以人民为中心的发展思想，把增进人民福祉、促进人的全面发展作为发展的出发点和落脚点。如何在余村未来的发展中突出问题导向、回应民生关切，共同建设美丽幸福的余村成为男女老幼余村村民的共同期盼。

幸福的余村，一定是一个能让孩子们健康快乐成长的安全乐园。尽管目前余村所在区域内已经没有任何学校和幼儿园，相关教育资源都集中在相邻的天荒坪镇上，但是这并不妨碍在余村的规划中为孩子们的学习游乐活动开辟空间。党的十九大报告中提出"幼有所育"的民生发展目标，旨在为所有0—6岁的适龄儿童得到更好的养育、教育。结合余村的实际情况，可以以小型化、家庭化的机构模式，探索发展面向本村儿童和外来游客儿童的科学养育指导、托管和临时照看服务。这样既能满足村中育有幼儿尤其是0—3岁婴幼儿家庭的科学养育和日常照顾需要，也能为携带孩子来余村旅游的游客提供安全舒适的照看条件。同时，广泛发动各类社会组织和志愿者力量，立足余村特色自然环境资源，为青少年组织野外生存与环境保护为主题的夏令营。这可在丰富余村村民家庭孩子假期生活的同时，扩大"绿水青山就是金山银山"理念在青少年群体中的影响，打响余村绿色发展系列品牌。

幸福的余村，一定是一个能让青年人充分发挥所长的希望田野。可以通过线上线下的定期互动，向外出求学就业的余村青年传递余村各方面发展的新形势，推介成功典型，增强余村本地青年回乡创业就业的热情。充分利用政府各部门针对乡村实用技术人才的培养机会，帮助余村本地青年通过培训、实习、考察等多种途径了解各地实施乡村产业振兴的经验做法。重点孵化培育具有业态创新潜力和产业联动价值的青年创业项目，予以贷款融资、专业指导、优惠政策等多方面扶助。通过共青团等渠道，发展培育余村本地的青年组织，增强青年之间的日常交流，拓宽青年的人际交往范围。大力吸引外来青年到余村就业创业，充分发挥青年人的专业特长，为开发系列旅游文化产品提供平台。

幸福的余村，一定是一个能让中年人坦然安放初心的恬静港湾。国学大师南怀瑾说："三千年读史，不外功名利禄；九万里悟道，终归诗酒田园。"人到中年已经经历了许多世事烦扰，在心中反而会有寻求简单、宁静生活的强烈愿望。常年在城市中生活的中年人，工作越来越忙碌，欠债却越来越多，陪家人的时间越来越少，疾病风险越来越高，对人生的把控越来越弱。而回归田园，不论是暂时的逃离，还是长久的放下，都是返璞归真、寻求人生真趣的选择。余村所要打造的既是能吸引本地乡贤回归的港湾，也是能安放城市中高端人才初心的净土。让他们在余村的诗画田园里慢慢找回对自然已经麻木的"知觉"，也让他们发挥自己拥有成熟经验和广泛资源提高自己以及余村百姓的生命质量。

　　幸福的余村，一定是一个能让老年人享受舒适时光的温馨家园。春生夏长、秋收冬藏，人生能安稳地进入老年本身就是一种幸福。随着生活水平的提升，余村有越来越多的高龄老人，随之而来的就是需要得到社会养老支持的老年人比例不断提高。在余村发展以居家为基础、社区为依托、医养相结合的养老服务体系成为众多老年人的期盼。发展相关服务可以由易到难，从解决村庄中老年人日常交流娱乐活动场所不足、准备餐食等比较麻烦的问题入手，在村中新建或改建具备日间照料和食堂送餐服务能力的居家养老服务中心。并以此为基础，引入与康复训练和日常健康管理相关的专业服务，将服务覆盖面从村庄中的老年人扩大至在余村中休闲康养的外地老年人。充分利用长三角一体化发展所带来的政策红利，探索针对长期在本地康养外地老年人的慢性病管理和医疗保险支付的渠道，让外地老人能够更便捷地享受医疗和社会保障福利。

　　习近平同志在重庆石柱考察时对老乡说："幸福是奋斗出来的，脱贫致富不能等靠要，既然党的政策好，就要努力向前跑。"[①] 虽然余村不同年龄、不同职业的村民对未来生活的具体期盼会各有不同，但每一位余村人都相信，只要沿着"绿水青山就是金山银山"理念指明的金光大道向前奔跑，美丽乡村、美好生活的幸福余村之梦必定能够实现。

---

① 习近平：《脱贫致富不能等靠要，既然党的政策好，就要努力向前跑》，新华网（2019 年 4 月 16 日），http://www.xinhuanet.com/politics/2019-04/16/c_1124373608.htm。

文

化

篇

生态立村　去陋扬善

中国村庄发展

WENHUA PIAN
SHENGTAI LICUN QULOU YANGSHAN

"绿水青山就是金山银山"，对于余村来说，这不只是经济发展方式的转型，也是文化的自觉与转型，是生态文化的觉悟与挖掘、培育。生态经济是一种有深厚文化内涵的经济，需要人们对山水林木的审美内涵的重新发现，对生态的多样价值的重新认识，对山水林田湖生命共同体的感知和呵护。余村在2003年逐渐关停矿山、工厂之后，发展了一系列生态休闲产业，挖掘了山水文化、竹文化、银杏文化、禅意文化、美丽庭院等一系列具有生态品格的文化因子，提高了余村人民生活的舒适度、幸福感，也提升了余村生态旅游观光产业的文化内涵。余村不仅是一个美丽宜居的村庄，是乡村生态文明转型发展的典范，也是治理有序、乡风文明的典范。如今走在余村的街巷、院落之间和山间地头，我们可以看到修竹遍野、古树成荫，感觉到村容的整洁、庭院的舒适美观、邻里的和谐、农家乐和民宿等新兴业态的蓬勃发展、老百姓文化生活的丰富多彩。余村乡风文明的改观与文化生活的蓬勃多样，既有对本村传统文化底蕴的发掘，更离不开各级政府的关心支持、主动作为。

第一章 余村的文化底蕴与村民习俗

余村有比较好的生态和文化资源。余村人在长期与山林、土地打交道的过程中形成了爱护生态、敬畏自然的习俗和经验智慧。这些大自然的遗产和先人留下来的遗产成为余村培育生态文化、发展生态经济的深厚根基。

第一节 移民村的特点与村民传统习俗、文化生活

一、移民造就的村庄性格

余村的村落文化与该村的历史特点关系密切。就地理意义而言，余村是一个至少有上千年历史的古老村落。但就人员构成而言，余村却是一个移民村、杂姓村。余村的移民主要是在太平天国战乱之后来自浙东的温台、宁绍地区，其中来自台州黄岩、杭州萧山地区的比较多，也有个别从安徽、河南等地迁移过来的。这使得余村的姓氏比较多样，没有形成强大的族姓文化和家族势力。[1] 住在余村的李熙庭老师这样概括余村作为移民村的民风特点："有闯劲，礼数比较少，质朴，包容性比较大。再加上村干部做得比较好，就比较好开展民主，我们余村的民主法治就是建立在这样的民风基础上。"[2]

余村人确实比较有开拓精神，能闯，我们从余村的干部和经商的村民身上可以看到这一点。这个性格不太像浙北杭嘉湖一带居民的守成、文雅，它更多带上了浙东人的性格特点，特别是温州人、台州人的性格。余村的移民中来自台州黄

---

[1] 与这一杂姓村的特点相关的是，余村在本村内的通婚现象比较常见，这可能使得姻亲关系在余村占有比较重的分量。不过这个现象需要社会学的专门研究，不是本书研究的重点。

[2] 李熙庭访谈记录，访谈时间：2019 年 3 月 7 日，访谈人：李旭。

岩地区的就比较多，据李熙庭老师讲述，他自己小时候在家里就说台州话，现在六十岁以上的村民中很多还会说台州话，他还说到祖辈曾经有"宁卖祖宗田，不卖祖宗言"的告诫，不过现在的小孩子基本上从小就说普通话，不太会方言了。[①]在人员高度流动、交融的开放时代，这也是一个自然的变迁过程。

关于安吉一带移民的性格特点，早期曾有过一些报道，如光绪七年的《申报》比较来自不同地区移民的特点："最安静者为宁绍人，皆置产乐业，为子孙永远计，与土著殊觉和洽。次则江南流氓，力作谋食，亦颇相[安]。又若两湖垦荒农，土人虽受其欺凌，而其意亦欲久居，间有不法者，尚不甚多。惟台、温二处之人，则习于凶悍，就中尤以黄岩、平阳为最……"[②]乱世中"凶悍"的性格，在和平的时代就可以转化为大胆开拓的创业精神。

余村移民虽然来自台州一带的比较多，但也没有形成绝对多数。现在村里280户人家有107个姓，是典型的"百姓村"，时任村支书潘文革在访谈中讲道，百姓村要形成一条心是个大问题，要求村干部要严格自律，做每件事情都尽量做到公平、公正、公开。[③]作为"百姓村"，余村的凝聚力没法来自传统宗族的敬宗睦族精神[④]，更多要靠干部的带头作用，靠集体主义的精神。幸运的是，余村从解放后有一届又一届不孚众望的村干部班子，带领村民走上了各显神通又能齐心协力的社会主义新农村建设的道路。另一方面，作为来源分散的移民村，余村的历史包袱相对也较轻，各种移风易俗的举措面临的阻力相对也较小。

总的来看余村是一个姓氏人口不太集中的"百姓村"，不过也有潘姓、胡姓等几个人口相对较多的姓氏。据村里老人回忆，余村村域内原来有叶家祠堂和潘家祠堂。叶家祠堂在桥中自然村内，潘家祠堂在周家自然村与叶家堂自然村交界的横路上。这两个祠堂如今都没有了。尽管没有形成较为强大的宗族，但余村村民传统的祖宗观念还是比较强的，重视祭祖，祭祖的日期一般是除夕、清明、七月半、冬至四大传统节日。余村老一辈的村民也重视仁爱孝悌的传统美德，村里周家的王冬英老太太、周家自然村的潘德贤、冷水洞自然村的鲍法娣是村里互敬互

---

① 李熙庭访谈记录，访谈时间：2019年3月7日，访谈人：李旭。
② 《台匪闹事续闻》，《申报》光绪七年四月十七日（即1881年5月14日）第2版。参本书史地篇的相关介绍。
③ 潘文革访谈记录，访谈时间：2019年3月8日，访谈人：闻海燕。
④ 按照社会学的分析，余村属于典型的"家庭组合型村落"，区别于"家族村社型村落"和"宗族—家庭双层结构型村落"。关于村落结构类型的这一区分，参见曹锦清、张乐天、陈中亚著《当代浙北乡村的社会文化变迁》，上海远东出版社2001年版，第487页。不过，余村作为"家庭组合型村落"与城市的家庭组合型社区仍有差别，家族的因素还是要比城市社区更强，毕竟余村也还是有胡姓、潘姓等人口比例相对较高的几个姓氏。

爱、互相帮扶的典范，在村民中有很好的口碑。

二、节日习俗

余村村民的节日习俗与江南其他汉族地区没有太大差别，比较值得一提的是对冬至的重视。余村村民十分重视冬至的节气，有"冬至大如年"的说法。老百姓称冬至是鬼节，祭拜祖先形式同七月半一样。旧时，一般人家迁移祖坟不可随便动土，唯有冬至日可以随意修墓、建墓或者移墓，不需请阴阳先生择日。冬至的晚饭菜肴同样很丰盛，还要吃翻烧圆子，"翻烧"意即由穷变富，富的可好上加好。这与《周易》里面讲的冬至"一阳来复"的观念一脉相承，也可以说是余村人传统天人合一的观念在节日中的表现。

传统农村天人和谐的经验表现在四时节庆中，也表现在各个月份的称呼中。根据余村文化人的观察，旧时余村在农具、家具上月份都写农历，而且全写农历月份的别称，如：

正月：端月、正阳、孟春、元月、寅月

二月：花月、杏月、仲阳、仲春、卯月

三月：桃月、蚕月、暮春、季春、辰月

四月：梅月、麦秋、初夏、孟夏、巳月

五月：榴月、炎夏、仲夏、午月

六月：荷月、伏月、暑月、季夏、未月

七月：巧月、瓜月、兰月、孟秋、申月

八月：桂月、中秋、正秋、仲秋、酉月

九月：菊月、凉秋、菊秋、季秋、戌月

十月：阳月、孟冬、小阳春、亥月

十一月：畅月、仲冬、子月

十二月：腊月、暮冬、季冬、丑月、杏月、桃月、榴月、桂月

这些称呼不少以形象的物候来表征月份，体现了传统乡村农耕文明的时令感和美感，在当今发展旅游经济的乡村景观营造中也值得借鉴。

三、结亲联谊与宗教信仰

余村具有杂姓移民村的特点，宗族传统不太发达，因此旧时村民除了姻亲关系外往往通过民间所谓"花亲"的方式来加强邻里人际关系。花亲有结拜兄弟姐妹

亲、朋友亲、过房亲、师徒亲、师兄弟姐妹亲等。花亲在过年过节或婚丧喜事时有礼仪来往，有的花亲世代相承。村里较为突出的花亲是过房亲。过房亲一般都通过礼仪形式，两家商定，寄子女上门拜见寄父母（俗称寄爸、寄娘），寄父母设家宴，并写一张大红纸："令郎（令爱）过寄寒舍，取名×××，姬子彭年，苏才郭福。给寄子、女送上衣服、鞋袜。"按照传统的讲法，认过寄父母的孩子更容易养大。同时，认寄父母也是村民在当地增加、强化人际往来的一种方式。

旧时余村村民绝大多数信仰佛教，村里较大的佛教寺庙有两座——永泉寺和隆庆庵。隆庆庵长年有住持居住，在本村和附近一带颇有影响，村民与外地人每逢初一、十五及观音菩萨的三个生日（二月十九、六月十九、九月十九）都要到寺内敬香拜佛，平时常有上海、杭州等外地信徒前来进香，香火旺盛。另外余村村民中还有信基督教的，人数不到 20 人，村里没有教堂，每逢星期天风雨无阻去马吉教堂集会做祷告。

四、民间手艺

在前工业化时代，民间手艺是乡村传统文化的重要组成部分。余村传统的民间工匠主要有木匠、篾匠、窑匠、棕匠等，其中篾匠和窑匠是相对较多的，篾匠多是因为竹乡，窑匠多与余村很早就有烧石灰窑的传统有关。余村 20 世纪六七十年代有大坦、周家、桥上、桥头 4 处窑厂，会干窑匠活的人较多。此外，余村还有过制裹衣、棕绷床的棕匠和弹棉花做棉被的棉花匠。这些传统的手工业工艺都以师徒传授的方式传承，在拜师的时候要行拜师学艺的仪式。

除了木匠、篾匠等手工行业匠人外，余村还有过民间自学成才的中医柯元学、葛水金。这些民间手艺和中医技艺由于缺乏深厚的传承体系，在余村都失传了，没有形成非遗项目。

五、文化生活

余村人文化生活的变迁可以分为中华人民共和国成立前、成立后到改革开放、改革开放以来三个大的阶段。中华人民共和国成立前余村人文化生活主要有和尚灯会和戏班子进村演戏，这两项活动在中华人民共和国成立后还有延续。

和尚灯会在余村历史悠久，从什么时候开始，余村人也说不清楚。调灯需三人：老和尚、小和尚、柳丑和尚。调灯动作不多，人们最喜欢看柳丑和尚的滑稽动作。表演还配有锣鼓和拿大灯笼的数人。大年初一后到各家调灯，调前要先串灶，户主会在堂前放上果品和红包。红包作为灯会支出，红包大小看户主家中财力，可多可少。戏班子进村演戏由村里德高望重的人召集安排，堂众搭戏台。戏班子来自嵊县和孝丰新兴越剧团，演出的剧目有《梁山伯与祝英台》《碧玉簪》《狸猫换太子》《三请樊梨花》等。

中华人民共和国成立后，看电影成为余村人一项重要的文化生活。1956 年开始，孝丰县电影队下乡放电影。一般在山河学校操场上放映，片子有《白毛女》《智取威虎山》《董存瑞》《钢铁战士》等。20 世纪 70 年代后，山河公社组建了电影放映队，进村放映，每月有数场电影。[①]

改革开放以来，随着经济的发展与城市化、信息化进程的加速，余村人的文化生活呈现出多样化的面貌。这 40 年来的发展又可以大致分为两个阶段，一是改革开放初期的 20 世纪八九十年代，二是新世纪以来特别是浙江省推进"千万工程"（2003 年）建设以来的发展。改革开放后，余村所在的天荒坪镇（原山河乡）一个新变化是建起了一座山河电影院，余村人看电影的机会更多了。不久，山河乡政府所在地有了舞厅、卡拉 OK、录像厅，余村距离乡政府比较近，村民中尤其青年人的文化娱乐生活变得多样起来。随着电视普及，到山河镇上赶热闹的人又变得越来越少，村民的文化娱乐生活趋向家庭化、个体化。20 世纪 90 年代天荒坪镇组织过一些全镇范围的文体活动，召开了全镇农民运动大会，余村积极组织代表队参加，在地掷球、拔河等项目中取得好成绩。最大的变化还是发生在余村开启绿色发展以来，特别是最近十年来，余村的文体设施与队伍建设发生了突飞猛进的变化，文体生活也日益丰富多样。2014 年，余村建成文化礼堂和文体广场（其中有篮球场、门球场、地掷球场、乒乓球台等），村民的文体生活越来越丰富。

书法对联是在传统乡村很普及的一项文化生活。余村擅长写字作对的民间书法爱好者代不乏人。中华人民共和国成立初期，村里有几个文化人很乐意以自己书法特长为村里服务，他们经常为村集体和村民在农具、家具上号字，为社队书写公文、布告以及春联。村里的婚、丧、喜事的对联、请帖、日子帖、回帖都有他们的笔迹。目前余村最活跃的书法人士是退休的李熙庭老师，村里的题字、对联多出于他的手笔。另外，还有住在余村的李俊贤、李栋父子也擅长诗词和书法。村里葛雷军创办的两山文创阁专门辟有书画室，供朋友雅集和村里小孩子学习之用。

---

① 以上资料参考 2018 年 6 月 13 日与李熙庭、方伯民的座谈记录。

第二节　余村的传统生态习俗与禁忌

余村是一个以山地资源为主的村落，山上主要种的是经济林毛竹。在靠山吃山、与山林相依为命的长期生活中，余村人形成了一些尊重生态规律、敬畏自然的习俗，其中包含了余村人对山林、对家园的深厚感情，也蕴含一些朴素的生态经验与智慧，这是农业文明时代留下来的生态文化遗产。就笔者调研所了解到的情况看，余村人的生态习俗主要体现在两个方面：其一是对竹林的保护和对"竹神"的崇拜；其二是对古银杏树的保护。

一、竹林养护和竹神崇拜

漫山遍野的竹海，既是余村山水景观的基本特色，也是余村人曾经最主要的副业收入来源。余村人将竹子当作神一样来崇拜，竹神也是他们的财神。在供奉这个"财神"的过程中余村人积累了丰富的经验，形成了一套约定俗成的习惯法，我们可以称之为竹文化。我们可以粗略地将余村人的竹文化分为四个部分：其一是出笋、挖笋方面的讲究与规范；其二是竹子的养护；其三是竹子砍伐方面的讲究；其四是传统竹工艺。

竹子全身都是宝，竹笋可食，竹竿、叶可做用材，竹根可做根雕。但这些用途之间需要协调好，竹笋挖多了，竹子就会少。为了维持竹林正常有序的生长、更替，竹农对竹林有严格的管理措施，大年严禁挖笋，小年则可随意挖笋，但对冬笋禁挖极严。这一关于大小年的禁令很早就形成了，并明确写进了2015年制定的余村村规民约（第二条）。为了多产春笋，竹农还在一年的梅雨季节后至白露节期间削除柴草，每隔一年一次。[1]

春笋长成竹子之后还要经历风雪的考验。竹子虽然是常绿耐寒植物，但是也怕大风雪。为了防御大风雪将竹子压坏，竹农在下雪前都要把毛竹的多叶而脆嫩的梢头钩掉，称为钩梢。钩下的竹梢干后可以做竹扫帚用。钩梢是一个带有危险性的技术活，必须防止刀口的梢头掉下来伤到人。如今随着年轻人大多进城务工和经商，会钩梢的年轻人越来越少了，这门技术也面临衰微的风险。[2]

竹子长成后在砍伐方面也有细致的规定。长成的竹子上会写上"上大人"三

---

[1]　可参考本书"史地篇"对相关习俗的介绍。

[2]　2018年6月13日与李熙庭的座谈记录。

字，譬如第一年所出的竹，写"上"字，第三年所出的竹，写一"大"字，第五年所出的竹写一"人"字，山户到第六年，才开始砍伐"上"字号——也就是"六岁"的竹。长足了年岁的老竹子结实耐用，更能卖上好价钱。经济拮据点的山户，也会砍伐"大"字号的竹，叫作"四年竹"；但四年竹的售价，不及六年竹，因为四年竹嫩，用不耐久；而且竹山频频砍伐，竹小山败，实际上害多利少，所以即便贫家也不轻易为之。竹子的每年砍伐期为7月间起，至第二年的2月末止，2月后的采伐是极少数。从这一极为细致、理性的习俗规范中，我们看到了古老的生态理性——"斧斤以时入山林，材木不可胜用也"①，也看到了长远视野下经济价值与生态价值的统一。

因为传统的生产、生活与竹子的密切依赖关系，余村人形成了"竹神祭拜"的习俗，一旦上山劳作，必定要祭拜竹神，祭祀竹神时，要带着香烛及祭供礼品，说些"竹娘多养育，春笋长满山""保我平安下山"等祈祷语。科技昌明的今天，人们已不再敬拜竹神，但是合理采挖竹笋、砍伐竹子的生态习俗还在继续传承发扬。

二、敬畏庭院的保护神——余村村树古银杏

余村的另一大景观是道旁和房前屋后的银杏树，春来绿意盎然，秋天满树黄金，雌银杏还会挂满累累果实，银杏果卖得上好价钱，还可以给村民带来可观的收入。在余村大大小小数百棵银杏中，百年以上的老树有几十棵，其中三棵千年以上的古银杏更是余村的一大景观，留存着余村古老的记忆。围绕着这三棵千年古银杏，余村人有很多传说故事。其中最老的一棵是雄银杏，在冷水洞自然村，另两棵雌银杏在数百米外的荷花山入口处，村民们称之为一王二妃。这个"王"也被称为"江南银杏王"。关于"江南银杏王"的故事和崇拜特别盛，其中一个习俗是村民将筷子放在银杏王树的空洞里，祈求"快快生子"，长年累月，以致树洞里的筷子可以装得下满箩筐。② 这种对"银杏王"的崇拜虽然带有迷信色彩，却反映了村民渴望多生子的传统生育意愿。但是这种"迷信"里面也包含了村民对千年古树生命力的敬畏、崇拜，包含生态文化的因素。

余村山上的树并不多，主要是竹子。银杏是很好的用材树，村民在盖房、造

---

① 孟珂：《孟子》卷一。
② 潘文革：《江南银杏王》，《浙江林业》，1997年第2期。

家具的过程中为什么没有将银杏大量砍伐掉？其中一个重要原因就是余村人对古银杏的敬畏、爱护之心。据村民方伯民老师讲述，余村人对房前屋后和墓地旁边的古银杏特别有敬畏、爱护之心，不敢轻易砍伐，如果实在因为用材需要而砍伐，也要先做一番敬拜的仪式。[①] 这是村里很多古银杏能保留下来的一个重要原因。这种对古树的爱护一直延续至今，在村民潘熙财的古杏山庄门口村路中间，有一棵树龄一百七十多年的古银杏，村里在修路的时候特意保留了这棵树，让它屹立在路的中间，车辆和行人都为之绕道致敬。如今村民们对"树神"的恐惧敬畏是减弱了，但是对作为庭院和村庄景观的银杏，余村人还是爱护有加，认之为村树。在村子的中央，靠近"绿水青山就是金山银山"大石碑的地方，有一座近年修筑的银杏亭，亭的柱子上有余村书法家李熙庭老师撰写的对联——"环村千嶂杏茂竹翠，进亭一聊海阔天空"。"杏茂竹翠"，四个字概括了余村生态美的基本风貌。

除了关于保护竹林、银杏古树的一些禁忌之外，旧时余村还有上山禁忌和家中不打蛇的禁忌。上山禁忌有上山干活时不能随便高声呼叫别人的名字，不能说"死、摔跤、滚下山、石头翻了"之类不吉利的言语等等。家中不打蛇，是认为家中盘踞之蛇为家蛇，是护家佑舍的灵物，不能打。村民发现家中有蛇，一般不驱赶，只用烧香烧纸，把五谷杂粮撒向空中，蛇会自动消失。这些禁忌有些迷信成分，但也反映了余村人靠山吃山、与山中生灵和谐共处的传统生态文化。

---

① 2019 年 5 月 30 日与方伯民的座谈。

第二章　生态文化在新时代的开发和培育

　　在农业文明时代，人与自然生态的关系基本上还是和谐统一的，即便有小型的采矿业，由于受技术条件的限制，对自然生态的破坏也不大。工业时代到来后，随着科技的进步，人改造自然的能力急剧膨胀，在对短期利益的追逐中出现了急于发财致富、罔顾生态环境破坏的倾向。余村在发展工矿经济的初期也经历了只要金山银山、不要绿水青山的阶段。村民和村集体经济是富裕起来了，但随之而来的是生态环境破坏了，人的居住环境和身体健康也相应受到了威胁。人们在自食其恶果之后开始考虑转型发展的出路，谋求工商业与生态环境的协调发展。余村在绿色转型发展过程中，以"绿水青山就是金山银山"理念为引领，注重开发和培育生态文化。

第一节　筑牢生态保育的制度性屏障

　　在关停厂矿、实行工业区集聚这一控制重大污染源的措施之外，余村也重视对农业和生活垃圾、废水污染方面的管控治理，制定、施行了一系列保护和修复生态环境的制度。其中有涉及山林保护的，有涉及垃圾分类和污水处理的。余村对生态环境保护的重视体现在其村规民约中。在2015年6月制定的"余村村规民约"中有如下多款针对生态环境保护：

　　第2条：对偷盗集体或个人毛竹、树木、春冬笋、名贵苗木、高档水果者，视情节轻重给予处罚，情节严重的，报请司法机关依法处理。具体如下：①偷伐树木，包括无证砍伐的，被伐树木大头直径在六公分以上的，每支赔偿200元；偷伐、砍伐的为幼苗林树木的，加倍赔偿。②偷砍淡竹、毛竹和其他竹类的，按当年市场价格 2 倍进行赔偿处理，其中大、中淡竹每支赔偿 20 元。③偷挖竹笋的，大年毛笋每支赔偿 50 元，冬笋每支赔偿 20 元，小竹笋、鞭笋每支赔偿 10 元；晚上偷挖冬、毛笋的，加倍赔偿。④偷盗其他名贵苗木、高档水果等，按市场价格 2 倍进行赔偿。

第 3 条：毛竹山及林地严禁使用化学除草剂，对在村域范围内毛竹山及林地使用化学除草剂者，没收全部化学除草剂、农药和喷施器具，并视情节轻重给予处罚，情节严重的，报请司法机关依法处理。

第 4 条：严禁将家畜赶下田地或自然放牧，违者须按实际损失情况向受害农户赔偿损失。若在春笋期间随意将牛羊等家畜家禽赶上大年山，致使竹笋糟蹋，除对该养殖户给予教育外，毛笋每支赔偿 15 元，小笋每支 3 元。田地承包户如故意投毒放药致禽畜伤亡的，视情节轻重，给予赔偿、处罚，对不接受处理或情节严重的报请司法机关依法处理。

第 5 条：严禁一切野外用火，严禁上山烧坟和乱扔烟蒂，一旦发生火警，应及时报警或报告村委会，并及时进行扑救。若因违反而引发山林火灾的，当事人由司法机关依法追究法律责任，并负责赔偿因火灾造成的全部经济损失。

第 15 条：农户必须保持院内院外环境整洁无垃圾，确保垃圾分类处理，就地就近处理，将产生的可回收、不可回收、厨余、有毒有害四类垃圾每天早上 8 时前投放到集中投放点。要大力开展"改水、改厕"，做到垃圾不乱倒，粪土不乱堆，污水不乱排，柴草不乱放。应自觉维护院外道路的畅通和水利设施的贯通，不得将垃圾、农药瓶和农田杂草倒入各大小水渠、公路，对违反规定者给予 50—500 元的罚款处理。

第 17 条：严禁用电枪、农药、毒药、网具等进行捕鱼，严禁使用铁夹、电猫、吊杠等工具捕猎野生动物，对违反规定者，除没收捕鱼、捕猎工具外，给予 1000—2000 元的罚款处理，情节严重者移送司法部门依法进行处理。

2017 年新修订的"余村村规民约"（20 条）还增加了"全年禁放烟花爆竹"的条款（第 6 条）。

余村的村规民约作为村民自治的条款得到了严格执行。在访谈中，余村干部讲道，近年来安吉白茶市场行情比较好，安吉有些村子砍掉竹林改为茶园，获得了较好的经济收入，余村坚决不为所动，禁止砍掉竹林改种茶叶。另外，由于禁猎等生态保护措施做得比较好，近年来余村附近山林里的野猪多了起来，有时候还会跑到地里破坏庄稼。有一次，一位农户反映野猪跑到他家的地里弄坏了庄稼，申请镇里发还猎枪捕杀这头野猪，村书记本来准备答应，但听到这头野猪还带着几头幼崽，便成功劝说了该农户放弃了捕杀野猪的想法，以免打死了母野猪伤及幼崽。[①] 村民潘熙财也讲道："村里的竹林里有野猪、野兔。为了保持生态平衡，不让夹、不让打，现在派出所把所有的猎枪都没收了。以前也没这么多野生动物，现在环境变好了，野生动物也变多了。天热的时候，我们也不敢上山，因为蛇多。"[②] 这说明生态保护的文明理念已经深入了余村干部和群众的内心之中，保护措施的效果也越来越明显了。

余村在生态制度建设和生态保育方面做了大量工作，可圈可点之处甚多。在制度建设方面，确立了生态殡葬管理、污水纳管处理、山林资源保护、生态赔偿等制度；制定护林公约、绿化养护制度、卫生长效保洁制度，并对古树古木进行挂牌保护，落实保养措施。为了加强村民保护野生动植物的意识，余村经常开展森林科普，向村民发放生态环保宣传手册。余村在干部和群众中宣传、践行节能环保的生活方式。村庄内部主干道安装太阳能路灯，可再生能源得到有效利用。大力推进垃圾分类工作，开展针对村民的垃圾分类培训，做到垃圾严格分类处理，建有垃圾分类处理节能系统一座，做到垃圾不落地，厨余垃圾不出村。通过这些措施，余村有效遏制了污染的蔓延，实现了生态的修复，做到了村容整洁、生态良好、景观优美，为发展生态经济打下了坚实基础。

第二节　在生态经济中挖掘生态文化内涵

俗话说，种得梧桐树，引得凤凰来。关停了矿山，迁移了工厂，恢复生态了，余村老百姓不仅重新呼吸到了健康清爽的空气，见到了山林的复绿、溪水的澄清，而且开辟了农家乐等生态经济的新财源，初步尝到了从绿水青山中挣来金山银山的甜头。余村村委和村民很早就有了开发旅游的意识，早在安吉县确立"生态立县"的战略目标（2001年）之前，余村在1997—1998年就启动了隆庆庵的重建，以龙庆园项目带动村里的旅游开发。虽然龙庆园的旅游收益并不理想，但也增加

① 潘文革访谈记录，访谈时间：2019年5月29日，访谈人：李旭。
② 潘熙财访谈记录，访谈时间：2019年3月9日，访谈人：申端锋、王孝琦。

了余村的知名度，更重要的是开启了发展旅游经济的新思路。

龙庆园的开发主要是借助千年古刹隆庆庵的历史资源，同时也开发了相关的生态文化资源，其中最显著的就是做了百岁娃娃鱼的文章。竹海荷花山内自然生长的娃娃鱼是天荒坪风景区自然繁衍生存的珍奇动物之一。关于这条娃娃鱼，著名作家黄亚洲曾有诗为咏，这首诗被做成路牌立在荷花山通向隆庆庵的小径旁：

我猜想你思索世界的心绪

猜想你故意用娃娃的声音呼唤世界的含义，虽然

今天你匍匐在石头深处，并不看我

只露出一条黑色的尾巴

我猜想你长了一百零六年的身材

猜想你无牙的嘴，如何在水里吐出奥妙无穷的省略号

猜想你隐身于隆庆庵水塘的秘密

猜想你四肢短小的脚、在弹拨了水浪以后，又如何上岸

继续弹拨地球的经纬

你的护持人蒋先生告诉我，有娃娃鱼的地方就有五百罗汉

所以我相信你的来历是神秘的

你听过佛陀的经

你此刻的一动不动，就是打坐的样子

参观余村的人很多，他们都是怀着一种听经的心情来的

而你的突然现身，就是一种示范

关于如何听经，关于一个合格罗汉应有的姿态

关于娃娃般的呼唤声中，所应该具备的一切背景

清风、蝉鸣、花香、夏夜的蛙鼓

我猜想

这种绿水青山的境界，就是你

无误的昭示

我猜想

世上最深刻的哲理

就是娃娃的呼唤

　　该诗将娃娃鱼身上包含的生态秘密与隆庆庵的佛教文化融为一体，为龙庆园平添了一份耐人寻味的乐趣。佛教寺庙多择山水佳胜处建，中国的佛教文化本来就与山水文化有机融合在一起，坐落在荷花山麓、面朝天荒坪和余岭的隆庆庵也是余村的一处山水胜境。进隆庆庵的牌坊上有两副对联，正面石柱上的楹联为原钱塘书画社社长秦天孙撰写，联曰"云绕莲峰千岩竞秀，泉旁竹海百涧争流"；牌坊背面由村里的书法家李熙庭题写，正中为"莲花胜境"四字，柱联为"进佛门领山色神怡心净，寻荷花朝观音福至慧生"。对联的内容表现了山水的清净禅意，正所谓"青青翠竹，无非禅心；郁郁黄花，尽是般若"。

　　余村最大的一家农家乐"春林山庄"把餐饮、游乐与生态文化有机结合。每个农历月根据时令推出不同主打菜品，同时还提供不同的农事体验活动，如三月、四月的采青茶、挖春笋，五月的包粽子，七月、八月的漂流垂钓，九月的收割稻谷，十月的挖山芋，十一月打年糕，十二月吃杀猪饭、杀年猪，充满田园趣味。

　　余村另一个著名的旅游品牌"荷花山漂流"集山村趣味和惊险刺激性于一体，也融入了保护绿水青山的生态文化。

　　余村将生态文化植入景点规划中。在村中心区域的稻田辟出一方荷塘，种上了荷花，打造"印象荷花·幸福余村"的休闲品牌，将原来的梯田改造为五彩田园观光区，春天有油菜花，夏天有向日葵，方便游客观光摄影。在环绕村庄的竹海开辟了两山绿道，为爱好骑行、散步等运动的游客提供了运动观光好去处。如今，已成功申报为4A级风景区的余村各项配套功能完善，已逐步形成旅游观光、河道漂流、户外拓展、休闲会务、登山垂钓、果蔬采摘、农事体验的休闲旅游产业链，将生态文化内涵融入休闲旅游中，正在实现从"卖石头"到"卖风景"，再到"卖文化"的华丽转身。

第三章 移风易俗、去陋扬善
——乡风文明的整体提升

余村的民主法治和乡风文明建设有很好的基础。早在 2002 年，余村就获得了由中央精神文明建设指导委员会颁发的"全国创建文明村镇工作先进单位"荣誉称号。2011 年被评为浙江省的"文明村"，2017 年被评为"全国文明村镇"，承办了全国农村精神文明建设与生态文明建设现场会。2017 年底开始，余村推行禁燃禁放烟花爆竹的移风易俗活动，取得了良好效果，已在安吉县内全面推广。

第一节 融乡风文明于村规民约、家风家训

由于是杂姓村，宗族传统比较薄弱，余村的教化载体首先是村集体。宗族聚居的村落以族规族训的形式表现的"教化权力"①，在余村是以村规民约和村训的方式表现出来的，体现为柔性的教化权力与刚性的法治制裁相结合的特点。余村修编"村规民约"，征集好家风、好家训，形成余村 280 户农户户户立家规的良好氛围，通过墙体画和宣传册等形式积极加强宣传，做到家喻户晓。余村将道德教化的内容融入村规民约，我们在上面介绍其生态文化的时候已经讲到。村规民约中的教化内容不限于生态文明方面，也包括村民生活的其他各个方面，如 2017 年新修订的村规民约：

第 2 条：全体村民应积极参加健康向上的文化娱乐活动，热心参与社会公益活动，勇于承担社会责任，踊跃参加志愿服务活动，支持配合村级中心工作，自

---

① 此处"教化权力"一语来自费孝通先生对传统乡村既区别于民主的同意又非强暴专制的第三种权力的分析，参见费孝通著《乡土中国》"长老统治"一节。

觉服从发展大局。

第 10 条: 大力弘扬孝老敬亲、家庭和睦、邻里和谐等优良风尚,倡导相互沟通、谦让包容、互尊互助,严禁打架斗殴、粗俗用语和无原则、无休止纠纷。依法理性表达利益诉求,正确疏导情绪,严禁无理缠访闹访、非法越级上访。

第 15 条: 倡导文明待客、诚信经营、优质服务,严禁强买强卖、拉客宰客、敲诈勒索和恶意压价扰乱市场经营秩序。

"倡导……""严禁……"这样的表述表明余村村规民约熔德治的柔性引导与法治的刚性制裁为一炉的特点。刚性制裁不是文字、口头上说说而已,而是动真格的。如第 6 条"关于禁燃禁放烟花爆竹"的条款规定:"全年禁放烟花爆竹,如有违反者须缴纳村庄保洁费 100—500 元,仍不听劝告擅自燃放者,将被全村通报曝光,并酌情减少直至取消相关普惠性待遇。"第 20 条规定:"本公约适用于全体村民,自公布之日起施行。如违反,将给予一定处罚,直至上报司法机关依法追究刑事责任。"余村的禁燃禁放烟花爆竹活动之所以能在短时期即取得成功,首先是因为村干部的宣传教育工作细致到位,也有村规民约相关惩戒性威力的原因。

除了带有刚性惩戒性质的村规民约之外,余村还制定了引领村风民俗的村训。村训的内容与传统的家规族训比较接近。余村的宣传墙画中有以通俗易懂的打油诗形式昭示的余村村训:

夫妻篇　夫妻相处要真诚,相敬如宾要尊重。和气家中少祸端,同心协力土变金。

持家篇　克勤克俭是美德,挥霍虚度误自身。勤能补拙是例证,苦尽甘来自古训。

尊老篇　为人子女要孝顺,敬老爱幼是本分。社会公德人人讲,稳定发展强国民。

兄弟篇　兄弟本是同根生,手足情深骨肉亲。人生难得兄弟爱,谦让尊重情谊深。

邻里篇　远亲不如近邻亲,街坊邻居要帮忙。莫因小事争长短,礼让协助情谊深。

朋友篇　朋友相交要谨慎,日久才能见人心。诚信待人人自重,自欺欺人事无成。

这类村训不像村规民约那样有刚性约束,更多靠的是榜样引领和村民自觉。

道德教化主要靠的不是文字、语言的宣告,而是靠榜样的示范引领和人心的自觉。在传统的乡村,引领村庄风尚的榜样主要来自宗族长老和乡贤。那么,在余村引领村民文明风尚的榜样来自哪些人呢?在余村显然不存在费孝通所讲的传统乡村的"长老统治",榜样的力量主要来自党员干部。余村的干部显然对此也有自觉,余村党支部为党员制定的"十带头,十不准"就对党员有明确的带头示范要求,如"带头深化创业创新,不消极懈怠""带头践行文明新风,不迷信陋习""带头落实公平正义，不破坏稳定""带头弘扬关心关爱，不漠视冷淡""带头保护公共资源，不敷衍塞责"。从我们调研所了解到的情况看，余村村民对党员干部的满意度是比较高的，党员干部确实在很大程度上替代了传统乡村中的"长老"，在行使行政权力的同时也扮演了教化性权力的德治角色。

党员干部的示范引领和村规民约的自律约束并不意味余村的乡风文明建设中完全忽视了传统美德的内容和传统礼治的教化形式。余村缺乏传统乡村的宗族伦理，没有可挖掘更新的传统族规族训。但家庭仍是村庄的基本单元，家风家训仍可以在村民文明风尚的引领塑造中起到重要作用。早在1986年，余村就开展了评比"五好家庭"的活动。近年来，余村大力开展以"院有花香、室有书香、人有酿香、户有溢香"为主要内容的美丽家庭创评行动，评选了"美丽家庭示范户"和"余村好人"。余村的道旁小巷，一户户庭院干净整洁，种着各种果木、花草，家家的门墙上都贴着一句家训，折射出一家的家风。村民李熙庭、李俊贤家里有满屋的字画、图书，透射出耕读家庭的文化底蕴。两山文创阁也专辟了书画室，既为本村的孩子提供一个学习书画的场地，也是朋友雅集切磋之所。

余村通过座谈宣讲、墙体画、媒体报道、文化礼堂展示、考察团队调研等形式开展"传家训、立家规、扬家风"的主题活动，号召村民谨守家规家训，弘扬美好家风。开展形式多样的创建文明村活动：星级文明户评选、党支部推进会、农家民宿文明餐桌、"两山"小小讲解员培训接待等。2018年8月15日，余村举办了"两山"理念十二周年暨争创全国文明村文化走亲晚会，舞龙表演《银龙飞舞》、现代舞《幸福余村》、扇子舞《拥军花鼓》，向大家展示余村人民积极向上的精神风貌和争创全国文明、践行"绿水青山就是金山银山"理念的决心，并向村民发放《致全体村民的一封信》，号召大家争创全国文明村，争做最美文明人。

在余村，既可以看到创业创新的开拓精神，也可以感受到敦厚朴实的传统美德，现代与传统的元素并存不悖。余村的一大特色是多银杏古树；另一大特色可能并不广为人知，是多长寿老人。笔者在2018年夏天第一次到余村调研时就看到好几个九十岁以上的老人在古银杏树下怡然自得地乘凉。村里多长寿幸福的老人，说明除了山清水秀空气好之外，此地的敬老孝道也是做得比较好的。例如，大坦自然村的陈云仙就被村里人公认为孝顺婆婆的好媳妇，在丈夫去世后照顾多病的婆婆多年，任劳任怨尽心尽责，被评为第二届"湖州十大孝贤"，成为余村奉行孝道的榜样。这也说明，尊老爱幼、孝敬父母等传统美德并不是一定要依托宗族传统，在宗族传统式微的现代乡村，这些传统美德完全可以以家风家训等形式继承弘扬。

第二节　移风易俗塑新风

余村乡风文明建设最大的亮点是推行移风易俗、去陋扬善，既注重继承优秀的传统美德，又勇于破除陈陈相因的传统陋习。余村的移风易俗活动开展得比较早。20 世纪 90 年代，余村就响应安吉县委县政府的号召实行殡葬改革。1997 年，余村建造了村级的生态公墓，1998 年，余村开始实行殡葬改革，火葬后骨灰放入公墓。2002 年，中央文明委授予余村"全国创建文明村镇工作先进单位"称号。

2005 年前后，余村成功开展了以"酒席减负、圈养家畜、餐桌光盘、限药减肥、文明治丧"等为主要内容的移风易俗行动。[①] 在 2012 年和 2017 年的争创省级和国家级文明村的过程中，余村坚持不懈，进一步强化移风易俗的工作，刹住赌博、迷信、喜事丧事大操大办等不良风气和陋习。在坚持不懈的移风易俗活动影响下，余村虽然比较富裕，但很少出现喜事丧事大操大办的情况。

余村近年所做的一件移风易俗的大事是在全村实行禁售禁放烟花爆竹。过年过节、逢喜事燃放烟花爆竹是中国人长期的风俗习惯，不仅农村，城市市民在年节、喜庆时也要放放烟花爆竹，图个热闹、吉庆。燃放烟花爆竹虽然带来了热闹和乐趣，但是也产生环境污染，春节时尤甚，而且还有安全隐患。政府和群众虽然都知道它的危害，却很难把它禁掉，即便城市也是如此。年节、喜庆的时候如果不放烟花爆竹，似乎就没了热闹、吉庆，节都"哑"掉了。对余村的"双禁"工作，起初干部群众也有疑虑，担心城市都很难做到的事情余村能不能做成。安吉县的领导还为余村提供过折中性的过渡方案，建议余村除夕至春节期间可以放开几天，但余村干部的回答很坚决，认为"要搞双禁就要彻底，否则禁不了，我们除夕春节一样禁放"[②]。这份坚决来自对余村干部班子和村民觉悟的信心。

余村的"双禁"工作从 2017 年 11 月开始，分两个阶段井然有序地铺开：第一

---

① 鲍新民的"见证改革开放　践行'绿水青山就是金山银山'理念"报告。
② 潘文革的"余村开展'双禁'工作情况汇报"，于 2018 年 3 月 2 日上午在天荒坪镇推行"双禁"工作讨论会议上，代表余村经验交流发言。

阶段，2017 年 11 月至 12 月 31 日期间为倡导阶段，主要是宣传、营造氛围，树立模范典型；没有惩处，但有奖励。这个阶段里，通过大力宣传、耐心细致做工作，起到了较好的效果，无论婚丧喜事，要求做到尽量不放、少放。第二阶段，从 2018 年 1 月 1 日起，为禁放正式实施期，除了加大宣传，还制定了奖惩措施，开展了一系列配套服务工作，收到了十分理想的效果。无论婚丧喜事、除夕春节，全村没有任何人燃放烟花爆竹，外地来余村祭拜新年的也十分理解支持，没有出现一起违规事件，全体村民一致叫好。2018 这个春节是余村历史上第一个不燃放烟花爆竹的新春。①2018 年余村的"双禁"工作取得成功以后很快就在天荒坪镇和安吉县范围内得到了推广。才一年多的时间，不仅余村，而且安吉县内，也逐渐习惯了年节和喜庆活动中不再燃放烟花爆竹。

燃放烟花爆竹是中国人尤其是农村人长久以来的习俗，余村如何做到了短时期内就将此禁掉？归纳起来大体有三个方面的经验：第一，村干部针对全村村民的宣传说服工作细致到位、循序渐进，保障工作充分、奖惩分明；第二，充分争取上级政府对工作的支持；第三，有比较完善的替代性方案。

关于宣传保障工作，余村从村班子到全体党员、村民代表，最后到全体村民大会做了一层层循序渐进的动员。第一步，村班子统一思想，下定决心要推进移风易俗，实行"双禁"。第二步，和村民组长、妇女队长坐下来讨论具体方案。第三步，召开全村党员和村民代表大会讨论并表决通过。第四步，召开全体村民大会，宣布决定，公布"四会"——红白理事会、村民议事会、道德评议会、禁毒禁赌会——组织成员名单、颁发聘书，各层代表表态发言，村民宣誓。村里组织了走村入户大宣传活动，印发"村规民约"，分小组走进每家每户，宣传移风易俗、禁燃禁放，禁止放养家禽家畜，倡导文明新风工作，统计家禽家畜饲养情况，并让农户在"村规民约"和统计单上签字认可。每个小组宣讲员由村干部一名、镇干部一名和各组的队长和妇女队长参加，有的村民小组农户全部签字同意。村班子分工明确，平时分工不分家，齐心协力一起抓，听到有谁家要办婚丧喜事了，就提前打招呼，做工作，防患于未然。

在宣传方面，"双禁"工作做到了全面覆盖：（1）倡议书发了 2 次，发到每家每户，第二次的倡议书后面还印上了《余村村民行为准则》（30 条），明确告知奖惩内容。（2）公告张贴到各个自然村和村务公开栏。并通过微信群发宣传，也要

① 潘文革的"余村开展'双禁'工作情况汇报"。

求向村外的亲属们告知余村的禁令。（3）立了三块"全村域禁止燃放烟花爆竹"禁牌在村口、自然村和公墓入口处，随时提醒。（4）典型宣传，借用电视、报纸，从县媒体到央视都有宣传鼓舞。（5）2017年12月15召开村民大会，邀请县、镇领导参加，宣布余村深化精神文明建设系列活动具体方案，轰轰烈烈搞宣传；2018年2月5日（农历十二月二十）又召开了余村"2018迎新春文艺汇演暨全体村民大会"，对本村模范带头的8户进行了公开表彰，颁发奖状，并对农历十二月三十前模范遵守的农户也补发奖励。从新春初一开始，全村按照《余村村民行为准则》来考核奖励。（6）"农民信箱"一天一播，除夕前几天还一天两播，加大宣传力度。

余村移风易俗的"双禁"工作主要靠启发党员干部和普通村民的文明觉悟，同时也采取了奖惩分明的措施。如2017年底的倡导阶段对12户"双禁"模范给予表彰；2018年开始按照《余村村民行为准则》来严格考核，自评、组评，再由道德评议会来综合考评，将村民的权利和义务进行了密切挂钩。余村"村规民约"第6条对违反"双禁"有明确惩罚措施——全年禁放烟花爆竹，如有违反者须缴纳村庄保洁费100—500元，仍不听劝告擅自燃放者，将被全村通报，并酌情减少直至取消相关普惠性待遇。余村推行"双禁"的移风易俗工作体现了德治与法治相结合的特点。

余村的"双禁"工作能够顺利推进，除了得到上级政府的鼓励、支持，还有非常重要的一点，就是以更有内涵、趣味的替代性活动疏导了村民的情绪，形成了新的节庆和喜庆风尚。具体来说，就是用鲜花代替祭拜的烟花爆竹；用敲锣打鼓代替婚丧喜事的烟花爆竹（敲锣用于丧事，打鼓用于喜事）。春节的时候村庄沿线张灯结彩，安装了带亮化功能的灯笼、中国结等，增加节日欢快的氛围。在除夕和元宵节，村干部带着村里的舞龙队、腰鼓队走村入户，营造节日欢快氛围，村文艺节目参与者个个都成了"双禁"工作坚定的志愿者。[①]

除了禁燃禁放烟花爆竹之外，余村还推进了酒席减负、文明养犬等多项移风易俗的举措，也都卓有成效。在余村的村道和小巷旁漫步，几乎看不到有放养的狗溜出来惊吓游人，游客可以自由自在、安全惬意地参观游玩。这对于习惯了养狗看门的村民而言也是不容易做到的文明风尚。

---

① 以上关于余村"双禁"工作的经验介绍，均引自时任村书记潘文革"余村开展'双禁'工作情况汇报"。

第三节　文体设施建设与文明创建活动

一、文体设施建设

改革开放以来，一定程度上得益于村集体经济的富裕，余村的文体设施建设在周边称得上先行一步。1988 年，余村扩建了余村小学新教学大楼，开通了闭路电视供村民免费享用。1998 年 10 月 28 日，隆庆园景点开园，千年古刹隆庆庵修复工程竣工。

进入新世纪，余村的文体设施建设得到了各级政府的大力支持，发生了巨大的改观。2014 年余村兴建了文化礼堂，包括数字电影院、舞台。数字电影院白天循环播放余村"绿水青山就是金山银山"资料片，每日接待党政代表团和中外游客达数千人。群众文体生活方面，2014 年修建了灯光篮球场、羽毛球场、门球场、地掷球场。村里另有老年活动室、春泥活动室、图书阅览室，有室外健身房 3 处，有大小公园 9 处，最大的是"两山"会址公园。公园建成于 2015 年 8 月，占地面积 56 亩，建筑面积 16 亩，绿化和水系景观面积 2.8 万平方米。公园里种植有银杏、香樟、红枫、红豆杉、榉树等名贵树种。公园主要由"两山"纪念石碑、院士林、党建文化广场、"两山"会址展示馆、文化礼堂、数字电影院、便民服务中心、休闲广场等组成，是村民、游客茶余饭后休闲散步场所，属余村生态旅游区块。

余村经常性开展各种形式的文化宣传教育活动，同时利用公共宣传橱窗、展板、宣传册、科普触摸屏终端、微信公众号、网站专栏等新媒体、自媒体形式开展多方位的宣传和普及，全面提高村民的文化素养。余村充分发挥"两山"会址教育基地、文化礼堂、电影院、农家书屋、美丽乡村大学、道德讲堂、科普教育基地等各类场所及设施的作用，为青少年文化活动提供社会大课堂。通过现有的文化活动场所和设备，经常性组织开展针对村民的文化宣传教育工作。文化宣传栏是创建的主要活动载体，结合农事季节和中心工作，对公共场所的文化宣传栏定期更换时新内容，宣传文化知识和党在农村的各项方针政策，使其充分发挥文化阵地的作用。

二、大型文化活动及文明创建

近几年，余村组织开展了各种规模和类型的文化类活动：全国科技工作者日宣传活动、全国休闲农业和乡村旅游大会启动仪式、省级世界环境日宣传活动、全县美丽家庭创建妇联工作汇报会、全县文化礼堂精品节目巡演、寻找浙江——外国人眼中的最美乡村、浙江省美丽乡村奥运会、美丽交通走廊——环浙自行车赛、全球森林宣言公益植树活动、国民体质监测等，在全省乃至全国引起了广泛的示范效应。

余村推广文化活动，也分别在党员、青少年、农民等各群体中，通过讲座、培训、展览、文化下基层、综合文体活动等形式新颖、内容丰富的文化普及方式，动员大家主动参与文明创建工作。

1. 加大党员文化教育力度，提高队伍整体文化素质

通过利用党员远程教育平台、电子大屏幕等技术，抓好村党员和干部科技文化培训，有效地开展"两学一做"、收看"做合格党员"、学习党内监督条例、党员固定活动日志愿行动等系列活动，推动村基层党员干部文化素质培训工作进一步发展，并在采取文化教育培训制度的基础上，积极倡导党员及基层干部自学自律精神。

2. 开展青少年文化教育，推进未成年人思想道德建设

举办"绿水青山就是金山银山"理念宣讲培训、青少年消防安全演练、阅读亲子课堂、全镇生态文明全民行动、暑期春泥科学知识讲堂等寓教于乐的文化宣传教育活动，让青少年踊跃地参加到活动中来，既拓宽了青少年的视野，又培养了他们热爱科学、创造美好未来的自信心。

3. 做好农民文化知识培训，提高全民素养

每年组织开展"美丽家庭"、"五型先锋"等典型榜样的评选活动作为大家学习美好家风和美丽乡村建设的榜样。组建一支由农业、科技、教育及农村示范户、科技带头人参与的科技服务队伍，根据特色农业和农民生产实际需要，积极开展以成校培训班为主渠道的农村实用技术培训。每年组织对村民进行实用农业种植技术、绿化和花卉种植、垃圾分类课程、美丽乡村经营、野生动植物保护、食品安全知识、妇幼卫生健康知识等培训，号召村民积极参与，搞好农民的文化知识培训，进一步提高劳动者的文化素质。

4. 精神文明创建

村两委成立了以村党支部书记和村主任为组长，其他村两委成员为成员的村级领导小组，负责落实精神文明创建工作，召开会议制定精神文明建设工作计划、星级文明户评选、暑期春泥计划、志愿者队伍服务等相关重要工作，并定期汇报各项工作的进度情况，及时商讨、解决问题。在全村范围内通过入户发放倡议书宣传星级文明户创建活动，发动全村上下积极参与，按照镇村干部、党员村民代表各级参与等规范的民主的评议程序，评选出符合标准的星级文明户，并予以公示、挂牌亮户，以示表彰。

为提升村民的科技素养和安全意识，养成健康文明生活方式，余村每月至少组织村民参加两次食品安全、社保、防诈骗、垃圾分类、消防知识、疾病预防等内容的宣传普及活动，对外出务工的农民和外来务工的工人，每季度至少组织一次创业就业、电子商务、文明素质、健康卫生等各方面讲座培训。

5. 民主法治文化建设

2014年余村建成法治宣传文化长廊，利用法治文化长廊、法律图书角、"一张网"综合治理信息平台、消防教育馆等场所设施推动普法教育经常化，修编"村规民约"使普法教育制度化。聘用法律顾问向村民传播法律知识、解答法律咨询、提供法律援助。2018年8月24日，《法制日报》头版头条刊登了《余村的12年民主法治路》，报道了"12年来"余村人如何借力民主法治建设一步步把绿水青山变成金山银山。

6. 加强有力度、有特色的科普教育

平台方面有公共宣传橱窗、展板、宣传册、科普触摸屏终端、微信公众号、网站专栏等科普宣传阵地。村里成立了科普工作小组，由村党支部书记担任组长，得到了上级科普机构大力支持，经费有保障。利用两山会址红色教育基地，为青少年提供科普社会大课堂教育，2016年、2017年举办"绿水青山就是金山银山"理念宣讲5次，青少年消防安全演练2次，科普阅读亲子课堂3次，暑假春泥科学知识讲堂3次。结合农事季节和村中心工作，村委负责人及时更换科普宣传栏内容，为村民提供科普信息。2015年至2017年开展农村实用技术、绿化和花卉种植、野生动植物保护、食品安全知识和妇幼卫生健康知识培训共30余场，参加培训达1600余人次。从历年来的科普建设获奖情况及基地建设可以看出余村抓村民科普的成效：（1）2005年11月湖州市科学技术协会授予余村"市级科普村"荣

誉称号;（2）2008年12月被浙江省科学技术协会授予"浙江省科普示范村"荣誉称号;（3）2014年建成全国首个村级消防教育馆;（4）2015年8月建设完成两山会址公园;（5）2016年3月,获浙江省"森林人家特色村"奖荣誉称号;（6）2016年10月,获浙江省"生态教育基地"荣誉称号;（7）2016年10月成为华东理工大学马克思学院"绿色发展实践教育基地";（8）2017年5月,首个全国科技工作者、浙江站分会场在余村举行;（9）2017年6月,第46个"世界环境日"宣传活动在余村举行;（10）2017年获"湖州市社会科学普及基地"奖。

卓有成效的科普建设大大提高了余村村民的科技知识素养,为保护绿水青山并将其转化为金山银山提供了科技支撑。

第四节　丰富多彩的群众文化生活

一、文体团队和日常文化生活

余村有文体团队多个,其中体育团队有篮球队、门球队、地掷球队、乒乓球队,文艺团队有舞蹈队、健身操排舞队、腰鼓队、大鼓队、舞龙队。舞龙队一般由26人组成,其中11名男队员舞龙、15名女队员舞荷花;篮球队的成员主要是年轻人,门球队、地掷球队主要是老年人,文艺团队的成员主要是妇女。这些文体团队都有专门的负责人和指导老师,还不时地会请镇里和县里的专业人员来指导。

表1　余村银龙舞龙队名单（部分）

序号	姓名	性别	序号	姓名	性别
1	胡青宇	男	10	吴雪根	男
2	胡加仁	男	11	汪 杰	男
3	李熙庭	男	12	洪月明	女
4	胡领平	男	13	姚文珠	女
5	周 平	男	14	赵双菊	女
6	鲍金贵	男	15	胡爱莲	女
7	李志荣	男	16	俞月仙	女
8	叶百能	男	17	丁珊珍	女
9	宋金贵	男	18	俞云莲	女

续表

序号	姓名	性别	序号	姓名	性别
19	单燕琴	女	23	程雪萍	女
20	俞榴红	女	24	黄有珍	女
21	葛美芳	女	25	王惠娟	女
22	王苗菊	女	26	邵菊英	女

　　资料来源：余村村委会提供。

表 2　余村两山大鼓队名单（部分）

序号	姓名	性别	序号	姓名	性别
1	曹文琴	女	13	柯华芳	女
2	姚仙娥	女	14	洪月明	女
3	潘培琴	女	15	俞云莲	女
4	胡佳云	女	16	楼惠芬	女
5	朱美婷	女	17	周爱林	女
6	曹亚萍	女	18	钟姣珍	女
7	徐　璟	女	19	陈香珍	女
8	柯杏芳	女	20	葛美芳	女
9	张林娣	女	21	邵菊英	女
10	章淑静	女	22	胡育琴	女
11	申屠妙仙	女	23	胡银花	女
12	王月仙	女			

　　资料来源：余村村委会提供。

表 3　余村健身操排舞队名单（部分）

序号	姓名	性别	序号	姓名	性别
1	洪月明	女	12	姚文珠	女
2	丁姣珍	女	13	谢春花	女
3	俞月仙	女	14	俞云莲	女
4	胡秀芳	女	15	姚仙娥	女
5	邵菊英	女	16	胡爱莲	女
6	陈小飞	女	17	胡银花	女
7	李苗芳	女	18	双桂娣	女
8	章宁芳	女	19	胡维红	女
9	徐小莲	女	20	管新莲	女
10	赵双菊	女	21	杨金珍	女
11	葛美芳	女	22	胡育琴	女

　　资料来源：余村村委会提供。

从我们调研了解到的情况看，目前余村最活跃的文体团队是腰鼓队、大鼓队和健身操排舞队（这三支队伍的人员基本是重合的），负责人是曾任余村妇联主任的王月仙女士。余村的广场舞很早就有，腰鼓队、大鼓队最近几年变得更为活跃，在 2017 年开始的"双禁"活动以后，腰鼓队、大鼓队发挥了很大的替代、疏导性作用。余村的腰鼓队有 30 个人，大鼓队 23 人，王月仙女士敲镲，相当于鼓队指挥。王女士在访谈中讲道："我们村里前年开始禁止放鞭炮，我们村是安吉第一个开始禁的。禁了之后呢，我就想，人家嫁女儿讨媳妇都要热闹的，我想搞一个又唱又跳又敲的，这样不是比放鞭炮更好嘛。"[①] 于是就从网上找来视频看，并且找人来教大鼓。当时正好有杭州电子科技大学大四学生沈小排在余村实习，他有音乐才能，擅长跳舞，先自己学好敲大鼓之后再来教村里的阿姨们跳。这些习惯了干农活的农村妇女很快就学会了热情洋溢的大鼓，不仅在村里的喜事、节庆时派上了用场，在村里禁燃禁放鞭炮之后发挥了活跃气氛的喜庆作用，而且还走出余村参加各种文化走亲活动，镇里、县里的一些剪彩、开幕式的大型活动都会邀请她们去参加，因此她们经常会有排演，村里的文化广场上只要不是雨天，都能听到她们热闹的锣鼓声。

腰鼓、大鼓和健身操排舞等文体活动不仅丰富了余村村民的业余文化生活，而且提高了村民的精神境界，起到了寓教于"乐"的作用。余村排舞队的名字叫"两山美"，扇子舞的节目中有"两山美""不忘初心，牢记使命""美丽余村欢迎你"等等，在余村的"村晚"中都亮过相。王月仙说："以前我们是吃过晚饭后搓麻将、打官牌（扑克），现在没有了。"通过在一起又唱又跳，村民们的心态也变得更积极乐观，彼此的感情变得更融洽，矛盾也少了。王女士还说道："我们这班人都是有奉献精神的，当时组织的时候我就说了，我们出去都是不收钱的，我们都是志愿者。我们既是大鼓队，又是志愿者。我们到人家家里敲大鼓，就喝一杯茶，什么东西都不收的。我们的成员，她们上班搞活动，三百多块钱一天她们都不去。她们都有奉献精神。我是喜欢嘛。老了嘛，六十多岁了，其他什么东西都不想搞了。我是想，我头上有三点水（党员），那么多年的老党员了，我 18 岁入党的，再说我们是 50 年代的人啊，思想风格都是不一样的。"[②] 在访谈和表演中这位年轻时就是村里的文工团员、老党员，"正能量"十足，她领队的余村大鼓队和腰鼓队

---

① 王月仙访谈记录，访谈时间：2019 年 3 月 6 日，访谈人：李旭。
② 王月仙访谈记录，访谈时间：2019 年 3 月 6 日，访谈人：李旭。

也极大提振了余村妇女乐观向上的精气神。

二、节庆活动

除了日常的文体活动外，余村的节庆文体活动也比较丰富。例如，每年的三八趣味运动会，秋季举行的丰收节，除夕、元宵的舞龙和鼓队表演，另外就是春节前的由余村人举办的春节联欢会（简称"村晚"）。余村的第一届"村晚"始于2013年，以后每年都搞，节目以本村村民与文艺团队为主，也会以文化走亲、村企共建等形式邀请友情团队。笔者有幸看到了余村2019年的"村晚"，晚会由本村青年主持，在本村大鼓队、腰鼓队锣鼓喧天的热闹表演中开场，节目有歌舞表演（包括演唱余村村歌）、小品等，村里男女老少齐上场，虽然是业余的民间表演，但并不粗糙，颇有艺术水准。晚会还邀请了共建单位中国工商银行浙江省分行和赞助企业浙江恒林椅业股份有限公司，两家单位都带来了精彩的、高品位的节目。另外，天荒坪镇文化站也提供了节目支持。村里多样的文艺人才、文体团队，再加上高水准的友情支持，使得余村这台村级的春晚既接地气又有档次，精彩纷呈，丰富了村民的文化生活。

专

题

篇

开拓创新　赓续前行

ZHUANTI PIAN
KAITUO CHUANGXIN GENGXU QIANXING

中国村庄发展

绿　色　　崛　　起

浙江推进乡村绿色发展的探索与启示
——以浙江省安吉县余村、鲁家村、天台县后岸村为例

2003 年 8 月 8 日，时任中共浙江省委书记习近平同志在《浙江日报》"之江新语"专栏发表的《环境保护要靠自觉自为》一文中首次指出："'只要金山银山，不管绿水青山'，只要经济，只重发展，不考虑环境，不考虑长远，'吃了祖宗饭，断了子孙路'而不自知，这是认识的第一阶段；虽然意识到环境的重要性，但只考虑自己的小环境、小家园而不顾他人，以邻为壑，有的甚至将自己的经济利益建立在对他人环境的损害上，这是认识的第二阶段；真正认识到生态问题无边界，认识到人类只有一个地球，保护环境是全人类的共同责任，生态建设成为自觉行动，这是认识的第三阶段。"[1] "绿水青山就是金山银山"理念的核心精髓一是强调了绿水青山即生态环境的重要性和价值，它既是人类赖以生存的物质基础，又是人类可持续发展与幸福的源泉，决不以牺牲环境为代价去换取一时的经济增长。二是强调了将经济发展与生态保护结合起来，保护生态就是保护生产力，实现经济发展与环境保护关系由矛盾走向双赢。"绿水青山就是金山银山"理念的提出开启了浙江乡村推进绿色发展的历程。

一、浙江推进乡村绿色发展、高质量发展的历程

作为我国民营经济的发源地，浙江在经济发展初期的发展方式是粗放的，来料加工、小五金制造、开矿采石、塑料印染、生猪养殖等经济回报率较高但污染较重的行业得到了快速发展。粗放式发展方式加上环保工作不到位，浙江的可持续发展受到了严峻挑战，并在 20 世纪末期进入冲突期。在 20 世纪末期，浙江摒弃先污染再治理的路子，开始把生态文明摆在发展的首位，坚持走绿色发展、高质量发展道路。在这条新的发展道路上，综合来看，浙江一共经历了四个较为明

---

① 习近平：《之江新语》，浙江人民出版社 2007 年版。

显的发展阶段。

第一阶段：从注重经济发展到生态环境为先。改革开放之初，浙江敢为人先，民营经济获得了较快发展，但同时也带来了生态环境的破坏。在 20 世纪末期，浙江资源需求的高速增长与生态环境的持续恶化的矛盾开始集中显现，人民群众日益增长的美好生态环境需求与低质生态环境供给之间的矛盾激化，浙江经济社会可持续发展受到严峻挑战，到了必须统筹考虑区域生态环境与经济社会发展关系的关键期。为此，浙江从矛盾较为突出的问题入手，逐步将生态环境建设提上全省的发展战略。其中，在 1998 年 10 月国家有关部门发起治理太湖的"零点行动"中，安吉成为重点整治对象，关闭了全县 74 家污染企业，并在全县财政收入只有 4000 多万元的情况下先后投入 8000 多万元对生态环境进行治理。

第二阶段：从确立生态为先到生态环境全面治理。生态为基，生态为本，要走绿色发展、高质量发展之路必须先对生态环境进行全面治理。2003 年，浙江省委、省政府推出了"千村示范、万村整治"工程，一场旨在打造"绿色浙江"的战役全面打响。时任浙江省委书记的习近平对这项工程亲自调研、亲自部署、亲自推动，并提出了"用城市社区建设的理念指导农村新社区建设"等一系列先进的理念。之后的每一年，浙江省委、省政府都将这项工作列入重点，确保了政策、资源、资金、人才对此领域的持续投入。为全面提升乡村生态环境，2004 年 10 月 11 日，浙江省正式实施"811"环境污染整治行动，即对全省八大水系和 11 个省级环境保护重点监管区实行环境污染整治。之后，全省各地开展了重点流域、重点区域、重点行业、重点企业以及农业农村面源污染综合整治工作，甬江、曹娥江、飞云江、椒江、鳌江、钱塘江、太湖、瓯江 8 个流域的污染整治工作如火如荼推进，每年都有一批环境污染重点监管地区实现"摘帽"。2010 年，浙江省委十二届七次全会作出了《关于推进生态文明建设的决定》，提出要坚持生态省建设方略、走生态立省之路，打造"富饶秀美、和谐安康"的生态浙江，进一步强调要把生态文明建设与人民福祉紧密联系起来，提高全省人民的生活品质。经过近 10 年持续不断的努力，浙江乡村的生态环境建设全面展开并取得了突出的成效。

第三阶段：从生态环境全面治理到美丽乡村建设。随着"千万工程"的深入实施，浙江乡村的环境不断变美，并逐步演化成了美丽乡村建设的行动纲要、发展规划、建设标准、考核验收等一系列制度体系。2010 年，浙江省进一步从居住、环境、经济、文化等四大方面着手建设美丽乡村，并在此过程中提出了"留住消逝的历史、留住乡愁"、不要"盆景"要"风景"等符合美丽乡村发展规律的理念。同时，康庄工程、联网公路、万里清水河道、农村电气化改造、农村危旧房改造等工程相继实施，这让浙江乡村生态环境出现了质的提升。浙江农村生活垃圾集中处理建制村全覆盖，卫生厕所覆盖率 98.6%，规划保留村生活污水治理覆盖率 100%，畜禽粪污综合利用、无害化处理率 97%，村庄净化、绿化、亮化、美化，造就了万千生态宜居美丽乡村，为全国农村人居环境整治树立了标杆。2018 年 9 月，浙江"千万工程"获联合国"地球卫士奖"。

第四阶段：从美丽乡村建设到绿色高质量发展。浙江省委、省政府继续在高起点上打造美丽乡村升级版。根据 2016 年印发的《浙江省深化美丽乡村建设行动计划（2016—2020）》，浙江的美丽乡村将进一步从"一处美"向"一片美"转型，更加注重"以人为本"，以期真正实现"产、村、人"融合、"居、业、游"共进。2016 年，浙江主动请缨，成为全国唯一一个农产品质量安全创建省，并推动农业生态环境与农产品质量安全得到显著改善，农业农村向着绿色化、品质化方向发展。2018 年，浙江成为全国唯一省部共建乡村振兴示范省，将全面实施万家新型农业主体提升、万个景区村庄创建、万家文化礼堂引领、万村善治示范、万元农民收入新增"五万工程"，全面推动乡村产业振兴、人才振兴、文化振兴、生态振兴、组织振兴，推动浙江广大乡村深入实施绿色发展、高质量发展。惠及广大农民的一、二、三产融合发展与乡村民宿产业在浙江获得了较好发展，全省乡村经济发展结构也发生了深刻变化，由农业经济主导变成了服务经济主导，订单农业、休闲旅游、民宿康养等新型经济形态对农民增收的作用越来越显著，成为全国美丽乡村建设的典型代表，正朝着大花园省份的道路前进。

二、浙江乡村推进绿色发展的做法

余村作为"绿水青山就是金山银山"理念诞生地率先转型发展，多年来始终践行"绿水青山就是金山银山"理念，坚持绿色发展，取得了令人瞩目的成绩。在浙江，以"绿水青山就是金山银山"理念为引领，坚持绿色发展，实现"蝶变"的村庄还有很多，本文选取天台县后岸村、安吉县鲁家村为例。

（一）天台县后岸村：生态文明＋共创共富

后岸村位于浙江省天台县街头镇，距天台县城 34 公里。全村有 350 户，土地面积约 800 亩，山林面积 3200 多亩，是国家 AAAA 级旅游景区——龙溪寒岩景区的景中村。

与安吉县余村较为类似，后岸村曾经是典型的靠山吃山的村庄。村里依山取石的历史已有上百年，岩坦头的石矿资源成为当地村民的致富来源，并在 20 世纪 90 年代发展到了极致，村集体收入高达 24 万余元，村里建起了自己的电影院，被街头镇人称作"小香港"。但是，后岸村也为此付出了惨重代价。因开采石材导致石尘满天飞，污水横流、空气污浊，路人掩鼻而过，生态环境变差。大量石头粉尘被吸入采石农民的肺内，石肺病成为一种普发的职业病，到 2000 年村里出现因石肺病死亡的村民，更有几十名村民因采石事故致残致死。村庄转型发展势在必行。2007 年，村里抓住浙江省开展美丽乡村建设的契机，关闭了赖以为生的石矿，依托当地的山水资源，开始转型走绿色发展之路。

1. 开展美丽乡村建设、发展美丽经济

2011 年，村党支部带领后岸村民修复生态并依托保留下来的"寒岩洞天"等景观资源，以"拆违建、清溪流，堆整齐、扫干净，种满园、点漂亮，增收益、人和谐"为目标，推进美丽乡村建设。修公路、亮路灯、集污纳管、美化村道、治理溪道，并在溪水里和村内部的循环水道里养起了锦鲤，使村庄通达方便、干净整洁。建设石文化一条街，改建原村影剧院为文化大礼堂；发掘寒山隐逸文化，将"和合文化"、后岸传统婚嫁节目、传统美食再现，提升了后岸村的文化内涵并将无形文化资源显性化，文化成为后岸村融合发展的一个重要桥梁。此外，后岸村将农旅和体旅相融合。村内建免费体育馆，吸引全国各地都来此举办大型的气排球比赛等。每次比赛都可以带动村内的乡村旅游，带动农副产品销售、民宿入住等，实现销售收入上千万元。同时，建设了配套休闲旅游设施与游乐项目，建成农副产品交易市场、游客接待中心，开发始丰溪漂流、趣味垂钓区、生态停车场，新增亲子乐园、练武场、锯木场等旅游项目，丰富了后岸村的经营内容。

2. 集聚化发展农家乐

该村集体注册了浙江天台寒山旅游开发有限公司，奉行"一个村就是一个宾馆、一家企业"的理念，创新推出"村 + 公司 + 农户"、"统分结合、公私共赢"的"四统一"（统一装修设计和标准化业务指导，统一宣传营销，统一分配客源，统一内部管理和服务标准）经营管理模式。每个季度，村里的农家乐分为三个组，选举一个人负责客人投诉、餐饮标准，客源则按照每张床位一年能入住的游客人次进行平均分配。从事农家乐经营的相关农户达到 200 多户。农家乐集聚化发展吸引了大量游客，不仅带动了水果、蔬菜、畜禽等种养业的发展，也带动了馒头、年糕、黄酒、豆腐、工艺品等农副产品加工业的发展及文化旅游产业的发展。

后岸村由当初单纯的农家乐经济发展成为集漂流、登山、垂钓、观光、休闲、采摘、餐饮、住宿及商务接待于一体的综合性休闲度假村，实现了"农、文、体、游"四位一体的产业互动、融合。2018年全村共有71家农家乐经营户，1800多张床位，餐位5000余个；年均举办大型赛事活动10余场次，接待游客近百万；全村乡村旅游收入超过2000万元，农家乐经营户年均收入超过18万元；全村人均收入从2011年的6000元增长到2017年的4万多元；村集体经济在2012年从零起步升至2017年的400多万元，户均年纯收入达20万元。

3. 多村联动发展

在后岸村发展基础上，按照"组团促互补、片区带全域"的思路，以后岸村为示范引领，联动街头镇张家桐村、遮山村以及龙溪乡黄水村、寒岩村、始丰源村、寒山村等共7个行政村，规划总面积26.89平方公里。成立乡村振兴学院，组建党建联盟，实施党日共学、项目共谋、区域共建、资源共享，打造精品民宿、创意农业、文化体验、休闲娱乐、养生养心为一体的寒山田园综合体、农旅集聚区和乡村振兴示范区。

后岸村已成为浙江省农家乐发展的样板村，实现了美丽乡村建设向美丽乡村经营的转变，形成了生态文明和共同富裕的"后岸模式"，成为全省乃至全国乡村振兴的鲜活样本。

（二）安吉鲁家村：田园鲁家综合体

鲁家村位于安吉县城东北部，全村总面积16.7平方公里，以山地丘陵地形为主。2011年时的鲁家村村集体收入只有18000元，卫生在全县187个村中倒数第一，是一个"脏、乱、差"、无名人故居、无古村落、无风景名胜、无主导产业、只有最原始的小规模耕作农业，各项资源、产业基础均不突出的"落后"村，村集体的外债就有150万元。2011年村党支部从整治村庄环境着手，大胆探索"绿水青山就是金山银山"的实现路径，融合传统乡村治理经验与现代乡村建设创新模式，使鲁家村原本垃圾遍地的"脏、乱、差"面貌得到根本改变，走上了乡村振兴的康庄大道。2018年村集体资产由2011年不足30万增加到2.55亿元，村集体经营收入从1.8万元增至400万元，农民人均收入由1.47万元增至3.88万元，2014年农民股权每股价值375元，到2018年增至25512元，增长67倍。鲁家村因此成为高质量推进乡村振兴的典型和高水平全面建设小康社会的示范村。

经过几年的发展建设，鲁家村探索出了一条美丽乡村建设和经营创新之路。主要做法有：

1. 建立"党支部＋公司＋家庭农场"的经营模式

以18个各具特色的农场为载体，开展村庄经营，不断放大融合发展效益。通过家庭农场的建设、美丽乡村经营公司的落实，将鲁家村打造成"游、吃、住、购、娱乐"的旅游大景区，不仅可以增加村级集体收入，还可以促进村民增收。2015年，鲁家村联合社会资本成立了安吉乡土农业发展有限公司和安吉浙北灵峰旅游有限公司鲁家分公司。安吉乡土农业发展有限公司在村党支部、村委会的领导下，负责协调旅游经营主体、政府部门及项目经营主体，推动鲁家村发展规划的实施；浙北灵峰旅游有限公司鲁家分公司则具体负责鲁家村旅游项目的运营及产业发展，专注"鲁家"统一品牌运营。2017年成立了美丽乡村培训学校（两山学院），将政务接待由包袱转化为资源，顺利实现模式输出。

2. 推动资源变资产、资本变股本、农民变股民的"三变"改革

鲁家村在美丽乡村建设过程中，推动美丽乡村向美丽经济转变。一是以绿水青山的商品化、资产化、价值化为目标，深入推进集体资产改革和农村产权制度改革、生态体制改革，在明晰绿水青山产权价值的同时，激活各种资源要素，探索和推进资源的活化利用及可持续利用。二是整合乡土资源打造乡村旅游示范区。鲁家村充分利用山林田园和乡村民居的资源优势，建设集"生产、研学、亲子、观光、养生、休闲"为一体的乡村旅游示范区及国家首批田园综合体示范区、"两山"理念研学区、乡村旅游样板区、家庭农场集聚区。三是创新资源要素配置机制，推动资本变股本、农民变股民。在村集体产权改革基础上，通过以村集体资产折价入股安吉乡土农业发展有限公司，占49%股份。村民变"股民"，还能享受一笔不小的分红收益。同时，村里从村民手里把土地租来再转租给农场主，通过土地流转，土地资源变资本，吸引了越来越多外来的企业和工商资金进入乡村。除此之外，18个农场中仍有三分之一为村民自办，通过农产品销售、旅游观光等产生创业收入，实现了村集体资产和村民资产的保值增值。

3. 推动实现"三产"融合、"三生"融合、"三位一体"

一是创建国家级田园综合体，通过基础设施、产业支撑、公共服务、生态环境建设及农居改造，实现农村生产、生活、生态"三生"融合。二是以田园综合体

为基础，打造一、二、三产业融合发展产业体系。18 个农场实行各具特色的差异化发展，并以旅游为龙头带动了农产品销售及加工、餐饮、民宿、农家乐、伴手礼等旅游产品的发展。三是通过鲁家两山学院，打造集研学、培训、经验输出等一体的平台，在总结推广"绿水青山就是金山银山"理念实践成果的同时，也促进了农民增收、集体经济增效。

三、践行"绿水青山就是金山银山"理念，推进绿色发展的启示

安吉县余村、鲁家村与天台县后岸村，三者虽然相隔遥远，但是发展轨迹十分相似，都是在生态文明发展大背景下，以"绿水青山就是金山银山"理念为引领，走休闲旅游经济的发展道路，并实现了绿色发展、融合发展，成为全国村庄中的佼佼者。

三个村的发展经验对国内其他村庄发展至少在以下三个方面具有重要的启示意义：

（一）要创新发展理念才能重构经济结构

由于多种原因，我国山区其经济社会发展一直滞后于沿海平原地区，虽是我国乡村振兴的重点和难点，但也有可能成为亮点。长期以来，山区农村普遍靠山吃山，以农业、林业为主，要素经济回报率偏低，经济结构难以优化，长期无法逃离低水平均衡发展陷阱。余村、鲁家村与后岸村同属于土地资源稀缺型山区村庄，而且离大都市均较远，无法率先承接大都市经济发展外溢效应。但是，在发展的十字路口不得不面临选择的时候，余村、后岸村均主动放弃"石头经济"，鲁家村也重新选择发展方向，面向未来大胆创新，以"绿水青山就是金山银山"理念为引领，在保护绿水青山的同时，将休闲旅游经济作为最核心的产业加以大力发展。守正笃实，久久为功，通过 10 多年的持续发展，三个村终于将休闲旅游经济打造为全村惠民增收的支柱产业，使农村的要素回报率脱离低水平均衡陷阱，向工业与服务业等要素回报率较高行业逼近甚至超越，并带动农村经济结构优化，走上良性发展道路，实现了赶超沿海平原地区的发展。

暂时处于发展劣势的乡村，要充分认识到绿色发展是时代大趋势。在乡村振兴、绿色发展等新时代发展背景下，处于劣势的乡村应面向未来大胆创新，舍弃原有的资源消耗型发展模式，顺应绿色发展大势，在保护的基础上开发利用自身独一无二的山、水、田、园、文等地方资源，大力发展休闲观光、果蔬采摘、野

味垂钓、亲子活动、康体养生、民宿体验、文化教育、农事节庆、森林探险等多种业态，走休闲旅游经济兴村的新道路。通过发展休闲旅游绿色经济，促进经济结构优化提升，由"一二三型"经济结构转型"三二一型"经济结构，进而提升要素的经济回报率，使地方经济达到自我驱动、良性发展的道路。

（二）要发挥头雁作用才能坚定发展

所谓"头雁"，是指雁群中领头飞的大雁，它能够划破长空，克服一切困难和阻力，拥有担当的勇气和智慧。"农村富不富，关键看支部；农村强不强，要看领头羊。"乡村要如期实现转型发展、高质量发展，需要发挥头雁的主观能动性，发挥党支部的模范带头与聚心凝神的作用。在余村、鲁家村与后岸村的转型发展道路中，均离不开党支部这个领头雁的作用。没有一个勇于创新、凝心聚力的党支部，既不可能实现顺利转型，也不可能顺畅发展。

在乡村的转型发展中，村党支部书记是一村之主，是全村发展最关键的人力资源。一个有威望而且能干的党支部书记，能够凝聚乡村振兴与转型发展所需要的人力、物力、财力等资源要素，能够保证乡村按照既定方向持续前进、久久为功。因此，要注重村党支部书记这个关键人物即头雁的培育，将知识结构新、具有一定担当而且愿意为地方"三农"工作呕心沥血的中青代返乡创业者，或者新型农业经营主体，或者其他优秀人才培育成村党支部书记，使其成为头雁带领全村村民走绿色和谐发展新道路，带领全村人实现健康可持续发展。

（三）要创新体制机制才能做到共建共享共富

党的十九大报告提出"坚持以人民为中心的发展思想"，要始终把人民利益摆在至高无上的地位，让改革发展成果更多更公平地惠及全体人民，实现共建共享。共建共享不是平均分配，不是大锅饭，而是根据贡献大小进行利益分配，充分体现了党的群众路线和为人民服务的根本宗旨。在我国，村是一个地域概念，也是一个社区概念，更是一个有着一定边界的集体的概念，每一个村民都是该村的主人。这就决定了乡村的发展使绝大多数村民受益才能得到多数人的拥护，才能实现资源要素的高效组合利用。因此，在美丽乡村建设与经营进程中，在乡村振兴推进中，新型发展模式只有做到了共建共享才能实现健康可持续发展。

敢为人先、大胆创新的少数人率先发展农家乐、休闲娱乐、民宿体验等新产业，在经济上实现了快速致富。而低收入户、贫困户一般没有转型发展的启动资源，不能获得新经济发展的参与途径，不突破他们的启动资源瓶颈，他们就很难分享经济转型带来的发展红利。余村、鲁家村与后岸村在转型发展中，均通过创新体制机制，打造村级发展平台，创新管理模式，健全利益联结机制，带动贫困户、低收入户参与新经济发展，使全体村民都能分享到绿色发展带来的实惠。上述三村的发展经验表明，好的体制机制能够集聚资源要素，能够充分调动人的主观能动性，使人力、物力、财力能够围绕目标优化组合，进而在短期内实现发展目标。

访谈篇

我们的生活

FANGTAN PIAN
WOMEN DE SHENGHUO

中国村庄发展

绿　色　　崛　　起

村民访谈录

余村因坐落于浙西天目山余脉余岭脚下的"余村坞"而得名，三面环山，地势北高南低，西起东伏，是典型的"八山一水一分田"。余村曾因丰富的矿产资源而富，也因严重的矿山环境污染而深受其苦，更因作为"绿水青山就是金山银山"理念诞生地和践行地而转型绿色发展，实现村强、民富、景美、人和，余村人也因此经历和正在经历着巨大的变迁。本访谈篇运用口述史的研究方法，力图从村民的视角通过对余村有代表性村民的口述访谈，记录下余村村民在经济社会发展变迁中的日常生产生活，以期更好地让人们了解其生产生活习俗及在大变革中的变迁轨迹。

一、访谈对象的确定

余村现有人口 1000 余人，要一一进行访谈在事实上缺乏可操作性。因此必须通过适当原则和一定程序确定一批有一定代表性的访谈对象，使研究能够得到顺利开展。结合学术惯例和文献资料，本轮访谈在确定访谈对象时大体根据以下原则和程序进行：

第一步，按照余村既有人口规模和年龄（代际）结构，根据原先自然村落的分布、村民中的不同姓氏的比例、性别等原则，大体按照在每百名村民中选择 2 名代表的比例，随机抽取 20 名村民。其中，年龄 60 岁以上的 5 人。同时，访谈者根据户籍资料、村庄档案及村庄协助研究人员提供的相关信息，对这 20 名村民的人生经历、职业、专长及村里地位进行适当了解，为进行下一步访谈打下基础。

第二步，在对访谈对象进行甄别的基础上，兼顾年龄、职业、性别、经历等原则，选取老村书记、现任村主任、老妇女主任、老年村民代表、退休小学教师、乡贤代表、村企业家代表、农家乐经营户代表、一般村民、返乡青年代表等作为正式访谈对象。在村干部的引荐下，访谈者向他们说明了课题研究的由来，并告知相关访谈事宜，同时了解受访者的访谈意愿及交流表达能力，使之能够认真做好访谈准备。在此基础上最终确定 14 位作为正式访谈对象。因受书稿篇幅限制，最后选取 11 篇访谈记录收入本书。

二、访谈提纲的拟定

为更好地还原和记录余村村民的生产生活情况，本轮访谈在拟定提纲时主要以历时性原则（即个人的人生经历为先后次序）为主，以共时性原则（即个人在不同人生阶段对村庄、他人、事物的观察和体会）为辅。同时，考虑到访谈对象的实际情况，为使访谈有序、丰富和具有可操作性，避免只凭访谈者主观印象以及访谈沦为一种毫无目的、漫无边际的交谈，本轮访谈在拟定提纲时根据本项课题研究的总体设计，参考学界通行的做法，将访谈内容大体区分为个人情况、自然环境记忆、政治活动和村庄变迁记忆、经济发展和经济活动记忆、社会发展和传统习俗记忆等方面。此外，为使访谈更具有针对性，本轮访谈在拟定的通用性提纲基础上，针对已经确定的访谈对象，确定个性化提纲。概括而言涵盖以下几类问题：

1.个人情况描述：目前个人的基本情况。包括：个人常规情况（出生年月、性别、受教育程度、健康情况等）、家庭情况（婚配、成员、经济收入）、兴趣爱好，以及个人一生中一些记忆最为深刻的经历等。

2.个人在人生四个阶段（童年、青年、中年和中年后）中有关自然环境变化的记忆。

3.个人在人生四个阶段（童年、青年、中年和中年后）中有关政治活动和村庄变迁的记忆。如改革开放后，家庭联产承包责任制对家庭的影响、"绿水青山就是金山银山"理念的提出对村庄的影响等。

4.个人在人生四个阶段（童年、青年、中年和中年后）中有关经济发展和经济活动的记忆。如职业变化、个人和家庭收入变化等，特别是转型绿色发展后个人职业和经济收入变化等。

5.个人在人生四个阶段（童年、青年、中年和中年后）中有关社会发展和传统习俗演变的记忆。如婚嫁习俗变化、老人地位变化、出行方式变化、休闲方式变化、儿童教育方式变化、文化活动变化等。

6.个人在人生四个阶段（童年、青年、中年和中年后）中的其他记忆和想法。这主要以访谈者个人的生产生活体验为重点。如个人对村集体变迁的看法、邻里关系变化的看法、个人对村庄未来发展的一些想法等。

三、访谈过程

在村委协助人员的帮助下，访谈者与受访者见面，向受访者详细介绍访谈目的、访谈提纲、访谈要求等，并商定正式访谈时间、地点。

根据受访者情况，我们选择在村委办公楼小会议室或村民家中等相对安静、轻松适合的环境中进行访谈。正式访谈开始前，访谈人会再次向受访者详细介绍访谈目的、访谈提纲、访谈内容要求等。访谈对象是访谈过程的主角，主要依照访谈提纲进行记忆追溯，访谈者尽量保持倾听的姿态，做一个忠实的听众，只有在访谈对象偏离主题或沉默时才进行提示。访谈过程中在征得访谈对象同意的前提下对访谈内容进行全程录音，同时，访谈者对访谈对象讲述过程中的核心词汇如人名、地名和俗语等进行必要的记录，以便整理录音时相互补正。

访谈结束后，访谈者将现场访谈录音进行整理并转化为文字，根据访谈提纲，将访谈文本以访谈者和访谈对象对话形式整理形成最终的访谈记录定稿。接着，基于尊重访谈对象和口述史研究的惯例，访谈者根据文献资料只对访谈文本的一些显而易见的错误进行修正。最后，访谈者通过村里协助人员将此初定的访谈文本返还给受访对象，请之核实相关说法，并签订将访谈内容用于研究及复制出版的协议。

（一）胡加仁访谈录

被访谈人： 胡加仁，男，64岁，原村书记

访谈时间： 2019年3月4日　　　　　**访谈地点：** 余村大坦自然村

访谈人： 俞为洁　　　　　　　　　**整理人：** 俞为洁

俞：胡大哥您好！按照课题组的安排，今天由我对您做个访谈。因为我是负责历史篇撰写的，所以会更多地问些村里过去的事情。您能先说下您的简单经历吗？

胡：我16岁时初中读了一年，不肯读了，就到生产队劳动了。20、21岁左右到村企业石灰窑去上班，负责放索道，放了两年，到石灰窑旁边的余村石矿去做爆破员，31岁当余村石矿矿长。1995年当选村支部委员，2002年当村主任，当了3届，2011年换届，2011—2013年当支部委员，2013年9月当书记，到2017年4月退休，那年我62岁了。现在村里还聘请我当长效管理员，负责管理环境、污水、绿化、垃圾等工作。

俞：您当村干部这些年，碰到的最难的工作是什么？

胡：最难的工作就是2002年7月水泥厂的关停、2004年的矿山关停，当时我还兼着矿长呢。

俞：怎么个难法？

胡：我们就和村民说：钱赚多了也没啥用的。其实谁不知道，钱怎么会没用呢？但我们心里实在是觉得矿不能再开下去了。村里空气都污染了，白衬衫晒出去，晚上收进来都是黑点。矿上死伤也比较多，我负责的矿里就死了6个，伤的就更多了，我自己也有伤的。还有就是尘肺病，当时人也没什么健康意识，仗着年轻也不当回事，不做防护，结果第二年、第三年就尘肺了。但很多村民想不通呀，我刚买了拖拉机，想运矿石赚点钱，你现在矿不办了，让我怎么办？

俞：嗯，涉及百姓切身利益，这确实难的。您有几个孩子？

胡：我有两个女儿。大女儿大学毕业后嫁在宁波，做会计的。小女儿在家乡办企业，女婿是读机械专业的，但企业法人是我女儿。开始是小企业，叫金科机械有限公司。2018年成立浙江奥盛智能科技有限公司，在安吉塘浦工业区，做机器人的。我小女儿是安吉县政协委员，在2015年湖州市青年人创业大赛中，得了

一等奖，她演讲的主题是"怎样用机器代替劳动力，为企业降低成本"。

俞：您还记得您家是哪一代迁到余村来的吗？

胡：我爷爷奶奶这辈是从黄岩迁过来的。我父亲是七兄妹，他排行老四，前面是三个哥哥，后面有两个妹妹，最小的是个弟弟。我大伯、二伯生在黄岩，爷爷奶奶迁过来时带过来了，从三伯开始都生在余村的。我父母都是余村的。

俞：为什么迁来余村？

胡：当时这里荒地很多，他们来了后，就自己开荒种地。

俞：以前这里的村民主要靠什么为生？

胡：都是农民，主要种稻。山上种玉米、番薯，种得蛮多的。

俞：种单季稻还是双季稻？有什么传统稻种？

胡：我们这里的农作是三季：麦子（或草籽）、早稻、晚稻。没什么良种，以前粮食都不够吃的。70年代开始种杂交稻，粮食就够吃了。

俞：您说的麦子包括大麦吗？

胡：是的，麦子包括大小麦。大麦收获早一点，小麦迟一点，可以错开早稻的插秧时间。大小麦收割后的田，都要种水稻。草籽田收割好，种最早的早稻，4月19日就要插秧了。收获的大麦、小麦，都由供销社收购，换回米或稻谷。小麦有时会留一点，自己做面条吃。大麦不吃的，要么卖掉，要么喂猪。草籽也是喂猪的，嫩的时候也可以剪来当菜吃的。

俞：以前村里各种农田数量大概有多少？

胡：那时水稻田大概有500多亩。旱田，就是无灌溉的田，种番薯、玉米等，大概有100多亩。毛竹林有6千多亩。

俞：您对五六十年代的生活还有什么印象吗？

胡："大跃进"时我还很小，但已经吃到苦头了，没东西吃。60年代，我们的生活也很苦的。70年代生活好点了，我们村种水果蛮多的，梨头、桃子等。我16岁时就会骑着自行车到山川、临安等地去卖水果，卖来的钱可以买点油盐酱醋。

俞：您16岁就有自行车了，那家里条件还不错呀！

胡：是的，那时我家条件在村里算好的。因为我家当时有4个正劳力，爸、妈、哥哥和我，我16岁，和妈妈一样是7分工，爸爸和哥哥是全劳力的10分工。我爸很勤劳的，白天劳动，晚上还要去生产队"哺"谷子，要用大锅烧好温水，晚上要不时起来，为谷堆洒温水，观察控制好谷堆的温度，稻谷"哺"出芽后，才可以撒到秧田去，这个工作另外还有工分的。所以我家条件算好的，我20岁时就有手表了。

俞：余村曾靠"石头"致富，能说说这段经历吗？

胡：1974年建石灰窑的，1975年就开始烧石灰了。老百姓说："石头烧石头"，就是用石煤烧石灰。

俞：当时煤炭都是国家供应的，你们村的煤炭也是国家特批的吗？

胡：不是，我们村就有石煤，石煤矿就在石灰窑对面。我们在两个山头间架起索道，开采出来的石煤用索道滑到石灰窑，我当时负责放索道，因为我有手表。当时索道不用电的，靠装石煤的筐一上一下自动带动，分量重的那筐压下来，空筐就被带上去了，因此要看着手表算好时间的，如果上、下两个筐在中途碰上，就走不动了。

俞：你们是怎么发现这个石煤矿的？

胡：1965年发大水，山洪暴发，我们叫"出蛟"，余村有四五个山坡发生泥石流，我家在余村溪这边，我就看到对面的山坡发生了泥石流，毛竹成片往下倒。石灰窑对面的山坡也发生了泥石流，滑坡光溜溜的，我们就看到了石煤层。烧石灰需要石煤，建石灰窑时，村里就开采石煤了，但开采后发现只有一层，质量也不好，烧起来温度不够。两年后，大概是1977年，我们就放弃开采，到上墅乡去买煤了。

俞：为啥到上墅乡去买煤？

胡：上墅乡有很多煤矿，那里煤多，而且质量好，当时那里办了很多乡镇企业开煤矿。我们村里当时有车队，有5辆车，一辆黄河牌8吨卡车，一辆解放牌翻斗车，一辆跃进牌卡车，一辆35型大型拖拉机，一辆24型中型拖拉机。

俞：煤是怎么运回来的？

胡：我们从山河乡、白水涧过去，就能到上墅乡了。那时路蛮小的，都是石子路。

俞：当时办石灰窑，经济效益好吗？

胡：建第一个石灰窑时，供不应求，后来建了第二个石灰窑，还是供不应求。这个时候，出现问题了，煤渣没地方倒了。于是建立第三个石灰窑，建的是锅炉窑，有蒸汽，我们废物利用，把煤渣捏成粉，再办了一个砖瓦厂，用煤渣粉敲成砖。过去种田的时候，种得苦煞，饭还吃不饱，老百姓就说：石头"好吃"、泥巴

"好吃"就好了！没想到后来石头、泥巴真当"好吃"了，余村人靠石头和泥巴过上了好日子。

俞：石头"好吃"是指开矿和烧石灰、砖瓦，泥巴"好吃"是指什么？

胡：生产水泥时需要加入黄泥，所以泥巴也好卖钱了。

俞：我看到村里的导游图上，标有一个铜矿遗址，你们还开过铜矿吗？

胡：铜矿可能是宋代遗存的，有人工开采的痕迹。90年代末，村里要寻找溶洞，我们到处去找，我洞里爬进爬出的，洞里有野猪等动物骨头，我拿回家，被老婆骂了，说我把死人骨头拿回家。其实我知道这是野猪骨头，村里以前有人打到过野猪，我看到过的，牙齿很长。还有碗、油灯、木柄等残件，我拿了动物骨头和碗回家，碗破的，边沿有缺，很多人来看过，有搞文物的人说是宋朝的，我拿来放家里了，现在不知道丢哪里去了。

俞：你们这里矿产资源这么丰富，还出过其他什么矿吗？

胡：我19岁时，村里修冷水洞水库。挖水库挑泥时，发现很多矿渣，我捡了很多回来，搭起来当景观，蛮好看的。1986年有地质人员专门来探测过，在水库南面的山上，发现了很多古矿洞，探测表明银含量很高的，但银矿层太薄，开采的话不合算，所以就放弃了，没开采。

俞：村里还办过其他什么厂吗？

胡：1983年，政府在村里建了第一个水泥厂，村民进厂上班，进厂人员是按村民小组分配名额的。九几年的时候这个厂卖给村里了。

俞：修冷水洞水库时，涉及村民拆迁吗？

胡：冷水洞水库是1974年下半年开始修的。水库的位置原来有两户人家，一户是村书记家，一户是他弟弟家。书记当然会带头搬迁啦！

俞：这个水库对余村的作用大吗？

胡：大的。我们这里旱灾比较多的。之前一旱就得用脚踏水车"车"水，干旱时大家都得去踏水车。我们年轻时都是踏水车的高手，干旱时日夜踏，我们还会比赛谁踏得快。建水库后就没这个问题了，水库放水，从渠道放下来灌田。

俞：你们村就冷水洞这一个水库吗？

胡：大的水库只有这一个，小的水库，我们叫"塘"的，很多的，筑个小坝一拦就成塘了。小麦收割后要种水稻，放塘水，让牛耕田、耙田、耖田，把田土弄细弄平，呈烂污状态，就能积住水了，否则一灌水，水就会从田里流掉了。积住水的田，就可以插秧了。

俞：你们是在冬闲时修水库、修塘吗？

胡：不是的，冬天土冻牢了，挖不动的。而且我们这里冬天很忙的，冬天要种麦子、砍竹、钩梢。

俞："钩梢"是啥意思？

春：钩梢就是把毛竹梢砍掉，有专门的工具的。钩下来的竹梢要烘干，让竹梢落掉叶子只剩竹枝，称为"毛料"，做竹扫帚用的。毛料一捆捆扎好，卖给供销社，后来也有做好扫帚再卖的，是村民的一大收入。我们一般是春节一过就修塘，因为只有这时有空。接下去就要收小麦了，又要忙了。

俞：竹梢为啥要烘干，而不是晒干呢？

胡：晒干的质量不好，以后会烂的。

俞：余村周围的山上都是竹林，主要都有哪些竹？

胡：基本上都是毛竹，其他竹很少的。毛竹笋有冬笋、春笋、鞭笋。毛竹笋很好吃的，咸肉烧毛笋。毛笋要先煮熟，煮出来的汤倒掉，不能用的，伤胃的。煮得越熟越好，煮好的笋捞出来，炒咸肉、炖咸肉都很好吃的。笋干越黑越好，因为越黑说明晒前煮得越熟，没煮熟的笋晒干后呈白色，好看但不好吃，不懂的人都以为白的好，黑的是发霉烂掉了，其实黑的才好吃。

俞：村里还有其他什么特产吗？

胡：我们村也没什么特产。以前白果很值钱，都是山东那边过来收购的。村里的古银杏树都是"一级果"。2000 年，我是村干部，工资每天也就 20 块钱，1999 年大概是 15 块。大概 2003、2004 年的时候，古杏山庄民宿老板的父亲，一棵古银杏树的果子就卖了 9000 多块钱。当时白果打下来就有 20 块钱一斤，现在只有 10 几块钱，而且那时的钱值钱，现在 10 几块钱能买啥东西！那一年，我承包了 3 棵树，承包款 2050 元，赚了 6000 多元，买了一辆拖拉机。山东后来大规模发展银杏，比我们做得好。

俞：您退休后，都有点什么娱乐呀？

胡：我家对文化的事都很支持的，每年搞"村晚"，我家四口人，我、我妻子、小女儿、孙女儿都上的。妻子要参加两三个节目，腰鼓队、扇子舞等。我是舞龙队的龙头，我们的舞龙队叫银龙队，"金龙"这个名字已经被别人叫去了。我们舞龙队是 2017 年请安吉的老师来教的。小女儿不光自己表演，还会教别人节目，但她比较忙。孙女今年虚岁 8 岁，有表演天赋，跟在别人后面跳跳就会了，上台比我们还多。

俞：您觉得村里搞这些文化活动有用吗？

胡：我觉得一个村的文明和谐，与文化是息息相关的。活动时婆媳都在，一起唱唱跳跳，对村庄和谐是很有好处的。

俞：退休后，您还做些什么事？

胡：我现在经常给参观者、旅游者讲课，一次要讲一两个小时，讲余村的发展历史，不用稿子，都在我脑子里，拿稿子讲别人不要听的。大家都说我讲得好，讲的都是真话！

俞：耽误了您一个下午，谢谢您了！

（二）俞小平访谈录

被访谈人：俞小平，男，45 岁，村委会主任，大专学历

访谈时间：2019 年 3 月 8 日　　　　**访谈地点**：余村村委会办公楼

访谈人：申端锋、王孝琦　　　　　　**整理人**：王孝琦

申：您好！按照课题安排，我们想跟您做个访谈，您愿意吗？

俞：好的。

申：您一直居住在余村吗？

俞：是的。但是我搬过两次家，1976 年，山区要修建蓄水库，我出生后就搬到了水库库尾居住。第二次搬家是 2006 年实施"千库保安"工程，水库淤积严重。2007 年的时候，上海投资商看中项目，要在水库附近建度假酒店。冷水洞自然村部分农户列入搬迁计划。当时冷水洞自然村在整洁度和美观度上不是很好，所以我们就提前启动了搬迁计划。2008 年我刚好又当选村干部，村干部要带头搬迁。当时，搬迁工作进行得并不是很顺利，群众不愿搬迁，搬迁愿望也不强烈。我就自己先带头搬迁，之后给我的邻居做思想工作。因为我们班子成员要包户给村民做搬迁思想工作。6 个班子成员，每人包 2 户。

申：当时拆迁不顺利的原因是什么？

俞：当时村民周围的居住环境变好了，可是搬迁费用从十几万元到三十万元不等。当时都已经开始奠基了，几个农户还没有搬出来。2017年开始，有9个农户需要做拆迁工作，已经完成了7户，还有2户提出的要求是政策无法解决的。因为我自己也经历过拆迁，所以我认为第一个拆迁户和最后一个拆迁户要保持平等的待遇，否则拆迁工作是无法顺利进行的。

申：这些村民拆迁户被安置在了哪里？

俞：这些村民已经被安置在了新规划的宅基地。2017年拆迁的已经进入了安置房居住，第一个愿意拆迁的农户优先安置。我们新规划的宅基地有10户，每户房子的占地面积约125平方米。第二户愿意拆迁的是在外做生意的村民，他对拆迁政策是比较满意的，所以很配合我们的拆迁工作。要想一次性解决百姓拆迁问题，就要做到公开透明，这样就不会有不公正不合理的拆迁。农村村民对政府的不认可来源于政策的不一致性。俗话说天下第一难就是搬迁。

申：您可以谈谈村里的土地情况吗？

俞：村里大部分的土地现在已经流转，以前农田大面积闲置和抛荒，通过土地流转，把这些土地利用起来，通过农业做文化，形成系统的产业链。村里耕地的面积很少，我父亲原先打算种植水稻，我很反对，每斤水稻的成本要三元，所以很多农民都不愿意种地。村里山上的林地现在也已流转给天林公司，由农户和村民小组协商签订协议，一般与村民要签20年的合同。土地所有权是归村民小组的，承包权归农户，经营权归天林公司。在冷水库自然村还有十几户的毛竹没有流转，农民他们自己管理。现在土地流转已经处理完了，村民委员会今年还会对后续问题进行处理。

申：村里的土地是怎样进行流转的？

俞：按3年立竹量的平均数加上自然增长量。如果是水稻田的话，按800斤稻谷杂交量的市场平均价格进行流转。去年，每斤稻谷在1.54元，一亩田粮食的收益大概在1300元左右。一般村里每户人家大概有1到3亩地。

申：土地流转过程中有没有碰到什么困难？

俞：有。比如说像一些农户的青苗，村里评估值是500元，但村民非要2000元，给不到这个价格就不愿意。所以我们也只能通过说服教育，做农户的思想工作。村干部最难的就是老百姓不支持不理解，这也是农村的普遍现象了。

申：面对这种普遍现象，你们是怎么做工作的？

俞：面对这种现象，我们一是说服教育，二是提前立牌，提前告知。比如，游客来村里游玩，他们有的人就私自挖村民的笋，一个笋就是一根竹子，笋是不能挖的，有些游客不知道一挖就是好几颗，这样村民和游客之间就有了纠纷，村里去年处理了多起这样的事件。我们余村村民素质都是很高的，对不文明的行为都会自觉抵制。

申：余村的旅游产业发展很好，您能给我们介绍一下余村产业发展的基本思路吗？

俞：我们考察过很多的乡村模式，但都不具备可操作性，我们余村村内的情况更加复杂一点，所以根据我们余村的复杂情况，我们要把余村本身的产业做好，之后再进行产业的延伸。但是我们的发展观念还是要不断地转变，我们要把发展的负担变成发展的福利，不断学习，借鉴其他村的可取之处。目前，余村的产业兴旺是短板，所以如何把绿水青山转换成金山银山是我们下一步需要做的。下一步，我们通过做5A景区建设，把村民转变成股民。余村的旅游产业，需要加强旅游业态的谋划，余村的旅游还是要朝着专业化的方向来做。

申：县里或者说村里对余村的旅游业有没有政策上的支持？

俞：县里跟余村合作，一起进行文创产品的研发，我们村内也经常开领导班子会议，讨论如何发展余村的旅游业。比如，我们讨论决定将业态引进来，创建商业街，吸引年轻人回来创业。文旅集团和村合作，以股份的形式合作，扶持余村的发展。

申：年轻人返乡对余村来说是好机会。那么如何吸引人才，留住人才？

俞：村里会出台一系列政策，鼓励老百姓创业，让百姓主动创业。同时我们也形成了2个人才库：一是村干部人才库，我们村领导班子有5人，还有2个后备干部。我们村委会对人才的培养上通过以老带新的方式，让年轻人在实践中不断地得到锻炼，培养他们的做事和协调能力。二是旅游经营人才库。这两个人才库会优先使用回乡年轻人，让余村的发展也能有一个后续保障。

申：您能向我们介绍下村党支部成员的情况吗？

俞：我们有党员55名，有3个党小组，每个小组都有一名党小组组长，党小组组长在村庄治理中也发挥着重要的作用，比如资料收集和活动规划等。我们村两委有科学合理的人才梯队建设，有1个60后，2个70后，2个80后，2个90后。党员年龄结构偏老龄化，有25人在60岁以上，60岁以下的党员年龄结构比较合理，每个年龄层都有 4 到 5 人。

申：余村在发展党员方面有什么要求？

俞：我们每三年发展 1 到 2 名党员，培养党员原来是有要求的。十八大以后硬性发展党员不做要求，适合的培养对象才发展成为党员。

申：村里流动党员多吗？他们是怎样参加党支部活动的？

俞：村里有 4 名流动党员。大多数党员有活动的话都可以回来参加。

申：您认为党员干部对余村的发展起着什么样的作用？

俞：我们余村是支部带村，余村今天的发展脱离党的领导是不行的。我们党员干部都是零违纪，做事公开透明。像在拆迁问题上，我叔叔当时也是拆迁户，很多村民认为我是村干部，我叔叔得到的拆迁费就会多，我当时把叔叔的拆迁单明明白白地给百姓看，让百姓口服心服。我们村成立了村民财务小组，以前我是理财小组的组长，所以每笔账目做得都是非常清楚的。我们公开透明的工作既是对村干部的一种监督，也是保护村干部的一种方式。

申：您当初为什么想回村里当选村干部？

俞：2003 年我在上海做财务。为了完成爷爷的心愿，我递交了入党申请书，2005 年我成为入党积极分子，2006 年成为预备党员，2007 年转正。当时，村干部的待遇不好，一个月才几百元，年收入也就是五六千元左右。2002 年，爷爷过世对我当选村干部有很大的影响。爷爷生前对我说："小平啊，要上进，入党对你来说是很有必要的，但千万不要当村干部，我干了一辈子的村干部，最后老百姓还是不支持不理解，当村干部对自己没什么好处。"爷爷从五几年到 1986 年一直担任书记，村里很多第一个都是爷爷过去一手操办起来的，他一辈子都在进行村庄规划。为此爷爷也牺牲了很多，可是很多老百姓不理解。爷爷过世后，我的心态发生了很大的变化。因为当时最反对我爷爷的人都站出来认可爷爷生前的所作所为，所以我就想百姓当时不认可，只要踏踏实实地做，老百姓肯定是看在眼里的。当时，回来当选村干部，组织先找我回来进行了谈话，当时我们的老书记叫我去他的办公室，我也是很不认真的态度，因为我不愿意回来当村干部。老书记见我这样不认真的样子，他让我先回答他三个问题，他问我：你是不是党员？你入党的时候在党旗下面是怎么说的？你爷爷如果知道你这样，百姓这么信任你，推选你当村干部，你却不愿意接受百姓的信任，你怎么对得起你爷爷？书记一提到我爷爷，我的心里有所动摇，有所触动。这么多人信任我，如果我一心只想自己的经济利益，以后回来如何面对村里的百姓。一年几万能买到多少人对你的信任呢？走出书记的办公室，我就下定决心要回来参选。2017 年，我当上了村主任。

申：当村干部的待遇怎么样？

俞：去年，村主任一年的收入在 7 万左右，普通干部一年就在 6 万左右，村干部只有两险一金。像我爱人她一个月 5000 左右，还包括五险一金，她的待遇比我好。当村干部就是太忙了，根本没时间顾及家庭，没时间管孩子。原来大女儿学习成绩很好，现在学习成绩下降很明显。十年当中，余村的各个方面我都是参与的。有一次我花了 20 多天，加班整理余村美丽乡村建设资料，我都会列出一个清单，哪些任务需要完成一条一条记下来，把余村的日常事务和管理工作做得尽量好。我两次被评为安吉县优秀党务工作者。我所做的这些只要能对得起老百姓对我的信任，对得起自己的良心就行。村干部需要有所付出在所难免，村干部的工作是最艰辛的，这也是普遍现象。

申：您提到两个人才库建设，在人才建设方面您最担心什么？

俞：我不担心余村乡村治理方面的人才，因为村里已经摸索出了一套培养人才的办法。经营型人才，不在于文化有多高，关键在于要有对市场的把控，其实需要很大的悟性。我们村现在主要以观光型旅游为主，游客们的期望无非就是舒适度，吃得放心、住得舒心、玩得开心，这是区别于大众化旅游的经营方式的。如果游客每一年来我们余村，每一年都会有不同的体验，超出游客的预期目标，那么，这样就需要我们做出有文化底蕴、有故事的文化产品，把有文化印记的东西转化成旅游产品。把非遗类文化再发掘再创造，形成一种新的文化产品。品牌的开发，主打什么产品，要有特色，要能区别于其他村的特色，要做出人家既不能模仿也不能超越的品牌。这些取决于各种各样的人才，光靠村干部一两个人肯定是不够的。

申：村里最早一代的创业者也算是经营型人才，您觉得他们之前的经营理念放在现在还适用吗？

俞：最早一代的创业者有局限性，没有前瞻性的考量和危机感。我也多次找春林谈过，跟他说不创新就是死路一条。作为局外人，我给他提的建议就是希望他在农家乐的基础上进行创新，每道菜都有点文化植入，比如结合我们是"绿水青山就是金山银山"理念的诞生地，搞一个特色宴，要打破老一代固有模式和理念。像我们村里的漂流项目，这个项目是分季节的，有淡季、旺季，淡季一般在冬天。如何更好地利用冬季河道资源，把淡季变为旺季呢？这些都是需要经营者动脑筋思考的。我们村其实还能搞很多民俗体验的项目，利用竹笋，让城里人到余村来也体验农家生活——挖竹笋；村里有很多闲置房屋，把这些房屋利用起来可以做团建活动。春天，停车场附近种上油菜，也可以变成一个摄影基地。我们村有很多文章可以作的。我现在最担心的问题是，我们现在有非常好的政治优势，如果抛开政治红利，回归旅游的本质，余村下一步拿什么来吸引年轻人、游客？余村是个普普通通的村庄，如果余村始终变革，游客来我们余村就会有更多的体验感和舒适感。这也是我们的目标，要把余村打造成有温度的旅游景区。

申： 您能跟我们谈谈您对做好村里农家乐品牌的想法吗？

俞： 做好民宿，还是要围绕着"变"与"不变"做主题，如何做呢？还是要回到原点，从人谈起。脱离人，所有梦想都是空的，乡村振兴至关重要的还是人。春林山庄生意很好，因为他有旅行社，有客流量，后起的农家乐是没法与他竞争的。其实他做的就是一个产业链，产业链就是一个挣钱的链条。农家乐不应该成为主要的业态，它是观光型旅游业的基本需求，我们要以个性化需求为旅游业的主导方向。像韩国、日本，这些国家在延伸产业链模式上是值得我们余村去学习的，我们要把余村做大做强。比如像余村的白茶，这个品牌得到认可后，输出余村这个品牌体系，跳出余村做余村，不要仅仅局限于余村，其实余村可以做到更好。

申： 您认为余村该怎样实现产业转型？

俞： 从政治高度来讲，余村的转型是我们的责任和义务，但是就现实情况来讲，业态和人才还是跟不上，还有很多地方需要真正落到实处。满足游客的个性化需求还需要依靠科技力量的支持。高附加值的农业是余村下一步努力的方向，利用村内资源做各种各样的延伸产品。

申： 为了余村农家乐发展得更好，您有什么建议吗？

俞： 我认为，一个优秀的管理者是应该注重细节，通过合理的方式招贤纳士，而不是对农家乐的一切事情亲力亲为，如果大量精力投入过多的细节，在其他事情上的精力会受到影响。从业人员是需要有较高的从业资质，但村里一些创业人员，不愿接受这一点，农家乐的经营还是以家庭经营为主，只是满足于基本需求。现在村内有农家乐和民宿两种类型，但是都是处于低级阶段的，只有八九家是经过专业规划设计，符合民宿的标准，是通过民宿协会的认证的，大多数民宿离达标还是有点远的，余村从业者对民宿的认识还停留在装修风格上，对民宿的认识太浅薄，70%的创业人员没有认识到民宿是什么，只是注重格调，没有领会民宿的核心。大环境下，国内对民宿的理念还是很落后的，做到精细化是旅游业真正努力的方向。从业人员要转变经营理念，我也跟我们村民宿的经营者小胡说要围绕荷花（荷花是余村的村花）做一些事。我们村的村树是银杏，村里有71棵百年银杏，有3棵千年银杏，1棵公树、2棵母树，老百姓经常说是"一王二妃"。我们完全可以利用这个"一王二妃"塑造一个故事，把村庄的故事讲给游客们听。我下一步的期许是村里能朝着农旅融合发展。

申：余村的农家乐产业近几年发展得很快，您认为农家乐自身都发生了哪些变化？

俞：2003年余村开始有农家乐这个产业，十几年间，农家乐在服务水准上、餐饮上包括菜品种类、口味都有变化。以前来这里的游客，榨菜汤、老鸭煲、咸肉炖春笋是标配。现在餐饮结构上也有了更新和变化，游客的素质也在发生着变化，随之，服务的水平也有所改变。

现在农家乐做得比较好的，餐饮方面好的是庭仙饭店等几个农家乐，属于个性化的餐厅，吃的种类比较多。住宿上比较好的是青舍、绿缘等几家民宿。年轻人来这里旅游愿意付高的价格住这种安静的民宿。村里面的绿缘民宿网络销售做得非常好，像春林山庄现在比较满足老年人这样基本需求的客户。

申：谢谢您专门抽出时间接受我们的访谈。

（三）阮冬根访谈录

被访谈人： 阮冬根，男，85岁

访谈时间： 2019年3月6日   **访谈地点：** 余村大坦自然村

访谈人： 俞为洁   **整理人：** 俞为洁

俞：阮大伯您好！听说余村大都是移民，您家是移民吗？

阮：是的。我爸爸这代迁过来的，从黄岩迁过来的。

俞：大概是在什么时候？

阮：应该是（20世纪）30年代初吧。

俞：是单身过来的，还是带着家小过来的？

阮：我爸单身过来的，在这里娶的老婆。

俞：你爸过来时做什么？自己有土地吗？

阮：做农民，种地，山上活也干的。没土地，给别人当雇工。

俞：村里姓阮的多吗？

阮：村里黄岩迁来的阮姓只有我们一家，另有六七家阮姓人家，和我们没关系的。

俞：您有几个兄弟姐妹？

阮：我是独子，没兄弟姐妹。

俞：您读过书吗？

阮：读到六年级，没毕业。

俞：不读书后，您做什么呢？

阮：1967—2002年，我在村里做会计，做了36年会计。村里1955年开始有会计、出纳的。

俞：你们那时做会计，事先有培训吗？

阮：做会计时，去县农业局做过会计培训的。

俞：那时做会计收入怎么样？

阮：开始是挣工分的，去一天挣一天。那时会计的事情不多的，也没什么账好算。不去算账时，要参加生产队劳动的，也要挣工分的。大概1984—1985年的时候，包产到户了，我们会计每个月有20几块钱的工资。2000年一个月有一千块钱工资，2001年一个月有一千块多点了。

俞：您做会计时，有什么印象特别深的事吗？

阮：我做会计时，村里很穷的，有时买纸、买煤油灯灯油的钱也没有，这个我印象很深的。

俞：那时生产队里的工分值钱吗？

阮：60年代以后都是集体了，生产队分红一天只有七八毛，最多只有一块钱左右。

俞：工分都折成钱吗？分稻谷吗？

阮：按工分分钱，按人头分稻谷。老年人500斤，成年人600斤，小孩按年龄不同而不同，150 斤左右。

俞：村里经济什么时候最好？

阮：80 年代开始烧石灰，1995—1996 年村集体最好，每天纯收入 1 万多元，每年有 300 多万，把石头卖给水泥厂。当时的书记是潘德贤，他大概是 2003 年去世的，54 岁或 55 岁病逝，肝病。

俞："农业学大寨"时，村里造过梯田吗？

阮：60 年代造梯田，不多，造起来种水稻，大概三四十亩吧。

俞：过去余村有些什么好的水稻品种？

阮：没什么好品种，产量都一般。早稻品种中，"细谷尖"种得比较多，品种还好的，很好吃。还有一个早稻品种叫"早三培"，这个品种不是很好吃。下季种晚稻，晚稻品种有五〇九，比较好的。

俞：那时候，余村粮食够吃吗？

阮：不够吃，每人只有 8 分田左右，水稻田很少。村民靠卖竹子、帮别人砍竹子之类赚钱。竹子卖给供销社，县里粮食局给我们粮票，一年有 4 个月要吃粮票粮。但给粮票是有定额的，不是想要多少就给多少，所以还是不够吃。开始种杂交稻后，情况好点了，但还是不够吃。

俞：那时农田主要用些什么肥料？

阮：猪粪、人尿粪、焦泥灰、柴草灰、柴草，柴草当绿肥用的。那时产量不高，每亩也就 300—400 斤。

俞：60 年代初村里饿死过人吗？

阮：我们村没有饿死人。

俞：余村有什么传统水果吗？

阮：屋前屋后、自留地里会种点桃子、梨子。

俞：以前村里银杏树多吗？

阮：老村道两边最多，卖果子不多，主要用作木材，造房子也可用。1958 年"大跃进"时，银杏树砍得不多。白果卖得最好的时候大概是 90 年代，20 元左右一斤。

俞：农家养猪吗？

阮：养猪比较普遍。60—80 年代养猪最多，几乎家家养，最多养五六头，一般养三四头。主要养肉猪，卖给供销社，这是农民很大的收入来源。

俞：养鸡、鸭多吗？

阮：养鸡不多，70年代以后有养鸭，1985年以后养鸡多点。养鸡、养鸭都没有专业户的。

俞：听村里一个90多岁的老爷爷说，他年轻时看到过有人从余岭古道赶猪下来，到百丈去卖，猪都穿着草鞋，您见过这样的事吗？

阮：见过的。解放前，安吉人到安徽宁国买猪，从余岭古道赶过来，卖到百丈、黄湖、递铺等地。猪都穿着草鞋，都是大猪，四五十头或一百多头一群，七八个人管，猪群越大，管的人也越多。

俞：为啥不走水路呢？

阮：船要到梅溪才有。

俞：过去村里有人经商吗？

阮：没人经商。

俞：解放前村里有地主吗？

阮：有两户，一户姓周，一户姓管，也不大的，有雇工，地也不多的。"土改"时土地、家具、农具都分掉了，房子也分掉了。

俞：他们都被批斗过吗？后代情况怎么样？

阮：周姓地主刚解放就去世了，就斗他老婆。他有两个儿子，一个做教师，"文革"时受批判，自杀了，他已结婚，但自杀时已离婚了。小儿子是医生，大概1960年或1961年的时候，在河里洗澡时淹死了，死的时候还没结婚。他与我同年的，当时大概25岁或26岁。周姓地主还有两个女儿，都外嫁了，也去世了。所以周家已经没人了。解放前，周姓地主是正保长，潘春林的爷爷是副保长，（潘春林的爷爷）心比较善，后来大家都保他，没抓他。

俞：管姓那家呢？

阮：管姓地主是从黄岩迁来的，有一个儿子，一个孙子，一个重孙。也都在村里，孙子做竹制品生意的。

俞：以前村民都住什么样的房子？

阮：草房为主，解放初期村里有100户左右，大多是草房，占70%，夯土泥墙。80年代平房、瓦房为主，楼房也有，草房没了。90年代楼房多起来了。

俞：您知道隆庆庵过去的情况吗？

阮：隆庆庵过去有三进，但比现在小一点。解放前，庵里有好几个和尚，没有尼姑，后来有个女的，老公去世了，她信佛的，就住到庵里来了，但没正式出家，平时也不穿尼姑衣服的。

俞：您还记得这些和尚的法号吗？

阮：我想想，一个叫僧达初，一个叫僧达美，一个叫僧达建。

俞：村人与隆庆庵的关系怎样？

阮：农历二月十九、六月十九、九月十九①，信佛的人都要去的，信的主要是观音菩萨。村里人与和尚关系是好的，生病之类的（事）会去求菩萨。

俞：隆庆庵僧尼靠什么生活？

阮：解放前庵里毛竹山有好几百亩，水田有二三十亩，有庙产的。他们有雇工的，有两个长工，还有一个小牧童负责养牛。

俞：过去隆庆庵的香火旺吗？

阮：周边都有人来，山河、安吉、递铺都有人来，说是这里的菩萨特别灵。

俞：以前村民生病了怎么办？

阮：山河有两家中医，个体的，自己开药店，自己看病。村民生病都到他们那里去看的。

俞：余村山上草药多吗？

阮：草药多的。有村民上山采草药卖给供销社。

俞：您退休后都做些啥？

阮：我们村有老年协会，2002—2011 年我是会长。协会有七八个人，除会长外，还有副会长、秘书长之类。我在任时，有 100 多个老人，现在有 200 来个吧。

俞：老年协会都举办什么活动？

阮：老年协会每个月到镇里去开次会。平时委员们学习学习，举办健康讲座之类，重阳节有时做做戏，一般做三天，都是越剧，请外地戏班来演的，老年协会去请的，钱是由村里和企业出的。开始只要 1000 元、2000 元、3000 元的，后来要七八千、一万多了。有几年组织老人去外地旅游，钱由村里、企业出的。

俞：村里的大事，老年协会会参与吗？

阮：村里的大事，一般不参与的。

俞：现在老年协会的活动有什么改变吗？

阮：现在老年协会的活动与过去差不多，现任会长是胡加仁。

---

① 二月十九，观音菩萨圣诞日；六月十九，观音菩萨成道日；九月十九，观音菩萨出家日。

俞：您觉得余村现在好吗？

阮：2015 年以后村里发展快起来，习主席是 2005 年来的，刚好 10 周年。村班子很团结。

俞：前几年村里不让放鞭炮了，村民有意见吗？

阮：2018 年年初开始不让放的，整个县、镇都不让放了。刚开始老人不太愿意的，老人希望热闹，现在冷清了，过年不像过年了，过去过年年三十下午就开始放，要放到第二天。结婚也不让放，换成锣鼓队了。老百姓一开始不接受的多。

俞：村民不接受怎么办呢？村里有惩罚措施吗？

阮：村干部通过教育引导村民，没有什么惩罚措施。

俞：您有几个孩子？

阮：有 3 个孩子，都在村里。大孙子住县城，做车床的，学机械维修的，大儿子跟孙子住的。二儿子住山河，山河就是现在的天荒坪镇，他去石灰窑做过的。小儿子住村里，在镇上的服装厂上班。

俞：您现在和孩子一起住吗？

阮：我们老两口自己住，自己烧来吃。

俞：你们很希望有居家养老的地方吗？

阮：是的，有的话，我们就不用自己烧饭了。

俞：阮大伯，耽误了您这么长时间，辛苦您了，谢谢您！

（四）方伯民访谈录

被访谈人：方伯民，男，74 岁，退休教师

访谈时间：2019 年 3 月 7 日   **访谈地点**：余村桥头自然村

访谈人：俞为洁   **整理人**：俞为洁

俞：方大伯您好！听说你们老两口昨天才旅游回来，今天就让您来做访谈，打扰您休息了，真的很不好意思，谢谢您了！我们这个课题组里，我是负责写村庄历史的，所以我主要想向您了解一些村庄过去的事。我想先问下：我们这个村，有几个自然村呀？

方：有7个自然村，从最里面一路往外，是冷水洞、赵家堂、大坦、周家、叶家堂、桥中、桥头这样7个。

俞：村民小组和自然村是一个概念吗？

方：不是，但比较接近。村民小组基本是按住址分的，但以自愿为原则。住在近旁又比较好说的人家就会组成一个小组，主要是为了方便彼此照应，如婚丧之类的事，大家可以帮忙。我们村有8个村民小组，其他都是一个自然村就是一个村民小组，只有桥中自然村分为7、8两个村民小组，冷水洞自然村是第1村民小组，桥头自然村的村民小组调到前头，称为第6村民小组，桥中的两个称为第7、第8村民小组了。

俞：余村山很多，山林是怎么分配的？

方：原来山林都是村民个人的，土地私有的嘛！建立合作社后，山林归集体所有了。分产到户时，山地按人口均分了。

俞：怎么个均分法？

方：先分到村民小组，由村民小组再往下分。因为山有好有坏，有远有近，分不公平的，村民要吵架的。所以村里就将山地先划分成块，编号，再抽签分，抽到哪块就是哪块，凭自己的手气了，这样大家就没话说了。

俞：村里的这些山都有名字吗？

方：有些有的，如东坞里、王大山、青山，就是古杏山庄前面那座，还有狮子山、芦子坞、卢家厂、毛草头等。

俞：为啥一座山会叫"卢家厂"呢？

方：不知道为啥叫"卢家厂"，我外祖父的毛竹山当年就分在那里，还有戴姓移民当时就住在这座山脚下，搭棚住。

俞：荷花山是指哪座山？

方：荷花山这个名字，是后来为了配合旅游开发叫出来了，因为从隆庆庵下面看上去，这座山照片拍出来像一朵荷花，隆庆庵这个位置原来叫王大山。

俞：村里都有些什么溪流？

方：村里的溪流没名字的，余村溪也是后来叫叫的。从冷水洞往里去有个源头，从冷水洞这里一路流下来，隆庆庵这里也有一条溪流下来，到荷花山山脚下，两条溪汇合，这条溪流出村后，会与山河港交汇，山河港出去可以一直到梅溪。我还在读书的时候，村里毛竹排可以通过这条溪直接放到梅溪。

俞：隆庆庵到底是个尼姑庵还是一个和尚庙？我前几天访谈，有些老人说隆庆庵里有过和尚的。

方：冷水洞那里的永泉寺是个和尚庙，隆庆庵只有一个尼姑，人家叫她圣贵婆婆，五六十年代庵里就她一个人，她是60年代去世的。隆庆庵修好后，来过一个尼姑，嘉兴物资局退休的，不是来静静心的，是正式剃度过的，四五年前生病了，她女儿把她接回去了。

俞：永泉寺在哪里？

方：原址就在现在在造的金栖堂的位置，也是"文革"时被毁掉的。那个地方原来属于冷水洞自然村。

俞：村里有几条古道？

方：有三条。大余岭古道通上墅乡，通往施阮村①，施阮村再往里走就是龙王村。余岭也叫灰岭。小余岭古道是从卢家厂往上走，通往上墅乡刘家堂。还有一条是从隆庆庵白脚岭往上走，通往狮子石水库，这个水库也属上墅乡刘家堂。

俞：我听村里一位90多岁的老爷爷（潘火根）讲，他小时候看到过有人赶着成群的猪从大余岭古道下来，穿过村庄往余杭百丈那里去，长途走山路，猪都穿着草鞋，您见过这样的事吗？

方：见过的。猪群穿过余村，从港口乡的鹤岭翻过去，再过港口乡的霞泉，往百丈走。我小时候也经常走这条路，我姐姐嫁在百丈，我们翻鹤岭到姐姐家去的。往杭州方向去，都是走这条路的。

俞：我从杭州过来时，经过一个幽岭，没看到鹤岭？

方：过去从杭州来要先过幽岭，再过霞泉，再过鹤岭的。日本人打进来的时候，就是从霞泉进来，再翻鹤岭过来的。在鹤岭，国民党军队的一个排在这里阻击100多个日本兵，当时这个排只剩下13个人，全部战死了。当时驻扎在余村的是一个营，派了这个排去阻击，他们一次次求援，指挥官说援军马上到，要他们坚守。其实这里的国民党兵老早管自己逃掉了。这13个人，还是余村的一个村民去收尸的，就埋在村里。办水泥厂时，用到这块地，坟被清掉了。有村民说当时是拣了骨头装在蛇皮袋里的，在山坡上挖了一个土洞放里面了，现在找不到了。日本兵进村后，在冷水洞那里住了一夜，把村民的猪、鸡都吃掉了，门板都烧掉了，然后翻大余岭古道往施阮村去了（这些也是从年老的村民中了解到的）。

---

① 施阮村，2007年11月由原阮村村和施善村两个行政村合并而成。

俞：太平天国战争有没有波及这个村？

方：听屠家堂^①的一个老人说起过，原来那里有一个老房子，长毛过后，房子里都是尸骨。赵家堂^②当时只存留了一个小孩。这个小孩当时在潘村^③帮姑夫家放牛，有一天姑夫叫他到（余杭）百丈去买米，路上他生病了，奄奄一息。路上碰到了长毛，长毛看他病得快死了，就没杀他。他回到潘村时，看到人都死光了，就逃到山上躲起来了。他在山上住了一年多，吃野果，病也好了。他觉得下面安全了，就回了赵家堂，结果发现赵家堂里都是尸骨，想来是被长毛杀了的。他在狮子山挖了一个大坑，将这些尸骨掩埋了。后来他从大溪^④娶了个妻子，人口才重新繁衍起来。这个事我是从他们的家谱里看到的。

俞：您家是从外面迁来的吗？

方：我家是递铺镇的，这里其实是我外祖父家，我妈是独女，嫁在递铺。因为家里没有舅舅，我8岁时我妈就叫我过来给外祖父母做伴了，姓也改成方姓了，要延香火的，我原来姓夏，我外祖父母是从报福那里迁来的。

俞：您有几个兄弟姐妹？

方：9个，5个兄弟，4个姐妹，我是老四。

俞：您外祖父母大概什么时候迁来的？

方：解放前后吧，迁来没多久，就碰上"土改"了，分到了田。

俞：您读过书吗？

方：我在山河中心小学读的，六年级小学毕业，然后到安吉县第三中学（在孝丰镇）读中学，初中三年级还未读完就不读了。因为外祖父年纪大了，负担不起，遇到三年自然灾害吃粮困难，所以不读了。

俞：那您回村后干什么呢？

方：回村后，先当赤脚医生，大概1968年或1969年的时候，大队里办学校了，我就去当老师了。

俞：大队办学校是怎么一回事？

方：当时学校下放到大队办，公办老师下放到大队任教，说是为了方便贫下中农孩子就近上学，每个大队办一个，小学六年，外加"戴帽"初中一年级、二年

---

① 在余村冷水洞自然村。
② 在余村赵家堂自然村。
③ 现在的横路村是原潘村和横路村合并而成的。
④ 天荒坪镇大溪村，与杭州市临安区交界。

级。山河中心小学仍然在的，大队就是现在所说的村，大队办的这个不叫中心小学，叫完全小学，简称"完小"。

俞：当时您教什么课？

方：我是 1969 年进学校的，教初一、初二的数学和英语课。当时是民办教师，1985 年转正，担任完小校长，一直当到 2000 年，然后这个学校归并到天荒坪镇中心小学去了，我们这些公办教师全部过去了，代课教师由我们帮他们安排到村里或企业里去了。到中心小学后，我担任总务主任，负责学校的杂务，很忙的，就兼一门数学课。2006 年 3 月退休。

俞：退休后都做些什么呢？

方：退休后带带孙子，还去参加安吉县老年大学的活动，去充充电。

俞：在老年大学学点啥呢？

方：我学电脑、摄影，后来大孙女去英国的曼彻斯特大学留学读研究生，我又去复读英语，方便与孙女视频，她喜欢和我用英语交流（简单的英语）。她读书很好的，当时安吉县推选了 12 个学生去考杭外[①]，考进了 5 个，她是其中之一，杭外采取末位淘汰制，淘汰的回原校，最后只毕业了 3 个，她是 3 个之一。从杭外高中毕业后，就去英国留学了，现在已回国，在杭州大厦那里上班，搞外贸的。她本来是要去上海的，但因为男朋友在杭州，所以就到杭州了。

俞：您有几个孩子呀？

方：我有 3 个儿子，都很听话。我大儿子做生意，有一女一儿。老二的女儿去年也考入上海理工大学了。小儿子下岗了，有一个儿子。

俞：您好像很喜欢大孙女？

方：我只有 3 个儿子，没有女儿，所以很喜欢这个大孙女。她是孙辈中的老大，当时还没有别的孙子孙女，只有她一个，所以我们做爷爷奶奶的就特别喜欢她。老二的女儿读书也蛮好的。两个小孙子同岁，一个读初三，一个读初二（因为个子小，怕他被人欺侮，所以晚读了一年）。他们来时，我会问问他们在班里的学习排名，基本上都是前几名吧。

俞：您老伴是做什么的？

方：老伴是村里的农民，现在为村里种种花、养养花，我们农村里叫"做小工"。

---

① "杭外"即杭州外国语学校。

俞：余村什么姓氏最多呀？

方：村里姓胡的最多，第二是潘姓。胡姓是从四个地方来的，大方向都是黄岩宁溪那一带迁移过来的。

俞：村里有没有整族迁来的姓？

方：村里移民都是零零散散迁来的，没有整个家族迁来的。

俞：之前采访过赤脚医生王月仙，您刚才讲到您也做过赤脚医生，能说说这段经历吗？

方：我做赤脚医生比王月仙早，王月仙做赤脚医生时，那时村里有3个赤脚医生，还有胡拎芳、赵万高3个人成立了一个合作医疗站，王月仙主要负责接生。我和胡自奎是村里最早的赤脚医生。当时我们是去湖州九八医院的九八医疗队接受培训的，九八医院是部队医院，所以用番号，他们在安吉章村培训全县的赤脚医生。赤脚医生样样要懂点，常见的感冒、小伤口的处理、针灸之类的，都要学点的。我们大概当了一年赤脚医生。

俞：听说以前村里有人上山采草药，卖给供销社，能赚点钱补贴家用。您学过医，懂中草药吗？

方：中草药我懂是懂点的，因为当时西药比较贵，草药还是很重要的。但我没去采过草药。我当赤脚医生比较早，那时只配给我们一个小药箱，里面有点药，有几根针灸用的针。"双抢"时，我会背着药箱到田头，处理中暑、割伤之类的事。

俞：村里有手艺人吗？

方：有的。手艺人主要有木匠、竹匠，因为我们这里竹子多嘛！还有窑匠，烧砖、瓦的。还有土砖匠，不是专业造房子的，只会砌个水池、猪槽之类的。

俞：过去村民的房子有什么特点吗？

方：1983年村里办石灰窑以后，烧出的好石灰都拿去卖钱了，留下来的渣，就是没烧透的生石灰，堆在露天里，雨落落，风吹吹，外面半生半熟的那层（里面还是石灰石）就掉下来了，这个就是石灰渣。村民发现这个东西和泥拌在一起用来夯墙，比水泥还牢，李熙庭老师家的房子就是这个墙，敲也敲不掉的。后来大家都知道这个灰渣好，都拿来造房子，外村来拿，我们要收钱的。这些房子都是1987年前后造的。以前是黑土夯墙的，这种泥墙被水淹到就会裂开倒塌的，但石灰渣和泥夯筑的墙，水里泡一个月都不会倒。

俞：我看余村都是黄泥山，您为啥要说是黑土夯墙呢？

方：打墙前先要挖墙沟的，用碎石做墙基，地面做上来 50 公分左右，再在石基上夯土墙。夯墙用的土就是沟里挖出来的土和房址旁边取的土，主要是为了省工。这些平地上的土都是黑土，挖到很深才会看到黄色的生土。所以这里的泥墙是黑土墙，不是黄土墙，到山上去取土太费人工了。

俞：耽误了您一个下午，再次感谢！

（五）潘春林访谈录

被访谈人：潘春林，男，47 岁，"春林旅游公司"总经理，大专学历

访谈时间：2019 年 3 月 6 日上午　　　访谈地点：春林山庄

访谈人：闻海燕　　　整理人：闻海燕

闻：您好！按照课题安排，我们想跟您做个访谈，您愿意吗？

潘：好的。

闻：请说说您的家庭情况。

潘：我已婚，老婆负责管理春林山庄。有一个儿子，在杭州上大学。我还有一个妹妹。

闻：请问祖辈就在余村吗？

潘：太太公这辈就在余村了，太公是秀才，以前在临安教书。爷爷当时读书好，国民党时期任余村副保长。父亲 1949 年出生，共有 4 个兄弟、4 个姐妹。当时因历史原因，家里很困难。

闻：新中国成立后父母都做什么工作？

潘：爸爸妈妈跟普通农家一样在田里干活，家里生活还过得去，不是特别穷。1976 年后，余村开矿了，爸爸就进矿上班，装石料等。妈妈有段时间做编织袋，就是给装石灰的那种。那时候家里收入还可以，解决温饱没问题。

闻：现在家里还有承包地吗？户口都在余村吗？

潘：户口都在余村。家里的承包地被村里租用，年底提供分红和租金。

闻：你什么时候上学的？

潘：我 1980 年上小学，在余村小学。中学是在天荒坪镇中学。1988 年就初中毕业了。

闻：毕业后都做什么工作？

潘：毕业后先是学了驾驶，学好后买了农用车跑运输。在矿上做了三年。当时一个月有一千多工资，从七百一点点涨到一千多。1991 年左右进水泥厂上班，先是开小货车，后给老总开小车，那时候我就 20 岁出头。开小车时工资也不高的，也是一千多一点。2004 年我从水泥厂出来。为什么出来？我当时看到水泥、矿山企业都是夕阳产业了，没多少前途了。

潘：2000 年我和堂兄弟两家一起承包了天荒坪镇上的一家要倒闭的酒店，由女的管理，我和堂兄还在水泥厂上班。

闻：酒店开到什么时候发生变化了呢？

潘：开到 2005 年。那时候余村开始关停矿山了。我家 2003 年开始造房子，建农家乐。2005 年正式开业。镇上酒店给堂兄开了。

闻：镇上的酒店效益怎么样？

潘：我俩平均每人每年能挣 2—3 万元。当时镇上酒店少，乡镇企业多，来往的客商多，还有驾驶员、政府的客人等。

闻：为什么想到搞农家乐？

潘：2002 年镇上刚关停矿厂，考虑到家里房子大，又靠近天荒坪景区，就带头开起了农家乐了。当时是村里统一组织联系旅行社，来了客人每家分几个。当时余村没什么景点，主要是以余村为住宿点到附近景区去玩。

闻：农家乐收入怎么样？

潘：当时我家在余村开得早，相应收入比镇上的酒店要高，而且年年都有增长。那时候主要是我和老婆管理，忙的时候会请几个人帮忙，有 2、3 个吧。主要是烧菜、搞卫生。2005 年开始，年收入有十几万吧，每年都在上升。当时我家的农家乐是余村最早开的，但不是最大的，2005 年后就是最大了。2007 年把 16 间客房扩大到 27 间，到现在旺季要达到几百人。家里住不下就分配到村里别人家。经营面积有 1200 多平方米，营业额有几十万元。

闻："春林旅游"全称是什么，什么时候成立的？

潘：全称就是"安吉春林旅游"。2010 年随着业务量的增大，我成立了天合旅行社，组建了车队。2015 年以后成立春林旅游公司，包括春林山庄、旅行社还有车队三块，形成客人进出旅游、餐饮一条龙的服务体系。主要是把外面的客人招进来，通过自己的车队把客人拉到山庄，同时，也把村里的人拉到外面旅游。我这个旅行社主要是做国内游业务。接进来、拉出去的游客量每年有 5—7 万人。村里人大多数的境内游是通过我这个旅行社的。村民旅游现在选择方式多了，有不同线路，通过不同旅行社出游，还有自驾游，估计每个村民每年都能有一到两次，通过我家旅行社出去的最远到云南、桂林等地。通过我家招进来的客人从当年的几千人慢慢增长到现在每年 5 万左右。

闻：我看你家的春林山庄装修得很好呀。

潘：2010 年客人多起来后我就开始对农家乐进行改造提升，2012 年开始对山庄外围进行整体改造，还有设施都进行提升，当时条件比较差，改造提升后变成精品农家乐。

闻：有多少员工？

潘：春林山庄有 6 个，旅行社工作人员 7、8 个，车队主要是调用外部车辆，多的时候有 20 几辆。

闻：春林旅游的经营情况怎么样？

潘：春林旅游基本是自有资产，总资产大约有上千万，年营业额有几百万，利润有一百多万，每年美丽乡村这块业务逐步上升。一条龙服务，包括购物，在做产业链。税收去年有一二十万。工作人员以当地人为主，余村的也有，天荒坪镇的也有，专业工作人员可能跨区招了。

闻：对村里也会有一定影响吧？

潘：你看到了，我这里有 1 号楼、2 号楼啊。在客人多时满负荷情况下就对其他农家乐调配。我们主要是赚餐饮、旅游这块的钱，其他农家乐赚住宿的钱，让大家各自根据自己的特定的功能都能挣一些，互相帮助吧。洗菜阿姨年工资 3 万、4 万左右，技术人员有 5、6 万，好的工种能达到 8—10 万。谈不上对村民的贡献，企业发展也需要工作人员，他们也需要工作环境，算是互惠互利吧。

闻：村里、镇里对发展农家乐有没有扶持政策？

潘：刚开始时我们农村的房子都是很差的，村里对我们改造房屋政策会宽松一点，银行也会有支持。在农家乐规划设计上，镇政府会给予一些指导。村庄道路建设、公共设施建设、环境改造靠我们单家独户是做不了的，政府和村里都做了很多工作和投入。

闻：你个人获得过哪些荣誉？有哪些兼职？

潘：有一部分。2015年被评为"最美湖州人""安吉好人""道德模范"，是安吉县党代表，兼镇农家乐协会支部书记，村农家乐协会这块也是我在管。

闻：听说你有几个"第一"？

潘：我是余村第一批做农家乐的，也是最大的农家乐，是第一个成立旅行社的农家乐，第一个成立车队的农家乐，是第一个抱团经营走向农家乐联盟的，是村里第一个承包景区。

闻：请具体说说。

潘：在2013年收购一家度假村：九龙峡，跨区经营，现在经营正常。去年还收购一家洗涤企业，主要是洗宾馆的床单、毛巾等。管理模式主要是有一个管理团队，外聘工作人员实行年薪制加奖金。我会经常过去看看的。

闻：有贷款吗？

潘：贷款有一点，不多，主要靠自有资金。

闻：你也工作快30年了，请问最大的感受是什么？

潘：做30年了，真正做旅游只有十来年。我从一个驾驶员转到后来做旅游，实际上一直也在学习，学习管理等很多知识，都是要不断学习。另一个，我们的发展跟余村的发展密切相关。党的政策越来越好，对我们农民扶持政策越来越贴心，环境对我们创业越来越有利。如果发展的环境不好，我们创业也就没信心了。现在我们对发展越来越有信心。

闻：有以后让孩子回来接班的想法吗？

潘：现在孩子一门心思学习，还没想这些事情。我跟他说，如果学得好，将来在外边找到满意的工作就做，如果觉得在外面做比较累，愿意回来做也行。我现在自己还能做，如果将来真的不回来接班，如果以后做不动了，考虑把企业托管或培养下面管理人员，我退二线。

闻：谢谢接受我们的访谈。

（六）胡加兴访谈录

被访谈人：胡加兴，男，51岁，经营荷花山漂流项目和胡氏山庄

访谈时间：2019年3月4日下午　　　　**访谈地点：**余村胡氏山庄

访谈人：闻海燕　　　　　　　　　　　**整理人：**闻海燕

闻：胡经理您好！按照课题安排，我们想跟您做个访谈，您愿意吗？

胡：好的。

闻：请问您目前主要经营什么项目？

胡：荷花山漂流和胡氏山庄。

闻：请问您家族是什么时候到余村生活的？

胡：我爷爷那一辈从台州黄岩那边迁过来的，已有96年。大伯和二伯出生在黄岩。爷爷家共有8个孩子，我父亲是老小，第8个孩子。后来就一直定居在余村。

闻：请问您有几个兄弟姐妹？

胡：有三个，有一个姐姐、一个妹妹。

闻：爷爷那辈开始在余村靠什么为生的？

胡：爷爷那辈靠务农为生，记忆中我1976年读小学一年级时村里的温饱问题很紧张，但我自家生活条件还可以，能解决温饱。那时候村里人口少，村里有山，有粮食。爷爷给大伯、三伯、四伯、父亲都造了大房子，是瓦房。我记忆中小时候家里都是瓦房，没看到草房，我爸爸和四伯都是楼房，有天井的。

闻：父亲这辈主要都做什么的？

胡：父辈也是务农的。从70年代开始当了大坦生产队的队长，当了几十年。务农主要是指是种地、砍毛竹。后来在石灰窑里干活，是负责人（80年代）。

闻：当时已经有石灰窑了？

胡：是的。当时父亲是砖厂的负责人。村里建石灰窑，后又建起了砖瓦厂、水泥厂，经济条件好多了。

闻：几个伯伯都做什么的？

胡：有几个伯伯在我很小时就去世了。现在只有父亲和小姑健在，都80多了。

闻：当时家里条件还好吧？

胡：我小时候父亲在砖厂上班，母亲在村里的粮食加工厂上班，主要是把稻谷加工成米，把小麦加工成面或面条。家里人口少，家里经济条件比村里一般家要好些。

闻：家里的房子是什么时候造的？

胡：70年代住的瓦房、楼房。老宅基地在大银杏树后面，分给堂兄弟了。我现在住的房子是1986年造的。1984年余村搞新农村规划，当时按规划图纸是造两层三间，也有的是四间。现在的房子是在原来基础上改建的，上层有150平方，一楼有半个地下室。因为我是要做农家乐经营的，所以村里允许这样造，要利用空间扩大经营面积。

闻：说说您个人的经历。

胡：我1976年上小学，1981年小学毕业后没再上学，后来成人学校自学得到高中文凭。小学毕业后干农活。上山砍毛竹、种地。后来上班。刚开始在余村石灰窑做了一年左右，工资是每个月80—90元。后到村水泥厂干活。当时每月工资150—180元。

闻：工资很高啊，但是很辛苦吧。

胡：两种工作都很辛苦。用三轮车拉石灰，当时才15岁。1986年18岁时在水泥厂干活，和大人一样干。我14岁时就上山砍柴背下来有100多斤，当柴烧。

闻：什么时候从水泥厂出来的？为什么？

胡：1990年从水泥厂出来的。当时考虑到水泥厂污染太大。

闻：后来做什么活了？

胡：买了三轮车做蔬菜生意。当时天荒坪镇没农贸市场，村里人有钱但是买菜不方便。我一早去县城进货，中午在村里开车卖，村里人可以吃到新鲜蔬菜。做了两年后不做了，买了四轮车就是小面包车，能装十七八个人的，跑余村到县城的线路。

闻：当时挣的钱多吗？

胡：1990年做蔬菜生意时一天能挣60—80元，蔬菜每天都能卖掉。1993年跑运输时一天能挣200—300元。

闻：那时候姐姐和妹妹也在水泥厂上班吗？

胡：姐姐和妹妹都在水泥厂上班。后来姐姐嫁人了就不做了。妹妹还在水泥厂上班，在配料车间。污染也很大，要穿特制的工作服，戴防护口罩。

闻：您自己家里的情况怎么样？

胡：我在1991年23岁成家。妻子是上墅乡的，和余村一山之隔。她当时在镇里做裁缝，她表姐介绍的。结婚后一边做裁缝一边在余村开超市。当时我家里收入一年有一万元左右。我家1992年就装电话了，是天荒坪镇到余村的专线。

闻：那在当时是很了不得的一件事啊。

胡：客运做到1998年转行到县里开出租车了。自己买的车花了12万，后来又买了一辆，自己开一辆，出租一辆。2002年都卖掉了，每辆卖了24万（包括营运证等），共48万，在县城买了两套商品房，总共215平方，一间店铺60多平方。后来给园林公司开车一年收入15万元。2007年时跟公司领导去宁波出差，看到宁波奉化有一个小溪漂流项目挺好。当时我就想余村虽然环境变好了，但从矿山经济转型到休闲经济还没有好的旅游项目。我就回村跟村领导提出搞漂流。当时村领导不同意，我就包了一辆大巴车带村领导和村民小组长去奉化实地考察。考察回来后村里比较认可。我就找设计公司设计好，又去旅游局搞好审批。投资120万，2008年5月1日试营业。当年就赚回投资了。2011年我又投资170万做水循环工程，保证余村水资源不会流失走。

闻：您做这个漂流项目得到村委支持了吗？

胡：村里很支持。因为做漂流和水循环工程要修理河道、铺设管道，可能涉及村民的自留地、竹林，村委协助做村民的协调工作。

闻：村民对您这个漂流项目有没有"红眼病"？

胡：大部分村民都支持。

闻：村民支持的原因是什么？

胡：漂流项目2008年有游客1万人次，近年来每年有6万人次。一年有2个半月高峰期。高峰期会带来很大的客流量，把农家乐、民宿都带活了。同时也安排了好多村民上班。暑期村里很多劳动力在工厂上班的都要放假，他们可以到漂流公司上班，做临时工。最多时有60多人，能够解决很多劳动力就业。平时有固定工15人，平均工资每月有4500—5000元，发6个月工资。从5月1日做到10月8日。工作人员4月份上班，清理河道，修补。临时工每天150元。每年有上百万营业额。其他时间他们到别处找活做。我们停工的时候正好是山上活多的时候，也有很多活做。

闻：家里有承包地吗？

胡：家里父母加上我们3口人一共5口人有3亩多地的农田。菜地有1亩，山上有林地16亩左右。现在农田由村集体统一租下来，租金是按800斤稻谷折价，按市场价并按人口分。我家小孙子户口在村里，今年3岁，已分到租金了。我做漂流，自己从村民小组租了40亩，是按1000斤粮食折价租的。村里林地大部分是由天荒坪镇上的天林公司统一管理，每年按市场价给租金，签了30年合同。我家16亩林地没出租，由老爸管理。请人砍毛竹运出来，毛竹卖给竹凉席厂。

闻：说说你儿子的情况。

胡：我只有一个儿子，大专毕业，以前在安吉水务公司工作。儿媳是他同学，学园林设计的，在县里一家园林设计公司工作，年薪有15万。现在儿子儿媳都回来帮家里做农家乐了。

闻：儿子媳妇愿意回来经营"胡氏山庄"吗？

胡：愿意。管农家乐收入比城里高。我跟他们说你们在城里是加班加点，挣的钱再多也是给人家打工，帮别人挣钱，不如回来帮家里管农家乐。在家里做呢是别人给我们送钱。他们俩经营"胡氏山庄"收入都归他们自己，我不管的，我主要经营漂流这块。他们年净赚80多万。我家在安吉县城买了一套别墅，按揭还款每月要还2万5千元，他们去年全都还掉了。

闻：他们的客人都是网上订的？

胡：嗯，大部分都是网上预订的，主要是靠餐饮这块，住宿不多的。旺季时有30多桌，明天有6桌。正月里是淡季，3月开始是旺季，考察团很多，大部分会当天参观完了就走，也有一部分会留下来。北京、江苏、上海客人很多要住下来的。

闻：山庄雇人了吗？

胡：雇了两个人。一个是我妹妹，一个是舅妈。妹妹负责烧菜，舅妈负责配菜。人多时要临时雇几个人，老婆在家带孙子，有时也会帮忙。

闻：给她们开多少工资？

胡：给妹妹每年十万，多照顾她一点，舅妈每年五万。

闻：工资也不低的。村里和你同龄的伙伴们一般都做什么工作？

胡：以前余村90%的男劳动力在矿上做，有的开运输车，有的做装卸工。矿山彻底关停是 2005 年，关矿后都自己谋生了。有办小作坊的，主要做竹筷子，有 40 多人。有去工厂的，一般是竹凉席厂、转椅厂。我们安吉转椅是很有名的。

胡：矿关时很多运输工、装卸工自己花钱买的车连本钱都没赚回来，当时怨气很多。后来，村里以村民投票方式选择是关还是继续开下去，大多数村民都同意关停。当时我们村很有钱，家家造的房子都很好，但是环境很差，灰尘很大。老百姓的内心还是赞成的。

闻：您旅游淡季时都做些什么？

胡：淡季时有几个月跟几个旅行社结账，跑业务。春节后要沟通业务，确定下任务。我们业务大多数是与旅行社合作的。平时老婆带孩子帮助打理业务。我有时候也去村里帮忙讲解，带客人在村里转转，宣传余村。有一次有一批山东客人，对方旅行社老总要求我出面讲解，我讲得很多很详细。因为很多事情都是我亲身经历的，所以我讲起来比较有意思，比小年轻的讲解员知道的要多。

余村知名度大了起来后，采访我的很多，因为我是村里从矿山经济转向发展休闲经济后最早回村搞旅游的。2018 年 10 月 1 日中央一台《走遍中国》电视片第一集专门采访我，不过我一时忙也没看到。

闻：您可以说是改革开放的亲历者，也是余村从矿山经济转型发展休闲经济的参与者。请问您最大的感受是什么？

胡：这个问题很大。我觉得我是"绿水青山就是金山银山"理念的受益者。我从小生活在余村，余村能够发展得这么好，我感到很自豪。

闻：今天聊了这么多，非常感谢。

（七）王月仙访谈录

被访谈人：王月仙，女，65 岁，曾任村妇女主任

访谈时间：2019 年 3 月 5 日　　　　　　**访谈地点：**余村村委会办公楼

访谈人：俞为洁、李旭　　　　　　　　　**整理人：**俞为洁、李旭

俞：王大姐您好！按照课题组的安排，今天由我来做您的访谈。我想先问下，您是本村人，还是外面嫁过来的？

王：我是本村人，嫁也嫁在本村。

俞：您家一直是这村里人吗？

王：不是，我爸大概是 50 年代初从东阳迁移过来的，我老公是本村的。

俞：您爸是单身过来的，还是携家带口过来的？

王：我爸是个手艺人，造房子的那种泥工，之前在杭州的一个皮革厂上班，后来觉得还是做手艺好，就到这里来了。我爸 20 几岁时单身过来的，但是是回东阳娶的妻子，结婚后再过来，同时把两个亲兄弟、一个亲妹妹和一个堂兄都带过来了，后来爷爷奶奶也过来了，一家人就在这里住下来了。

俞：您家迁过来，靠什么生活呢？向别人买地吗？

王：刚解放时，村里人口很少的，只有 300 人左右。我父母刚迁来时，住在山河，后来再迁到余村。当时土地、户口很松的，只要愿意住进来都行的。我爸仍做手艺活，给别人造房子，做灶头、做浴室等。我妈到队里做，赚工分。

俞：您有几个兄弟姐妹？

王：我有 5 个兄弟姐妹，我是老大，下面有 3 个弟弟、1 个妹妹。两个弟弟在村里，一个弟弟读警校，毕业后在递铺（安吉县城）交警队工作。妹妹嫁在递铺横山坞村。二弟、小弟和我都是党员，我 1973 年 18 岁时就入党了，有 43 年党龄了。

俞：您对五六十年代的生活还有记忆吗？

王：那时很苦的，"大跃进"时，办集体大食堂，吃稀饭加野菜。

俞：听说您是这里的老妇女主任，您是怎么走上这个岗位的？

王：我在村里很活跃，我十六七岁就带着小姐妹搞文艺演出，村里也正好要培养接班人，就选上我了。我 20 岁时当赤脚医生，24 岁结了婚，那时提倡晚婚晚育，女的 24 岁才能结婚。婚后生了一个儿子。当时老妇女主任年纪大了，1982 年就让我当妇女主任了，这之前我已是副主任，一直做到 2003 年。1983 年村里管财务的年纪也太大了，我又接管了财务，身兼数职，很忙很累的。

俞：您当赤脚医生，政府安排学习和实习吗？

王：县里有培训的，我们先在章村的培训中心学习，再到安吉县人民医院实习，学得很全面，妇科、内科和简单的外科处理，都学的，还学针灸。

俞：学妇科，那管接生吗？

王：管的。我接生了 200 多个孩子。

俞：这么多？

王：本村之外，旁边的山河、横路村都归我接生的。

俞：您做接生，有额外收入吗？

王：本村接生一分钱不收的，外村每次2块钱，回来全交集体，我一分钱没有的，我干赤脚医生只拿村里的7分工。产妇家有时会送点白糖之类礼物给我，接生后我需要医疗回访三四次，回访时都会把礼物送回去，不收的。很多出诊、接生都是在晚上，都是尽义务的，没收入，也不算工分。我赤脚医生一直当到32岁。

俞：您就一个儿子吗？

王：那时候计划生育抓得蛮紧的，我是不愿生的，但我老公还想要个女儿，别人也都来劝我，所以1983年我又生了一个女儿，生完我就结扎了。第二年计划生育政策更严了，大家都不能生二胎了。

俞：有两个孩子，那不是更忙了？

王：是的。那时又要带孩子，又要做村务工作，真是太忙了。我们那时上班都很积极，7点钟就出门了。

俞：能和我说说您在妇女主任任上的一些事情吗？

王：我当妇女主任时，我们村年年都是计划生育先进村。

俞：有什么特别让您记忆深刻的事吗？

王：有的，有三件事，我一辈子忘不了的，要带到棺材里去的。

俞：能和我一件件说说吗？

王：第一件事：90年代，那时我们村里有个很穷的男人，别人帮他找了个贵州女人，就住他家里了，待在家里也不出来，但没登记。我去找他，跟他说：你要的话，就去登记。但他说，他还没想好。后来有了[①]，我知道了就去找他，已8个月了，我叫他去登记，他不肯，因为贵州人嫁女儿是要财礼的，他穷，拿不出财礼。后来孩子就生出来了。那时是一票否决制，那年我们的先进就没有了，我很懊恼的。

第二件事：二队有对夫妻，丈夫不爱干净，女的很爱干净，夫妻经常打架，妻子一次次气得跑回娘家。有次她又跑回娘家了，我和她老公、村里一个男的、妇女队长，我们几个人一起去她娘家，做思想工作，她爸妈也同意了，也就回来

---

① "有了"，指怀孕了。

了。结果回来不到 2 个月，她就喝农药死了。我真当是懊悔呀，当时让他们离婚，她也就不会死了。这件事，我想起来就难过。（看王大姐眼泪都要流下来了，让她缓缓再说。）

第三件事：有次省里来暗访，先到临安，从大溪那里过来，看到大溪山太高，就没去；到了横路，又觉得横路人口太多，有好几千人，又没去。结果直接就到我们这里来了，做计划生育暗访。其中一个人到了我们办公室，别的人都去村里暗访了。我打电话给镇里的妇女主任，她又打电话给县里的妇女主任，她们都赶过来了。结果暗访后，我们村里是省里第一名，我拿了一本荣誉证书。她们都高兴极了，说我工作做得真细，脚勤、手勤、嘴勤。

俞：你们那时候的村班子怎么样？

王：我们村委里的人，分工不分家，大家碰到事都会去管，班子很协调，村干部经济上都干干净净的。

俞：村里是怎么想到办企业的？

王：我从小到大都在这里的，我们村里原来很穷很穷，饭也吃不饱。最早的老书记，就是俞万兴，办起石灰窑，这是 1973 年以前的事了，鼓励农民拿出去卖，卖给别的生产队或上海。石灰可以撒田里防虫、造房，拿石灰可以换粮食。烧石灰产生的煤渣，再造砖头，鼓励村民造房子，村里也因此做了规划，房子都是坐北朝南，路也留好了。后来又带老百姓种茶叶，是集体种茶叶。办了水泥厂后，没地方种茶叶了。

俞：是卖鲜茶叶还是成茶？

王：成茶，炒制好再去卖的。

俞：村里后来还办过什么厂？

王：后来石灰窑不办了，我们的石头好烧水泥的，我们就开矿，卖石头给水泥厂。老书记退下来，换了一个书记，带领老百姓，办起了拉丝厂、被套厂。那时我在村里搞财务，比较清楚的。

俞：村里收入好了，都为村民办了哪些好事？

王：后来条件好起来了，我们就为村民谋福利，先为村民装自来水，那是 90 年代的事，我们村是安吉县最早装自来水的村庄。后来又装了有线电视的大锅，也是安吉县第一家。村里的水泥路通到家家户户，这也是安吉县第一家。村里每年经济收入都有几十万，后来有三百多万一年，一天一万的。原来村里只有一条路，后来就准备再造一条大路，我们准备造 24 米宽的，到县交通局去批，县交通局说县里的路都没这么宽，就造窄了。

俞：您前面提到的一个"拉丝厂"，是做什么的？

王：拉丝就是把毛竹拉成一条条的。开矿期间，到处都是灰，毛竹都死掉了。我们就鼓励村民做筷子，先把毛竹卖给拉丝厂，再拿回来做筷子，一下子办了好几家筷子厂。

俞：您退休后都干点什么呀？

王：我先在县城递铺给女儿带孩子，带了 5 年，她上中班我就回来了。我在递铺学跳广场舞，回来后买了一个播放机，叫了几个人一起跳广场舞，后来来跳的人越来越多，我就组织队伍跳了。我们的队伍本来叫两山排舞队，敲腰鼓，跳排舞。前年禁放烟花爆竹了，太冷清了，我就想搞个两山鼓乐队，唱唱跳跳敲敲鼓，热闹点。但买服装、大鼓，我算算要七八千块钱，我就去找书记说，书记说你搞好了，我支持的。我就去买大鼓，让来村里实习的一个大学生小伙子去学鼓，回来教我们，这个小伙子会跳舞的，以前就教过我们跳舞。后来县里要求我们更上一层楼，我说我们就是自己跳跳的，上不了台面的。她就给我们叫了一个老师，帮我们修改了大鼓的动作。现在我们上台表演有一套敲法，结婚仪式有另外一套敲法。

俞：结婚你们也去表演？

王：因为不能放烟花爆竹了，结婚的人家就请我们去。先是敲小鼓，再是一阵大鼓，比放烟花还热闹，老百姓很欢迎的。

俞：你们去表演，收费吗？

王：村里不收钱的，喝杯茶就行。外村请，我们要收点费的，毕竟我们来来去去也要费用的。

俞：现在参加跳舞的村民多吗？

王：现在天一晴，晚上都出来跳舞的，不在家里的，很热闹的。我这一辈子，从姑娘开始唱唱跳跳，到现在还在唱唱跳跳，也觉得很值了。

俞：谢谢您！百忙之中还接受我的采访！（访谈时，大姐不停有电话进来，都和这几天的演出安排有关，真是个大忙人。）

补篇：

访谈时间： 2019 年 3 月 6 日晚上 7 点左右

访谈地点： 余村村委会办公楼

提问和记录人： 李旭

王：（村委会外面的文化活动广场上正放着音乐）原来我们的广场舞是在家门口跳的，后来人多了，站不下了，就来到这里的大舞台（文化广场）来跳了。以前我在村里上班的时候也组织过的，敲腰鼓啊，叫人来教，有基础的，后来我退下来也没人搞了，没有声音了。后来我带外孙的时候没人搞了，前几年我回来后又搞起来了，跳的人越来越多。我们这边不是习书记来过嘛，我想我们村跟人家村不一样，我们就挑几个好的节目，省里在这里搞活动嘛，我们也参加。所以我们这些人很开心的，晚饭吃过后就到这里。

李：腰鼓队、大鼓队有没有专门请人来教？

王：这个大鼓是这样的。我们前年村里开始禁止放鞭炮，是全县第一个开始禁的。禁了之后呢，我就想，人家嫁女儿讨媳妇都要热闹的，我想搞一个又唱又跳又敲的，这样不是比放鞭炮更好嘛。我这么一想，村里都支持的。后来我就去电脑上找，找到后放给他们看。他们说好的。我们这里有一个排舞跳得好的，我就对她说：你先学，你先学起来，什么鼓啊人员啊都是我的事情，好好跳。有一个大学生小沈（杭州电子科技大学学生）在我们这边实习，他说：阿姨啊，我走之前教你们一个舞啊。我说："你会教的啊？"他说："我在杭州的时候教教一节课三百块钱呢。"我说好的。我有一次和他一起坐车到县城里去，把敲大鼓的视频给他看。他说："阿姨，这个鼓要用劲的，你们敲得起来啊。"我说："那你不用管，不管好不好，你只要教，他们能敲我们也能敲。"后来他教我们。他去学一个多星期，学好之后教我们。刚刚学好没多久，县妇联在我们村里召开这方面的座谈会，让我提要求。我说要求是没有的，我说这个大鼓最好给我两个版本，一个舞台上演出的，一个人家家里做喜事用的，这个跟台上不一样的。他们说你另外没有要求啊。我说：另外要求没有的，我有我自己的原则的，我说我们这些人都是"土包子"，参加比赛我们绝对不上的，因为比赛就是第一第二第三名，三个名次，我们累啊累得要死的，我们坚决不去。哪里有演出、文化走亲，我们去的。他们说，那好呀。这样我们的担子就轻了。他们帮我们前面的动作稍微改了一下，说鼓就要像鼓一样，跟排舞不一样。他们说这个全部都不要，就敲鼓。这样弄了以后，后来我们县里生态广场、九州广场我们都去敲的，天子湖他们搞活动都请我们去，因为我们是开幕式上场，明天也是开幕式。

李：什么活动的开幕式？

王：很多大型活动的开幕式都请我们去的……上次天子湖那个什么活动啊，全部都是稻草人扎起来的。反正我们去就是第一个出场，就这样。我们请老师要付钱的。这样他们来请我们，我们就不用花钱。后来我说还有一个腰鼓，他说也请老师来。所以我们村里，文艺活动是很活跃的，农民丰收节也放在我们村里。我们是主会场。

李：你们的丰收节主要是什么丰收呢？收割什么东西的时候？稻子啊，山上的果子之类的啊？

王：这个没有，我们的丰收节，这里各种机器啊，收割机啊都有。我们村里还有舞龙队的嘛。

李：你们的队伍有多少人？

王：腰鼓队30个人，大鼓队19人，18个大鼓，我是敲那个镲的。我们排舞队的名字叫"两山美"。我们有扇子舞，节目有"两山美""不忘初心，牢记使命""美丽余村欢迎你"。

李：大鼓队有男同志参加吗？

王：没有，我叫过，他们不肯参加。以前我们是吃过晚饭后搓麻将、打官牌（扑克）。现在没有了，我回来之后就没有了。过年的时候，联欢晚会搞过之后，年三十晚上，我们村里舞龙队、腰鼓队，全部出发，每个村庄里都去敲啊。十五元宵节，也是。我们自己村凡是有村民的地方全部都走到，很热闹。

李：村里有经费支持吗？

王：经费，有的，村里大力支持，服装、道具方面，我们提出来，他们都给予满足。另外没有的。因为我们一起敲鼓、跳舞很开心的。这个团队我已经带了好几年了。我回来有五六年吧，我这么多年带下来，我们像亲姐妹一样，很团结的。

李：有时候会不会涉及给人调解家庭矛盾之类的？

王：碰到有的，那我是经常有的。我们这班人都是有奉献精神的，当时一组织的时候我就说了，我们出去都是不收钱的，我们都是志愿者。我们又是大鼓队，又是志愿者。我们到人家家里敲大鼓，就喝一杯茶，什么东西都不收的。我们的成员，她们都有奉献精神。我是喜欢嘛。老了嘛，六十多岁了，其他什么东西都不想搞了。我是想，我头上有三点水（党员），那么多年的老党员了，我18岁入党的。再说我们是50年代的人啊，思想风格都是不一样的。

李：你们年轻的时候村里有文工队吗？

王：有啊，我十七八岁的时候我就在跳啊唱啊。文工队搞宣传，反正也是这样，跳跳很开心。

李：刚刚改革开放后有没有？

王：那个时候倒是没有的。

李：什么时候恢复的？

王：我从递铺（安吉县城）回来之后。我是2003年的时候退下来的，后来在安吉帮女儿带孩子，孩子带到五六岁我就回来了，回村里五六年了。

李：村里另外还有什么文化活动团队？

王：另外的（团队），有拉胡琴、唱越剧的，唱越剧我也在其中，一个小组，大概四五个人。我们镇里有老年大学，今天下午是今年开学第一次活动。主要是大家发挥自己的文艺才能，他们拉胡琴，你唱，就是这样的。我每个礼拜一到递铺（安吉）老年大学去，也是去学习。所以，我真的，赶上好时代了。

李：这样的好时代也需要您这样有能耐、有奉献精神的人啊。

王：主要是要有奉献精神，如果什么事情都要钱，什么事情也搞不成。

李：阿姨，谢谢您在繁忙之中接受访谈。

王：你等下去看一下哦，她们（鼓队的队员）已经来叫过我了。

（八）潘熙财访谈录

被访谈人：潘熙财，男，57 岁，农家乐老板，高中学历

访谈时间：2019 年 3 月 9 日　　　　　**访谈地点：**余村古杏山庄

访谈人：申端锋、王孝琦　　　　　　　**整理人：**王孝琦

申：您好！按照课题安排，我们想跟您做个访谈，您愿意吗？

潘：好的。

申：您能给我们简短地说下您的个人情况吗？

潘：我 1979 年高中毕业，祖籍是安徽安庆人，我太爷爷那一辈迁到余村。我在家中排老大，弟弟上初中，妹妹上小学，当时我爸爸是村里委员，对教育比较重视，所以我们三个都上了学。毕业以后，我就回村里的袜子厂工作，当了袜子厂的厂长，这个厂属于村办企业。我那时候去县里学习"造"袜子。过了四五年，因为袜子厂竞争比较激烈，所以我就不在袜子厂工作了。离开袜子厂以后，我到石灰窑工厂管锅炉，一直到石灰窑被拆。1993 年的时候，我大伯从台湾回来办了扫把厂，我就去那里工作了。1998 年，我陪父亲去台湾住了三个月，回来以后，扫把厂就没开了。2001 年，我买了辆车，在矿山上拉了几年的石块。2003 年矿山停产后，我就去给人家送氧气瓶，做了六七年，反正收入也不是很高，一个月也就两三千元，但是比在矿山上要挣得多一点，因为在矿山上跑，每天的拉货量是有限制的。2003 年，我把车卖掉了，在村里跟着大舅子做泥工，给人家房子换瓦片，有师傅带着做。矿关了后，没工作了，当时脑子转换不过来，一下子没收入了。我几乎每几年就要换一个工作，本来村里工厂很多的，一下子拆了那么多，没有收入来源了，我只好到处跑着做活。

申：刚才您提到了台湾的大伯，您的大伯是怎么去台湾的？

潘：大伯原来种田的时候被国民党抓去台湾当壮丁。以前大伯每年都会回来，大伯去世后堂兄每几年都会来几次。

申：您 1998 年去台湾转了一圈，感觉台湾怎么样？

潘：我当时去了台湾觉得那里环境很好，比我们这里强太多了，但是现在比的话，还是我们这里比他们那里强，大伯回来时都不认得了。

申：您当时怎么想着自己创业办起了农家乐？

潘：当时是儿子的主意，儿子说现在这条路上的人家都在造房子，家里的房子太旧了，我们这个地段好，可以开农家乐。想重新建个房子，做爸爸的也是支持他的，就帮他盖了这个房子。因为当时我们住的是1986年自己建的老房子，两层楼三间土泥房。我看了别人的房子装饰得很好，就花了四五十万把这房子也重新装修了一下。2018年4月，房子才算完工。其实开农家乐也是儿子的主意，包括这农家乐的设计也是跟儿子一起设计的，我亲家也帮助我们装修这房子。这房子算下来造价230多万。

申：建房子的230多万您是通过自己的积蓄付清的吗？

潘：230多万里向银行贷款了30多万，向亲戚朋友借了20多万。不过去年开业到现在为止半年已经赚了20多万。

申：那您的农家乐是通过什么方式吸引客源的？

潘：主要是靠亲戚朋友的介绍，现在网上的宣传力度还不是很大，我们两个也不是很精通网络。平时儿子有空会打理下网络，会有网上预订的，但不多。

申：那您能简单跟我们介绍下您的农家乐的经营方式吗？

潘：我负责超市进货，平时主要选购一点荤菜，因为蔬菜我们自家种，自己的菜吃得放心一点。爱人平时负责农家乐的管理，包括做饭，打扫客房，一共有12间客房。旺季的时候，会请爱人的姐姐来帮忙，女儿有时候也会来帮忙，亲戚过来帮忙我们按市场价一天150元给他们发工资。我们主要做散客生意，对团队接触得比较少。村里面的农家乐、民宿都是做散客生意为主，只有少数的几家做团队生意。

申：您认为散客经营和团队经营，二者有什么区别？

潘：散客和团队是两种经营方式，做团队生意的话，旅行团要从中收回扣的，营业额要大一点，成本相对也会高一点。而且做团队生意，什么都要做得一致，比如菜品、房间等。散客口味不同，需要服务更周到一点，要问问人家是吃辣还是不辣的。散客生意收费要低一点，生意更好做一点。

申：您觉得哪种方式的经营能吸引更多的客人？

潘：淡季的时候，客源都差不多。旺季的时候，我们也会被分到客人，也有住满的时候。前几天我们的房间就全部住满。有时候客房住不下了，我就把客人介绍给我弟弟，因为他也是做农家乐的。

申：您能谈谈余村这几年的发展吗？

潘： 以前的余村，虽然有青山绿水但是却没有转换成金山银山，在某种程度上绿水青山限定了余村的发展。原来竹制品加工厂很多，以前家对面都有几家，也有一定的污染。烧锅炉冒好多烟，噪音、排污也不达标。拉丝厂和筷子厂也有污染，以前晴天时路边都是晒筷子的。现在村里没有竹制品加工厂了，因为竹制品加工厂污染比较严重，所以都搬掉了。现在竹子都卖不掉，毛竹销售不好。以前毛竹可以卖到 45 元 100 斤，现在 100 斤毛竹只能卖到 25 元，这样的话连工人的工钱都不够。

申： 您家里还有竹林吗？

潘： 我家有竹林，没有承包给天林公司，自己打理。

申： 您为什么没有把竹林承包出去？

潘： 我们三组的竹林没有承包给天林公司，我们组的人比较勤快，所以竹子管理得很好。天林公司给我们的租金我们觉得不划算，划不来。而且我们自己有农家乐，客人来要吃笋，我就上山去挖一点，比较方便。如果把竹林承包给天林公司，他们是不让挖的。

申： 村里的竹林是怎样流转给天林公司的？

潘： 都是以村民小组为单位流转给天林公司的，因为一个小组的竹林都是连在一起的，这样方便管理。

申： 竹林里面有野生动物吗？

潘： 竹林里有野猪、野兔。为了保持生态平衡，不让夹不让打，现在派出所把所有的猎枪都没收了。以前也没这么多野生动物，现在环境变好了，野生动物也变多了。天热的时候，我们也不敢上山，因为蛇多。

申： 除了经营收入，你还有其他收入来源吗？

潘： 我自己经营竹林，两年砍一次，反正毛竹一年四季都能赚钱。每年竹尖要削掉，可以做扫把。竹叶可拿去酿酒，有一部分可以用于护小笋。今年下半年约砍 3 万斤，毛竹一次能收入五六千元。砍下来的毛笋，晒成毛笋干，卖了也能有一小部分收入，还留一部分自己吃。

申： 您妻子原来是做什么工作的？

潘： 以前妻子在压布厂看机器，经常加班。2016 年以后就不在压布厂工作了，那时候她工资还是可以的，只是在那里做的时间太长了，身体吃不消，有了外孙以后，她就回来带小孩了。

申：您有几个孩子？

潘：我有两个孩子，老大是女儿，小的是儿子。女儿现在已经成家了，儿子在杭州高铁站工作，以后也可能回来帮助管理农家乐。

申：村里对你们农家乐创业者有没有扶持？

潘：村里对我们开农家乐没有直接的扶持。不过我们去镇里开过有关于管理农家乐的培训会议，还去德清、长兴参观其他的农家乐，免费去的，镇里有补贴。我们向农商行贷款开农家乐是有优惠的，不用抵押也不用担保，只要余村户口本，村里盖章就可以了。这个优惠只有我们余村村民才有，其他村是没有的，"余村"相当于信用担保了。

申：您觉得余村的发展与村里农家乐的发展有什么联系吗？

潘：余村给农家乐带来了客源，这也是村庄景区化带来的效益。我们现在经营农家乐比在外做工要好一些，这也说明了余村的发展让更多的人留了下来。还有一个感受就是，客人来自四面八方，风土人情不同，让我眼界开阔了，这也是意外收获。

（九）姜志华访谈记录

被访谈人：姜志华，男，53 岁，余村村民小组组长，高中学历

访谈时间：2019 年 3 月 8 日　　　　**访谈地点：**余村村委会办公楼
访谈人：申端锋、王孝琦　　　　　　**整理人：**王孝琦

申：您好！按照课题安排，我们想跟您做个访谈，您愿意吗？

姜：好的。

申：您能给我们介绍下您的具体情况吗？

姜：我 1984 年高中毕业，当时村里这届只有 2 个高中毕业生。毕业后，1985 年 2 月我到水泥一厂当技术储备人员，当时水泥一厂招收化验员，我就参加考试进入水泥一厂工作。八几年的时候，村里乡村企业很红火，安吉主要是发展重工业为主，比如像化工厂、活性炭厂。1997 年的时候，水泥二厂技术改造上了一台新窑，但是没有经营好，效益不好，当时天一集团（当时安吉最大的一家集团）

就从一厂抽调一些技术人员到二厂进行技术攻关，管理水泥厂生产。2008年水泥二厂关闭，停止生产，我也就转行了。我就去竹制品加工厂工作了，在舅姥爷的竹制品加工厂，一年能挣6万元左右，竹制品加工厂是有季节性的，比较辛苦，随着年龄的增长，干这工作身体也吃不消了。2018年的时候，余村办了旅游公司，我就回村到文旅公司开观光车了。

申：您在水泥厂的待遇如何？

姜：开始的时候，在一厂工作一个月100元，后来去了二厂，做技术攻关，属于中层干部，平均一年能拿5万元左右。

申：那您当时回来开观光车的想法是什么？

姜：村里土地流转后，土地由文旅公司来经营，搞旅游开发，因为村里对旅游经营不在行，确实需要专业化的管理。我当时也是从村干部那里得知村里成立了旅游公司，需要招人开观光车。我心想在这里工作的话离家比较近，能照顾家庭。所以去年我就来文旅公司上班了。

申：您在文旅公司上班，每月的收入如何？

姜：现在工资低，每个月2500元左右，一年4万元多。挣得少无所谓，能顾得上家，反正家里和谐就行了。

申：现在你们公司开观光车的有几人？您能跟我们详细介绍下现在你们公司的人员情况吗？

姜：现在有3名驾驶员，但实际上需要5名。人已经招好了但还没有正式入职。驾驶员都是本村人，有时候游客会问问余村的情况，我们也给他们讲解一下，作为余村人给外面宣传宣传余村。既然游客来了，就把余村最好的一面展现给他们。公司讲解员有6人，有一部分是村里人，有一部分是外村人，这些岗位人员的招收村里都是要按条件的。还有三四个人负责特产商场。

申：观光车都是怎么收费的？

姜：10元转一圈，观光车沿着村里绕一圈。现在坐观光车的人还不是很多，很多景点都还没有搞好，如果基础设施配套好了，估计人就会多一点。

申：您能说说当时为什么回村里担任村民小组组长的？

姜：我是2017年换届时当选村民小组组长，当时我还在竹制品加工厂上班，后来老同学跟我做思想工作，我不好意思推辞，只好当上了村民小组组长。

申：您能跟我们具体讲讲村民小组的具体情况吗？

姜： 我们村现在有 8 个村民小组，一个村民小组有 3—4 名干部，1 名组长，1 名妇女组长，1—2 名村民代表。选谁当都是要在村民代表大会上进行表决的。我们 7 组有 18 户人家。我们小组年轻成员在外打工的比较多，在村里的最多也只有四五人。像村委会卫生员和文化礼堂卫生员都是我们小组的成员，我们村民代表主要就是为村里的发展出谋献策，商议村内事宜。村民代表至少一年要沟通交流一次，年终我们还要听村委班子汇报工作，然后提建议，参与村内大事的决策，督促村两委班子。去年下半年，我们村成立了"平安家园护卫队"，这是要求村民小组组长必须要参加的，主要就是做好"双禁工作"（禁止放烟花、爆竹），过年期间村委会会安排值班工作，村民小组组长轮流值班。2017 年我们成立了红白理事会，这个协会的负责人由村民小组组长兼任。不管红白事，村民小组组长都要过去帮忙，其实过去帮忙也是便于我们开展工作。村里还成立了健康生活会、民主议事会、道德评议会等。

申： 那您担任村民小组组长每月的工资是多少？

姜： 组长是没有工资的，这纯属奉献岗位。但是偶尔开个会是有补贴的，一年也就是几百元。

申： 如果余村没有旅游业，你还会回来工作吗？

姜： 如果余村没有旅游业的话，我可能还是会回到企业工作。

申： 这几年村里乡镇发展由重工业到旅游业，您有什么感受？

姜： 以前在企业上班，从国家发展的质量来说，乡镇企业产品供不应求，注重产量，对效益和质量关注的很少，国家的调控政策对这些企业的影响也很小。经历了这几年的发展，在国家政策的引导下，国家对乡镇企业调控的力度也随之增大。

申： 您现在的身份是属于企业工人还是农民？

姜： 农民。我原本是可以迁成居民户口的，结果我没有迁，现在想想我当时做的这个决定很对。当时我爸爸还是国营企业一家造纸厂的车间主任，按理来说，我本可在父亲退休后接父亲的工作。后来，这家造纸厂要搬到镇上去了，那时我还有老婆孩子，去那里上班很不方便，负担太重，我就决定不去镇上了，后来也就没有把户口迁过去，现在想起来，实在是很幸运。

申： 您能给我简单介绍下您的家庭情况吗？

姜： 我有一个儿子，大学毕业后在 Hello Kitty 工作了三四年，去年回来工作的，在灵峰度假区旁的一个国营企业上班。媳妇是县城人，在安吉广电公司上班，我孙儿现在4岁了，平时我爱人就帮忙带孙女，我母亲还健在，父亲已经去世了。儿子儿媳他们在县城有一套房子，周五去他岳父岳母家里住，周日回我们这来住。家里很幸福，我还是比较满意的。

申：您的儿子为什么不回村里来工作？

姜：村内小孩子普遍都在外打工，村内工资还是普遍较低的。我侄媳妇也在文旅公司上班，担任讲解工作。侄媳妇原来在外村上班，那时余村搞电影院，所以就把侄媳妇招去当讲解员，她一年收入说在四万左右。余村的发展在一定程度上解决了村内人员的就业问题，但是村内招的都是劳动岗位，不是管理和技术岗位。这可能也是很多年轻人不愿意回来的一个原因。

申：您家里现在还种地吗？您能说说现在家里的土地情况吗？

姜：2007年我们把土地流转给村里，我们是最早流转给村里的。竹林也全部承包给了天林公司。

申：那你们土地流转后的收入是怎么算的？

姜：一亩地可以收800斤稻谷，按市场价给生产队，然后生产队根据口粮地标准计算出来分给农户，口粮地标准是按照国家的分配标准，把口粮算出来以后再折合成现钱。村里的竹林已经全部承包给天林公司了，毛竹两年一次计算立竹量，也就是小年的时候砍伐毛竹。竹林主要是竹子的收益，竹林效益是根据毛竹的立竹量，村小组根据立竹量这个基数来结算。立竹量也是根据国家的称竹标准，生产队按过去的基数来计算。现在不一样了，拉丝厂不按这样的标准，整车毛竹拉过去以后过磅，按斤计算。林下经济是天林公司的收入，以此来配合余村生态旅游。天林公司从毛竹中的收益要给农户补贴的，至于怎么补贴，村里与天林公司还未达成协议。现在竹子生长稳定了，但对竹子的管理还是不能疏忽。

姜：不好意思，我要去开观光车了。

申：耽误了您这么长时间，非常感谢！

（注：当日正值上班时间，姜师傅是趁游客较少时抽空来接受我们访谈的。）

（十）李熙庭访谈录

被访谈人：李熙庭，男，63岁，中学高级教师，曾担任中学校长

访谈时间：2019年3月7日　　　　　　访谈地点：余村村委会办公楼

访谈人：李旭　　　　　　　　　　　整理人：李旭

李旭：李老师，您好。咱们是第二次见面了，这次主要想找您了解余村文化建设方面的发展情况。您先讲一讲您个人方面的情况吧。

李熙庭老师：我中学毕业后考上了师范学校，1977年参加工作，1992年任天荒坪中学校长，2017年退休。

李旭：以前主要教什么课？

李熙庭老师：以前教语文，后来当领导了，行政工作比较多，主要教政治。

李旭：村里在解放后的教育发展情况怎么样？

李熙庭老师：村里在解放后办了小学，1975年，利用小学的师资、场地开设了两年制的初中，80年停办，是戴帽子的初中。我开始在村里的初中教了两年，1977—1979年调到了镇里的中学。

李旭：村里小学什么时候停办？

李熙庭老师：因为计划生育，小孩减少了。到后来一个村一个年级只有三四个孩子，就撤了，统一到镇里上学。现在大部分村里的小孩都到县城里上学了，在镇里上小学的只有不到百分之五十，外地在镇里打工人员在镇里中学和小学上学的比较多。主要是老百姓的攀比心理，县城里面的教育质量其实不一定高多少。

李旭：村里最近这些年考大学情况怎么样？

李熙庭老师：早几年比较少。现在村里研究生有四五个。名牌大学有吉林大学、上海交通大学、浙江大学，都有的。老百姓说"三代不读书，等于养头猪"，村民对教育还是比较重视的。

李旭：您当年读的中专、师范？

李熙庭：我读的是湖州师范学校，1980年参加嘉兴师专函授，40多岁读了函授本科。我英语一天都没读过，后来学英语吃了很多苦。

李旭：像您这样退休后仍住在村里的干部、老师多不多？

李熙庭老师：大概有四五个，像我这样原来住在县城，后来回来的，就是我

一个。主要是我这里有老房子，环境也改善了。我回来是 2016 年。这里情况我都熟悉的。其他几个退休后住在村里的是在镇里工作的。

李旭：退休的干部有没有老年协会之类的组织？

李熙庭老师：我回来时间不长，没有参与。我一退下来就在写村志，也参加舞龙队。我们农村里的，没有什么架子。他们让我当舞龙队队长，我说不要，我就当一个普通的队员就好了。

李旭：男同志有什么文体活动？

李熙庭老师：主要有舞龙队，11 个男的，15 个女的，女的是荷花舞队。村里与山河村一起有爱好吹拉弹唱的，他们有共同爱好，今天到你家，明天到我家，一起玩玩。

李旭：完全自娱自乐，还是为村民也提供服务？

李熙庭老师：服务一般不搞的，自己家办个喜事会凑个热闹。村里的腰鼓队现在成气候了，尤其村里不准放烟花爆竹后。人家家里办喜事，都会请村里的腰鼓队、大鼓队，有的家庭会包个红包什么的。

李旭：村里人家的红喜事有什么礼仪活动，您有没有做礼仪主持？

李熙庭老师：村里叫我写书法的比较多，外地也有，因为我爱好书法，叫我去主要让我写写字。村里我每年都给老百姓写写对联。其他乡镇、县城里面他们有时也叫我去。

李旭：也主持礼仪吗？

李熙庭老师：有些亲戚会叫我主持一下。我们这里礼仪比较单纯，礼数比较少。我们这里不太重礼仪的，不太客气的，但是很淳朴。

我们这里民风比较淳朴、勤劳，包容心比较大，吃得起苦，敢为人先。我们这里台州过来的有百分之五十左右，安徽、河南也有一些，很少。我小时候就说台州话，碰到说台州话；普通话听不懂。我是爷爷一辈迁过来的。村里迁过来的一般最早的是五代，长毛造反，我们安吉是重灾区，土著留下来的只有不到十个人。赵家堂原来姓赵的有十来户。有一个姓赵的，在外面给人家做工，长毛的时候幸存下来，赵家堂就剩下这么一个人。姓章、姓王的一个也没有了。现在只有两户人家有老的家谱。村里姓胡的最多，大概有一百来人，大概百分之十左右。村里的家族、姓氏意识不强。

李旭：村里建文化礼堂，主要搞了哪些礼仪活动？

李熙庭老师：这个我不太清楚，建的时候当时我在递铺（安吉县城）。敬老这块我们这边还比较重视的，20世纪70年代家里就有给老人发福利，每人发三块钱，后来到六块、十块……

李旭：您觉得改革开放以来村里的道德风气变化情况如何？

李熙庭老师：原来搞集体化的时候村民比较听话，组织观念比较强的。办厂之后，相对没那么听话了，自我意识多了。一方面是个进步，另一方面也是个难管。这是个普遍现象。前些年一切向钱看，现在更重视文化了。我们村赌博一直比较少的，比较单纯，风气还比较好的。归结到原因来，很重要的是搞集体的时候有一个好书记。一个是俞小平的爷爷，还有一个姓潘的。我们村的新村规划20世纪80年代就开始搞了。我的房子就是1985年新村规划后搞的。

村里的企业开始都是集体的，70年代就有竹器厂多家，有筒面加工厂、鞋厂、石灰厂，都是集体的。

李旭：这里面是不是有当时的社会主义教育做得比较好的因素？

李熙庭老师：原来村里有广播的，书记在广播里面讲话，思想教育抓得比较牢。这几年又开始重视起来了。现在当村干部还是比较难当的，村民要是自己的利益被侵犯了那是不得了的。

李旭：村里的民间纠纷除了村干部有没有其他调解的力量？

李熙庭老师：现在大家把离婚也不太看作倒霉的事情了，现在嘛人家也不讲了，慢慢地和城里也接轨了。我们这里是移民村，基本没有什么德高望重的族长、老人来调解纠纷，主要还是靠村委调解。我们这里邻里闹矛盾的还是比较少的。我们这里没有左右村里事务的家族力量，家族力量形成不了气候。

村干部还是比较难当的，农村工作不像行政管理。你尊重他，他才尊重你。行政管理是上下级关系，村里不太一样，不能完全靠行政命令。

李旭：您对村里文化工作有什么想法？

李熙庭老师：我这人长期搞行政工作，感觉有点累了，不太愿意主动请缨。村里请我给党员上课，讲村里人文历史等等，你叫我，我会去的。我有高级职称，收入也不少，金钱方面也不太在乎。人家要发挥我的特长，我也很高兴；把我忘记了，我也乐意。镇、村里给我留了个办公室，我觉得也好，在家里空着也是空着。

我在镇里的老年大学也上点课。主要是讲书法，还有人文方面的内容。每个星期一下午，喜欢写字的人聚在一起，我会讲讲书法。他们也给点小钱。上次课我就给他们讲了"喜"这个字，我讲喜跟鼓有关，跟口有关。俗话说"锣鼓一响，脚底发痒"。我跟他们讲《曹刿论战》里面"一鼓作气"的故事。"鼓励"这个词就是这么来的。光写字也不行，里面也要有一点文化的。像我讲安吉的"安"，家里光有车有房，不行，娶了个媳妇，就安了。他们就喜欢听我讲这些。

李旭：听众主要是哪些？

李熙庭老师：主要是老年人。他们（写书法）没有古文字的功底。像我这样会了解一些甲骨文的东西，讲一些古文字的东西，听的人有兴趣。我会看看许慎的《说文解字》，还有甲骨文知识。我钻研古文字主要是写书法的原因。

李旭：村里有没有与您一样有共同爱好的？

李熙庭老师：我们这里文化层次比较低，村里有共同爱好的不多，有一两个吧，主要是镇里的人。骨干就那么几个。

目前我主要在做编撰村志的工作，村里的方老师配合我工作，他会摄影，写主要是我在负责。村志挺难写的，要查阅很多资料。比如赵氏的家谱，繁体字，又没有标点，村里一般的人看不懂，要让我去看。写村志要参考一下家谱。像《浙江日报》从1949年到现在，有关余村的，我都要尽可能找来。主要是写解放以后的事情。村里各方面都要写到。

李旭：文化方面您主要会写到哪些方面？

李熙庭老师：我们这边文化的东西比较贫乏。我会写到我们小时候玩的一些游戏，很多我们小时候玩的，现在都不玩了。比如爬毛竹，爬树，用毛竹荡秋千，现在的小孩子都不会玩了。另外，有民间故事、谚语、歌谣的收集。

李旭：这些东西长辈还会跟晚辈讲吗？

李熙庭老师：以前爷爷奶奶教孙辈会讲这些，现在都学文化了。现在村里的小孩也都说普通话了。像我小时候都说台州话，与安吉话不太一样。我们这里是吴方言区。我们一般起码讲两种方言。现在会讲台州话的起码六十岁以上了。以前我们讲"宁卖祖宗田，不卖祖宗言"，在家里我们都讲台州话，要记住我们的祖宗是从哪里来的。现在我们没有这个意识了，对祖宗的意识淡化了。这个淡化大概是从70年代开始的。

李旭：村里文化生活从70年代到现在主要有什么变化？亮点有哪些？

李熙庭老师：这个我在村志里没有太多关注。比如方言的现象，我几句话会带过一下，也会收集一点。变化主要是文化进家里了，电视、手机这些现代化的东西进来了。我们村里比较好的是，还会有一些集体活动，像老年门球队、排舞队。排舞队主要是女的，男同志参加的文化集体活动比较少。不过，我们这边赌博搓麻将的一直还是比较少的。我们这边的人比较节俭，喜欢创业。这也是我们移民的特点，有闯劲，礼数比较少、质朴，包容性比较大。再加上村干部做得比较好，就比较好开展民主，我们余村的民主法治就是建立在这样的民风基础上。这个是我概括出来的。

李旭：这个也可以说是"余村精神"了。

李熙庭老师：你文章写得好，你写了发给我看看。我看了之后可以再提提建议，我们可以交流一下。

李旭：好的。谢谢您抽空接受访谈。

（十一）葛军访谈录

被访谈人：葛军，男，33岁，经营"两山文创阁"，大专学历

访谈时间：2019年3月5日下午　　　　**访谈地点：**两山文创阁

访谈人：闻海燕　　　　　　　　　　　**整理人：**闻海燕

闻：您好！按照课题安排，我们想跟您做个访谈，您愿意吗？

葛：好的。

闻：请说说您的家庭情况。

葛：我在余村长大。已结婚，妻子是某国有银行的一个网点负责人。有一个儿子2岁了。我是家里独生子，与父母在一起生活。

闻：父辈是余村的吗？

葛：我爷爷那辈人是从台州那边迁过来的。父亲是1963年生的，生长在余村。爸爸小时候家里很穷。爸爸年轻时是矿工，主要是负责用拖拉机把石头拉到水泥厂。那时候几乎家家都有拖拉机在矿上跑运输。妈妈是做点心的，主要是卖给矿工和附近羽绒服加工厂的人。

闻：矿关掉后你父亲主要做什么？

　　葛：矿关掉后父亲用原来买的拖拉机拉过水泥，专门搞运输。从我读高中开始，他拉纸箱、包装箱。2015 年后，父亲逐渐减少了业务，期间把拖拉机换成了大卡车送货。妈妈的早点店在我高中毕业后因没人帮忙也不开了。家里全靠父亲跑运输挣的钱生活，大约一个月 1 万元左右。矿关了后也想过做很多事情，比如开竹筷厂，但怕亏，没敢做。

　　闻：还记得小时候余村是什么样子吗？

　　葛：小时候家门口的这条路没这么宽，好像是能过一辆车的柏油路。环境很差，灰尘很多，到处是垃圾。雾霾天很多，总是灰蒙蒙的，特别是阳光照下来更是灰蒙蒙的。脸、鼻子上都是灰，毛巾擦下去都是黑的。村口有个水泥厂，骑车经过时眼睛都会进灰的呀。在现在的新村委的位置有个化工厂，污水没经过处理直接排到沟里，我们经过时很臭很臭的，经常看到边上有死蛇，蚊子、苍蝇很多。现在想想真是可怕，水泥厂和矿就像是一个定时炸弹。

　　矿关掉了，水泥厂关掉了，污水都处理了，环境变美了，蚊子苍蝇也几乎看不到了。山变绿了，天变蓝了，瓦片是什么颜色就是什么颜色，而不是灰蒙蒙的。如果用油画来画的话，就是两幅画。以前的是灰色调，现在的是亮色调。

　　闻：你的描述就像一幅风景画。

　　葛：我也算是学美术出身的。我 8 岁在余村完小上学，读完四年级，五年级时到天荒坪镇小学上学，骑自行车去上学。中学在天荒坪中学上的。2002 年开始读高中，在安吉师范学校高中部专修工艺美术专业，2005 年在浙江传媒学院新闻传播系学习专业采编与制作，大专 3 年。2008 年毕业在安吉电视台实习两个月，后在杭州自己创业。主要是在大卖场里开手机店，开了几年，2015 年回到余村。

　　闻：回到余村两年多主要做什么了？

　　葛：开始筹备开办文创阁。学习茶叶知识，学经营，研究怎么做，哪些可以做，哪些不可以做。期间在爷爷的影响下，考察了许多安吉民间竹艺作坊，以竹子工艺为特色，体现安吉竹艺文化，于 2018 年 10 月 1 日开张。

　　闻：在杭州开手机店生意好吗？

　　葛：还可以，每月扣除房子租金等能净赚 1 万元左右。

　　闻：那为什么选择回到余村开店？

　　葛：以前在杭州嘛年轻人总想着闯一闯。后来发现手机店没有以前生意好做了。主要受淘宝等网站的冲击较大，市场透明度越来越高，前途不是很好。我是在余村长大的，对余村的发展、经过比较了解。余村沾了习大大的福，美丽乡村建设越来越好。我回村里看看有什么可以做，也是受父亲的影响很大。记得高中时村里已经开始搞美丽乡村建设，父亲已看到余村发展休闲经济的前景了，曾让我学厨师，将来回村开农家乐。那时候村里已有人在做了，但生意好的只有几家。不过，那时候氛围不是那么浓。我那时候对这个不感兴趣。2015年余村作为"绿水青山就是金山银山"理念发源地，开始成为红色基地后，村里很多人都开始改造自家房子，开农家乐，我就产生了回村创业的想法。

闻：为什么选择开文创阁？

葛：因为村里环境好了，来余村参观、旅游的人会越来越多。我当时想开个文创店，出售安吉及余村的土特产品，特别是老手艺的竹加工品，因为传统工艺很多都要流失了。我这个店是我家的院子改建的，就在文化礼堂的对面，位置比较好。那时候村里搞美丽乡村建设，做外立面改造，我也想把我家店面设计得有特色，把最好的一面给村里，也对村的建设有个提升、帮助。

闻：嗯，你家店面设计是很有特色。我看到很多游客路过这里都会停下来拍照。门口牌子上的话很有意思。我念出来："在本店消费后影响很大：恋爱成功了，职位高升了，合同签成了，彩票中奖了，奖金翻倍了，好运爆棚了，心想事成了。"

为什么这么写？

葛：这是一些祝福语。文创阁以茶会友，我希望来过文创阁的人都会记得这里的美好。

闻：前期投资大约有多少？

葛：前期投资大约有30万，父亲出了一部分，我自己也出一部分。

闻：店里都有哪些产品？

葛：品种很多，有土特产品和个性化的文创产品，还有安吉白茶，都是来自原产地。主要是土特产品，比如笋干、年糕片、山核桃。竹产品，比如竹纤维毛巾、手袋、竹工艺品玩具、竹编织品。现在好多竹编织品都是村里老人编的，像我爷爷八十岁了还在编。竹制品等传统手工艺品慢慢在流失，很多人也喜欢复古。我不想看到这些传统的工艺流失，我想利用这个店向外宣传介绍竹制品，因为我们这里是竹子之乡，手工艺品也不能缺的。还有一些比如石雕、竹雕等。

闻：生意怎么样？

葛：文创阁从 2018 年 10 月 1 日开业到现在已有 5 个月了，1 月份开始到现在是旅游淡季，不过每天都有散客来，客人有全国各地的，老外都有来过的。生意每天都有，每个月也都有营业额，慢慢地会做起来的。现在父亲也在帮我做，等于是父亲和我的工资都要算在里面了。

闻：店面做得很有特色。

葛：美丽余村，幸福农民，这是我们的招牌也是我们的生活写照。我就是想以土色土香的一面来吸引游客的眼球，游客路过这里的很多都会进来看看。传统的广告已经行不通了，要有创意、有特色才行。我经常找一些做生意的朋友、老师聊天，向他们学习好的东西，我要把以安吉文创为基础的一面展示出来，把店做得更有文化味道。

闻：开办文创阁得到村里哪些支持？

葛：我家临街，为了有特色，我家大门设计时在横梁上放了一条原木，把传统的围墙改造成创意橱窗，得到村里支持。"两山文创阁"的店名我也是受到"绿水青山就是金山银山"这个理念的启发，也得到村里的认可。办营业执照、盖章等村里都很支持，我觉得这些就很好了。

闻：对店的未来发展有哪些想法？

葛：我们是做文创产品生意的，主要是靠客流量。如果村里的客流量少的话，我的店的生意肯定也会不好的。希望村里把美丽乡村环境做得更好，吸引更多的游客进来，才能带动我们店的发展。

我以后还想结合我的美术专长，组织一些文创活动，比如书法绘画活动、小孩子的体验活动啊。

闻：祝你的生意越做越好。谢谢！

续篇：

访谈时间：2019 年 5 月 26 日下午 2∶50　　　**访谈地点：**余村，两山文创阁茶室

访谈人：李旭　　　　　　　　　　　　　　**整理人：**李旭

李：什么时候开始做两山文创阁？原来做什么的？

葛：去年（2018 年）10 月开始做两山文创阁，原来在公司里面做销售经理，看村里发展也比较好，就想在家里同时也做起来文创经济。

李：文创阁目前主要做哪些产品，哪些产品卖得比较好？

葛：目前主要做安吉白茶、竹工艺品、文创产品土特产等。安吉白茶我们有各种批次的，明前茶、雨前茶、雨后茶，品质有保障，还是卖得比较好的。我岳父家里就有茶园，他做茶做了三十几年了。销售渠道目前我主要是通过微信，我把我们的二维码印在产品上，顾客觉得比较好通过扫二维码就可以用微信与我们联系发货。竹产品我们从竹子的头到根部都有产品开发，竹子的头可以做扫帚，竹的中部可以做凉席等产品，根部做竹根雕。其他的我们也在慢慢摸索。

北京世园会开幕式，浙江馆的踩点选择了"两山"发源地余村，我家的两山文创阁还荣幸地上了直播，主要描述了葛家三代人与安吉竹子的不解之缘，也见证着余村的变化。

李：白茶、竹产品我看到你们村里好多家都有卖，会不会同质化竞争比较厉害？

葛：这个我也想到，我觉得大家都卖也没什么不好，这样会形成一个市场氛围，就像吃夜宵，如果一个地方只有一家夜宵店，可能大家不一定来，如果是夜宵一条街，那可选择范围大，来的就多了。另外，我还想联合村里卖茶叶、竹制品等等的店家一起，搞个委员会之类的，大家订个制度，商量一起发展，避免恶性竞争，这个还在尝试中。

李：我看到你们家还开辟了一个书画室，上次春节期间来的时候还没有，这个有什么打算，是打算开馆收徒教书画吗？

葛：也有这个打算，主要是想为村里的小孩在周末和寒暑假的时候提供一个学习的去处，我教他们硬笔和软笔书法，还打算请吴昌硕博物馆的老师教画画。另外，也是想提供一个朋友间书画交流的场所，朋友来了，品茶、喝酒之外也可以切磋书画，怡情养性。

李：村里像你这样有书画爱好的年轻人多吗？平常有没有交流？

葛：还是有几个的，平时会聚在一起喝茶交流。这个书画室开辟出来，也是想有更好的交流空间。

李：嗯，这个非常棒，村里这样的文化空间多几个，文化氛围就大不一样了。打扰了，谢谢你抽出宝贵的时间接受访谈！

文

献

篇

日升月恒　百年筑梦

WENXIAN PIAN
RISHENG YUEHENG BAINIAN ZHUMENG

中国村庄发展

绿　色　　崛　起

第一节　隆庆庵现存 3 块古碑及 1 块新碑碑记校注 ①

一、募化重建隆庆禅院碑记（俞为洁校注）

《募化重建隆庆禅院碑记》记载了募捐原因、捐款者姓名和捐款数额，最后是立碑的时间。"募化重建隆庆禅院碑记"几个大字横排，碑文和落款都是竖排。

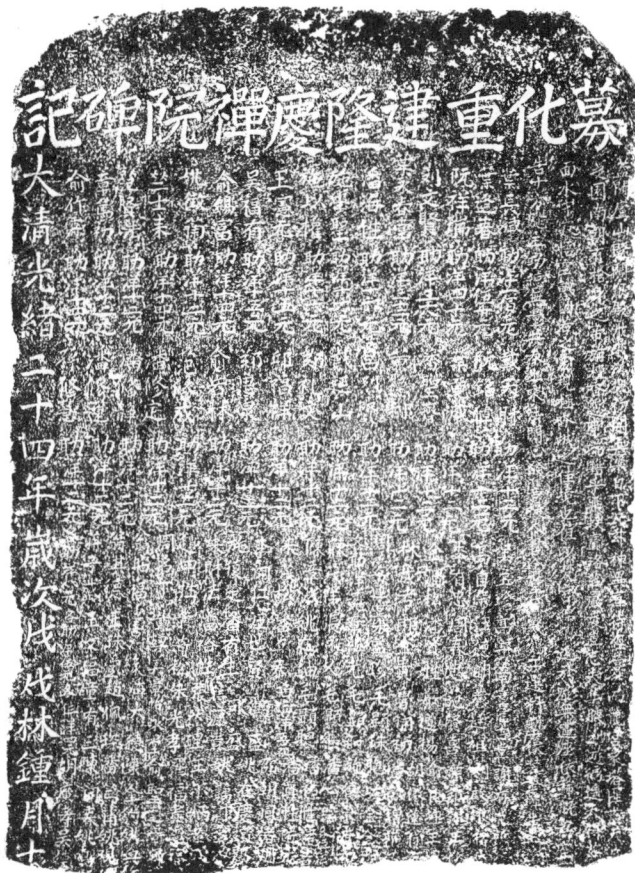

图 1-1　募化重建隆庆禅院碑记

① 碑文中无法辨认的字以方框"口"代之，不能完全确认的字后面加问号"？"标示。

盖闻庐山既辟，银殿飞来。汉观初开，玉梁自下。凡兹神异，亘待经营。然而龙宫象塔，匪尽天成（后缺两三字）之园。南朝有舍身之帝，旃檀香透，事端藉乎飞蚨，宝珞庄严，裘岂忘夫集腋，衲游遍遥天（后约缺两三字）面水，守寂悟空。诚兰若之宏规，极香城之佳境也。但以梵宫缥缈，近于虚无，莲座依稀，慨为空（后约缺两三字）。告十方施主，功德无量，共参上乘法门，心发菩提，人输金璧，庶几鸠工选料，塑像装金，辉（后约缺三四字）。

叶长斌助洋一百元，叶逢春助洋伍十元，阮祥瑞助洋四十元，刘文贤助洋三十八元，叶永春堂助洋三十二元，潘海性助洋十六元，施学圣助洋十六元，施以权助洋十六元，王宪元助洋十五元，吴福有助洋十五元，俞锡富助洋十四元，姚徵兰助洋十二元，竺士末助洋十四元，范贤法助洋十二元，章笃初助洋十二元，俞作霖助洋十四元。

戴天财助洋十二元，阮铭伟助洋十二元，叶竟成助洋十二元，潘圣齐助洋十二元，黄德利助洋十二元，吕烈贤助洋十二元，戴延山助洋十二元，郑礼文助洋十二元，邱福祥助洋十二元，郑思泉助洋十二元，俞岩林助洋十二元，范修成助洋十二元，潘修定助洋十二元，潘修静助洋十二元，潘修莲助洋十二元，孙修慧助洋十二元。

吴玉珍、高自荣、李有忠、金渭松、林成考、周爱莲堂各助洋十元。陈茂祥、陈章法、朱茂松、李开仁、施复楚、朱财法、赵申性、周名丁、翁昭福、翁其德、蒋子盛各助洋八元。

高守南、汪德明、周春忠、潘贤性、郎金贵、朱益珍、章继光、张永久、姚有？钿、潘立泰、汪世贤、潘有生、潘裕性、黄奇松、黄粱美、善缘、王珠宝、王文福各助洋伍元。

章信古堂、黄延？祖、范贤善？、严道扬、鲁开初、毛显珠、毛显和？、毛显继、毛显聪每位洋五元。万盛、永盛、蒋源贵、张然理、朱光孝、章怡永堂、潘大德、赵佩琛、童有三各位洋四元。

谢有□、刘启□、叶□□、俞□□、胡□莲、潘□增、施□金、施复□、潘心□、潘祐性、潘尊性、邵朝凤、姚在庆、姚藕汀、王小炳、罗福贵、俞圣达、陈金豹、潘笃甫、陈开春、胡广寿。

姚兴□、姚观□、姚鸣□、吴德□ ①

大清光绪二十四年岁次戊戌林钟月 ② 十（后缺）

二、无碑题和落款的捐款碑（俞为洁校注）

章信古堂洋四十八元。天？罡？峰老和尚、觉照大师、显明大师各助洋三拾元。显宁大师、显三大师、显舟大师、显森大师、显基大师各助洋二元。显运大师、显轮？大师、文荣大师、延德大师、了成大师、了逸大师、了则大师、了玉大师各助洋一元。成印和尚助洋四元。陈有才、毛文林、吴萃生、邹幼全、汪小龙、梅士通、潘有芳、吴肇能、应直法、姚锦文、章元寿、章庆寿、邵存友、王海龙、邹荣仙、杨松授？、周诃要、吴迎春、周炳南、杨天益、戴朝风、邱善才、梅增贵、鲁秀山、万铬璋、万立法、万立祯、万名法、万名□、姚进春、姚进寿、沈元文、李显武、徐庆杰、徐庆成、徐庆生、沈德鸿、沈德甫、李永全、李林秀、鲁□来、鲁望初、钟夏基、陈圣德、姚方高、金春凤、竺仁富、董大庆、李元德、凌光移、郎德富、吴燕春、徐荣璋、蔡尚道、潘学兴、王光洋、方正和、姚迎祥、潘根性、马建龙、吴立成、李有顺、褚尚沛、钟明元、蒋子才、徐洪位、孙光斌、陈华加、周瑞荣、凌顺兴、张兆林、龚正忠、俞德忠、陈□仲、孙配山、俞锡泰、俞作□、王松林、龚恒甫、周传源、章家全、俞锡礼、丁祥法、叶尚福、叶文普、王士富、程仲仪、陈祥云、朱培启、徐开宝、翁照规、章柄仁、潘理和、潘理魁、潘理松、潘鹊兴、□功性、□敦睦堂、章九成、徐槐山、潘心耀、徐庆源、徐国霖、周心法、陈广钿、李洪财、龚宣珠、姚春发、吴永清、乔名甫、□□璋、邵振美、梅时有、朱长春、韩春荣、朱必棠、朱必爱、朱大生、戴昌隆、翁奇初、胡福寿、黄祥芳、屠明法、吴立法、屠焰？深、潘永兴、黄绍见、周思金、胡世祥、王西和、许炳章、周忠灿、赵万兴、褚□松、周家生、周家金、周甫□、毛金法、王宪光、方咸福、马小武、程忠柱、赵全品、陈福宝、陈经魁、章光武、章光云、易正朝、胡元贵、朱苍苏？、朱同春、王直鱼、卢宋金、詹光洲、杨炳寿、周光荣、潘大茂、龚赵元、潘理祥、周思叨、周名权、郑礼生、林世振、林世法、应美珂、龚祖恩，以上各位助洋一元。万汉□助洋拾元。郑东鉴？助洋十元。

---

① 最后一排捐款人姓名因碑文漫漶缺损，仅能辨认出这几个残缺的姓名。此外还可依稀辨认出有 4 个章姓，5 个褚姓，2 个王姓，1 个潘姓，1 个郑姓，1 个翁姓。
② 林钟月指农历六月。

图 1-2 无碑题和落款的捐款碑

三、重建显铨塔院碑（俞为洁校注）

时维

大清光绪三十四年巧月^① 吉立

本庵重建住持显铨塔院^②

四、隆庆庵新碑（俞为洁校注）

字均竖排。中书"隆庆庵"三个大字，傍书"余邨村"三个小字。

右侧镌刻：

后梁古刹隆庆禅院，于一九六六年"文化大革命"间被毁，"文革"结束廿年，政通人和，百废俱兴，乃重建。刻石记之。

左侧落款：

一九九七年七月廿三日（农历丁丑年六月十九日）立

第二节 余村专题资料（摘编）

2014 年天荒坪镇余村村文明村复评工作总结

余村村在上级党委政府的正确领导下，以党的群众路线教育实践活动"为民、务实、清廉"重要思想为指导，深入贯彻落实党的十八大会议精神，围绕经济建设这个中心，狠抓精神文明建设，把精神文明建设和物质文明建设放到同等重要的位置，一起安排，一起部署，一起落实。村"两委"按照"生产发展、生活宽裕、乡风文明、村容整洁、管理民主"新农村建设的要求，积极开展文明村创建工作，有力地推动了村各项工作的全面发展，自 2010 年我村被评为"省级文明村"以来，村容村貌及村民素质发生了可喜的变化。社会风气健康向上，经济建设稳步发展，村民收入、生活水平逐年提高，文明村建设取得了明显成效。我村在总结创建工作中主要做了以下几方面的工作：

---

① 巧月指农历七月。

② "塔院"即安置僧尼墓塔的院子，有些高僧会有一塔一院，但一般僧尼都是众多墓塔集于一院。

一、加强教育引导，提高村民整体素质

1.健全工作机制，营造创建氛围。村成立以村支部书记胡加仁为组长、村主任潘文革为副组长、其他班子成员为组员的文明村创建工作领导小组，并制订了余村村文明村创建工作计划，把文明村创建工作列入重要议事日程，并将创建工作进行分工，职责到人，对照每项工作，形成了"思想上同心，目标上同向，行动上同步，工作上同干，责任上同担"的良好创建氛围。

2.加强党建工作，夯实创建基础。在文明建设的实践中，我村时刻把党员队伍建设作为一项重要工程来抓。认真落实"三会一课"制度，注重抓好党员干部思想教育，充分利用远程教育、上党课等形式，积极开展党的十八大会议精神和党的群众路线教育等学习实践活动，不断提高党员干部的思想政治素质。增强为民多办实事、办好事的决心和信心，树立党员干部在群众中的良好形象。此外，还充分发挥老龄委、共青团、妇代会、民兵连等群团组织的作用，开展各种文明创建活动。

3.加强村民道德建设，推进乡风文明。开展"文明家庭""美丽家庭""十大孝贤"等评选活动，并将宣传资料发放到每家每户。在村民代表大会上对"美丽家庭"等先进典型进行了表彰，同时，针对村内存在赌博酗酒、参与迷信活动一系列陈规陋习以及邻里纠纷等，我村成立由老党员、老干部等人组成的老娘舅协会，采取上门劝说、谈心谈话等形式，专门整治各类不良风气，取得了良好的效果。

二、加强规划建设，提升村庄整体形象

1.高起点定村庄规划。农村要发展，规划需先行。我村结合"精品示范村"和美丽宜居村创建项目，编制了"村庄建设、环境提升、产业发展"三大专项规划，为加快我村新农村建设打好基础。

2.高效率抓村庄整治。以提升村民生活质量为目标，加快建设"布局优化、村道硬化、路灯亮化、环境美化"的工程，结合农村环境整治工作，对村庄沿线和各自然村的路灯进行了维护，更换绿化树木200余棵，修建村文化广场、文化舞台、生态停车场各1座，极大地改变了我村村容村貌。同时，还吸取别村先进经验，施行村公共卫生的专职全天候管理，对全村的生活垃圾、公共厕所、道路、绿化带进行专职清理，结合"垃圾分类"项目，推进我村生活垃圾分类工作，并且由卫生督查人员不定期对4名保洁人员的保洁情况进行督查，使我村的村庄环境

焕然一新。

3.高规格建文体设施。村委综合楼农家书屋目前内有藏书 3000 余册，新建的灯光篮球场、文化大舞台、门球场、地掷球场、乒乓球场等文化体育设施设备，满足了村民休闲健身和文化娱乐的需要。目前，文化活动广场经常组织活动，已成为广大村民休闲娱乐的好地方。

三、加强管理服务，健全社会保障体系

1.加强民主建设，提高村民参政意识。近年来，我村把加强农村基层民主建设作为文明村创建的重点内容，发动村民积极参与村务管理。通过实行村务监督制度、村民代表会议例会制度，对重大工程项目、"资产、资金、资源"问题通过代表会议表决；在村民代表中选举产生村务监督委员会，下设民主监督小组和民主理财小组，民主监督小组可对村建设工程加以监督，民主理财小组每月进行财务收支原始凭证审核，每月对村收支流水账进行公示，并上传到电信、广电平台接受村民监督。与此同时，我村还不断完善各项制度，特别是村民议事制度、财务公开制度和审批制度及《村规民约》《村民自治章程》等，增加办事透明度，做到责、权、利的统一，扩大村民对村务、财务及其他重大事项的知情权、参与权、监督权。

2.加强综合治理，维护村庄安全稳定。为给人民群众生产生活创造良好的环境，我村从两方面入手，着力加强社会综合治理，确保和谐稳定。一是加强法制教育，抓好民防队伍建设。我村每年举办各类民主法制课程，引导村民学法、懂法、守法、维法。今年，主要向村民具体介绍了刑法、农村土地管理制度、老年人权益保障法、未成年人保护法等法律知识，使村民的法律意识明显加强。同时，组建了民兵巡逻队伍，完善了值班制度，节假日、年末还组织党员、志愿者开展义务巡逻，杜绝了各种安全隐患。二是健全调解组织。利用村内热心于公益事业的老党员、老干部，组成了老娘舅协会，劝导不道德行为，调解民间纠纷，把矛盾消灭在萌芽状态，预防各类刑事案件的发生。

我村文明创建工作虽然取得了一些成绩，但对照上级要求和村民的期望，还有许多不足之处。但是我们有信心、有决心把余村村建设得更加美好，我们深信在上级各部门和镇党委、政府的正确领导下，在我村党员、干部和全体村民的共同努力下，我们一定能够开拓创新，拼搏进取，把余村村建设得更加美好，把我

村建设成为"生产发展、生活宽裕、乡风文明、村容整洁、管理民主"的文明、和谐、发展的社会主义新农村。

天荒坪镇余村村

2014 年 9 月 15 日

给习总书记报个喜——余村村民给习近平总书记的信

敬爱的习总书记：

您好！

我们是浙江省安吉县天荒坪镇余村的 53 名村民代表，今天来信是向习总书记报个喜，我们按照您十年前来余村讲的"绿水青山就是金山银山"这句话做了以后，如今过上了睡在梦中都会笑醒的好日子。

我们村是一个山多地少的小山村，全村区域面积虽有 4.86 平方公里，但毛竹山有 6000 多亩，农田面积只有 580 亩，在当时靠山吃山的思想支配下，村里炸山开石矿，建水泥厂，村里一年的纯收入有 100 多万元，最高时达到 200 多万元。这在当时可不得了，但炸山开矿建厂让我们有钱的同时，也让我们深受其害。因为矿上爆炸的飞石经常从天而降，炸坏过村民的房屋，也炸死、炸伤过村民，水泥厂的粉尘如同大雾一般，洗净外晒的衣服变成了泥衣，绿水青山被糟蹋得不成样子。我们明知其害，但又找不到发家致富的门路，还是硬着头皮继续开矿做水泥。

转机来自您来村里调研！我们永远不会忘记，2005 年 8 月 15 日下午 3 点多钟，您到安吉调研法治浙江建设时来到余村，对我们说："当鱼和熊掌不可兼得的时候，要学会放弃，要知道选择，发展有多种多样，要走可持续发展的道路。"您还说："既要金山银山，更要绿水青山，绿水青山就是金山银山！"听了您这些话后，如同屋顶上打了个响雷，我们猛然醒悟，于是决定走养山用山的道路，重新编制了村里的规划，把全村划分成生态旅游区、美丽宜居区和田园观光区三个区块，关闭了村里所有石矿，关掉了水泥厂，借助天荒坪境内装机容量亚洲第一、世界第二的天荒坪抽水蓄能电站，用村里历年的积累，投资建设了荷花山景区，借助 2008 年县里开展的"中国美丽乡村建设"，率先建成了"美丽乡村"精品村。

昔日的余村彻底变了样，优美的环境又回来了，村里千年的银杏树和百岁娃娃鱼成了游客争相观赏的亮点。说来也怪，美丽环境变成了摇钱树，上海一客商慕名在村里建起了金栖堂度假村，湖北一上市公司正投巨资重新开发荷花山景区，昔日寂静的山村变成闹市一样，游客到，山货俏，农家乐应运而生，吃、住、玩一条龙服务已经成型。与此同时，我们做好毛竹文章，竹子在我们这里能吃（竹笋）、能喝（竹饮料）、能穿（竹纤维做成衣被毛巾）、能出口（竹制品和竹工艺品）；竹子长在山上还是景，城里人来到一眼望不到边的竹海里游玩总是舍不得走；竹子埋在土里也是金，村民们一年四季都卖笋，早园笋、春笋、鞭笋、冬笋，村民的腰包也由此赚得鼓鼓的。

过去村里有个万元户那是不得了，现在我们村"千万富翁"也有不少，村民胡加兴通过搞漂流，家里的总资产早就超过了千万元大关；村民潘春林从一个原来拉矿石的拖拉机手如今变成了大老板，不仅开农家乐，还开了自己的天合旅行社，每天用专车去上海、南京等地接客人，还投资800多万元入股九龙峡度假村和九龙峡景区；连在海南投资建设鸟巢景区拍摄《非诚勿扰》电影的老板，也投资12多亿元建设了"大年初一"旅游项目，准备在明年正月初一开张，这又将给我们增加许多赚钱的机会……自从把靠山吃山变成养山用山以来，不仅使矿山复绿，而且村民年人均纯收入翻了三番多。现在全村280户有小轿车192辆；另有58户村民乡下有一套别墅，城里有一幢洋房。一些游客说，余村人生活在景区里，劳作在图画中，我们听了心里那叫个美呀！去年村里按照省里要求，大抓"五水共治""三改一拆"，环境变得更美了。现在村里进行了垃圾分类，10个小时保洁，家家户户的生活污水通过纳污管，流进了污水处理池，污水出池变成了清泉，"垃圾靠风刮，污水靠蒸发，蚊蝇满天飞，臭气四季吹"早已成了历史。一句话，城里人有的，现在村里全有，城里人没有的，村里人也有，这就是再多的钱也买不到的新鲜空气和美丽环境。

现在村里的资产达到了4572万元，还有1000多万元借给镇里，一年的利息就有100多万元。村里有钱就能办成大事，建起了文化礼堂、文化大舞台、灯光球场，每到夜晚，通往各家各户的路灯火通明，球场上老年人打门球、青年人打篮球、学生打乒乓球、妇女在文化大舞台跳舞。每逢节日，我们村还像中央电视台一样搞晚会，村民们自编自演、自娱自乐，过去我们想也不敢想能外出旅游，现在村民们都时兴去旅游，有的村民不仅游遍了国内各知名景区，还跑到外国去旅游。

村民富了，素质也提高了，十年来村里没有发生一起刑事案件。村治保主任开玩笑说，这十年也没调解几起纠纷，都要下岗了。村干部更加重视民主管理，村里所有大事都要村民代表表决通过才准去做；村里每一分钱的开支，都要通过村里的"村村通"平台。大家在自家的电视机上就能看到村里的每一张支票，钱做了什么用、花了多少钱、谁经手、谁审批一目了然。余村由此成为民主法治村，全国民主法治村的评选也刚刚通过了考核。

回头看看十年来的变化，我们真切地感到，吃不穷，穿不穷，不会算账一世穷！如果没有按您讲的"绿水青山就是金山银山"这句话去做，我们就过不上现在这样的好日子。

吃水不忘挖井人，每逢佳节倍思恩！在这新春佳节来临之际，我们特向您报个喜，拜个早年！耳听为虚，眼见为实，期盼您在方便时再来余村，就像我们在电视里看到的一样，您也能和我们手拉手一起亲身感受！

衷心祝愿您身体健康，全家幸福！

此致

敬礼！

天荒坪镇余村村民代表（签名略）

2015 年 1 月 15 日

天荒坪镇余村文明家庭评选办法

社会主义精神文明建设是一项系统工程，家庭是社会的细胞，家庭的文明程度是社会文明程度的重要标志。为扎实推进社会主义新农村建设，更好地发挥农村家庭在社会主义新农村建设中的积极作用，根据文明村创建和新农村建设的具体要求，结合我村的实际，特制定天荒坪镇余村文明家庭评选办法。

一、指导思想

以党的十八届六中全会会议精神为指导，通过开展评选文明家庭的活动，在全村广大农户中积极倡导文明、科学、健康的生活生产方式。鼓励农民创业，发展家庭项目，激发农民群众创业致富的热情；提高农民群众的文明程度和道德思想素质，促进群众的自我教育、自我约束和自我管理，形成健康向上、和谐淳朴的民风。从而改善农户生产和生活环境，促进农村经济社会和谐有序发展。

二、成立领导小组

我村成立了以村党支部书记胡加仁为组长、村委会主任潘文革为副组长、其他村两委成员为组员的文明家庭评选工作领导小组。

三、评选标准

（一）爱国守法，乐于助人

1. 家庭成员遵纪守法，遵守社会公德，爱国爱家。

2. 家庭成员乐于助人，积极参加村社的公益活动。

3. 热心奉献，帮助贫困家庭（失学儿童）或积极参加公益捐款活动。

（二）爱岗敬业，诚实守信

1. 家庭成员诚实守信，无不良行为记录。

2. 家庭成员工作积极，勤劳致富。

（三）重视学习，信奉科学

1. 学习努力，崇尚文化，有一位以上家庭成员学历在高中以上。

2. 家庭成员信奉科学，不迷信，无一参与赌博、涉黄、吸毒。

（四）计划生育，优生优育

1. 家庭成员实行计划生育，晚婚晚育。

2. 家庭重视对孩子的抚养和教育，孩子品德良好，行为端正。

（五）勤俭持家，保护环境

1. 家庭成员倡导绿色消费，不铺张浪费，勤俭持家。

2. 家庭成员自觉爱护环境，美化绿化家庭，无毁绿行为。

3. 家庭成员积极参与节约型社会建设，节约资源。

（六）男女平等，廉洁和睦

1. 家庭内男女平等，夫妻互敬互爱，共同管理.承担家庭事务。

2. 家庭内民主和睦，尊廉崇廉。

（七）尊老爱幼，邻里和谐

1. 家庭成员尊老敬老事迹突出，获得村级以上表彰或当地群众公认。

2. 团结邻里，关爱儿童，无虐待老人.儿童.歧视妇女现象。

四、评选程序

（一）农户申报

我村将1个中心村2个自然村分为8个小组，由村民小组长在本组成员中广泛宣传村制定的文明家庭评选标准和开展文明家庭评选活动的方法、意义，由各户对照标准自行向小组长申报。

（二）小组互评

各小组长将小组人员召集在一起，对本小组申报家庭进行评议，大家相互讨论，每个成员都可根据平时掌握的情况逐户评议，评定的结果即为本组群众评议的结果，最后将本组评定的候选文明家庭报评选领导组。

（三）民主评审

文明家庭评选领导组组长组织村评选工作领导小组成员和全体党员，对8个小组评定的候选文明家庭逐户进行民主评审，最终确定获得村文明家庭的农户。

（四）公布表彰

将评审结果在村务公开栏张榜公示，广泛征求村民意见。公示结果报文明家庭评选领导组，由文明家庭评选领导组表彰并予以一定奖励。

五、工作要求

（一）统一思想，提高认识

开展文明家庭评选活动是我村精神文明建设的一项重大举措，是推进农村精神文明建设的有效载体，有利于提高农民的思想道德素质和科学文化素质，引导广大农民努力成为"四有"新人；有利于动员广大农民参与改造环境、移风易俗的实践，创建优美环境和优良秩序，形成健康文明的生活方式；有利于密切党群干群关系，调整和改善社会人际关系，形成健康向上、生动活泼的社会风气；有利于在促进物质文明建设的同时，把精神文明建设的任务落到千家万户。因此，各村一定要高度重视，要从政治高度来把握认识。

（二）加强领导，建立组织

村成立的文明家庭评选领导小组，要加强对评选活动的指导，各小组结合实际，制定具体的实施方案，形成由村领导牵头，妇女主任负责，各村民小组长具体实施的有效运作机制。

（三）广泛宣传，营造氛围

　　文明家庭评选活动涵盖了农村社会的每一个家庭，是一项以人为本的群众性活动。因此，必须切实抓好宣传工作，要注意宣传的广泛性，要充分运用宣传栏、大屏幕、农民信箱等各种宣传工具，完整地宣传活动的意义、作用，力求做到家喻户晓、老幼皆知，形成人人关心、户户参与的良好氛围。

（四）注重实际，确保效果

　　文明家庭评选活动要从实际出发，要与群众的需求紧密结合，把好事办好实事办实，讲求实效。做好活动期间各项材料的收集、整理和归档工作。

天荒坪镇余村

2015 年 3 月

湖州作为"两山"重要理念诞生地考证追记（节选）[①]

　　党的十九大报告提出："建设生态文明是中华民族永续发展的千年大计。必须树立和践行绿水青山就是金山银山的理念。""绿水青山就是金山银山"重要理念（以下简称"两山"重要理念）作为习近平新时代中国特色社会主义思想重要组成部分，正式写入了党章，标志着"两山"重要理念已成为当前和今后一个时期我国经济发展特别是生态文明建设的指导思想。

　　习近平总书记"两山"重要理念诞生于他担任浙江省委书记期间，有一个形成的过程。当时，习近平总书记曾在浙江省安吉县、湖州市和丽水市、衢州市等多地多次对"两山"重要理念进行阐述。随着"两山"重要理念越来越清晰，越来越为人们所重视，其究竟诞生于何时何地也越来越受到关注，一时间成为颇有争议的问题。

　　时间回到 2014 年 4 月 24 日。这天，省委党史研究室召开了全省党史和党的文献资料征集工作协调会，对习近平等中央领导同志在浙工作期间党史和党的文献资料征集工作作出部署。根据这次会议的要求，湖州市委党史研究室及时与市级有关部门、各县区和在湖省属机关等 31 家单位取得联系，确定了习近平总书记

[①] 《湖州作为"两山"重要理念诞生地考证追记》，湖州市档案局官网 [2018-08-15]，http://daj.huzhou.gov.cn/show-117-21494-1.html。

在浙工作期间来湖行程清单，明确了征集内容、范围、步骤，并在全省率先完成文献资料征集工作，共征集到习近平同志来湖考察照片 104 张、讲话稿 6 篇、新闻报道 16 篇（内部简讯 3 篇）、回忆材料 3 篇、音视频 149 分钟 37 秒。

当时在梳理文献资料的过程中，发现有两份资料涉及习近平同志"两山"重要理念。一份是 2005 年 8 月 18 日《今日安吉》报刊发的《希望安吉提供更多更好的经验——习近平同志在安吉考察侧记》。据报道，习近平同志于 2005 年 8 月 15 日下午到天荒坪镇余村考察。他在村部会议室听取汇报后说："过去有人说，既要金山银山，更要绿水青山。其实，绿水青山就是金山银山。因此，当鱼和熊掌不能兼得的时候，要学会放弃，要知道选择，发展有多种多样，安吉在可持续发展的道路走得对，走得好。"另一份是习近平同志于 2006 年 8 月 2 日在调研南太湖开发建设时的讲话稿。当时他指出："湖州适宜居住，湖光山色、美不胜收。这绿水青山就是金山银山。"

在得到这两份珍贵资料后，我们倍感欣喜，并按程序报经市委领导批准，再上报省委党史研究室。市委领导审阅后，在同意上报的同时，又向我们提出作进一步考证的要求，即习近平总书记"两山"重要理念是否最早在湖州提出。

根据市委领导的要求，我们与省委党史研究室取得联系。在省委党史研究室的支持和帮助下，习近平总书记在担任浙江省委书记期间有关"两山"重要理念的文献资料得到丰富。文献资料显示，习近平同志在安吉县余村调研 9 天之后的 8 月 24 日，即以笔名"哲欣"在《浙江日报》头版"之江新语"栏目发表《绿水青山也是金山银山》的短评。由此可见，习近平总书记当年对在基层调研时产生"两山"重要理念之重视。从有关市县汇总的文献资料表明，习近平总书记在安吉余村提出"两山"重要理念的时间，要早于丽水和衢州。尤其是他在 2006 年 3 月 24 日生态省领导小组第三次全体会议上明确提出："去年我在安吉就生态建设提出了'两座山'的比喻，绿水青山就是金山银山。"这就更加表明习近平总书记"两山"重要理念最早是在安吉余村提出的，湖州是"两山"重要理念的诞生地。

随着时间的推移，安吉县档案馆又发现了习近平总书记在余村村部讲话时的视频资料。这与《今日安吉》报的报道相互印证，其结论是：习近平总书记"两山"重要理念首次发表于安吉县余村，时间是 2005 年 8 月 15 日。

（中共湖州市委党史研究室）

余村获得的省级以上荣誉（节选）

日期	名称	颁发机构
2019	全国乡村治理示范村	中央农村工作领导小组办公室、农业农村部、中央宣传部、民政部、司法部
2018	全国法治宣传教育基地	全国普及法律常识办公室
2017	全国文明村镇	中央精神文明建设指导委员会
2017	浙江省文化示范村（社区）	浙江省人民政府
2017	"两美浙江"特色体验地	省委省政府"美丽浙江"建设领导小组办公室
2016	"2016·美丽浙江 寻找外国人眼中的最美乡村"推选展示活动优秀单位	中共浙江省委对外宣传办公室、浙江省人民政府新闻办公室、浙江省农业和农村工作办公室、浙江省旅游局
2016	浙江省生态文明教育基地	浙江省环境保护厅
2015	全国民主法治示范村（社区）	中华人民共和国司法部、民政部
2011	文明村	中共浙江省委、浙江省人民政府
2010	浙江省第三批村级体育俱乐部	浙江省体育局
2009	浙江省特色旅游村	浙江省旅游局
2008	浙江省农家乐特色村	中共浙江省委、浙江省人民政府农业和农村工作办公室、浙江省旅游局
2008	浙江省民主法治村	浙江省司法厅、浙江省民政厅、浙江省普法办
2008	浙江省科普示范村	浙江省科学技术协会
2006	浙江省村务公开民主管理示范村	浙江省村务公开和民主管理工作领导小组
2005	浙江省绿化示范村	浙江省绿化委员会、浙江省林业厅
2005	全面小康建设示范村	中共浙江省委、浙江省人民政府
2004	农村基层组织建设"创业创新先锋工程""五好"村党组织	中共浙江省委
2002	全国创建文明村镇工作先进单位	中央精神文明建设指导委员会

第三节　媒体报道（索引）

1.《推进生态建设　打造"绿色浙江"》,《浙江日报》, 2003 年 4 月 10 日

2.《余村的善治之路》,《湖州日报》, 2018 年 12 月 31 日

3.《安吉余村演绎人与自然和谐的故事：一个山村的绿色跨越》

浙江在线, 2018 年 7 月 26 日

4.《鲍新民作为改革开放杰出贡献受表彰对象之一赴京参会
"时隔十三年再次和总书记握手，无比激动"》
《湖州日报》，2018 年 12 月 17 日

5.《乡村善治滋养美丽乡村——从"余村经验"看浙江乡村治理》
《经济日报》，2019 年 6 月 9 日

6.《湖州市委一号文件全面推广"余村经验"大力提升乡村治理现代化水平》，
湖州组工、"湖州普法 – 懂点法"，2019 年 4 月 20 日

7.《时隔 15 年，习近平再到安吉县余村考察》
新华社"新华视点"微博，2020 年 3 月 31 日

参考文献
REFERENCES

1. 著作

[1] 曹锦清，张乐天，陈中亚 . 当代浙北乡村的社会文化变迁 [M]. 上海：上海远东出版社，2001.

[2] 曹树基 . 中国移民史（清民国时期）第六卷 [M]. 福州：福建人民出版社，1997.

[3] 岑仲勉 . 唐人行第录 [M]. 北京：中华书局，2004.

[4] 陈野，等 . 乡村发展：浙江的探索与实践 [M]. 北京：中国社会科学出版社，2018.

[5] 陈野，等 . 乡关何处：骆家庄村落历史与城市化转型研究 [M]. 杭州：浙江人民出版社，2016.

[6] 费孝通 . 乡土中国 [M]. 上海：上海世纪出版集团，2007.

[7] 冯仕政 . 社会治理新蓝图 [M]. 北京：中国人民大学出版社，2017.

[8] 高启安 . 信仰与生活：唐宋间敦煌社会诸相探赜 [M]. 兰州：甘肃教育出版社，2013.

[9] 公安部治安管理局 . 户口管理法律法规规章政策汇编 [G]. 北京：中国人民公安大学出版社，2001.

[10] 何建明 . 那山，那水 [M]. 北京：红旗出版社，2017.

[11] 毛丹，等 . 村庄大转型——浙江乡村社会的发育 [M]. 杭州：浙江大学出版社，2008.

[12] 潘劲 . 红林村——一个京郊山村的经济社会变迁 [M]. 北京：中国社会科学出版社，2016.

[13] 唐浩明 . 唐浩明评点曾国藩奏折 [M]. 济南：山东人民出版社，2014.

[14] 万立明 . 近代中国票据市场的制度变迁研究 [M]. 上海：上海世纪出版股份有限公司远东出版社，2014.

[15]　王微.孝丰志稿 [M].台湾，1973.

[16]　温菊梅.安吉文献辑存 [M].上海：上海古籍出版社，2015.

[17]　吴晗.灯下集 [M].北京：生活·读书·新知三联书店，1979.

[18]　习近平.习近平谈治国理政 [M].北京：外文出版社，2014.

[19]　阎云翔.私人生活的变革：一个村庄里的爱情、家庭与亲密关系1949—1999[M].上海：上海书店出版社，2006.

[20]　姚振生，熊耀康.浙江药用植物资源志要 [M].上海：上海科学技术出版社，2016.

[21]　张仲清.越绝书校注 [M].北京：国家图书馆出版社，2009.

[22]　浙江省非物质文化遗产普查·湖州市安吉县·天荒坪镇卷·项目调查表 [M].安吉县文化广电新闻出版社局、天荒坪镇人民政府，2008.

[23]　中共中央宣传部.习近平总书记系列重要讲话读本 [M].北京：人民出版社，2016.

[24]　中国社会科学院近代史研究所《近代史资料》编译室.太平天国资料 [M].北京：知识产权出版社，2013.

[25]　浙江水文化研究教育中心.浙江河道记及图说 [M].北京：中国水利水电出版社，2014.

[26]　中研院历史语言研究所集刊论文类编·历史编·宋辽金元卷：第三册 [G].北京：中华书局，2004.

[27]　（明）文震亨.长物志 [M].陈剑点校.杭州：浙江人民美术出版社，2011.

[28]　（清）包世臣.齐民四术 [M].潘竟翰点校.北京：中华书局，2001.

[29]　（清）刘蓟植，严彭年.（乾隆）安吉州志 [M].影印本，海口：海南出版社，2000.

[30]　（清）孟炤修，黄祐，等.（乾隆二十四年）建昌府志 [M].影印本，海口：海南出版社，2001.

[31]　（清）裴宗锡.抚皖奏稿 [M].全国图书馆文献缩微复制中心，2005.

[32]　（清）（雍正）浙江通志 [M].北京：中华书局，2001.

[33]　（清）俞樾.春在堂随笔 [M].张道贵，丁凤麟点校.南京：江苏人民出版社，1984.

[34]　（清）张鉴，等.雷塘庵主弟子记.卷二 [M].// 北京图书馆编：北京图书馆藏珍

本年谱丛刊，第 128 册．影印本，北京：北京图书馆出版社，1999.

[35] （宋）王谠．唐语林校证 [M]．周勋初校证．北京：中华书局，2008 年．

[36] （宋）朱彧．萍洲可谈 [M]．李伟国校点 // 宋元笔记小说大观：第二册．上海：上海古籍出版社，2007.

[37] （清）罗为赓修，张暹等纂．孝丰县志 [M]．刻本．1673（康熙十二年）．

[38] （清）张廷玉等．明史 [M]．刻本．// 缩印百衲本二十四史：第 22 册．北京：商务印书馆，1958.

[39] （清）宗源瀚等修，陆心源等纂．湖州府志 [M]．刻本．爱山书院，1874（同治十三年）．

[40] （清）汪荣等修，张行孚等纂．安吉县志 [M]．刻本．1874（同治十三年）．

[41] （清）李应珏．浙志便览 [M]．刻本．1896 年（光绪二十二）．

[42] （清）王韬：弢园文录外编 [M]．上海：上海书店出版社，2002.

[43] （清）刘濬等修，陈漳辛补跋．孝丰县志 [M]．刻本．1877（光绪三年）修，1903（光绪二十九年）补刊 // 中国方志丛书·华中地方·第五九九号．台北：成文出版社，1983.

[44] （清）王凤生．浙西水利备考 [M]．梁恭辰重校．刻本．1824（道光四年）修，1878（光绪四年）重刊 // 中国方志丛书·华中地方·第四八一号．台北：成文出版社，1983.

[45] 浙江省地方志编纂委员会．清雍正朝浙江通志 [M]．北京：中华书局，2001.

[46] 林传甲．大中华浙江地理志 [M]．杭州：浙江印刷公司出版，1918.

[47] （清）顾祖禹．读史方舆纪要 [M]．上海：商务印书馆，1937.

2. 文章

[1] 安吉县委党校《移民历史文化》课题组．安吉历史移民文化考察 [J]．安吉县委党校通讯专辑，2007，8.

[2] 丁　峰．安吉余村人的民主法治"法宝" [J]．今日浙江，2019，1.

[3] 丁元竹．治理方式现代化：内涵、特征及类型 [J]．// 俞可平编著．《推进国家治理与社会治理现代化》．北京：当代中国出版社，2014.

[4] 风笑天.影响育龄人群二孩生育意愿的真相究竟是什么 [J].探索与争鸣，2018，10.

[5] 冯立天，马瀛通，冷眸.50 年来中国生育政策演变之历史轨迹 [J].人口与经济，1999，2.

[6] 葛庆华.晚清时期苏浙皖交界地区的土客冲突和融合 [J].历史档案，2013，3.

[7] 胡占光.乡村治理"余村经验"：价值、扩散与深化 [J].江南论坛，2020，2.

[8] 李培林.中国乡村里的都市工业 [J].社会学研究，1995，1.

[9] 李晓俊，陈栋，俞乐斌.余村的善治之路 [N].湖州日报，2018-12-31.

[10] 李子静.村里有了定向志愿服务队——天荒坪镇余村打造"党群心连心"党建品牌 [N].安吉新闻，2019-05-30.

[11] 刘德军.论农村人民公社基本所有制形式确立的原因——兼论毛泽东与"三级所有、队为基础"确立的关系 [J].湖南行政学院学报（双月刊），2009，6.

[12] 鲁可荣.村域转型与发展研究的核心理念、框架及路径 [J].广西民族大学学报（哲学社会科学版），2012，6.

[13] 潘家华.从生态失衡迈向生态文明：改革开放 40 年中国绿色转型发展的进程与展望 [J].城市与环境研究，2018，4.

[14] 潘伟光，顾益康，等.美丽乡村建设的浙江经验 [N].浙江日报，2017-5-8.

[15] 潘文革.江南银杏王 [J].浙江林业，1997，4（2）.

[16] 奇田.银杏 [J].新农，1928，13.

[17] 忍先.浙西各县工商业之一瞥·孝丰 [J].商业月报，1929，9(9).

[18] 任保平.新中国 70 年经济发展的逻辑与发展经济学领域的重大创新 [J].学术月刊，2019，8.

[19] 沈月娣.余村所创造经验的典型意义与时代价值 [N].人民日报，2019-1-4(5).

[20] 史云贵，刘晓燕.县级政府绿色治理体系的构建及其运行论析 [J].社会科学研究，2018，1.

[21] 宋健.中国普遍二孩生育的政策环境与政策目标 [J].人口与经济，2016，4.

[22] 苏杨.浙江：新乡村建设从整治环境入手 [J].环境经济，2006，6.

[23] 台匪闹事续闻.申报 [N]，1881-5-14(光绪七年四月十七日)(2).

[24] 田立法，等."全面二孩"政策下农村居民二胎生育意愿影响因素研究——以天津为例 [J].人口与发展，2017，4.

[25]　田烁.浙江余村生态富民与环境治理之道[J].世界环境,2018,4.

[26]　王平.婴幼儿抚育精细化推高父职参与门槛[N].中国社会科学报,2018-5-30(5).

[27]　王国武.浙江省石灰岩资源地质特征及工作建议[J].中国非金属矿工业导刊,2004,1.

[28]　王晓伟,龚胜生.清代江南地区疫灾地理研究[J].中国历史地理论丛,2015,30(3).

[29]　王晓欣,郑旭东.元湖州路户籍册初探:宋刊元印本《增修互注礼部韵略》第一册纸背公文纸资料整理与研究[J].文史,2015,1.

[30]　王元聪,陈辉.从绿色发展到绿色治理:观念嬗变、转型理据与策略甄选[J].四川大学学报(哲学社会科学版),2019,3.

[31]　温成锦.孝丰遭敌三践踏[J].胜利,1940,78、79.

[32]　吴炯辉.孝丰的竹[J].浙江省建设月刊,1933,7(1).

[33]　关于《中共中央关于全面深化改革若干重大问题的决定》的说明[N].人民日报,2013-11-12(1).

[34]　习近平同志在中央党校县委书记研修班学员座谈会上的讲话[N].学习时报,2015-09-07.

[35]　徐朝卫.治理要素组合与互动:资源型村庄转型发展研究——基于山西省两个案例村的比较[J].中国农村研究,2015,12.

[36]　徐士达.孝丰竹产衰落之主因及救治策[J].浙江省建设月刊,1936,9(9).

[37]　阎云翔.差序格局与中国文化的等级观[J].社会学研究,2006,4.

[38]　杨瑞龙.论制度供给[J].经济研究,1993,8.

[39]　杨善华,候红蕊.血缘、姻缘、亲情与利益——现阶段中国农村社会中"差序格局"的"理性化"趋势[J].宁夏社会科学,1999,6.

[40]　尹怀斌.从"余村现象"看"两山"重要思想及其实践[J].自然辩证法研究,2017,7.

[41]　于长永,刘二鹏,代志明.生育公平、人口质量与中国全面鼓励二孩政策[J].人口学刊,2017,3.

[42]　余新忠.咸同之际江南瘟疫探略:兼论战争与瘟疫之关系[J].近代史研究,2002,5.

[43]　俞松汶.从桐庐到孝丰[J].青年，1938，17.

[44]　俞为洁.浙江民间的夏季凉茶：六月霜[D].卢敦基主编.浙江历史文化研究（第七卷）.杭州：浙江大学出版社，2016.

[45]　原杭湖属客民滋事之由.[N].申报，1881-5-16（光绪七年四月十九日）(1).

[46]　张良.现代化进程中的个体化与乡村社会重建[J].浙江社会科学，2013，3.

[47]　张玮.中国户籍制度改革地方实践的时空演进模式及其启示[J].人口研究，2011，5.

[48]　章浩泉.孝丰竹业刍言[J].新农，1928，13.

[49]　周景洛，梁玉骥.推动浙江民营经济新飞跃——浙江省委书记习近平访谈录[J].中国报道，2005，7.

[50]　Christine Wong. Interpreting Rural Industry Growth in the Post-Mao period [J]. *Modern China*, 1988, 14(1).

3. 其他

[1]　余村村委会.省科普示范村申报材料[Z].2007.

后 记

余村是"绿水青山就是金山银山"理念的诞生地和践行地，从"靠山吃山"的矿山经济转型绿色发展，实现了"村强、民富、景美、人和"。改革开放40年余村在转型发展、绿色发展的演进过程、动力机制、成就经验、面临的突出问题既具有典型特征，也对揭示在现代化进程及生态文明建设过程中中国乡村发展的普遍规律具有重要价值。为此，"安吉余村发展研究"被列为浙江省二期文化工程重大系列项目"中国村庄发展：浙江样本研究"子课题。

课题组自2017年开始对此开展专题研究，以专注的态度、饱满的热情全力以赴开展工作。为了获得更多、更详实的村庄发展资料，课题组成员多次驻村调研。冒着寒风苦雨，顶着烈日酷暑，去山间地头、去文化广场、走访农户，观察体验村民生活，多次与镇、村干部、村民代表座谈交流，做了20多人次的村民口述访谈；为保护余村重要文物，我们请吴昌硕艺术馆陈世德师傅为隆庆禅院三块碑拓印，课题组俞为洁研究员为碑文做了校注并整理收录于本书中；我们去镇村档案室、安吉县档案馆、博物馆、浙江省图书馆查找村庄历史档案资料。在村庄调研过程中，邀请专家介绍村庄调研访谈经验；在书稿撰写过程中，课题组成员在查阅整理各种史料基础上，对篇目大纲和撰写内容进行反复研讨，并多次请省内专家审读修改。同时，请余村村委会俞小平等同志对书稿提出修改意见。课题组根据他们的意见进行了认真修改。书稿中用于正式出版的村民口述访谈录，均请受访者本人和村委会核实，确保了内容无误，并经受访者本人签字同意出版。

历经三年多的研究，课题研究成果《绿色崛起：湖州余村发展研究》正式交付出版。书稿各篇的研究撰写者（按书稿内容顺序排列）：导语：闻海燕研究员；史地篇：俞为洁研究员；经济篇：闻海燕研究员；治理篇：张秀梅副研究员；生活篇：王平副研究员；文化篇：李旭助理研究员；专题篇：柯福艳副研究员；文献篇：俞为洁研究员、闻海燕研究员；后记：闻海燕研究员。河北农业大学经济管理学院申端锋教授及研究生王孝琦参与了部分访谈整理。

项目总负责人陈野副院长多次对课题研究给予指导并参与部分调研。课题负责人闻海燕研究员承担了确定课题研究思路和框架、统稿审稿、组织协调等工作。省社科院科研部王玮协助完成了许多繁杂的事务。

浙江省哲学社会科学规划办为课题立项及顺利开展提供了大量指导和帮助。浙江省社会科学院高度重视本课题的研究工作，院领导多次关心、了解课题进展情况，科研部、院办及相关各研究所为课题顺利开展提供了大力支持和保障。

在本书提纲的形成和书稿的完善过程中，得到浙江省咨询委顾益康教授、浙江师范大学王景新教授、浙江大学历史系梁敬明教授、浙江省社会科学院杨建华研究员、杭州师范大学卢福营教授、河北农业大学经济管理学院申端锋教授、浙江省农业科学院柯福艳副研究员、湖州市博物馆馆长潘林荣、安吉中国生态博物馆副馆长胡建华、浙江省博物馆王屹峰、俞珊瑛、浙江省文物局周永良等专家学者的精心指导与无私帮助，也得到各位匿名评审专家的评审指导；浙江省图书馆、安吉县档案馆、天荒坪镇政府、余村村委会为课题的顺利开展给予了大力支持，在此一并表示我们衷心的感谢！

感谢余村的父老乡亲。原村委主任、现村党支部副书记俞小平不仅多次接受我们的访谈、审阅书稿，还为课题的顺利进行做了大量协调工作；原村党支部书记潘文革为完善书稿提出很多中肯的意见；村委年轻干部陈婷、朱迪为访谈顺利开展做了大量工作；村委张苗芳、胡青宇为课题的顺利开展提供了很多帮助。曾担任过村书记的鲍新民、胡加仁在接受我们多次访谈的同时还提供了很多珍贵的历史资料。潘火根、阮冬根、曹解放、胡拎芳、方伯民等老者，王月仙、潘熙财、葛元德、胡加兴、潘春林、李熙庭、李俊贤、姜志华、张苗芳、胡青宇、葛军、潘利颜等多次接受我们的访谈。在此，向所有接受笔者访谈及提供帮助的余村父老乡亲、兄弟姐妹们一并表示我们衷心的感谢！为尊重访谈的客观性，其访谈内容保持了访谈时的口语性和方言词，特此说明。

　　三年多来，课题组在与村民的交往中结下了深厚友谊。我们深切感受到余村人热情向上、吃苦耐劳、求实创新的品格和精神；感受到了村民对美好生活的不懈追求和内源动力；见证了余村的日新月异。正如习近平总书记所说，余村是有发展潜力的，相信余村人的生活像芝麻开花节节高。

　　感谢为本书出版付出辛勤劳动的浙江大学出版社和责编宋旭华、赵静老师专业、细致、负责的编辑出版工作！

　　中国的乡村是一部宏大且需要深耕的书。我们力图从多视角全面阐述余村发展历程，总结发展经验，揭示其发展规律，但由于水平有限，虽尽全力，纰漏难免，敬请各位领导、专家、学者及各位读者予以批评指正。

闻海燕

于杭州

2020 年 8 月 8 日

丛书后记

POSTSCRIPT

　　"中国村庄发展：浙江样本研究"项目研究和书稿撰写，由浙江省社会科学院组织院内外相关科研人员集体承担。此刻，面对11部厚重书稿，回顾项目组寒来暑往五春秋的研究历程，前期酝酿筹措的漫长经过、奔波于乡村大地深入调研的艰辛历程、埋首于电脑键盘奋笔疾书的种种身影，均历历在目。感怀系之，作此以记。

　　本项目于2016年初由浙江省社会科学院副院长、研究员陈野倡议谋划，旨在整合全院从事乡村研究的科研力量，加强顶层设计，开展重大项目研究，为本院凝练一个可持续的科研方向和学术品牌。经与院乡村研究中心主任、研究员闻海燕反复磋商，咨询省市农办，赴村实地调研等前期摸底筹备，于2016年正式动议有关村庄发展研究的事宜。

　　2017年2月6日，时任浙江省省长车俊在《历史大变局下的农村新集体经济文化建设调研与思考》调研报告上做批示予以肯定。2017年2月13日，时任省委常委、宣传部部长葛慧君批示要求"在本省多选一些村庄做深入研究，形成一批实践样本。如需要，省社科院一起参与"。2017年2月16日，省委宣传部常务副部长来颖杰批示："请社科院再做深入调查，进行样本总结。"省委省政府和省委宣传部的指示和要求，使我们更加明确和坚定了开展村庄发展研究的思路，加快了项目筹划的进度。

　　2017年6月，村庄发展研究项目被立项为浙江省社科院重大专项课题。2017年9月，被立项为浙江省第二期文化研究工程重大项目，陈野研究员为项目负责人，浙江省农办原副主任、著名乡村研究专家顾益康先生和闻海燕研究员为首席专家。期间，根据实地调研情况、省市县农办意见、省规划办和评审专家建议，项目研究方案经过十数次的调整修改，最终确立为在全省11个设区市中各选一个村作为研究个案，撰写11部专著，形成"中国村庄发展：浙江样本研究"丛书。

　　研究与撰写过程中，项目组发挥前期学术积淀深厚、科研人员学科背景多样、组织协调机制高效灵活、项目组成员高度团结等优势，深入乡村和各级农办、档案局、史志办、文旅局等政府部门实地调研，广泛收集谱牒档案、镇村史志、契约账册等文献资料，驻村开展上千人次的口述访谈。项目组全体成员冲寒冒暑，以认真负责、刻苦钻研、严谨踏实、精益求精的研究态度和工作精神，为课题研究尽心竭虑，无私奉献，并在研究中形成了精诚团结、友好合作、交流研讨、互帮互助的优良团队氛围。各子课题负责人认真组织、悉心筹划、精心统筹、务实开展课题研究，带领各自课题组成员通力合作，为如期完成研究和撰稿任务起到关键作用。各子课题的具体科研工作情况，可参见各部专著的后记，此处不做一一赘述。

项目负责人陈野研究员对项目高度负责、执着认真，全力投入、全程负责项目的启动、开展和推进，承担了策划项目，确立研究思路、主题、体例、理论分析框架和研究内容，设计篇目大纲等全局工作；定期组织召开内部讨论会，研讨篇目框架、研究内容、行文规范；数次邀请专家进行指导评审；多次率队赴省市县相关政府部门座谈请教，倾听学习来自乡村建设实践的真知灼见；先后深入数十村庄开展实地调研访谈；根据自查结果和专家审稿意见与每一位子课题负责人商议修改计划，对11部书稿作三次全面统稿，并做多种局部调整。

项目首席专家顾益康先生自始至终关注关心本项目研究，在百忙之中数次参加项目组研讨活动，对研究方案提出具体思路建议，认真评审数部子课题书稿，指导子课题负责人开展研究，特别是以其丰富的乡村工作经验、深厚的学术研究造诣和对本项目的深入了解，为丛书撰写了站位高远、剖析深入、具有提纲挈领作用的丛书绪论。

首席专家闻海燕研究员在项目对接农办系统、联系专家学者、选择村庄个案等方面发挥重要作用，以长期从事农村经济研究的学术积淀帮助相关子课题开展研究。在项目开展的全过程中认真、积极、负责地协助项目负责人陈野研究员开展实地调研、组内研讨、稿件审读等相关工作。尤其力挑重担，担任"绿水青山就是金山银山"科学理论发源地，在我国新时代生态文明建设中具有重大价值、重要影响力的余村发展研究子课题负责人，带领余村课题组取得丰富研究成果。

　　浙江省社会科学院科研部王玮老师承担了项目组内勤外联、会议记录、通知纪要、送审打印等具体编务工作，以其认真负责、细心周到、任劳任怨、不计报酬的工作态度和精神，为项目完成起到不可或缺的保障作用。

　　借此丛书书稿完成撰写、即将交付出版之际，我们衷心感谢中共浙江省委宣传部、浙江省社科联、省规划办和来颖杰、盛世豪、郭华巍、邵清、陈先春、刘东、董希望等领导对本项目研究的信任肯定及在研究过程中的悉心关怀！衷心感谢夏阿国、邵峰、杨建武、郭占恒、王景新、毛丹、赵兴泉、梁敬明、郭红东、胡豹、任强等专家学者对书稿质量的严格审阅把关和学术指教！衷心感谢张伟斌、迟全华、俞世裕、何显明、胡海良、潘捷军、毛跃、陈柳裕等院领导对本项目研究的重视、关心和指导！衷心感谢北山村、花园村、龙峰村、缪家村、蚂蚁岛村、清漾村、上园村、邵家丘村、沙滩村、棠棣村、余村村两委会和全体村民的热情参与、积极配合和无私奉献！衷心感谢相关省市县农办、宣传、文旅、社科、文化、旅游等众多政府部门对本课题研究和实地调研的大力支持和鼎力相助！衷心感谢浙江大学出版社和责编老师专业、细致、负责的编辑出版工作！

　　由于我们水平所限，书中错漏不足之处在所难免，恳望各位领导、专家、学者，各位读者予以批评指教！

2020 年 11 月 26 日